中国管理咨询优秀案例（2021）

中国企业联合会咨询与培训中心　编

企业管理出版社
EMPH
ENTERPRISE MANAGEMENT PUBLISHING HOUSE

图书在版编目（CIP）数据

中国管理咨询优秀案例. 2021 / 中国企业联合会咨询与培训中心编. —北京：企业管理出版社，2022.4

ISBN 978-7-5164-2564-0

Ⅰ. ①中… Ⅱ. ①中… Ⅲ. ①企业管理—咨询—案例—中国 Ⅳ. ① F279.23

中国版本图书馆 CIP 数据核字（2022）第 032355 号

书　　名：中国管理咨询优秀案例（2021）
书　　号：ISBN 978-7-5164-2564-0
作　　者：中国企业联合会咨询与培训中心
责任编辑：徐金凤　　黄　爽
出版发行：企业管理出版社
经　　销：新华书店
地　　址：北京市海淀区紫竹院南路 17 号　　邮　　编：100048
网　　址：http://www.emph.cn　　电子信箱：emph001 @163.com
电　　话：编辑部（010）68701638　　发行部（010）68701816
印　　刷：河北宝昌佳彩印刷有限公司
版　　次：2022 年 4 月第 1 版
印　　次：2022 年 4 月第 1 次印刷
开　　本：710mm × 1000mm　1/16
印　　张：23 印张
字　　数：413 千字
定　　价：66.00 元

目　录
CONTENTS

安徽省港口运营集团有限公司企业文化建设项目

北京捷盟管理咨询有限公司

北京捷盟管理咨询有限公司（以下简称捷盟咨询）成立于1999年。捷盟咨询长期致力于企业研究—咨询—培训一体化服务，为企业管理提供一揽子系统解决方案。著名经济学家魏杰教授担任捷盟咨询的首席专家顾问。捷盟咨询崛起于清华，成长于市场，高层次、高起点、厚积薄发，是中国领先的集团化大型管理咨询公司。

捷盟咨询以“塑造最受尊敬和可信赖的咨询公司”为公司愿景，努力实践前沿的企业管理思想和务实的清华大学作风，利用专业、科学的工作和分析方法及系统完备的案例和信息资源，已成功地为众多国内各类型大中型企业和世界500强跨国企业提供了咨询服务。客户涵盖能源、建筑、交通、房地产、物流、制造、IT、通信、传媒、医药、食品、市政公共管理、旅游、园林、金融、保险、农业等众多行业及政府机构，累计为1000多家客户提供满意的咨询服务。

本案例项目组成员

王京平，捷盟咨询副总裁，中央财经大学管理学硕士，高级人力资源管理师，会计师，公司知识管理中心主任，《中外企业文化·智库》杂志编辑部副主编。作为北京市思想政治工作研究会长期合作顾问，参与过众多北京市国有企业文化及思想政治方面的调研分析报告的撰写；主持并参与过西城区区政府发展报告的撰写。18年管理咨询经验，擅长企业文化建设、企业内控、品牌建设、管理诊断和网站建设咨询。组织指导、参与各类管理咨询和研究项目数百个。

其他成员：李聪望、马健雅、马占凯、宋静

导读

安徽省港口运营集团有限公司（以下简称港口运营公司）是行政整合企业，存在新公司老企业的现象，虽然被整合企业的行业环境基本相同，从事的业务范围也大同小异，但是一经整合，它们之间的文化差异就逐渐暴露出来，成为制约企业发展的最大隐患。港口运营公司高管层认识到，企业整合下的企业文化融合，势必存在着一定的冲突，不能否认，也无须掩盖，关键是正确地面对并积极寻求解决的办法。这就意味着，在组织、业务整合的同时，港口运营公司亟须建立一种全新的秩序，形成一整套有利于集团发展、效益提升、实力增强的理念体系。港口运营公司企业文化项目作为正在建设的三个重点项目之一，对加快推进安徽港口由资源“整合”向文化“融合”转变有重要意义。

项目启动后，捷盟咨询项目组充分考虑集团整合后企业文化融合需求，重点深入调研了集团下属蚌埠港、安徽港口物流、马鞍山港等单位，形成了科学缜密的调研诊断报告。在调研的基础上，与客户积极协调配合，多次召开党委会、企业文化建设领导小组和课题组会议，研究、推进企业文化建设，最终成功形成了独具特色的安徽港口企业文化理念识别体系、行为识别体系、视觉识别体系；设计完成了安徽港口 LOGO；实现了安徽港口运营公司从“整合”到“融合”，从“力合”到“心合”，从“形合”到“神合”，塑造了全员认同的企业精神及核心价值观，形成了鲜明的价值导向，凝聚了强大的发展共识。

安徽省港口运营集团有限公司企业文化建设项目

北京捷盟管理咨询有限公司　王京平

一、项目背景

文化是一个国家、一个民族的灵魂。文化兴国运兴，文化强民族强。党的十九大明确做出了"坚定文化自信，推动社会主义文化繁荣兴盛"的重要部署，文化建设成为国家发展战略布局中的重要一环。强大的、富有活力的文化是核心竞争力的不竭源泉，推进文化建设不仅是发展的要求，更是时代要求、政治要求。

安徽省港航集团（以下简称安徽港集团）经营范围多元，以建设全供应链物流综合服务商为目标，围绕建设港口品牌、规划、运营、建设一体化，做大做强港口主营业务和临港经济，努力成为安徽综合交通的枢纽、临港产业的支撑、开放发展的平台、自贸经济的先导，全面提升安徽港口辐射能力，努力成为长三角对接"一带一路"、联通长江经济带中上游的开放大通道。要实现这些目标，就需要从企业文化方面进行顶层设计、系统设计，不断凝心聚力，提升企业的软实力。

（一）需求理解

安徽省港口运营集团有限公司（以下简称港口运营公司）是安徽港集团控股的二级公司，是通过行政整合而成的企业，存在新公司老企业的现象，虽然被整合企业的行业环境基本相同、从事的业务范围也大同小异，但是一经整合，它们之间的文化差异就逐渐暴露出来，成为制约企业发展的最大隐患。从参与整合的心态来看，利益调整、岗位变动等给员工的心理造成了极大的影响，本位主义、消极思想、抵触情绪时有发生。从企业文化的积淀来看，整合各方原文化有强有弱，良莠不齐，先进观念与落后思想难免发生激烈的碰撞和冲突。从企业的管理来看，管理水平参差不齐。从企业的历程来看，整合各方均拥有较长的历史，各自担负过特殊的使命，都深受计划经济、国有体制的影响，存在老国有企业特有的依赖思想。港口运营公司高管层认识到，企业整合下的企业文化融合，势必存在着一定的冲突，不能否认，也无须掩盖，关键是正确地面对并积极寻求解决的办法。这就意味着，在组织、业务整合的同时，港口运营公司亟须建立起一种全新的秩序，形成一整套有利于集团发展、效益提升、实力增强的理念体系。

（二）项目目标

1. 助力党建工作

安徽港集团属国有企业，在发挥党建工作为企业文化建设提供强大的思想保证作用的同时，将企业文化作为党建工作服务生产经营的有效切入点，使党建工作更贴近实际、增强实效，适应改革、融入管理。

2. 提升竞争力

文化是企业竞争力的关键。面临新的发展环境，安徽港集团要实现建设有国际竞争力的国内一流港口集团的战略与目标，必须要有文化的引领与支撑，助力企业向更高的发展层次迈进。

3. 支撑战略

实施长远发展战略，推动公司由开发建设向运营服务转型，必须优化、整合文化资源，以特色、先进的价值理念，创新发展的思维模式，从内到外、从硬环境到软实力持续打造。

4. 落地深植

深层次推进提升企业文化体系，使之成为安徽港集团发展的重要软实力，通过文化各项载体建设，系统深植落地，做到与管理相结合，与机制相匹配，员工与企业同成长、共进步。

5. 树立品牌

塑造直指人心、温润人心、赢得人心、凝聚人心和鼓舞人心的文化，提升员工归属感、获得感、幸福感、安全感和责任感，打造凝聚力、向心力、执行力、协同力和创造力，赢得客户员工满意、行业社会尊重、党和政府认可。

（三）项目重点与难点

安徽港集团企业文化建设项目的难点在于母子文化的融合和对接，不仅要充分考虑与母公司文化的有效对接，更要考虑与子公司和分公司的文化融合，还要体现新公司的新气象，充分发挥文化的引领作用。深入研究安徽港集团的文化体系及关于基层开展企业文化建设的指导意见，运用捷盟咨询在母子公司文化融合对接领域的工具和方法，探索具有安徽港特点的企业文化实践路径，构建集团文化统领下“内涵丰富、特色鲜明、凝聚人心”的企业文化实践体系，有助于公司快速融入集团的发展，抓住发展先机。

项目的重点在于企业文化的宣贯与落地，要达到内聚人心、外树形象的目的，就需要进行科学的规划与充分的设计，通过过程的参与与互动、全系列的培训与宣贯、丰富多彩的企业文化活动、到位的宣传与载体建设，以及行之有效的企业文化建设考评等工作来实现。芜湖港等子公司和分公司在各自的发展历程中，积淀了独具特色的管理经验，形成特色鲜明的管理模式，也沉淀了优秀的文化基因，但也存在本位主义和员工思想跟不上发展要求等一些文化倾向。这就需要提炼优秀基因、修正文化倾向、吸收先进文化，实现特色文化的显化，更好地引领企业长远发展，激发广大员工为公司发展贡献力量。以优秀文化支撑品牌战略，树立核心竞争优势，传递安徽力量是本项目的重点。

二、诊断分析

“深入的调研是项目成功的基础”，为真正摸清企业发展中遇到的问题，项目组对华北公司进行了两轮调研，在对企业文化与企业管理现状进行调研的基础上，开展了专题的外部客户需求调研，获得了真实、丰富的一手资料，为准确分析华北分公司的服务能力、关键管理问题与文化建设方向提供了依据。

（一）诊断思路

1. 诊断视角，内外结合

内部，透过历程理脉络，透过经验看优势，透过管理看问题。外部，透过环境看趋势，透过需求看不足。多角度思考当前经营管理模式的优劣势，进行文化归因，找到文化提升方向。

2. 诊断方法，科学系统

通过访谈、座谈、问卷调研（见图 1）、资料查阅等方式，对安徽港集团的运营管理、员工思想、文化积淀、公众需求等进行调研，运用文化管理模型、员工思想动态、满意度、价值观共享度、文化类型评估等工具，综合了解文化建设诉求。

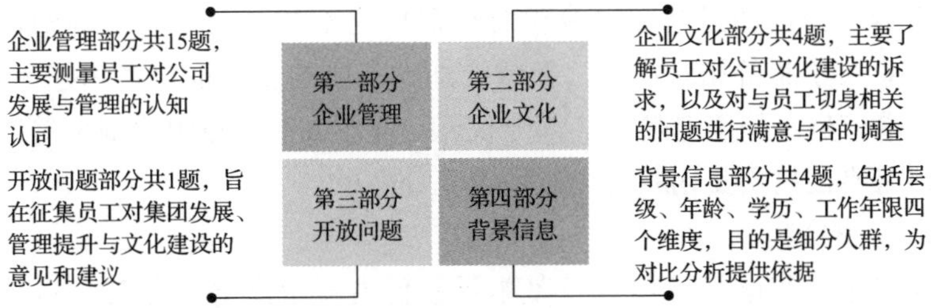

图 1　问卷调研

注：问卷调研是在资料研读和访谈调研的基础上，对安徽省港口运营集团有限公司的企业文化进行的定量分析，其目的是通过统计方法对定性分析的一些结论进行验证，完成科学诊断。

（二）通过 SWOT 分析把握全局

SWOT 分析（见图 2）有助于项目组在提炼企业文化理念的过程中把握企业文化的建设背景，进一步明确符合企业发展需要的文化因子。

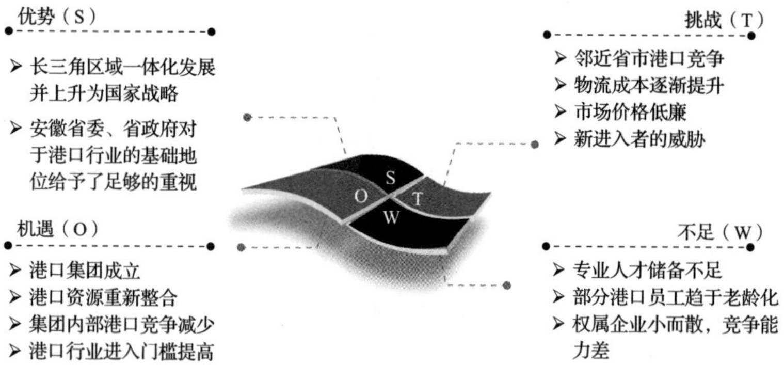

图 2　SWOT 分析

1. 优势（S）

2018 年长江三角洲区域一体化发展上升为国家战略，着力落实新发展理念，构建现代化经济体系，推进更高起点的深化改革和更高层次的对外开放，同“一带一路”建设、京津冀协同发展、长江经济带发展、粤港澳大湾区建设相互配合，完善中国改革开放空间布局。安徽省委、省政府对安徽港口行业发展给予了足够的重视，提出要建立全省统一的港航发展管理体制和运行机制，打造全省对外开放的统一平台，实现统一规划、统一建设、统一运营、统一管理、统一服务、统一对外，形成港航联动发展、区域港口协同发展新格局，把安徽港口群打造成为联通我国东西部和长江中下游的河、江、海联运枢纽。

2. 不足（W）

港口运营公司通过行政命令整合组建成立不久，企业的管理架构正逐步完善，专业人才储备相对不足，新整合加入集团的企业也存在一些历史问题。比如部分港口员工趋于老龄化，部分权属企业小而散、竞争力缺失等问题，这些问题都需要在集团文化融合的过程中充分考虑。

3. 机遇（O）

长期以来，我国的港口竞争基本处在低端竞争态势，尤其是自从港口管理权限下放给地方后，在“一城一港”的建设模式下，区域港口也出现了同质化竞争激烈，港口投资盲目建设，产能过剩等问题。安徽省统一整合港口资源后，能够科学预判产能前景，控制恶性竞争，有利于避免重复建设和浪费，提升港口的竞争力，打造全省对外开放的统一平台，也给港口运营公司带来良好的发展机遇。

4. 挑战（T）

近年来，港口吞吐能力适应性保持在适度超前的状态，一度触及超前水平，部分码头公司债务问题开始显现，市场调节也发挥作用，建设投资连续6年负增长，供求关系趋向改善，资源整合不断推进。各省份港口行业整合后，港口行业的竞争由无序的市场竞争转变为各省份港口集团争夺战略地位的竞争，各省市相继出台不同的补贴扶持政策，竞争形势更加复杂，随着物流、人工等成本的上升，企业的发展面临着新的课题。

（三）通过行业文化分析明确文化特征

1. 港口是连接陆海运输的重要枢纽

港口是具有水陆联运设备和条件，供船舶安全进出和停泊的重要运输枢纽。港口作为多种交通方式的交汇点，是一个国家国民经济和社会发展的重要基础设施和基础产业，是经济运行的命脉，也是国家之间、城市之间在经济、文化、商贸方面进行往来的最大的交流平台，是连接陆海运输的重要枢纽。港口已不再是一个被动地提供服务的场所，而是一个经济活动的主动组织策划者。随着行业发展，港口将逐步向以现代物流服务为主的“第四代港口”转型。

2. 港口行业属于现代服务行业，工作相对封闭、艰苦

港口是服务性质行业，随着市场环境的变化，港口企业为了更好地在行业中得到一席之地、抢占市场，需要提供一流的服务，尽最大能力去满足客户的需求。物流服务的重要一点是能够满足客户的个性需求，要求港口企业做到最基本的效率高、物流成本低、质量优等方面的工作。港口一般都远离城区，业务单一，工作环境相对封闭。港口装卸为露天作业，风吹日晒，工作条件相对艰苦。装卸主要与货物打交道，工作内容较为枯燥。

3. 港口与经济腹地及所在城市的互动更加明显

公路网和铁路网的发达密集程度及信息网络的建成，直接影响到港口与腹地之间的关系，目前正由原始单向地提供货源的关系，逐渐发展成为港口为所在腹地提供市场经济信息，通过组织生产和贸易，港口再通过运输中转作用使货物高效的流通，最终实现港口与腹地的双向良性互动；随着现代物流的发展，与港口相关的新型企业纷纷入驻，港口就会形成一个发达的物流体系，有利于增强所在城市对腹地经济的辐射能力和影响力。

4. 港口建设强调信息化

信息化与信息共享体系是现代港口发展的新特点，世界先进的港口均实现了信息系统标准统一化和共享化，对于改善港口物流的服务品质有着至关重要的作用。而在我国，近年来港口物流企业的信息化水平有了明显进步，也建立并完善了自身的物流信息系统。届时第四代港口信息平台，也将成为以公共港口信息平台为核心，以资金流、商流为载体的虚拟国际物流“集聚地”。

5. 多元化的港口建设投资

港口建设投资具有所需资金数量大、周期长、回报率相对稳定的特点，对投资者既有需求又有吸引力。目前，比较普遍的参与投资方式有承包、租赁、合资、参股、产权转让等形式，港口通过上市发行股票的形式，可从资本市场募集资金用于港口建设和设备的更新改造升级，实现其投资的多元化；多元化的投资不仅解决了港口建设资金不足的问题，而且多元化的股权所带来的专业的港口运营管理方式更能提高港口的运营效益。

（四）通过管理文化分析把握提升方向

企业管理和企业文化是一个硬币的两面，企业文化的建设离不开对企业管理问题的分析，在本次项目中，项目组对港口运营公司的企业管理现状进行了广泛深入的调研。

1. 公司整体执行力较好，有助于企业文化工作推进

总体上，安徽港的员工对公司的执行力较为认可，大部分受访员工认为员工执行力较强，领导安排的任务都能尽快完成，但也会出现各部门配合效率低下的情况。提升执行力的关键在于强化岗位责任心，倡导“有追求、敢担当、善服务”，提高职业素养。受访者认为提升个人的责任意识，强化岗位责任心，同时奖罚分明，做到公平公正等。

2. 公司整体工作氛围积极向上，需要加强协作文化建设

在调研中，大多数员工对公司的办公环境和工作氛围给出了正面评价，但认为企业集团整合后，集团与下属公司、部门与部门之间的工作配合还需要磨合，部分子公司反映集团整合后，本公司会出现资料提供不及时、各部门配合不到位、工作效率不高的情况，受访者认为强化主人翁的意识，关注员工职业成长，以及增加员工收入可以更好地提高员工的归属感。整体上，员工期望“高效、人本”的工作氛围，并认为集团具有“团结协作、敬业奉献、诚信守约”的优良作风，员工普遍能够做到敬业敬责，有担当意识，同事之间遇到问题也能互相帮助。

3. 公司员工对企业的总体满意度较高、对公司有归属感

员工总体满意度较高，清楚自己的工作职责，对公司的发展充满信心，

同事关系融洽，对公司有归属感。国有企业机制导致考核和评价机制不够灵活，涉及薪酬与绩效考核满意度相对较低。部分员工感到工作压力稍大，企业培养和激励员工方面也应持续提升。捷盟咨询项目组认为企业应该探索更加科学合理、更加公平的激励机制，激发员工队伍的活力，加强文化引导，建设人本文化。

（五）明确企业文化建设方向，架构理念体系框架

1. 安徽港文化的特点和特质

结合调研分析，安徽港的企业文化基因，主要有六个来源：源自追求、源自港口、源自物流、源自事业、源自员工、源自团队。

源自追求：追梦文化是安徽港的核心文化，对标世界，引领中国。具有博采众长的开放精神，舍我其谁的英雄情结。

源自港口：港口文化在安徽港文化的主体文化中居于中心位置。文化特点是整合一体，协作共赢。具有精诚团结的大局意识，专注精益的匠人精神。

源自物流：物流文化在安徽港文化的主体文化中居于副中心位置。文化特点是用心服务，讲求效率。体现出客户为本的市场意识，持续改进的服务追求。

源自事业：管理文化在安徽港文化的主体文化中居于重要位置。文化特点是科学规范，精细高效。强调履职尽责的担当精神，立说立行的工作作风。

源自员工：人本文化在安徽港文化的主体文化中居于次重要位置。特点是尊重信任，欣赏鼓励。提倡以港为家的主人翁意识，能打硬仗的拼搏精神。

源自团队：团队文化是安徽港的基层文化。文化特点是合力向上，共创共享。讲求同心同向的合作精神，以苦为乐的阳光心态。

2. 安徽港企业文化建设方略

综上所述，捷盟咨询项目组认为安徽港的企业文化建设是由大港之梦与大国之梦共同牵引，港口文化与物流文化双核支撑，管理文化与人本文化两翼齐飞的大思路下，构建接地气，有归属感、有获得感、有幸福感的企业文化，营造快乐工作、阳光心态、充满激情的企业文化氛围。捷盟咨询项目组基于战略导向型文化建设要求、在充分吸纳港口运营公司各成员单位优秀文化的基础上，提出了其企业文化体系（见图3）。

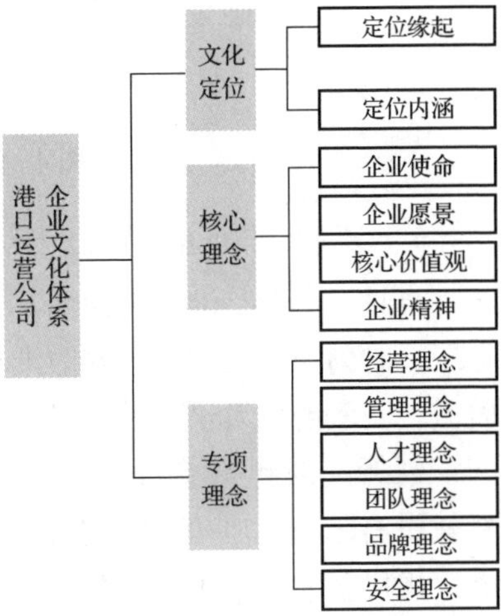

图3　港口运营公司企业文化体系

三、方案设计

（一）构建特色鲜明的理念体系

捷盟咨询项目组以理念体系构建入手，总结提炼安徽港企业文化理念体系，明确集团企业文化核心内涵及企业文化特质。

1. 集纳智慧、创新满意

安徽港的企业文化建设关键是找准定位。对于安徽港的文化定位，捷盟咨询项目组与客户共同组织了多次研讨，最后以安徽港的“徽”字和象征船桨的“楫”字组合，结合安徽港口整合的背景和江河汇聚的特点，实现了从“徽楫”至“汇楫”的创意突破。汇楫者是港口运营公司的企业文化定位，也是安徽港口人的全新形象，意指汇聚大家的力量，精诚协作、努力划桨，在安徽崛起和民族复兴的伟大历程中有所作为。

“汇楫者”文化的内涵（见图4）主要有四个方面，分别是徽楫、汇楫、慧楫和惠楫，代表安徽之桨、众人之桨、智慧之桨、富民之桨。内涵丰富、特色鲜明。

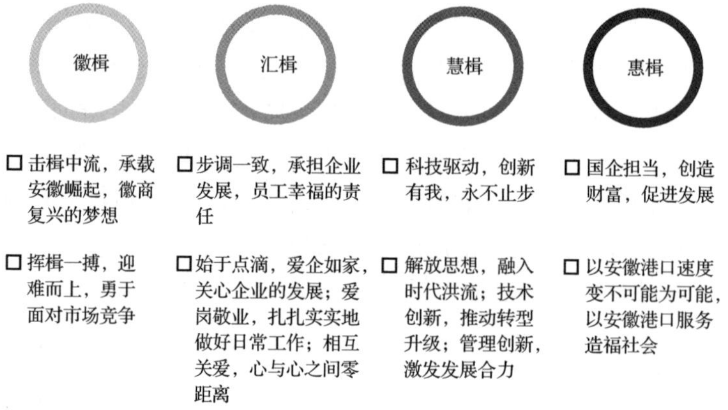

图4 “汇楫者”文化的内涵

2.“老板”文化质朴纯粹

卓越：卓越是港口人锲而不舍的追求，坚持把事业做到最好。时刻为自己加压，时刻为自己充电，安徽港口人不甘人后；失败面前不气馁，成功面前不骄傲，安徽港口人永不满足，奋勇争先。

创新：创新是港口人与时俱进的风骨，时刻寻求创新与改变。没有创新就没有未来，唯有创新才能生存，只有前瞻思考，我们才能洞悉明天的可能，优化今天的工作；只有面对未来，我们才能洞察明天的趋势，创新今天的方法。

奉献：奉献是港口人上善若水的性格，持续为企业和社会服务。选择安徽港口就选择了敬业，选择安徽港口就选择了奉献。舍小家顾大家义无反顾，承担社会责任一往无前。寂寞中有坚守，平淡中有挑战，在平凡的岗位成就不平凡的事业。

（二）构建简明的行为识别体系

结合业务特点，明确组织行为与员工行为提升的方向，形成员工行为规范。设计并完善视觉识别（VI）使用的基础部分与应用部分，形成视觉识别（VI）系统。

（1）管理人员及员工行为准则（见图5），言简意赅、易于操作。

图5　管理人员及员工行为准则

（2）行为准则目录（见图6），细致入微、便于遵守。

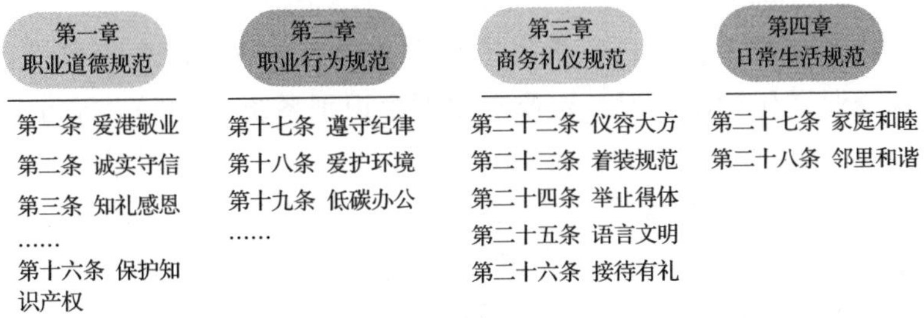

图6　行为准则目录

（三）项目成果一览

（1）《安徽省港口运营集团有限公司企业文化诊断报告》。

（2）《安徽省港口运营集团有限公司企业文化理念体系》。

（3）《安徽省港口运营集团有限公司员工行为体系》。

（4）《安徽省港口运营集团有限公司视觉识别系统》。

（5）《安徽省港口运营集团有限公司企业文化手册》。

（6）《安徽省港口运营集团有限公司企业文化中长期发展规划》。

（7）《安徽省港口运营集团有限公司企业文化培训课件》。

（8）《安徽省港口运营集团有限公司员工手册》。

（9）《安徽省港口运营集团有限公司个性化品牌设计》。

（10）《安徽省港口运营集团有限公司企业文化考核评测办法》。

四、项目评估和绩效说明

在本项目咨询的开始阶段，更多地计划从企业内部发现问题、分析问题，作为企业文化实践体系提炼和提升的依据。在调研过程中，项目组充分考虑集团整合后企业文化融合需求，在对集团总部调研的基础上，重点深入调研了集团下属蚌埠港、安徽港口物流、马鞍山港、芜湖港、合肥港共5家单位，深入了解各板块企业文化建设基础，了解子公司对集团企业文化建设的期望，确保了企业文化诊断工作的普遍性、科学性和指导性。港口运营公司党委高度重视企业文化建设工作，多次召开党委会、行政办公会、企业文化建设领导小组和课题组会议，研究、启动和推进企业文化项目建设，最终成功形成了独具特色的安徽港口企业使命、企业愿景、核心价值观、企业精神、经营理念、管理理念、人才理念、团队理念、品牌理念、安全理念，以及行为识别体系、视觉识别体系；设计完成了安徽港口标识；企业主题名称为“汇楫江海　集疏天下”；文化定位为“汇楫者”；文化内涵提炼为“徽楫、汇楫、慧楫、惠楫”；文化特质概括为“平凡英雄、港口情结、工匠精神、国企担当”。

在项目评审会上，项目组报告了企业文化管理咨询服务项目设计结果，包括前期企业文化调研情况、企业文化理念识别系统（MIS）、行为识别系统（BIS）、形象识别系统（CIS）、视觉识别系统（VIS）以及编辑形成的《企业文化手册》《员工手册》《品牌视觉识别系统（VIS）手册》和相关附件。与会人员结合实际提出了意见和建议，专家组现场审阅了研究设计成果，并发表项目评审意见，认为项目组提交的企业文化研究设计成果完整齐全，完成了合同约定的工作内容。

港口运营公司党委书记、董事长、总经理魏士彬指出，港口运营公司企业文化项目作为正在建设的三个重点项目之一，对加快推进安徽港口由资源“整合”向文化“融合”转变有重要意义。安徽港集团党委委员、副总经理沈江涛提到省港口运营公司追求卓越、勇于创新、精诚奉献，从“整合”到“融合”，从“力合”到“心合”，从“形合”到“神合”，从思想一致到步调一致，塑造了全员认同的企业精神及核心价值观，形成了鲜明的价值导向，凝聚了强大的发展共识。

一汽 – 大众企业文化与成本文化管理咨询项目
——构建战略支持型文化，打造高质量发展引擎

北京同心动力企业管理顾问有限公司

北京同心动力企业管理顾问有限公司（以下简称同心动力），是一家以企业文化管理、组织品牌管理、组织转型变革等服务而著称的咨询公司，是中国企业联合会管理咨询委员会副主任委员单位、中国科技咨询协会副理事长单位。

同心动力成立于1999年，长期以来，公司肩负“激发积极改变，铸造商业信仰”的使命，坚持“引领性、创新性、实效性”的咨询原则，始终致力于与客户携手发展，先后为中国建筑、中国工商银行、中国铁建、德邦物流、太阳纸业、中国电科、雅瑞光学、东方电气、中国一重等数百家知名企业提供管理咨询服务；培训华润集团、联想集团、百度、中国兵器、汇丰银行、摩根士丹利（中国）等上千家卓越企业，被誉为“管理咨询界的群体德鲁克”。

本案例项目组成员

赵彦春，同心动力副总裁。曾在世界500强企业党群、人力资源、宣传、文化等多系统任职。拥有20余年企业管理经验、13年管理咨询经验，在企业文化建设与管理、学习型组织创建等领域有丰富的理论和实践经验。先后主持过中国一重、东方电气、中国电科、中铁电化、神华神东、一汽 – 大众、杭州地铁、太阳纸业、广州日报、亿利资源等众多知名企业的企业文化管理咨询项目。

其他成员：程鑫、谭宇军

导读

一汽－大众汽车有限公司（以下简称一汽－大众）是我国第一个按经济规模起步建设的现代化乘用车生产企业。2017 年年底，在全新的 2025 战略正式发布之际，一汽－大众企业文化与成本文化管理咨询项目，基于战略诉求、时代要求和管理需要顺利开启。

在项目推进过程中，项目组始终牢牢把握契合点，弄清差异点，找准关键点，采用竞争性文化价值模型对企业进行“CT 全身扫描”，精准定位了一汽－大众高控制、高绩效文化特征；经过对历史文化积淀、现状价值导向、未来期望认知三个维度的梳理与聚焦，准确锁定了一汽－大众的 12 条核心价值；专门设计了“一汽－大众战略支持型文化模型”，确立了“五位一体”的文化总体布局，紧密结合一汽－大众 2025 发展战略，实现了文化对战略的有力承接与支撑；推出了独具一汽－大众特色的《创・享之道》，绘制了一汽－大众“文化管理路线图”，既契合了德国大众最新提出的“Together”理念，又彰显了中国一汽的品格与情怀，体现了合资双方的共同追求，从而让一汽－大众的跨文化管理更具内涵、更显品质。

战略支持型文化的落地与实施，促进了一汽－大众在管理上六个方面的转变与提升：一是从以产品和销量为中心向以市场和客户为中心转变；二是把强大的体系能力转化为灵活高效的体系；三是从聚焦于事向更多地关注于人的发展转变；四是管理方式从控制型管理向服务支持型转变；五是从以人为本向以奋斗者为本转变；六是从传统制造企业向移动出行、业务转型的转变与提升。

一汽－大众企业文化与成本文化管理咨询项目
——构建战略支持型文化，打造高质量发展引擎

北京同心动力企业管理顾问有限公司　赵彦春

一汽－大众汽车有限公司（以下简称一汽－大众）是我国第一个按经济规模起步建设的现代化乘用车生产企业。2017 年年末，同心动力牵手一汽－大众，担负起了与这家中国优秀的汽车企业共同构建战略支持型文化，打造高质量发展引擎的重任。

一、项目背景

一汽－大众面向 2025 年的企业文化与成本文化管理咨询项目于 2017 年 11 月下旬正式启动。该项目是一汽－大众在关键的历史节点和重要的发展阶段，基于战略诉求、时代要求和管理需要应运而生的。

（一）企业简况

一汽－大众于 1991 年 2 月 6 日成立，是由中国第一汽车股份有限公司、德国大众汽车股份公司、奥迪汽车股份公司和大众汽车（中国）投资有限公司合资经营的大型乘用车生产企业。

经过近 30 年的发展，一汽－大众产能布局已覆盖东北长春、西南成都、华南佛山、华东青岛及华北天津五大基地，拥有轿车一厂至轿车六厂、动力总成事业部及冲压中心八大专业生产厂。

从建厂初期的一个品牌一款产品，发展到现在的奥迪、大众、捷达三大品牌 20 余款产品——奥迪 e-tron、奥迪 A6L、奥迪 A6L e-tron、奥迪 Q5L、奥迪 A4L、奥迪 Q3、奥迪 A3 Limousine、奥迪 A3 Sportback、奥迪 Q2L、奥迪 Q2L e-tron、迈腾 GTE、新迈腾、CC、探岳、探岳 R-Line、探歌 T-ROC、探影、全新一代速腾、高尔夫、高尔夫 GTI、高尔夫 R-Line、高尔夫·嘉旅、高尔夫·纯电、C-TREK 蔚领、宝来、宝来·纯电及捷达 VS5、捷达 VA3，一汽－大众已成为国内成熟的覆盖 A、B、C 级全系列乘用车型的生产企业。

一汽－大众在技术、管理领域形成人才梯队和人才储备，同时尊重员工

的个人发展意愿，保持员工能力和价值的不断提升，在企业内外树立了良好的雇主品牌形象，并得到了专业机构和社会公众的广泛认同。截至 2019 年，公司已连续 11 年获得荷兰的杰出雇主调研机构（Top Employers Institute）认证的“中国杰出雇主”认证，连续 9 年获得中华英才网评选的“中国大学生最佳雇主”奖项，并在汽车行业排名第一。

（二）项目需求及目标

1. 战略诉求：全新战略，文化承接

2017 年 11 月 7 日，一汽 – 大众正式发布 2025 战略，企业进入全面转型升级阶段。针对企业已确立的新战略举措及成本优化战略，需要企业文化进行匹配与全面承接，并构建相应的成本文化。

2. 时代要求：与时俱进，体系升级

原有企业文化体系已历时 9 年，现需与时俱进，进行系统升级、更新解读，以体现时代要求和行业趋势，从而更好地展现企业的文化风貌。

3. 管理需要：落地深植，提升管理

过去的企业文化建设工作已取得相当成效，现亟须形成企业文化完整的组织架构及管理模式，实现企业文化管理的系统升级，并对优化升级后的企业文化进行落地深植，进一步对接行为及管理。

二、项目调研诊断分析

（一）调研特点

1. 访谈调研：体现了广度、深度、高度

广覆盖。调研覆盖了一汽 – 大众长春本部生产、技术开发、销售、采购、质保、控制六大板块及成都、佛山工厂，涵盖了各板块、各层级、各地区、各群体人员，共形成 33 万字的访谈笔录。

深探究。以“世界咖啡”形式开展了八场深度思维碰撞共识研讨，覆盖六大板块，282 人参与，最大限度提升了员工的整体参与度，激发了员工的期待感与主动意识，让每个人都感受到企业文化不是与己无关，而是就在我们身边，为企业文化深植落地奠定了重要基础。

高对接。访谈中，对中德双方的主要高层领导及高级经理，坚持“能访尽访”的原则，共计 46 人次接受了访谈。

2. 问卷调研：强针对、全定制，获“最走心”认可

有针对性地设计调研问卷，根据各地各厂、中德双方的情况对问卷内容进行差异化的定制；使用个性化的语言、运用企业“自家话”进行描述，得到

了参与问卷调研人员的高度认可。一位参与问卷填写的人员在与公司党群工作部文化主管领导进行微信聊天时说，“这么多年见过最走心的调研”“他们说这个挺好，得认真填填……”。值得一提的是，在一般企业调研中大家都不太愿意花时间、动脑子去答的开放题，参加问卷调研的一汽－大众人却填写得非常认真，答题质量非常高。

3. 综合诊断：利用竞争性文化价值模型对一汽－大众进行了“CT 全身扫描”和精准定位

数据显示，一汽－大众具备较强的规范意识和目标绩效意识，强调控制、规范与绩效，呈现典型的高控制、高绩效型文化特征。这一结论得到了一汽－大众的高度认同，因次日要召开一年一度的一汽－大众年度工作会议，所以项目的结论被“连夜加入总经理报告”。

（二）关注重点

作为一家走过 26 年发展历程的中德合资企业，其成功一定不是偶然，必然有支撑其成功的内在逻辑。所以，在项目的推进过程中，我们始终牢牢把握契合点，弄清差异点，找准关键点，重在探究其成功背后的文化轨迹。

1. 把握契合点：中德双方有着共同的目标与追求

1991 年，一汽集团与大众、奥迪合作，中德两个汽车巨人开始了跨越时空的握手，“最优秀汽车合资企业”的共同目标、“质量至上”的相同追求，为双方合作奠定了良好基础。

中德双方有着共同的目标：德国大众希望通过合资拓展中国市场，让大众走进中国；而作为共和国汽车工业长子的一汽则希望通过合资让高品质汽车走近百姓，“立志一定要让中国的大街上跑的是中国生产的轿车”，所以在公司成立的第一次党员代表大会上，董事长耿昭杰就提出：“一汽－大众要成为中国最优秀的汽车合资企业”。

中德双方拥有相同的追求：德国人注重质量，强调技术；而在中国，虽然当时还是一个物质相对短缺的时代，但一汽－大众在 1996 年就根据市场环境与自身经营的变化需要，提出了“质量至上、技术领先、市场导向、管理创新”的十六字经营方针，并不断践行。

2. 弄清差异点：中德双方的文化差异

然而，由于中德之间显著的文化差异，双方从思维方式、行为方式乃至对待工作等方面的理解均有诸多不同，这对于合作提出了较大挑战，并带来了重重阻碍。

敬业与职业对比。作为一汽－大众人，特别是老一辈的一汽人，爱企如家，非常敬业，访谈中很多人提道：“我们可能礼拜天出差回来，不是先回家，而是先到单位看一眼，然后才能很安心地回家。”但对待工作同样认真的德国人的行事方式却完全不同，他们有着很强的职业精神，但他们认为：“我与企业是雇佣关系，我完成个人工作后，该休假的时候，不管工作怎么样，到时间说走就走。”

灵活与严谨对比。中国人做事情会在规则允许的情况下有一定的灵活度，但有时候随意性会比较大，比如在访谈中大家谈到较多的是，“会议设定超时、拖期甚至随意变更，而且会出现身份越高的人越不遵守规则的现象”；而德国人的做事方式则是非常严谨，说几点开会就几点开会，说哪些人参加就哪些人参加，他们有时候严谨得近乎刻板，他们的原则是“一切都要按规则来、按流程走，不允许有任何的走样”。

重感情与只对事对比。中国人重感情、重人情，感情好、关系近的人在一起相处和做事会更顺畅，协调起来更容易；德国人更多的是专注做事，即便是争论也往往是对事不对人。

关键事项需领导拍板与谁干谁有权对比。访谈中，大家提道：“中国人管理方式是一级带着一级干，管理层重点在管，执行层重点在干，遇到关键问题需要逐级进行请示汇报，需领导拍板后去落实。同时，企业还拥有健全的党的组织和各类群众组织，比如党委、工会、纪委、团委等；而德国大众是职能化特别强的团队，谁干谁有权，给责任人的授权是非常充分的，管和干是不分的。”

3. 找准关键点：中德双方的文化融合

在中德合作的过程中，双方都逐渐认识到，德方不能只考虑大众的利益，中方也不能只是站在一汽的立场上，中德双方都应该从“一汽－大众”的角度去思考问题、去做事情。在这种情况下，中德双方需要相互“尊重信任”“求同存异”，方能“合作共赢”。只有这样，才能促进中德双方的文化融合，推动一汽－大众不断迈向更加辉煌的未来。

尊重信任是前提。尊重文化差异，尊重不同的利益诉求，欣赏彼此的闪光点，站在多方角度考虑，互相信任，坦诚相待，只有在这个前提下，才能谋求和实现共同利益的最大化。

求同存异是共识。一汽－大众的文化不应只包含中国一汽的文化和德国大众的文化，更应该是“一汽－大众”独特的、共同的、有利于合资企业发展的文化。有了这样的共识，双方的合作之路才能行稳致远。

合作共赢是目标。一汽－大众双方目标相同、方向一致，双方在共同利益、共同目标的引领下携手共进，与各利益相关方建立长期、友好、紧密的合作关系，合作共赢，共创未来。

（三）核心定位

利用同心动力“三元锁定”企业个性分析模型（见图 1），分析企业赖以持续生存的核心基因（DNA），从而明确一汽－大众战略支持型文化的核心定位。

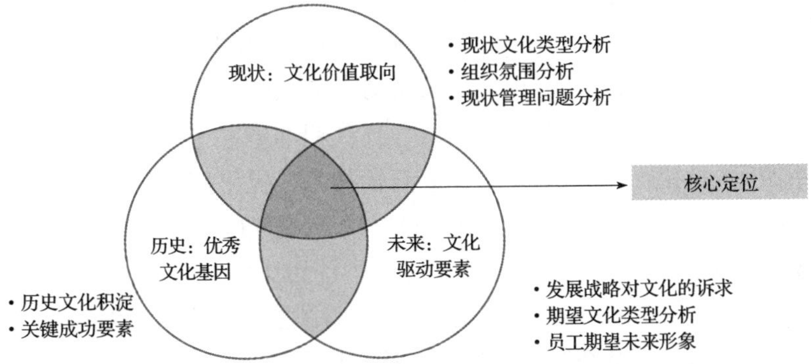

图 1　同心动力“三元锁定”企业个性分析模型

1. 历史：优秀文化基因

（1）回望发展历程，挖掘历史文化积淀。一汽－大众的发展历程是一个充满拼搏与奋进、骄傲与辉煌的历程。如果用汽车的行驶过程来形容的话，一汽－大众的发展大体经历了“起步”“提速”“全速”“换挡”四个历史阶段，在这一进程中，无论机遇还是挑战，他们始终紧扣时代脉搏，不断演绎精彩乐章，推动中国汽车产业走向世界前沿。

起步：赤手拓荒，艰苦创业。

20 世纪 80 年代末，伴随着改革开放的不断深入、国门的打开，大量进口轿车涌入，整个中国汽车工业面临着巨大挑战。作为共和国汽车工业的长子，一汽以开放的胸怀和前瞻性的战略眼光，开始了与国外汽车厂商合作的探索，迈出了合资经营的历史性步伐。1991 年 2 月 6 日，一汽－大众汽车有限公司正式成立，成为中国首个按经济规模起步建设的现代化乘用车生产企业，开启了国内大规模制造轿车的崭新时代，一段合作共赢的传奇由此拉开序幕。

一批批建设者，带着理想与抱负，来到这里，开始了艰苦的创业历程。肩负着“让中国的大街上跑的是中国生产的轿车”“要成为中国最优秀的汽车合资企业”的情怀与使命的一汽－大众人，拥有着高涨的创业与学习热情，同年 8 月，首批“TTA 培训”人员启程赴德国大众，进行生产工艺和管理技术的学习，开启了一汽－大众新车型引入培训的一个标准化培训模式；随后，外语培训、工人的技术培训、经理人员赴德国大众公司对先进管理模式的学习等频繁展开；在国产化上也进行着积极、持续地探索，提出了“宁可三天不回家，也要实现国产化”等口号，连年取得了突破性成果，于1996年4月，捷达国产化率达60%。

然而，起步之初，一汽－大众仍旧面临着重重挑战：产品质量迟迟上不去，车型种类单一、用户缺少选择，管理没有流程，没有独立的销售体系等诸多问题，使得企业迟迟无法盈利，中德双方的合作由此也遇到挑战。

针对当时存在的问题，一汽－大众明确提出了“质量至上、技术领先、市场导向、管理创新”的十六字经营方针；相继采取了引进奥迪产品，在A级车型中引入ABS、自动变速箱等创新性技术，提出流程再造和打造全员全过程的质量管理体系等一系列强有力措施，逐渐扭转了不利局面。1996年，珠海出租车司机苏耀洪驾驶捷达轿车“60万千米无大修”，珠海市副市长向一汽－大众赠送了一块书有“纵横南北，一路捷达”的牌匾，这一事件经媒体广泛报道，一汽－大众在行业内奠定了良好口碑。

1997年8月19日，一汽－大众15万辆轿车工程验收，意味着中国第一个15万辆起步，高起点、专业化、大批量的现代化轿车工业基地建成。

提速：栉风沐雨，砥砺前行。

1998年，一汽－大众成立一汽－大众销售责任有限公司，开始建设4S店营销网络，标志着从汽车生产制造为中心，转向建立具备完整的经营管理体系的汽车公司。奥迪、宝来等产品的引进和投产丰富了产品线，逐步完善的生产信息系统、质量体系、培训体系，使一汽－大众开始加速发展，企业盈利能力逐步提升。与此同时，企业与员工共享发展成果，员工的腰包鼓起来，大幅提升了员工的忠诚度、归属感与自豪感。

几年快速发展后，一汽－大众又遇到了新的发展瓶颈：加速的市场竞争和大量竞争对手的出现带来的外部挑战，居高不下的成本和新车型引进困难导致的严重亏损，以及管理体系和人员能力难以跟上生产规模的增长……面对这些问题，一汽－大众大胆决策，建设轿车二厂，向ABC全系车型全面迈进，产品线更加丰富；与此同时，面对低迷的市场形势，一汽－大众苦练内功，提出“成本是第一信号”“疯狂降成本”，全面优化成本；持续提升国产化能力和自主研发能力，加大市场导向，奥迪A6推行定制化探索；加强管理创新，强调“内部客户意识”和责任担当，开展诸如“我的用户到底是谁？”“我怎么为他服务？”的大讨论活动，传播“油瓶子倒了先扶起来，再去追责”

的故事；从德国大众引进了AC测评体系，用于人员的甄选与开发，启动公司激励机制改进项目；加强企业文化建设等一系列措施逐渐扭转了不利局面，一汽－大众进入快速发展通道。这一阶段，66万辆工程指挥部成立，一汽－大众实现向ABC全系车型全面迈进，产品线更加丰富的目标，奥迪A4、A6、高尔夫、宝来、开迪相继投放，为轿车快速进入家庭做准备，逐渐确立了在中国汽车行业的领先地位。

全速：变革跨越，激情奋进。

在全速迈向中国最优秀汽车合资企业的征程中，一汽－大众不断变革跨越，激情奋进。

从2006年7月开始，公司实施激励机制改革，打造全新岗位体系；开通技术晋升通道，启动人员能力建设，拓宽人员发展空间……面向全员的激励机制变革和人才培养体系的不断完善大大激发了员工的积极性与进取意识。2006年12月，在公司第二次党员代表大会上，明确提出了"两最愿景"，随后成立了企业文化推进项目组，经过广泛征集、系统梳理，形成并确立了包括公司使命、愿景、核心价值观、企业精神及经营方针等在内的企业文化体系。

与此同时，在市场营销方面，公司对营销体系进行全面变革，转换营销思路和模式，增强市场导向，调整组织构架和区域构架，引入订单式管理，大幅提升了营销能力和销售质量，2008年实现全国销量冠军，并连续四年销量以每年10万辆的速度增长。在体系流程方面，以核心业务为重点，优化流程设计，完善和提升从产品规划到市场营销整个产业链的体系能力。在生产布局方面，确立100万辆的战略目标，迈腾引入生产，成都、佛山分公司相继投产，C级、B级、A级车型梯次投放市场，公司产能全面释放，布局趋于完善。2009年实现66万辆产能，2011年全年产量突破100万辆，2013年12月20日，公司年产150万辆庆典在轿车三厂总装车间举行。这是一汽－大众发展史上的又一个重要的里程碑，不仅标志着一汽－大众产能规模得到了再一次提升，而且表明了一汽－大众综合竞争实力和体系能力又达到一个新的水平。

在此阶段，一汽－大众进入了井喷式发展，盈利能力持续攀升，赞助奥运、坚持公益事业等举动也为企业树立了良好的品牌形象和社会美誉度，员工生产积极性和组织荣誉感达到空前高度。

换挡：勇立潮头，转型铸梦。

2013年开始，一汽－大众遇到车型更新、换代瓶颈，缺少SUV车型等现实问题，而整个汽车制造业也正朝着模块化、低碳化、智能化、定制化、信息化方向发展，面对新的机遇与挑战，一汽－大众开始了对于发展战略的重新思考。

2013 年，一汽－大众启动新一轮合资合同，确定 2020 战略，原生产基地有序释放产能，新基地建设紧锣密鼓，逐渐形成了东北、西南、华南、华东、华北五地六厂的生产基地布局；在进一步丰富产品线的同时，公司开始把关注点从产品转向产品的全生命周期；在质量提升方面，持续开展了“质量提升工作”“质量精益”“成长中的质量”等工程；在品牌方面，加强了对品牌提升的重视，提出“创・享高品质”的品牌理念，并形成了健全完善的企业社会责任体系。

2017 年 9 月，在全球汽车产业进入变革转型的关键时期，一汽－大众因势而动，正式发布 2025 战略。在巩固现有业务的基础上，不断夯实体系能力，做大做强汽车后市场，加速拓展新业务领域，布局全价值链的绿色、可持续发展，向移动出行和新能源领域转型；规划更多 SUV 车型，建立第三品牌，与大众品牌、奥迪品牌形成“三驾马车”，更大程度满足市场需求。在销售领域，全面推进“相生共赢 2.0”战略，建立与经销商的“相生共赢”关系。在人事方面也开启了大刀阔斧的改革，以“干部能上能下、员工能进能出、收入能高能低、组织机构能增能减”为抓手，充分地“激发活力、催生动力、传递压力、赋予能力”，一汽－大众踏上了全新的发展之路，焕发新的企业活力，铸就着新的行业奇迹。

一汽－大众在近 30 年的发展历程中孕育了厚重的历史文化积淀，主要体现在以下几个方面，如图 2 所示。

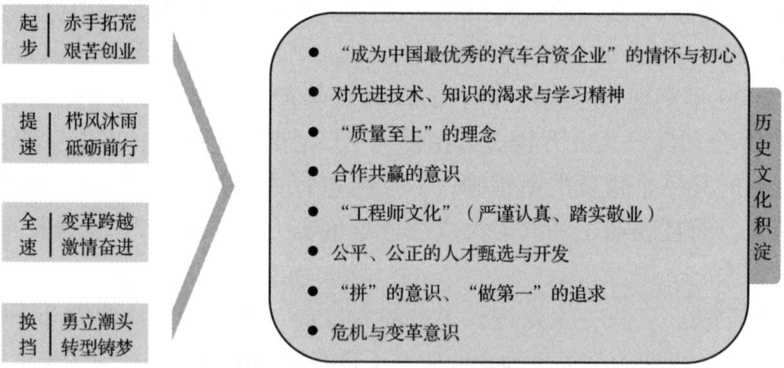

图 2　一汽－大众历史文化积淀

（2）客观认识自我，探寻关键成功要素。

综合访谈、问卷调研与资料分析，我们找到了支撑一汽－大众取得成功的五大关键要素：强大的体系能力；有情怀、能打拼的管理与员工团队；对产品质量的极致追求；合作伙伴之间的信任与信赖；汽车行业高速增长的机遇。

2. 现状：文化价值取向

企业文化蕴含于日常的经营管理活动中，而企业文化管理亦要针对管理中存在的问题，提出文化层面的解决问题思路，补齐短板，提升综合实力，进而提高经营业绩。我们采取定量分析与定性分析相结合的方式，客观、准确、全面地梳理、界定一汽－大众面临的现状问题，并从中找出一汽－大众需要强化的文化价值取向：责任担当；客户意识；市场开拓、进取意识；产品与服务创新；效率意识（决策效率、执行效率）；绩效激励的导向性；主动求变；关注员工成长；品牌意识。

3. 未来：期望形象认知

对于一汽－大众未来应确立的企业形象，员工的期望主要集中在四个方面，如图 3 所示：高品质的代名词；员工心目中共同的家园；可信任，可信赖；走在最前沿，永做领跑者。

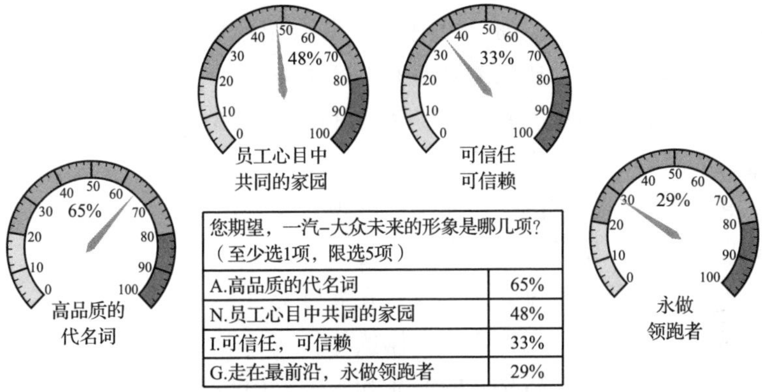

您期望，一汽–大众未来的形象是哪几项？（至少选1项，限选5项）	
A.高品质的代名词	65%
N.员工心目中共同的家园	48%
I.可信任，可信赖	33%
G.走在最前沿，永做领跑者	29%

图 3　一汽－大众未来期望形象认知

4. 核心锁定

经过对历史文化积淀、现状价值导向、未来期望认知三个维度的梳理与聚焦，我们准确锁定、清晰定位了一汽－大众的 12 条核心价值：情怀与初心；尊重、信任信赖；“拼”的意识、“做第一”的追求；对产品质量的极致追求；工程师文化；灵活高效、效率意识；客户意识；责任担当；沟通协作、合作共赢；变革创新；成本意识；长远战略眼光。

（四）管理提升

一汽－大众在经历了爆发式的增长后，步入了转型期和高质量增长期。在这种新的趋势下，一汽－大众的变革已势在必行。经过系统调研与综合研判，我们认为一汽 – 大众的整体管理思想、管理方向应从六个方面进行转变，以更好地撬动企业转型提升，如图 4 所示。

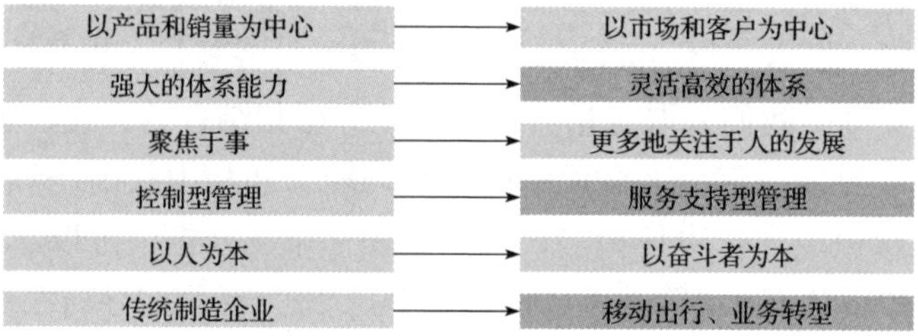

图 4　一汽 – 大众六个方面的转变与提升

1. 从以产品和销量为中心向以市场和客户为中心转变

（1）关注市场，真正树立起市场导向机制。

（2）关注客户，实施拥抱客户计划，致力于以用户体验为中心，持续提升品牌影响和用户满意度。

（3）伙伴协同，与供应商、经销商实现“相生共赢”的伙伴关系。

2. 把强大的体系能力转化为灵活高效的体系

（1）探究高效体系的关键要素，对照高效体系要素审视自我，寻求改变，力求打造灵活高效的现代化企业。

（2）真诚沟通，注重协作，使组织表现力臻完美。

（3）激发活力，积极主动，高效执行。

3. 从聚焦于事向更多地关注于人的发展转变

（1）充分尊重员工，充分信赖合作伙伴。

（2）肯定人的价值，高品质的产品和服务是由高素质的人创造出来的。

（3）注重员工参与，提升员工参与度与积极性。

（4）激发人的能动性，让最接近问题的员工去解决问题，从而创造更高价值。

4. 管理方式从控制型管理向服务支持型管理转变

（1）转变管理方式，树立管理就是服务的观念。

（2）以服务的角色去管理，用“心”服务，让管理更加有效。

5. 从以人为本向以奋斗者为本转变

（1）崇尚拼搏与奋斗，把奋斗者视为一汽 – 大众最为宝贵的财富。

（2）在分配激励与晋升机制上向奋斗者倾斜，职位靠能力，薪酬凭贡献。

（3）形成“绝不让雷锋吃亏”的机制。

6. 从传统制造企业向移动出行、业务转型的转变与提升

（1）为用户提供更多元化、智能化的出行解决方案。

（2）做大做强市场，加快布局新领域。

三、解决方案的设计框架

（一）战略支持型文化的总体设计

1. 厘清战略诉求，以更好地支撑发展战略

面对行业发展的新趋势，一汽－大众结合现有战略体系，在 2017 年正式发布了企业“2025 战略”。新的“2025 战略”，充分把握外部环境的变化趋势，剖析企业自身情况，不仅关注业务发展，更关注管理提升，承载起公司面向更长远未来的发展规划。从面向 2025 企业战略的文化诉求与价值导向出发，一汽－大众需要系统升级与全面聚焦战略支持型文化的构建。

（1）高效的组织发展。

重点举措：决策机制、战略管理体系、现代化企业管理。

价值导向：灵活高效、管理创新意识。

（2）持续的企业盈利。

重点举措：用户体验重塑、产品组合、品牌向上 / 网络优化、质量卓越、成本领先、人效提升（直接 / 间接）。

价值导向：用户体验意识、产品创新、品牌意识、工匠精神、成本意识、效率意识。

（3）强健的业务增长。

重点举措：售后服务与二手车、新能源汽车、汽车金融、经济型品牌。

价值导向：服务意识、创新思维、开拓意识。

（4）前瞻性的未来布局。

重点举措：移动出行生态圈、车联网。

价值导向：学习精神、前瞻性的战略思维、长远视角。

（5）和谐共进的发展。

重点举措：员工培育与激励、供应链升级、研发升级、数字化革命、绿化发展。

价值导向：合作共赢、激励激发、自主研发意识。

2. 厘清文化脉络，以更好匹配发展战略

一汽－大众的文化始终在为匹配战略、支撑战略不断进行升级与优化，其发展脉络清晰可辨，大体经历了以下三个阶段：第一个阶段，实现了从“一最愿景”到“两最愿景”的升级；第二个阶段，将十六字经营方针由“质量至

上、技术领先、市场导向、管理创新”调整为“市场导向、管理创新、质量至上、技术领先”；第三个阶段，完成了从“五大核心理念确立”到“使命、愿景优化升级”，文化体系升级、《创·享之道》正式确立。

公司企业文化正式命名，《创·享之道》确立。首先，这一命名源于历史、面向未来。做中国最优秀合资企业的情怀与初心，需要“创”，也需要“享”；同时，成为中国最优秀的汽车企业，需要的不是跟随，而是创新创造，当然也离不开合资双方的合作与分享。其次，这一命名凸显特色、彰显追求。一汽-大众“拼”的意识、“做第一”的追求需要“创”；实现中德双方良好的合资与合作，需要分享共享；一汽-大众的发展需要组织与员工、中方与外方共创共享。最后，这一命名体现了内外一致、中外同步。一汽-大众的文化核心与企业的品牌理念（创·享高品质）一致；一汽-大众的核心倡导与德国大众最新提出的 Together 同步，体现了共创共享的理念。

（二）战略支持型文化的管理体系设计

结合“企业文化管理体系设计”（见图 5），制定一汽-大众企业文化管理制度体系，实现文化管理的制度化与规范化。

1. 组织架构体系

组织架构体系包括：一汽-大众企业文化管理组织设计体系；一汽-大众部门职责分工及岗位说明等。

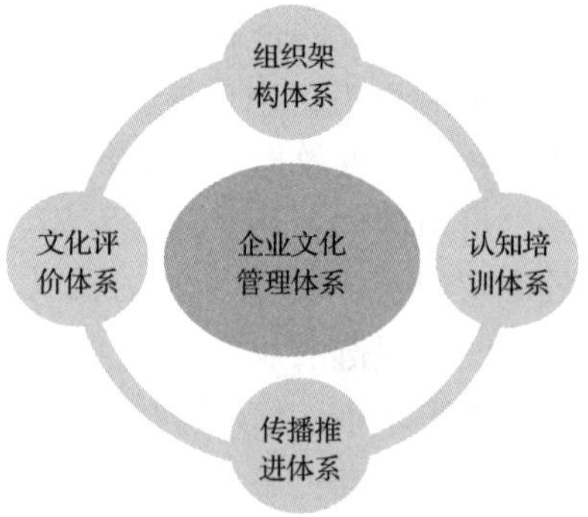

图 5　企业文化管理体系设计

2. 认知培训体系

认知培训体系包括：企业文化年度培训计划、培训办法等；企业文化内训师体系，并将企业文化培训融入公司培训体系；不同层级、不同职能、不同情况（如晋升）的企业文化培训体系。

3. 传播推进体系

企业文化内部传播与外部传播体系，包括：研讨、先进人物事迹、典礼和仪式、内刊/报纸、网站、文娱活动等活动办法及频次等。

4. 文化评价体系

文化评价体系包括：一汽-大众文化评价体系；一汽-大众文化管理办法。

四、案例项目评估和绩效说明

（一）项目特色

1. 两个项目，一次运作，高质高效“见实力”

文化系统升级与成本文化构建双项目同步进行，统一运作；

充分为客户考虑，“既少添麻烦”又保证效果；

项目成员既有所侧重又互为补充，多维视角、多方印证。

2. 充分信任，互动密切，“不分你我一家人”

与客户交流深入密切，参与“高级经理战略研讨会”文化议题的讨论与拟定；

受邀参与客户方重要会议及相关活动，充分感受客户企业文化氛围与管理风格。

一汽－大众战略支持型文化与成本文化构建项目的成功，得益于一汽－大众中德双方领导及文化主管部门的充分信任、大力支持与密切配合，使项目人员能够更加深入地触及内部管理；得益于项目团队内部两个子项目人员的深入探究、勠力同心与协同一致，从而有效地保证此次企业文化与成本文化项目能够更加深入、更加贴近与融入企业的经营管理，确保了两个项目、一次运作，均能高质高效达成预期目标，取得圆满成功。

（二）项目成效

1.“五位一体”的文化更具内涵、更有温度

一汽－大众构建战略支持型文化，明确了一汽－大众的使命、愿景、核心价值观、企业精神和经营方针的文化布局。在这一布局中，使命是一汽－大众对自身定位及企业基本性质的描述；愿景是对一汽－大众未来蓝图和发展状态的描绘；核心价值观是在企业经营管理中所倡导的、遵循的基本信念和原则；企业精神是一汽－大众面对问题、困难时所体现的独特精神风貌；经营方针是企业应对市场竞争，在经营上采取的长期策略和指导思想。这五个方面既相互联系又相互促进，它们构成了一汽－大众文化“五位一体”的总体布局。

一汽－大众“五位一体”的文化理念体系，不仅在体系架构上，将企业的经营方针纳入核心理念体系当中，实现了文化与管理的有机融合；而且在内容上，紧密结合一汽－大众 2025 发展战略，实现了文化对战略的有力承接与支撑。这样，既契合了一汽－大众的性格与气质，又彰显了一汽－大众的品格与情怀，从而让一汽－大众的文化更具内涵、更有温度。

2. 一汽 – 大众企业文化管理实施路线图引领其迈入文化管理新阶段

按照既定的“一汽 – 大众文化管理实施路线图”，一汽 – 大众企业文化管理持续深入推进。一是文化共享。通过企业文化共识营、企业文化体验营，促进文化在各层面达成广泛共识，进而达到文化在整个企业的共享共进。二是标杆引领。建立标准化、规范化的对标指标，在各领域、各系统选树文化示范单位，发挥标杆的引领和带动作用，并定期对基础薄弱单位进行培训、指导，通过补齐短板，实现标杆引领，达到整体推进。三是模式构建。在文化共享、标杆引领的基础上，一汽 – 大众建立起真正的文化管理模式，并融入公司各单位、各层级的管理行为当中，真正实现文化引领管理、保障战略落实，最终形成具有鲜明个性特征的一汽 – 大众文化管理模式，打造合资企业文化建设的典范。

3.《创 · 享之道》驱动一汽 – 大众持续高质量发展

一汽 – 大众《创 · 享之道》的推出，充分契合一汽 – 大众始终坚持质量至上的企业经营方针，与“创 · 享高品质”的企业核心品牌理念内外呼应、协同发力，成为一汽 – 大众不可或缺的软实力，推动一汽 – 大众实现企业文化建设与战略管控的有效共融、品牌优势与市场竞争优势的叠加共赢、企业整体发展与员工个人成长的同步共进，引领一汽 – 大众在高质量发展的道路上，勇攀高峰、一路向前。

南京钢铁组织能级提升规划设计

北京华夏基石企业管理咨询有限公司

北京华夏基石企业管理咨询有限公司（以下简称华夏基石），是由我国管理咨询业开拓者、著名管理咨询专家、《华为基本法》起草人之一的彭剑锋教授创办，旗下会聚了500多位既具有扎实理论功底又具有实践操作经验的资深咨询顾问，是中国目前最专业、规模最大的专业咨询机构之一，是中国企业联合会管理咨询委员会副主任委员单位。

华夏基石始终致力于整合、传播国内外先进管理理念与最优实践成果，并推进其在中国管理实践中的运用。与此同时，不断总结、研究中国管理实践，提出了一系列对于中国企业具有实际意义、原创性的管理方法与工具，并在对国内外先进管理智力成果进行研究的基础上创新，开发具有独立知识产权的专业化产品和服务，将“为客户创造价值，与客户共同成长”的理念落于实处，管理产品与咨询服务成果得到业内高度认可。

本案例项目组成员

张百舸，同济大学工程学士，南开大学企业管理硕士，南开大学经济学博士，北京大学光华管理学院博士后。曾先后任职跨国IT公司高级经理（SAE）、华侨城康佳集团总裁助理、欧洲最大管理咨询公司——凯捷（Capgemini）总监、昆明市工信委副主任、云南省级工业园区管委会主任等，有丰富的工业经济管理经验、企业管理经验和管理咨询经验，专长领域为公司战略、流程优化和组织变革、企业文化及人力资源管理。

其他成员：张艳云、毛榕、刘卓

导读

受新冠肺炎疫情、贸易局势紧张、金融动荡、地缘政治紧张局势升级的影响，全球经济复苏进程或将进一步放缓。自从数字化时代拉开帷幕，互联网技术高速发展以来，环境变得越来越不确定，价值创造日益艰难。

过去南京钢铁的组织特征是条线分工、专业分工、科层制架构、封闭运作。在数字化与智能化时代，组织应以开放包容的心态，从封闭式边界思维过渡到开放式跨界融合，企业组织需要实现外部生态的破界融合、产业与产业的破界融合。从为客户创造价值的思维转向企业与客户共创价值、企业与员工共创价值的思维，从单一竞争思维转向利他取势的竞合思维。

围绕南京钢铁“双百亿利润，千亿美元市值的高科技产业集团”的战略目标，未来“十四五”组织的目标是“开放生态、跨界协同、平台赋能、客户导向”，推倒过去传统科层的金字塔组织，构建共创共享的开放互联的智慧型平台架构。整个组织的运行是数据驱动、平台化管理，组织功能将实现从管控到赋能、从胜任力到创造力、从个体价值到集合智慧、从分工到协同转型。

另外，在数字化时代，在技术革新与市场变化的持续驱动下，企业的商业模式与管理模式均面临着冲击与挑战，利用大数据、云计算、物联网、移动互联等技术推动企业的数字化转型成为一种发展趋势。组织能级转型对人力资源效能提升提出更高需求，要求必须用数字化的思维进行组织变革与人力资源管理体系的创新，强调生态链接与资源最大化共享，通过打破组织边界的人才搜寻与数据获取，以及人才的精准配置与培育，进而形成人与组织的重构，提高劳动生产率，提升组织运营效率。

南京钢铁组织能级提升规划设计

北京华夏基石企业管理咨询有限公司　张百舸

一、案例背景

（一）南京钢铁企业简介

南京钢铁始建于1958年，是国家战略布局的18家重点钢企之一，是中国特大型钢铁联合企业。1993年12月，南京钢铁厂进行公司制改革，成立南京钢铁集团有限公司，同时组建南京钢铁集团。2000年9月，南钢股份在上海证券交易所成功上市。2003年4月，南钢集团有限公司进行了“三联动”改革，并与上海复星集团合资成立南京钢铁联合有限公司。2010年9月，南京钢铁（以下简称南钢）实现了整体上市。

目前，南钢已具备年产1000万吨钢的综合生产能力。企业先后获得“亚洲质量奖”“全国质量奖”“全国文明单位”“全国用户满意企业”“中国最佳诚信企业”等重要荣誉，连续20多年保持江苏省、南京市文明单位称号。2017年，在103家钢铁企业竞争力评级中，被评为最高等级“A+级（竞争力极强）”企业。

南钢拥有国内中厚板领域“规格齐全、分工合理、优势突出”的板材生产线和特色明显、高效高质低成本的特钢生产线，所有工艺装备均已实现了大型化、现代化。其中，板材生产体系主要装备有一条5000毫米宽厚板生产线、一条3500毫米宽中厚板（卷）生产线和一条2800毫米中板生产线；长材生产体系主要装备有一条高速线材（含大盘卷）、一条带钢和4条棒材生产线。南钢坚持以生产高端品种、高附加值产品为特色，已形成宽中厚板（卷）、棒材、高速线材、钢带、异型钢五大类，近300个钢种、一万余个品种规格的产品系列。产品被广泛应用于国内外诸多标志性工程，远销30多个国家和地区。

近年来，南钢确立了做优金属新材料本体，以能源环保、智能产业、“互联网+”为三向多元发展方向，以客户导向、模式和技术创新、智能化、国际化、卓越绩效为驱动的“一体三元五驱动”战略体系，逐步构建主业与新产业的“双主业”发展格局。2016 年，融合多元产业资源和对外投资平台，成立了新产业投资集团，搭建出整合股东各方资源，兼具投前和投后管理职能的新平台。新产业投资集团成立后，成功投资德国 Koller、中荷环保、柏林水务、青岛思普润、恒通机器人、天创环境、天工股份、云南菲尔特等多个项目，对外投资规模和效益创历史新高。

未来，南钢将以党的十九大精神为指导，认真贯彻落实国家有关钢铁产业发展政策，以创建国际一流受尊重的企业智慧生命体为企业愿景，立志成为钢铁行业转型发展的引领者，做中国智能化工业制造的脊梁。

（二）钢铁行业特征及趋势

1. 钢铁消费需求特征

中国钢铁消费在 2020 年出现“拐点”，中国钢铁消费进入峰值平台区，未来钢铁需求可能呈现下降趋势；印度、东南亚的钢铁消费初显加快增长的趋势。对于多数钢铁企业而言，积极开拓海外市场将成为下一步的战略发展重点，南钢也同样需要进一步加快国际化步伐。

从钢铁行业毛利率变化趋势来看，中国钢铁行业的周期性特征非常明显，7 ～ 8 年为一个行业周期。然而，国家的新型基础设施建设，尤其是城际高速铁路及城市轨道交通建设对钢材需求拉动较大，2020 年总耗钢量达到 1059 万吨，给钢铁行业带来 3000 亿～ 3500 亿元的销售规模，可能导致钢铁行业周期延后 1 ～ 2 年，带来新一轮的钢铁行业政策机遇期。所以，钢铁企业需要紧跟新的业务形态和产品需求，把握政策红利。

2. 下游客户需求特征

近年来中国钢铁行业下游客户需求特征出现了一系列变化。从需求结构来看，未来钢铁产品必然要迎合国家战略和重点应用领域新材料的需求，满足我国制造业高端化、新型工业化、城镇化建设及创新性战略化发展的需要；从需求特点来看，未来下游客户将更加追求产品个性化和差异化，而非传统产业所需要的“量大面广”的同质化钢铁产品。

此外，钢结构建筑作为“绿色建筑”的优秀代表，已成为各级政府和房产商、投资者关注和推动的新型产业。2010 年至今，我国的钢结构产量不断增加，年均增速保持在 10% 以上。目前，我国住宅钢结构占比不到 5%，还有很大的发展空间。预计到 2022 年前后市场规模将有望突破 3000 亿元，助推钢铁行业需求结构变化。

受国家相关政策影响，下游客户的需求特征正在悄然改变，因此对于南钢等中大型钢企而言，突围之路在下游供应链。

3. 行业集中度特征

华夏基石关于钢铁及上下游行业集中度对比如图 1 所示。

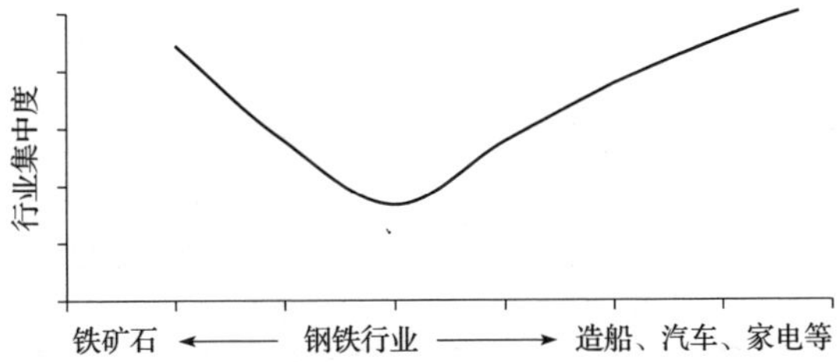

图 1　华夏基石关于钢铁及上下游行业集中度对比

对比欧美与日本等发达国家，中国钢铁行业集中度非常低，钢产量排名前 10 的企业，钢产量占全国的比重（CR10）约为 35.3%，而钢铁上下游行业集中度都非常高。上游铁矿石呈寡头垄断格局，拥有强大话语权。截至 2018 年，铁矿石原矿储量前 5 国家储量占全球储量的 78.5%；铁金属含量前 5 国家占全球总含铁量的 73.4%。下游主要用钢行业集中度也较高。家电行业呈高度集中状态，CR8 超过 75%；造船行业前 10 家企业 2018 年造船完工量占比达到 69.8%；水利水电施工建设、轨道交通施工、建筑施工行业等集中度都非常高。上下游较高的行业集中度导致中国钢铁工业企业销售定价权普遍偏弱。

4. 钢铁企业战略发展特征

中国钢铁工业企业正在逐步显现战略发展两极分化的特征：一部分钢铁企业奉行低成本战略，另一部分钢铁企业坚持走差异化战略。

奉行低成本战略的钢铁企业，诸如短期之内坚持“低成本生产，低价格销售”两低经营原则的普阳钢铁，长期之内通过资本手段不断扩大规模的宝武钢铁，都将具备极强的规模成本竞争优势。

以南钢和中信泰富特钢及其旗下的兴澄特钢为代表的走精品钢路线的钢铁企业，昭示着钢铁行业的另一种发展战略路径，即坚持走产品差异化战略。但其战略背后需要强大的产品研发能力和高效的柔性制造能力作为支撑。

一方面，精品特钢差异化战略要求钢铁工业企业始终保持领先的产品研发能力，防止“特钢不特”现象。差异化战略的背后是持续的研发投入。持续的高研发投入会为股东带来积极的资本投资回报，与企业资本市值存在较强的正相关。南钢非常重视产品研发，无论是在研发投资额还是在研发投资占比上都在上市钢企中位于第一梯队。

另一方面，钢铁企业作为材料制造商，普遍存在较强的卖方思维，缺乏工业消费品企业的买方营销管理思维。钢铁企业要想在营销上实现突破，就需要转变思维，树立营销观念，在营销价值链（见图2）上发掘需改进的环节，进一步贴近客户，满足客户需求，为客户提供更好的服务。南钢钢铁主业近些年积极推进营销组织变革，构筑大客户研产销铁三角模式，取得了显著成效，但售后服务价值链是南钢作为精品特钢差异化竞争战略的后期重要变革点。

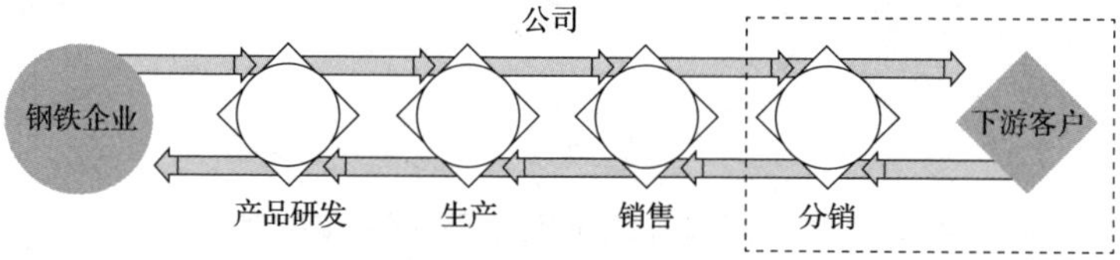

图2　营销价值链

（三）项目需求及目标

受新冠肺炎疫情、贸易局势紧张、金融动荡、地缘政治紧张局势升级的影响，全球经济复苏进程或将进一步放缓。自从数字化时代拉开序幕，互联网技术高速发展以来，企业的核心竞争力不再是组织基业长青的根本，组织原有的长期获得竞争优势的能力已经无法经受时间的考验。与此同时，环境变得越来越不确定，价值创造日益艰难。

过去南钢的组织特征是条线分工、专业分工、科层制架构、封闭运作。在数字化与智能化时代，组织应以开放包容的心态，从封闭式边界思维过渡到开放式跨界融合，企业组织需要实现外部生态的破界融合、产业与产业的破界融合。从为客户创造价值的思维转向企业与客户共创价值、企业与员工共创价值的思维，从单一竞争思维转向利他取势的竞合思维。

围绕南钢“双百亿利润，千亿美元市值的高科技产业集团”的战略目标，未来“十四五”组织的目标是“开放生态、跨界协同、平台赋能、客户导向”，推倒过去传统科层的金字塔组织，构建共创共享的开放互联的智慧型平台架构。整个组织的运行是数据驱动、平台化管理，组织功能将实现从管控到赋能、从胜任力到创造力、从个体价值到集合智慧、从分工到协同转型。

另外，在数字化时代，在技术革新与市场变化的持续驱动下，企业的商业模式与管理模式均面临着冲击与挑战，利用大数据、云计算、物联网、移动互联等技术推动企业的数字化转型成为一种发展趋势。组织能级转型对人力资源效能提升提出更高需求，要求必须用数字化的思维进行组织变革与人力资源管理体系的创新，强调生态链接与资源最大化共享，通过打破组织边界的人才搜寻与数据获取，以及人才的精准配置与培育，进而形成人与组织的重构，提高劳动生产率，提升组织运营效率。

综上所述，本次项目的需求定义为在战略目标的指导下，实现组织功能的转型、组织能级的提升，以及人力资源效能的提升。

二、诊断分析

（一）工具及方法应用

1. 问卷调研

针对本项目，结合华夏基石集团化管控模式测评模型，项目组设计了南钢集团化管控模式调研问卷，对南钢钢铁主业 4 个事业部、新产业投资集团下属 14 家控股公司的集团管控模式进行了问卷调研评估，从法人治理结构、集团管控模式、共享平台建设和组织生态化（开放性）四个维度，针对目前情况和目标状况进行验证性调研，调研对象为事业部及子公司的经营班子成员。

下面以新产业投资集团下属子公司的调研结论为例，做简要的说明与展示。

通过新产业投资集团调研总体数据统计（见图 3），子公司经营层认为，在上述四个维度的集团管控现状与目标差距较大。

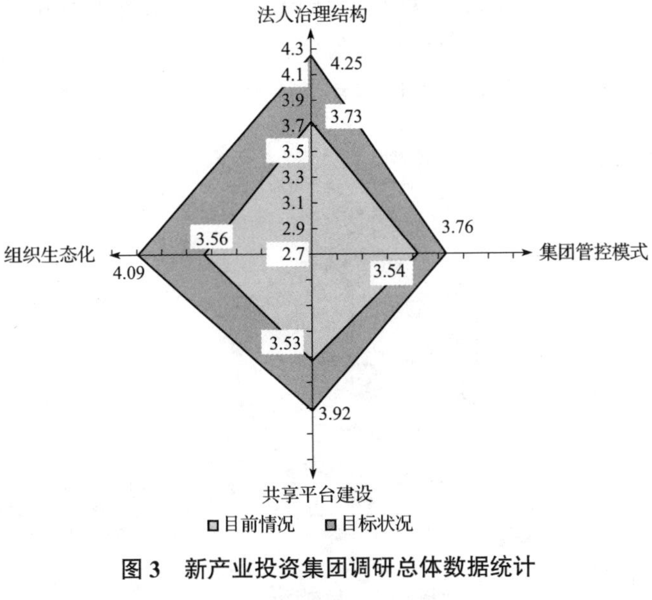

图 3　新产业投资集团调研总体数据统计

首先，在法人治理结构上，现状评估得分 3.73，目标期望得分 4.25，控股公司认为在法人治理结构方面有较大的提升空间。轮值首席运营官（COO）管理制度亟待建立和完善；经营层定期性议事规则的建立和风险管控体系的完善尤为关键，如图 4 所示。

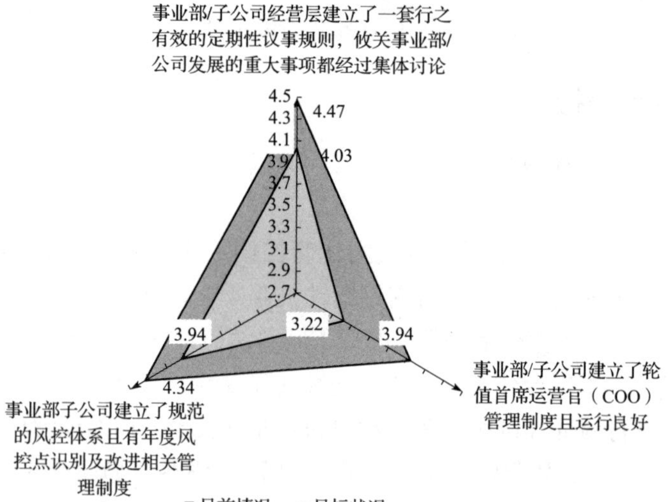

图 4　新产业投资集团法人治理结构调研数据统计

其次，在组织生态化上，现状评估得分 3.56，目标期望得分 4.09，现状整体与目标状况差距较大，总体认为公司相对较为封闭保守。在与客户、供应商、高校、科研院所的合作关系的构建上还有待加强，如图 5 所示。

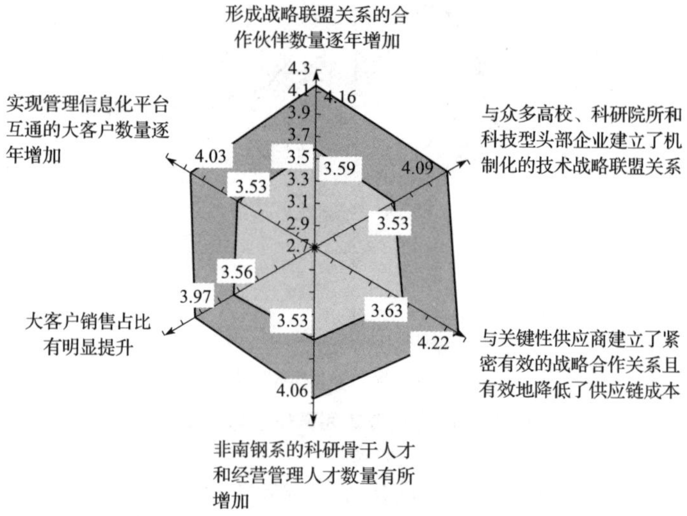

图 5　新产业投资集团组织生态化调研数据统计

再次，在集团管控模式上，现状评估得分 3.54，期望得分 3.76，整体期望较低，说明子公司未来依旧不希望总部过多插手日常经营事务；在中层管理人员人事任免上子公司对总部管控期望较低；但在财务预算和资金计划、经营层人员离任审计方面子公司对总部统一管控的期望较高；财务负责人定期轮换还需加强；总部对于子公司的绩效激励机制有待完善和加强；总部与分公司的授权还应更加明确；在财务、人力、供应链等的信息共享上还需强化，如图 6 所示。

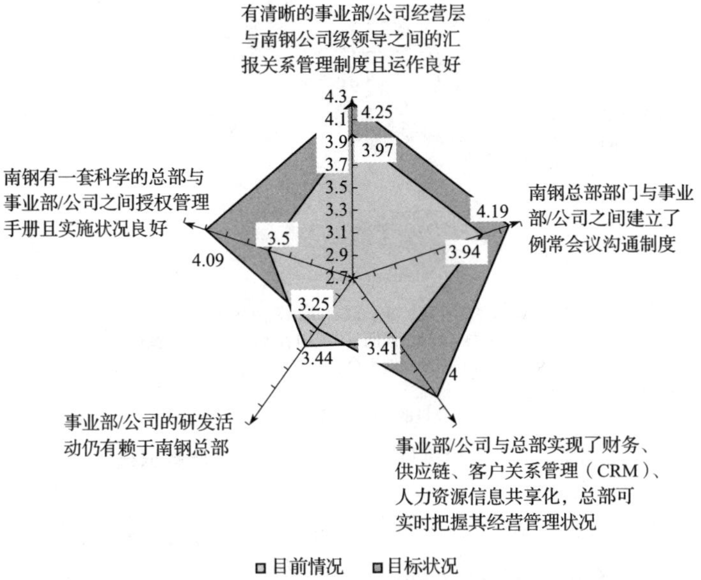

图 6　新产业投资集团管控模式调研数据统计

最后，在共享平台建设上，现状得分 3.53，目标期望得分 3.92。总部在客户资源数据库、数字技术支持等方面，以及员工在线交流与培训方面的赋能还有所不足，如图 7 所示。

2. 访谈调研

本项目从战略影响、组织变革及人效提升三个维度进行访谈调研。

“既无管控亦无赋能”可能是访谈中对新产业投资集团组织能级管理现状较为有代表性的形容。新产业投资集团目前还缺乏清晰的发展战略，产业互联网战略或者数字工业技术战略仍是“犹抱琵琶半遮面”。

南钢集团总部的现状访谈显示：第一，目前南钢的组织架构特征为条线管理，组织划分按照专业分工原则，科层制架构特征明显，有官本位迹象，同时“部门墙”相对较厚，组织运作相对封闭化；第二，组织核心技能强调“干一行爱一行”，注重工作经验积累，以成本控制为核心，强调员工的专业特长；第三，核心价值观沿袭艰苦奋斗的传统，强调奉献精神，同时基于生产专业化分工的现状，要求员工遵守规则，遵守秩序。近些年加入增量分享的激励元素。

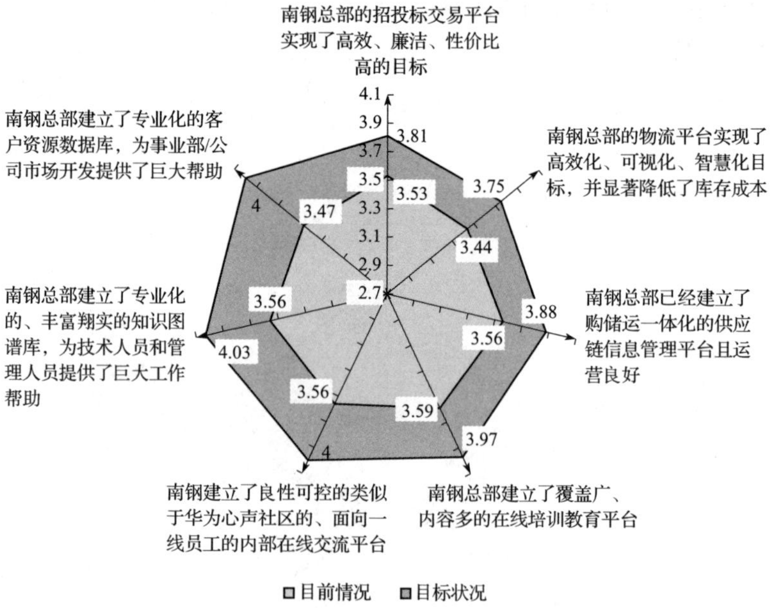

图 7　新产业投资集团共享平台建设调研数据统计

通过对钢铁主业、新产业投资集团各层级员工的访谈调研，项目组对企业的组织现状及战略方向有了更加深入的了解。

3. 对标分析

针对南钢提出的多业态集团组织能级及管理提升的项目需求，项目组的对标研究工作重点为世界先进集团化企业总部的组织管控模式，包括丹纳赫、淡马锡等。

（1）丹纳赫。丹纳赫是一家拥有 400 多家子公司、营业收入近 200 亿美元、市值超 900 亿美元的综合性制造业集团。丹纳赫尤为重视控股公司经营团队的尽职调查和战略牵引管理，丹纳赫商业系统（Danaher Business System，DBS）管理模式是企业的核心价值观，重点在于推动公司创新和增长，在对目标企业实现收购后，公司运用 DBS 系统进行整合，实现共同成长。

其商标由字母“C”“D”构成，其中“C”代表 Customer（顾客），“D”代表 Danaher（丹纳赫）。“4P”分别为人才（People）、计划（Plan）、流程（Process）及业绩（Performance）。

在人才方面，人才测评是丹纳赫在进行收购前的尽职调查，以及对现有公司不断评估的一个重要组成部分。对于管理人员的保留度，在收购的公司中有所不同。一般而言，丹纳赫收购新公司的两年内，高管的置换率为0～50%，这样的人事决策基于两个方面：尽职调查过程中管理人员的面试情况和管理人员实际运营情况；在接管公司后，丹纳赫会尽快拟定人事决策，包括剔除不可能成功或不可能适应丹纳赫文化的管理人员及其替补计划。

在计划上，丹纳赫为旗下的每个公司制订战略计划，该计划旨在应对下述问题："我们在参与什么竞争？"和"我们如何取胜？"丹纳赫会在100天内对管理人员制订战略计划，旨在促使管理人员意识到绩效改进的可能性，并帮助他们找出现阶段绩效改进存在的障碍。

在流程设计上，整合流程的重点在于帮助新加入的管理人员了解DBS。丹纳赫通常会对管理人员进行一周的培训，再举办一周的持续改善活动。

在业绩管理上，当就子公司战略达成一致后，丹纳赫会利用一个政策部署（PD）工具来推动和监督战略的实施。该体系的核心是政策部署评估，丹纳赫会对各子公司进行每月一次的政策部署评估，评估的目标与战略计划直接相关。首先是一系列将会显著改善公司业绩的3～5年目标。

在组织架构上，丹纳赫公司一个重要的机构是DBS办公室（Danaher Business System Office，DBSO），它由15～20个高管组成，在业务部门工作。作为业务拓展的角色，加入这个机构的最基本要求是：他必须是一个高级运营管理人员。DBSO的职责是培训丹纳赫商务系统的管理人员，DBSO参与了所有新并购活动中的初期培训和持续改善。

（2）淡马锡。淡马锡于1974年成立，代替新加坡财政部对重要行业的企业进行统一管理。如今淡马锡所有控股或参股的企业超过2000家，投资市场覆盖全球，涉及金融、能源、交通、地产等各行业，成为市场化、多元化、国际化的投资巨擘。职工总人数达14万人，总资产超过420亿美元，占全国GDP的8%左右。淡马锡已从一家单纯的国有企业控股机构升级为新加坡的主权财富基金之一。

淡马锡通过董事代表制实现对企业的管控。淡马锡控股公司将所有关联公司按性质不同大体划分为两大类，即A类企业和B类企业，对不同类型的企业采取不同的监管方式。A类企业主要包括关系国家重要资源类和公共政策目标类企业，如水资源、能源、煤气网、机场和港口等企业，以及博彩业、大众传媒机构、医疗、教育、住宅类企业。对于这些企业，淡马锡在其中所占股份为100%或持有多数股份，行使新加坡政府对这类企业的管理和控制权。B类企业主要是那些有潜力向本区域或国际市场发展的企业。淡马锡控股支持这类企业以合并、整合、收购及整体出售等方式，或通过发行新股以减少原有股份的办法，推动企业向国际市场发展。

淡马锡通过影响属下公司的战略方向来行使股东权利，但不具体插手其日常商业运作。淡马锡和其他的投资者行使权利的主要方式是通过及时完整的财务报告。其实施的是积极股东的做法，其严格按照市场规则，监督属下企业，不参与被投资公司的投资、商业和运营决策。这些决策由他们各自的管理团队来制定，并由各自的董事会监管。至于属下企业集团的投资政策，淡马锡完全交由各自的董事会与专业团队负责，基本上不介入。

虽然财政部是淡马锡的唯一股东，但是其董事会的主要组成人员，却是独立董事，与公务员董事和执行董事（CEO）共同组成董事会。这种董事会的架构，可以使其更加关注企业的运转，并集中精力研究企业的发展。

（二）诊断结论

通过问卷调研、访谈调研及对标分析，项目组对南钢现状做出诊断并提出以下思路：新产业集团还缺乏清晰的发展战略，管控不足；总部组织架构特征为条线管理，科层制特征明显，“部门墙”相对较厚，组织运作相对封闭化；人才专业化分工，操作人员比例较高，数字化提升所需的复合人才较为缺乏。

丹纳赫组织体制的优势在于注重对拟并购企业经营团队的人才测评及管理相关的尽职调查；非常注重战略牵引及战略执行监督，强化业绩监控；管控模式的统一化，也蕴含着价值观的统一；同样关注经营班子队伍建设。但DBS管控体系不一定适合所有多元化投资集团公司，DBSO部门属于跨团队松散型组织，目的之一在于跨子公司协调，在实际运行中应结合各个企业的具体情况进行调整。这对南钢新产业投资集团的组织能级建设有很大的借鉴意义。

首先是控股子公司经营班子队伍建设，项目组发现，大多数数字技术企业的创始人团队往往都存在技术偏弱或市场偏弱的情况。注重人力资源管理尤其是高层团队的领导力建设是许多西方国际化企业成功的关键。同时团队要保持一定的置换率，也就是保持对子公司经营团队持续的竞争压力。

其次是战略及文化牵引。产业投资集团公司必须要理解子公司的业务发展战略并与其达成共识，这是经营管控的基础，否则会出现偏离“赛道”的现象。

最后是产业投资集团应重点进行持续性补强式投资，传统一次性投资、自身造血、自我发展式的投资管理理念已不适合数字技术型企业。其一，投资并购是科技型企业增长的重要引擎之一；其二，数字科技型企业都追求生态发展，为了维系生态“霸主”地位，需要投资并购行为，我们将数字技术型企业的这种发展模式称为“组装式增长”，因此，补强式投资将是新产业投资集团的一个重要职能。

从丹纳赫等产业投资集团获得成功的因素分析来看，基本的组织要素主要来自三个方面，分别是产业战略、经营人才和资本运作。

首先，从产业战略上看，总部加强战略执行的过程监督是培育新产业集群发展聚合的关键所在。在产业互联网时代，譬如工业物流产业等可能都是潜在的“风口”。其次，从经营人才上看，集团紧抓投资公司的领导力建设计划是未来重要的管控要素。最后，从资本运作上看，南钢背靠复星集团，这方面的组织能力是南钢发展新产业的长处之一。

另外，总部组织的专业化赋能、生态化运作，以及员工素质方向及专业能力的布局也是南钢未来重要的提升方向。

三、方案设计

项目组依据对南钢的诊断结论及发展方向的判断做出了未来南钢组织能级提升的设计方案。

（一）新产业投资集团的定位与管控设计

华夏基石认为，新产业投资集团应按照从战略定位到治理模式、组织架构，再到制度保障的路径进行设计。

首先要回答的是新产业投资集团的战略使命是什么？进入“修枝剪叶”阶段的新产业投资集团，除了利润规模增长进一步加速之外，“十四五”期间的战略重点任务还包括培育核心技术、核心产品、核心人才和核心资源，目标是打造 1 ～ 3 家产业集群。

其次要思考的问题是新产业投资集团将是一家什么企业？这直接关乎未来的治理模式选择。新产业集团在未来是否沿袭现状的事业部制、代理投资和监管？还是作为以资本为纽带的金融投资类公司，抑或是资本运营型公司？新产业集团未来将侧重于产业投资，对下属子公司的运营干预度较高；还是资本投资型公司，侧重于财务投资，对下属子公司的运营干预度较低？这些都是需要回答的问题。

在组织架构的设计上，南钢主要应该思考以下几个问题：新产业投资集团应该采取什么样的组织管理体制？新产业投资集团总部的组织角色定位是什么？对标丹纳赫，新产业投资集团的管控要素（NBS）有哪些？下属子公司管控模式的设计方向是什么？

新产业投资集团公司的战略使命是致力于成为钢铁互联网产业的头部投

资性企业集团，从当初的钢铁行业周期性波动对冲者转型为未来钢铁行业数字化转型的引领者，以数字技术解决传统钢铁企业的主要痛点，如钢企的制造成本效率问题、供应链问题、产品结构问题、绿色环保问题等。

根据可预测的产业互联网发展特点，可以提出新产业投资集团的产业培育要点。数字产业发展的生命周期如图 8 所示，其不同阶段有着不同的竞争特性：①初创期——场景积累，即看谁更理解客户痛点；②成长期——技术产品，即看谁能掌握产业的核心技术产品；③成熟期——数据资产，即看谁拥有更庞大的数据资产规模及与其匹配的云计算能力。南钢在这个过程中也应发挥其在钢铁产业的战略洞察优势。

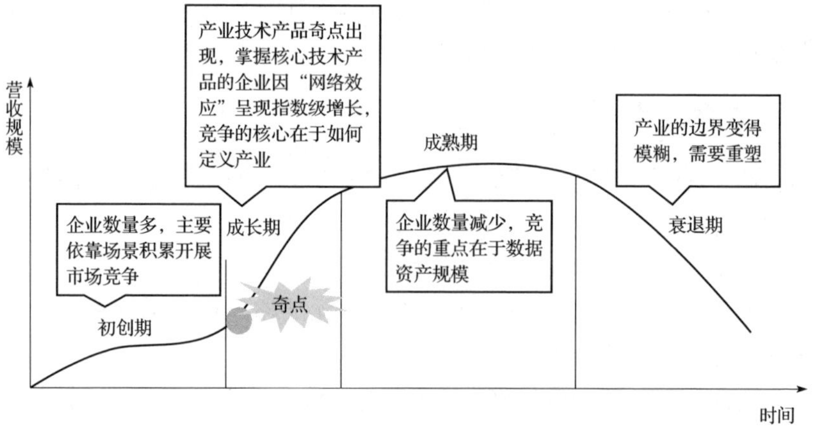

图 8　数字产业发展的生命周期

四大“无形资产”即依托南钢的专业化市场优势，产业投资集团利用资本投资手段，找准赛道，重点培育核心技术、核心产品、核心人才及核心资源，最后通过运营管理实现价值变现，肩负新的价值创造的使命。分蘖生长业务仍属于新兴培育型业务，尤其强调其在南钢主业转型过程中的科技化赋能作用，在赋能过程中磨砺自身的技术和产品，如图 9 所示。

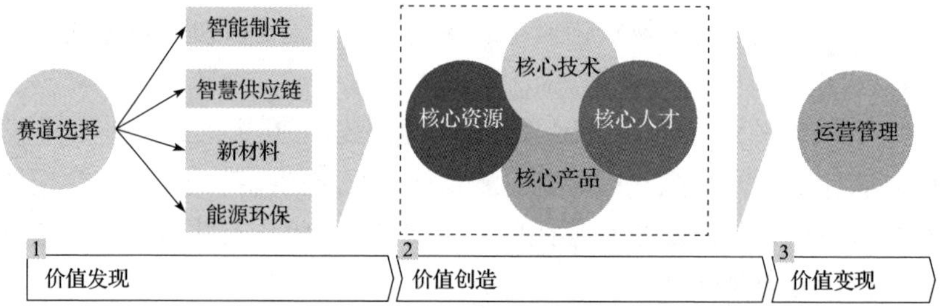

图 9　分蘖生长业务发展逻辑示意图

华夏基石建议从“资本投融资职能”“专业赋能职能”和“产业管理职能”三大维度来审视产业投资集团公司总部的职能设计。

资本投融资职能重点指常规的资本融资、投资、退出等管理职能，尤其是在产业群培养阶段，投资集团总部需要进行更多的“补强式”投资。

专业赋能职能重点是指企业文化、人力资源、财务管理、风险控制、环境、健康、安全（Enrironment Heatth Safety，EHS）等专业管理职能方面的赋能，推动下属控股公司管理更规范、更健康。

产业管理职能的提出是由于南钢新产业投资集团定位于产业投资，所以必须保持对产业洞察方面的领先性，这就要求总部必须具备战略理解和管理能力。

不同于传统的运营型或战略型管控模式，产业投资集团公司必须要明晰相应的管理要素。华夏基石建议设计价值管理、领导力管理、文化管理、战略管理及增长管理五个维度的总部管控要素，在此基础上提出 VLCSG 管控模型（见图 10），未来南钢新产业投资集团可以根据此管控要素模型建立评价体系，每年对下属控股公司进行评估打分，从而为针对下属公司的决策提供依据。

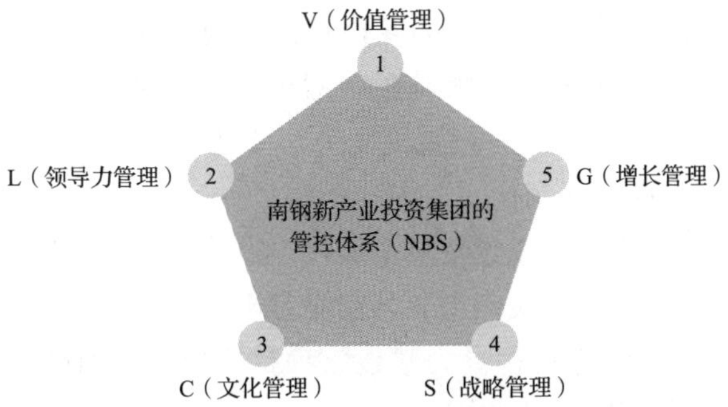

图 10　VLCSG 管控模型

价值管理：必须要对控股公司的价值创造行为进行管理，结果与激励机制设计紧密挂钩，打造价值合伙人机制。南钢产业投资集团要建立科技型公司的四大“无形资产”管理模型。

领导力管理：包括下属公司法人治理结构设计、经营班子权力组合模式规范、经营班子成员素质测评（未来南钢应该建立一套科学的经理人能力素质模型标准）、经营班子成员素质提升培养等。

文化管理：随着新产业投资集团的发展壮大，未来文化管理日益重要，而且南钢“十四五”期间也将升级企业文化体系。文化管理内容包括标识统一、文化主题活动的统一推广，以及经营班子成员的价值观行为考核等。

战略管理：重点不是产业投资集团总部为下属公司制定业务发展战略，而是必须与下属公司就其发展战略达成共识。作为产业投资定位，总部必须洞悉产业趋势。战略管理具体内容包括年度战略计划（SP）审批与评估、年度现金流计划和年度经营预算审批等。

增长管理：重点是速度管理。对于数字技术服务型企业而言，重点在于营收规模的增长速度以及利基市场的份额变化与市场地位；对于数字技术生产型企业而言，重点在于经营利润增长速度。

建议产业投资集团公司未来针对控股公司建立价值创造与管理市值联动的内部管理市值考核指标，引入资本市场对数字技术型企业的估值模型，建立模拟“管理市值”考核指标，引导控股公司的价值创造行为。

具体而言，由于对数字技术型企业而言，影响资本市场预期的关键因素是“无形资产”，其是关键的价值创造因素，所以建议产业投资集团建立各个控股公司的四大“无形资产”报表。

另外，对一家数字技术型企业而言，预期净现金流与其潜在市场规模预测及无形资产回报等相关，产业投资集团可以从预期净现金流、潜在市场规模预测和无形资产回报等维度建立相应的控股公司估值模型（不完全基于常规的净利润估值模型）。最终，产业投资集团公司要建立针对控股公司的内部模拟“管理市值”指标，跟踪其变化。

针对下属公司，建议产业投资集团实行“以价值管理为核心，以市值管理为抓手”的偏战略型管控模式，不参与控股公司日常运营。集团管控体现“赋能＋监管”原则，赋能包括领导力建设、项目投资、项目融资，监管则重点依靠 VLCSG 评估和年度绩效考核。

（二）钢铁主业营销组织升级

基于市场竞争环境和客户需求的变化，南钢钢铁主业事业部需要继续深化基于客户为中心的矩阵式营销组织建设，“研产销”以及供应链管理、售后增值服务都应纳入矩阵式营销组织（见图 11）之中，形成围绕客户的闭环式管理。

华夏基石建议南钢钢铁主业事业部在营销上主要增加两个方面的职能，第一是在产品研发院或者营销管理部增加产品定义管理职能，或者“场景分析师”，即能真正把握客户痛点的技术或销售人员，并能根据客户需要提供增值化的售后服务。第二是增加售后增值服务的职能，既包括实现客户一体化的材料利用率最优，也包括供应链乃至交易的深度融合所带来的效率提升。

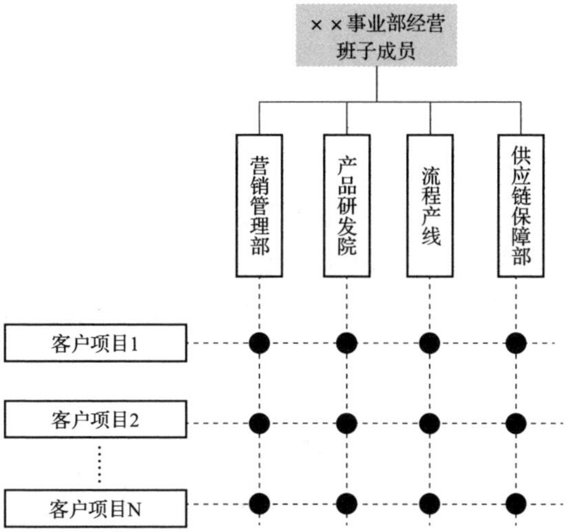

图 11　矩阵式营销组织

另外，“十四五”期间，南钢钢铁主业要建立基于重点用户的 EVI 组织模式，逐步实现从经营产品向经营用户的组织体制转变，推动经营层及研产销人员走向市场。重点用户（可能跨事业部）需要开展商业模式创新，打破用户传统的招投标模式。

在南钢钢铁主业“铁三角”营销组织模式的基础上，优化形成基于重点用户的 EVI 组织模式。

用户总监：来自公司高层或者事业部经营层，担任重点用户小组的“总协调人”，即针对一些重点用户或者重点项目或者重点市场。总协调人要带领“铁三角”组织制定战略、明确打法、协调内部资源等。

商务经理：负责全过程的客户公共关系管理、商务合同跟进、应收账款管理等，另外除了常规的交货期保障之外，还肩负上下游供应链保障职能［尤其针对大客户（Key Account，KA）未来建立信息化数字系统］，依据全供应链成本最低最优规划职能。

技术经理：一方面通过数字技术链接（目的是增强用户黏性），实现与重点用户的交易信息系统对接、研发信息系统对接，获取客户产品应用场景的数据和成本等商务数据，为提前介入客户的设计环节创造条件；另一方面负责重点用户的产品定义和产品开发组织协调等工作。

供应链经理：来自事业部供应链管理部门或者产线负责人，主要负责产品交付和供应链保障，以及负责供应链系统成本的最优化规划工作（涵盖用户侧的材料总体利用率规划等）。

（三）总部组织中台建设

1. 总部职能规划

作为一个战略管理型的公司总部，未来重点要强化战略统领和数据赋能。

（1）战略统领。依据南钢“十四五”发展战略，华夏基石认为南钢总部战略管理的重点涵盖六大方面，具体业务发展战略将下沉至事业部层级负责。具体包括：数字技术战略、人才发展战略、增长战略、供应链战略、价值管理战略和国际化战略。

（2）数据赋能。数据赋能是指将总部所有的事务性、标准性、通用性业务转化为数字，并通过数字化信息技术，实现赋能服务。财务管理、人力资源、审计监察等各个部门都梳理自身的事务性工作，并引入相应的 IT 系统，实现业务数字化管理目标。

2. 中台建设规划

南钢总部组织中台要定位于“数字化技术支撑 + 专业化赋能”兼顾的共享服务组织，并汲取工业企业和互联网企业“有思想无数据、有数据无思想”的弊端，打造符合南钢数字化转型的组织需求。

（1）业务中台：是指处在产业链中必不可少的环节，提供强有力的前台支撑业务，具备业务属性的组织，未来可能实现自主经营的功能。业务中台既要求其数字化技术能力很强，又要求其对事业部或控股公司有着较强的专业化赋能，重点体现在效率、成本方面。包括：供应链管理中台、研发中台、设备智慧运营中台。

（2）数据中台：基于大数据实现数据的分层和解耦，通过数据建模实现跨区域数据整合，形成数据资产的能力，即针对 L4 ～ L5 的管理信息化的数据，比如客户关系管理（CRM）、企业资源计划（ERP）等，建立知识管理图谱，形成管理数据中台；针对 L0 ～ L3 的设备、安全、生产、质量等产生的数据，建立数据库，形成数据中台。建议南钢要建立一个高效且有特色的数据中台，数字化技术能力支撑很强，不要求专业化赋能很强，但要为管理和业务所倚。

（3）管理中台：通过共享的职能业务，利用数字化技术，实现资源的整合复用。包括人力资源共享中心、财务共享中心。管理数据 + 管理思想 = 管理服务，管理中台要求能为事业部和控股公司提供较强的专业赋能，数字化技术能力要求不高但高效。

中后台组织功能架构如图 12 所示。

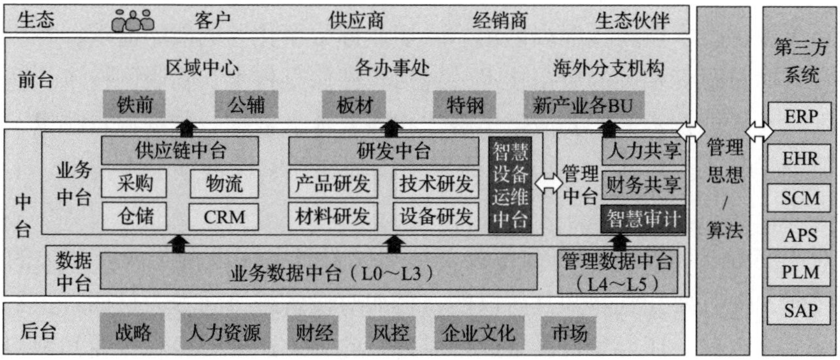

图 12　中后台组织功能架构

（四）人力资源效能提升

为了构建千亿美元市值的高科技产业集团，钢铁主业围绕“成本、质量、创新、安全、环保”等方面，实现钢铁主业“高质量发展、高效率生产、高效益运营”；新产业投资集团一方面围绕主业补强，即着眼于补强传统钢铁主业的核心竞争优势；另一方面围绕分蘖生长，即依托传统钢铁主业，嫁接数字技术，寻找“风口赛道”，打造新的增长极。同时组织承接战略的核心技能是数字技术、客户关系、运营效率。通过制定“T 型”人才覆盖率、哑铃型人才结构、灯塔人才等目标，盘活人才资本，构建人力资源体制机制，实现组织效能增长，支撑战略的落地。

1. 关于数字化人才增长曲线

对于南钢而言，只有实现数字技术（Data Technology，DT）和运营技术（Operational Technology，OT）的相互赋能、高效融合，才可能明显改变制造绩效增长曲线，有望实现董事长提出的数字化转型带来的指数级增长曲线。

实现 OT 与 DT 的有效融合，要改变传统的“工程师远离一线”的观念，事业部需要更多贴近一线的工程师队伍，处置、改善、解决数字化生产过程中出现的问题。另外，还需要重新优化南钢钢铁主业事业部的人才结构，即要显著增加设备工程师、工艺工程师、产品研发工程师、材料研发工程师、成本分析工程师等 OT 人才的占比。

2. 关于“T 型”人才

数字化 T 型人才是指掌握与履职相关的数字技术并具备娴熟运用数据的能力即数据服务化能力，在履责领域具备与之相匹配的专业知识技能，且具备将专业知识经验进行数字化转化的能力的人才。

对于数字技术能力，根据南钢“一切业务数字化”的战略需求，各级人员要学习掌握与履责相关的数据技术，包括软件信息技术、物联网技术、通信传输技术、大数据技术等，要清晰了解“我需要什么数据，数据源自哪里，数据技术原理是什么，等等”，如产品研发工程师必须掌握数字孪生技术、工业仿真技术等。

对于专业技术能力，南钢各级人员不仅要具备深度的与履责相关的专业知识技能，而且要知其然知其所以然，譬如对设备维修保养人员而言，不仅要知道为什么点检，还要掌握设备运行原理。此外，还要具备将专业知识积淀为专业数字的能力。

为应对南钢“十四五”战略，各层级管理人员均需重视战略洞察力和数字技术能力两大方面素质的提升，如图 13 所示。

需要建立的技能	战略洞察力		数字技术能力	
	客户	技术产品	数字技术掌握	数据应用
公司高管层	✓	✓	✓	✓
事业部经营层	✓	✓	✓	✓
职能部门负责人	✓		✓	✓
业务单元经营层	✓	✓	✓	✓

图 13　各层级管理人员能力需求示意图

四、实施效果

为保证方案的有效落地实施，华夏基石进行了分阶段路径设计。截至 2021 年 7 月，距离设计方案定稿已近 9 个月的时间，南钢正依据规划路径，实现组织能力的稳步提升。

（一）新产业投资集团组织架构优化

新产业投资集团组织架构优化分三个阶段实施，时间分别为一年、三年及五年，每个阶段有不同的组织优化方向及行动步骤，层层递进。如第一阶段，即2020—2021年，重点围绕补强投资，强化投后运营管理的职能。此阶段组织主要优化方向有以下四点。

第一，组织处于培育期，以资本市场为目标，通过辅导孵化相关产业群内的高潜企业，培育其上市；

第二，将原有的“环境与智能制造部”纳入“产业投资部”，产业投资部可根据不同的产业发展方向划分智能制造产业投资方向、能源环保投资方向、新材料投资方向、供应链管理方向等，不建议单独设立科室；

第三，强化战略运营部的职能，尤其针对新产业投后的运营管理，需要建立类似丹纳赫的DBS运营管理体系，强化赋能职能和进一步优化职责，尤其要针对事务性的职能建立共享平台；

第四，此阶段的组织以吸引“灯塔人才”为主，重点打造经营性人才领导力的建设。

（二）钢铁主业事业部组织改革

钢铁主业的组织改革需要根据制造数字化转型设计循序推进，主要分为四大阶段。

生产指挥调度组织模式改革：几大集控中心组织建设及生产计划调度组织变革。

设备暨质量控制组织模式改革：设备集中管理及三级维修保养体制一体化改革、过程质量控制集中管理及例外流程制度设计。

流程长组织模式改革：生产管理体制改革、产线长职能职责优化、产线职位职责优化设计及产线经营激励约束机制优化设计。

营销暨职能组织模式改革：事业部总部职能部门优化精简、事业部总部供应链管理职能优化、事业部销售组织优化及事业部营销平台职能优化。

（三）人力效能提升

钢铁主业“十四五”效能提升的实施路径设计为：未来通过数字化转型、组织变革、流程再造、内部市场化等手段消化冗员问题，具体包括以下内容。

制造过程智能化：优化工艺、精益组织 + 自动化、智能化等方式实现生产制造的无人化、少人化，减少岗位。

运营过程数字化：通过组织变革、流程再造、数字化运营减少事务性工作。

辅助过程市场化、专业化：创新机制，激活组织，集中资源，实现市场化、专业化运作。

另外，人力资源保障机制也在完善，如领导力建设、事业合伙人激励机制的完善、培训培养体系的构建与完善、“人力资源活力计划”平台的构建、数字化人力资源运营体系的构建等。

A 公司阿米巴咨询案例

北京华夏基石企业管理咨询有限公司

北京华夏基石企业管理咨询有限公司（以下简称华夏基石），作为中国本土最大的综合性管理咨询集团，致力于整合、传播国内外先进管理智力成果，并推进其在中国管理实践中的运用；与此同时，华夏基石不断总结、研究中国企业管理实际，在国内外先进管理智力成果的基础上进行创新，开发具有独立知识产权的专业化、差异化产品和服务，将“为客户创造价值，与客户共同成长”的理念落于实处，华夏基石的管理理念与产品成果也得到业内高度认可，并在中国数百家大型企业中得到成功运用。华夏基石是中国企业联合会管理咨询委员会副主任委员单位，连续数年入选中国管理咨询机构 50 大。

本案例项目组成员

李志华，华夏基石业务副总裁，华夏基石阿米巴创新研究院院长，博士，多次拜访日本京瓷、KDDI、日本航空公司等阿米巴实践企业。2014 年，其阿米巴经营咨询项目获得“中国管理科学奖”，著有《阿米巴经营的中国模式：员工自主经营管理理念与方法》。

李志华有多年大型集团管理经验，曾主持数十个咨询项目，在阿米巴咨询、战略、组织与人力资源管理等方面有丰富的咨询经验，独创阿米巴“721”钻石模型、文化建设三剑客。其服务过中国移动、中粮、国药、华润、青岛啤酒、齐鲁制药、石药、安徽投资、亿田等多家企业。

其他成员：赵彬、李祥梅、刘璐

导读

A公司是一家专注于高端厨电及不锈钢橱柜集成解决方案的制造企业，连续多年获得嵊州市“工业企业三十强”，2020年12月邀请华夏基石李志华老师协助该企业推进量化与赋权化的全新“阿米巴经营管理模式”。

经过深入调研与访谈，项目组提出了以华夏基石阿米巴“721”钻石模型为核心，从“合、分、算、奖”四个角度出发，以自主经营意识带动营销发展，直击集成赛道未来趋势的解决方案。所谓“721”钻石模型，强调以人出发，以顶层设计与数字经营为两翼，形成独特的“合、分、算、奖”体系，实现价值创造、价值评估、价值分配的统一。其中，“合”是指心与心联结在一起、价值观统一的团队，实现经营哲学共有；“分”是指划小核算经营单元和量化分权，实现独立核算、自主经营；“算”是在目标共有的情况下，内部由“交付”变成“交易”，通过价值核算，业绩发表，循环改善，达到业绩的提升；“奖”是通过绩效评价，对绩优者采取物质与非物质、中长期相结合的激励体系。

基于“721”钻石模型，项目组将营销中心划分成21个集成联合体，实现独立核算，自主经营，量化赋权，塑造人人能打仗、人人打胜仗的经营意识；同时引入“OGSM”模型，对标行业，建立公司—利润巴/费用巴—员工三级目标分解体系，形成上下同心命运共同体；建立业绩薪酬强联动机制，及时兑现激励；召开阿米巴经营复盘会，鼓励绩优者，惩罚落后者，并提出改进措施。

自2021年A公司正式导入阿米巴经营模式以来，通过近半年的试运营与营销中心内部细分经营组织、划小核算单元，以前台、中台、后台建立赋能型自主经营体，充分激活人性，形成了能打仗、打胜仗的经营意识，实现了整体业绩的高速发展。

A 公司阿米巴咨询案例

北京华夏基石企业管理咨询有限公司　李志华

一、案例背景

A 公司专业从事集成灶等现代新型厨房电器产品的研发、生产和销售，是国内较早以自主品牌生产和销售侧吸下排式集成灶的企业之一。A 公司以“创建无害厨房环境”作为发展使命，始终致力于为消费者提供健康、环保、节能的厨房电器产品，持续提升顾客的厨房体验，为消费者带来安全健康的品质生活。

A 公司始终坚持走高质量发展之路，近年来先后获得包括“浙江省著名商标”“中国厨卫产品创新大奖”“全国质量诚信优秀典型企业”“浙江省知名商号”等在内的多项荣誉，同时 A 公司还是集成灶标准（ZZB 032—2015）的起草单位之一。在由浙江省人民政府推动实施的“浙江制造”认证中，A 公司于 2015 年成为集成灶行业首家获得认证的企业，并荣获“2017 年度浙江省人民政府质量奖”。

经过多年发展，A 公司已形成了强大的集成灶研发体系、完善的产品生产线及覆盖广泛的多渠道销售网络，通过持续加强设计研发创新、不断改进产品生产工艺，A 公司集成灶产品的油烟处理性能和外观设计赢得了市场的认可，品牌集成灶已成为深受消费者喜爱的厨房电器产品之一。

A 公司除主要产品集成灶外，还向消费者提供吸油烟机、燃气灶、集成水槽、洗碗机等其他厨房电器产品。

（一）采购模式

A 公司生产所需的主要原材料包括各类板材、燃气配件、电器及配件、五金件、玻璃配件等，由采购中心负责统一采购。A 公司计划物控中心每月根据销售管理中心的销售订单，结合公司的销售计划、生产计划和仓库库存，编制采购计划。采购计划须经计划物控中心和采购中心分不同权限进行审批，审批完成后由计划物控中心负责具体采购事务。A 公司已建立了较为完善的供应商管理体系，对供应商开发、考核与淘汰作出严格规定，保障采购质量符合公司规定。

（二）生产模式

A公司实行“以销定产”的生产模式，在具体实施上，以自主生产为主、外协生产为辅。为更高效地利用生产资源，A公司产品生产过程中的核心工序均采用自主生产方式，部分非核心工序如卷类钢材处理、半成品表面处理、零星阀体加工等是通过委托加工的方式完成的。A公司销售中心根据市场情况，提出各产品月度拟出货数量并书面通知计划物控中心，制造中心根据计划物控中心提供的销售计划制订月度生产计划，严格执行《生产过程控制程序》，对生产工序的工艺参数、材料、设备、人员等进行有效控制，并组织车间进行产品生产。

（三）销售模式

A公司销售模式主要包括经销模式、直销模式和出口模式，其中，经销模式是公司目前主要的销售模式。经销模式是指经销商以买断的方式向公司采购产品，自行拓展销售市场，通过专卖店、家电卖场、大型超市等销售渠道实现产品销售。目前，A公司直销模式以电商销售渠道为主。近年来，为了顺应电子商务的快速发展，A公司积极加强了电商渠道建设，有效地推动了电商销售较快增长。此外，A公司还积极拓展关键客户（Key Account，KA）渠道、工程渠道等，通过多种途径开拓市场，提高产品知名度。A公司出口业务主要系通过原始设备制造商（Original Entrusted Manufacture，OEM）模式与国外品牌厂商展开合作，根据国外品牌厂商的订单需求为该等客户提供吸油烟机、燃气灶等产品。在报告期内，A公司出口业务销售规模及占比均较小。

二、咨询需求

创业多载，凭借公司创业团队的远见卓识、高质量高品质的产品及有序的经营，A公司保持了健康稳定的发展态势，并成为领先的区域品牌。然而近年来，A公司开始出现增长缓慢、员工活力下降等情况。如何激发组织活力，如何培养人人成为经营者，如何实现业绩倍增，成为行业第一，是A公司亟须解决的难题。

因此，A公司邀请华夏基石阿米巴创新研究院开展阿米巴变革咨询合作，咨询项目的总体目标是：建立责权利一体化的营销体系，激发组织活力，培养一批经营者，助力公司实现业绩倍增。

基于此，项目内容主要包括以下两个方面。

（一）立足现实，对营销管理体系进行全面诊断

收集A公司营销系统经营管理相关资料，开展深度访谈，同时开展问卷调查工作，研究标杆优秀做法，深入解读营销系统当前面临的问题，识别原

因，并提出初步解决方案。

（二）设计阿米巴变革方案，引入阿米巴模式

第一，基于营销系统需要，构建平台＋赋能式组织架构，搭建营销系统赋能式组织架构，聚焦前台—中台—后台的搭建。第二，划小经营单元，明确经营实体属性。第三，选拔并培养阿米巴巴长，完善阿米巴培养选拔。第四，基于公司战略及业务发展特点，制订经营计划，完成从公司目标到个人目标的分解。第五，量化分权，赋能经营，明确阿米巴业务权限。第六，建立循环改善机制，推动经营分析会议落实。第七，建立阿米巴多元化激励体系，激活人性。

三、调研分析

项目组通过对 A 公司各级管理人员及经销商进行访谈，并对内部资料进行研读，同时从战略、组织、机制、人才、文化等维度设计调研问卷，深度挖掘公司在管理体系方面存在的问题。调研分析方法如图 1 所示。

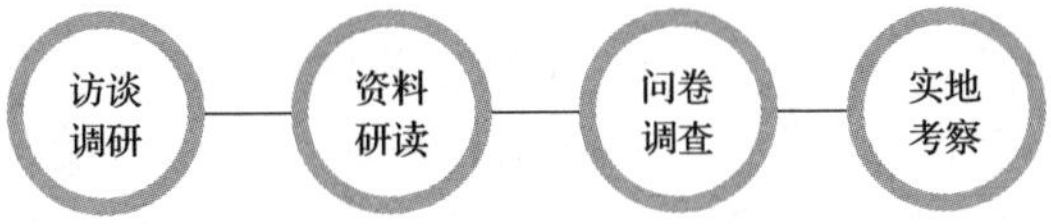

图 1　调研分析方法

A 公司经过多年的耕耘发展，依靠企业家奋斗拼搏与聚焦专注的精神、多条产品线与过硬的产品品质、良好的合作伙伴和经销商资源等关键成功因素造就了企业快速发展，成功上市。但是业绩的快速增长也暴露出一些管理问题，通过调研诊断，项目组总结并提炼了十大问题。

一是组织活力不足，营销系统组织层级较多，机构臃肿，业务流程效率不高，市场反应速度滞后，与其他条线协同作战性差。

二是各级组织目标承载偏弱，公司目标与部门、员工个人目标脱节，市场压力较难层层传递。当年底考核时，虽然员工个人业绩达成不错，但公司目标却没有实现。

三是整个公司员工经营意识淡薄，对经营数据不敏感，没有从老板角度思考问题，缺乏主人翁意识。

四是公司算账能力较差，虽然很多部门都在讲付出，但对可能获得的效益却算不清楚，没有投入产出分析，没有量化数据，公司数据基础薄弱。

五是经营复盘分析能力较弱，未形成常态化复盘分析机制。

六是对市场信息把控不足，特别是对竞争对手了解偏弱。

七是人才培养梯队不完善，现有人才队伍不足，人员流动频繁，人才队伍青黄不接，人才储备无法有效支撑公司战略的实施与业务发展。

八是赛道把握精准，但较难激发经营商活力，经销商标准化管理、经销商培训与营销活动、经销商的赋能、评级、淘汰等方面均需优化提升，经销商自主经营水平有待提高。

九是新产品开发与市场对接不顺畅。

十是各层级员工虽然忙碌，但没有打法，缺乏章法，效率不高。

四、方案设计

基于对 A 公司的现状了解与问题的深入诊断，项目组提出以华夏基石阿米巴“721”钻石模型为核心，从“合、分、算、奖”四个角度出发，以自主经营意识带动营销发展，直击集成赛道未来趋势的解决方案。

（一）“721”钻石模型

“721”钻石模型（见图 2），强调以人出发，以顶层设计与数字经营为两翼，形成独特的“合、分、算、奖”体系，实现价值创造、价值评估、价值分配的统一。其中，“合”是指心与心联结在一起、价值观统一的团队，实现经营理念哲学共有；“分”是指划小核算经营单元和量化分权，实现独立核算、自主经营；“算”是在目标共有的情况下，内部由“交付”变成“交易”，通过价值核算，业绩发表，循环改进，达到业绩的提升；“奖”是通过绩效评价，对绩优者采取物质与非物质、中长期相结合的激励体系。

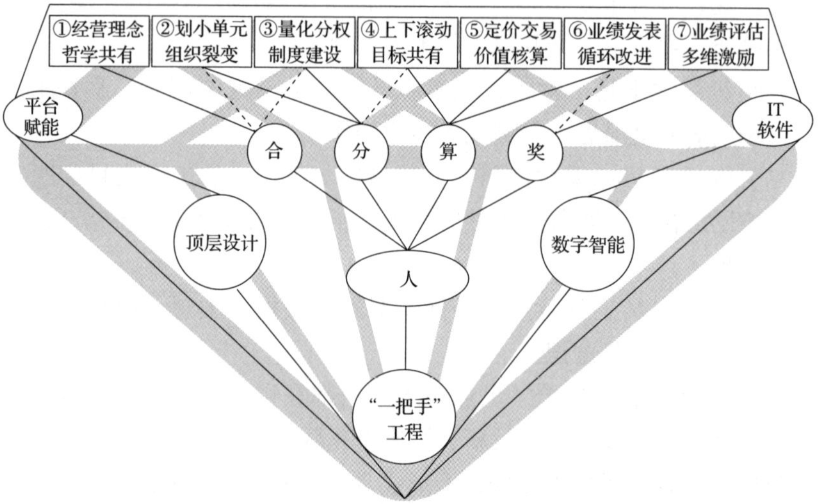

图 2 “721”钻石模型

（二）实施步骤

基于“721”钻石模型，项目组以六大步骤为核心，为 A 公司导入阿米巴模式。

1. 建好组，打造平台赋能 + 自主经营体组织模式

通过顶层设计，打造平台赋能 + 自主经营体模式，激发组织活力，划小经营单元，实现独立核算、自主经营、量化赋权，塑造人人能打仗、人人打胜仗的经营意识，为阿米巴模式导入奠定组织保障。

适者生存、优胜劣汰，在急剧变化的商业环境中，惰性太重的组织必然走向自我倾覆。放弃对权力的迷恋，将一线作战单元当作客户来看待，组织才能长久发展。未来组织演进的基本方向势必是总部由管控角色向赋能角色转变，组织平台化、领导赋能化。

所谓平台 + 赋能型是在需求侧，能够灵敏抓取用户真实需要；在供给侧，能够快速整合各类资源，激活个体，连接各类资源去满足各类需求；在后台，夯实人力资源、财务、IT 信息化等各项专业能力为需求端提供资源与能力支撑。

平台 + 赋能型组织由美军作战理论演变而来，美军目前的作战单位都是 11 人以下小班排（类似前台），而导弹智慧系统类似于后台。十几人甚至几人组成的特种部队在战场一线，可以根据实际情况迅速决策，并引导精准打击。而精准打击的导弹往往是从航母舰群上发射而出，后方会提供强大的侦查火力后勤支援。所以如果中台没有办法承接前线的需求，前线就会不认可它服务的价值。但是管理上的难度在于，后台资源无法被前台直接有效使用，并且更新迭代迟缓，所以，设置“中台”就是为了提炼前台共性需求，把后台产品做成标准化组件供前台部门使用。这种运营模式，能够促进管理更加扁平化。

平台 + 赋能型组织分为一线作战单元、中台赋能中心及后台资源建设中心。中台赋能中心应该由各线条专家组成，诸如人力、财务、运营、技术等专家，赋能中心通过接受一线作战需求，对一线作战人员定制个性化的解决方案，确保最终战果达成。后台资源建设中心应该为中台赋能中心建设必要的资源池、工具箱，并为赋能中心的专业力提升做努力。平台 + 赋能型组织的运营模式促使组织管理更加扁平化，使得管理更加高效，组织运作效率提高，业务更加敏捷灵活。

为了使 A 公司各业务能够有机结合，力出一孔，充分赋能客户与前端业务，项目组构筑一线经营单元——集成联合体（见图 3），其各业务渠道围绕前

端集成联合体联合发展，协同配合，集中力量共同完成公司整体业务目标。集成联合体作为前台业务发展的核心承载组织，秉承阿米巴独立经营与平台赋能小单元作战理念。

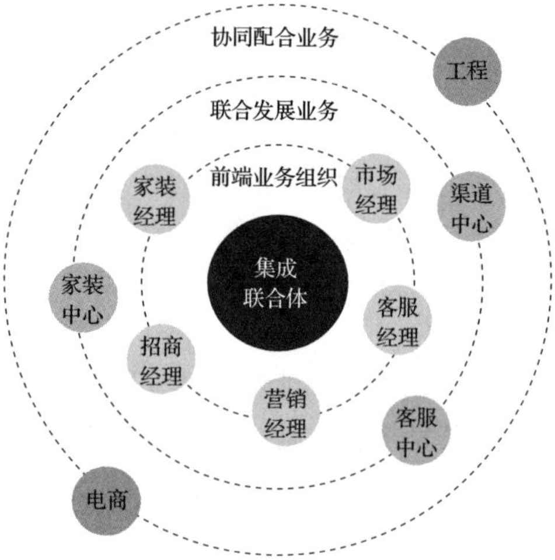

图 3　集成联合体

注：第一层以前端业务组织为核心；第二层为联合体发展的联合发展业务；第三层为与联合体协同配合业务。各业务协同配合，共同发展。

2. 选好人，建立人才培养体系

明确巴长选拔标准，建立多维培养体系，为阿米巴模式成功导入奠定人才储备。

阿米巴经营的核心是培养具备经营意识的人才，实现全员参与的经营方式。具有阿米巴经营意识的经营人才是决定阿米巴模式是否成功的关键，也是阿米巴最重要、最稀缺的资源。

项目组基于 A 公司现状，成功导入了包括“巴长标准、巴长识别、巴长培养”的“巴长工程”，具体包括以下内容，如图 4 所示。

首先，明确何为具有经营意识的巴长人才标准。项目组通过对公司战略、企业文化进行解读，对标业内标杆企业，以“能打仗”为人才选拔的首要标准，总结提炼公司巴长能力素质模型。

其次，采用业绩分析法、面谈法，并借助测评工具，从员工中选拔一部分作为巴长，并根据能力评价结果匹配适宜的一级巴或二级巴交给他们去经营。同时，采取“巴长竞聘”机制，在巴长岗位出现空缺后，原则上可先由本巴内符合条件的员工竞聘上岗，如巴内无符合条件员工，则由其他集成联合体员工竞聘上岗。

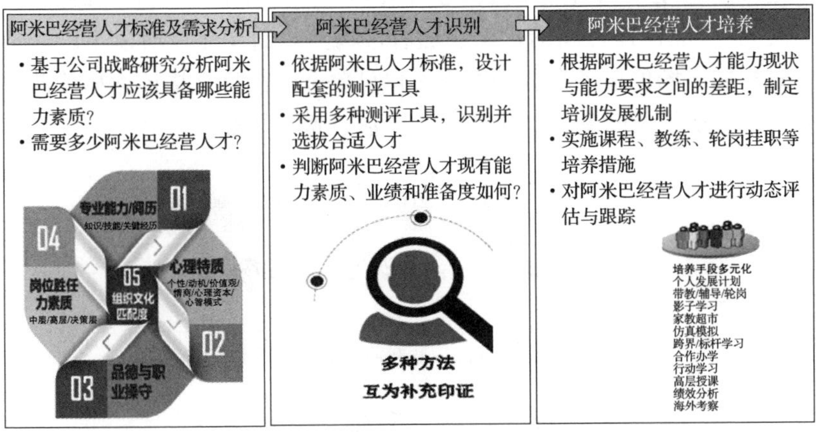

图 4　阿米巴巴长工程

再次，加强巴长内部人才竞争流动，设计“3、6、9”巴长淘汰机制，根据每季度利润巴排名（排名规则同排名奖排名规则），第一个季度排名最后三位巴长给予预警通知，连续两个季度排名最后三位的巴长下调一级工资，连续三个季度排名最后三位的巴长免除巴长职务。年终绩效考评等级在“B”级以上人员可申请内部岗位调动，原则上如被调换区域对应岗位员工业绩达成率不如申请调动员工业绩达成率，则公司同意调动。

最后，在巴长培养体系设计中，第一步给机会。给年轻人更多的机会，根据他的能力大小，先给他一个小的经营人才，做到一定程度再给他大一点的经营人才，并根据其潜力再给更大一点的经营人才。把机会给员工，让员工在实践过程中感觉到我行。第二步是树信心。在给机会的过程中，让潜力者先经营小经营单元，让他们在岗位中得到锻炼，在成功中树立信心。同时，构建阿米巴经营赛马机制（见图 5），营造平等竞争的环境，一切用业绩说话，对所有员工坚持相同的以事实与数据为衡量标准，能上能下，激活人心，释放员工潜能，实现员工在组织中的价值最大化，加速打造一支能打胜仗的巴长核心人才队伍。

3. 算好账，建立内部交易机制

坚持成本最小化，收入最大化原则，算好每一笔账，建立内部交易机制。

企业在不确定的环境中要时刻感受到市场的温度，随时做出应变策略，如阿米巴一样，灵活多变。很多企业外部是市场化的竞争，内部却是计划性的调配，这样的企业难以有竞争力。企业在市场竞争中，内部价值链由“交付”变成“交易”，经营体之间的价格会随着市场变化而变化，所以生产、采购就必须及时把握市场价格动态，构建将客户订单金额信息直接传达相关部门，让各个阿米巴组织能及时掌握销售额、生产额、费用情况。

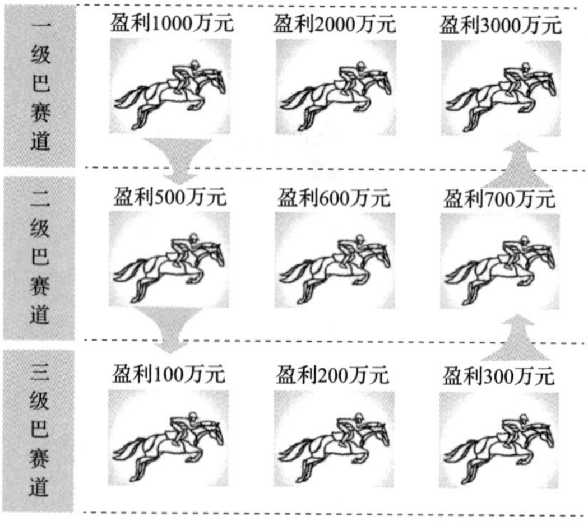

图 5 阿米巴经营赛马机制

“没有定价就没有经营”，阿米巴经营模式是把鲜活的市场经济引入企业内部，在企业内各部门之间、工序之间实现买卖关系，即内部市场经济。也就是将公司分为多个独立经营、独立核算的部门，按照市场价格倒推的方式进行各部门的交易定价，让各部门间形成买卖关系（内部市场价值链），每个部门都是独立利润中心。阿米巴组织之间由于提供产品、半成品或劳务而引起的结算、转账，需要一种计价标准，包括内部收购价、服务收费价、物资采购价、产品销售价和契约协议价等。

A公司阿米巴管理体系内部交易定价主要为产品交易定价，产品交易定价由公司与营销中心根据各类产品生产成本与市场环境协商确定，原则上其定价应包含生产成本与公司各项费用支出（即在此产品定价下，如销售正常，则公司净利润≥0）。具体交易定价在新产品上市前由财务中心通过各项数据核算得出产品指导交易价格，并由公司总裁与营销副总裁共同协商确定。

基于交易定价模型，引入阿米巴经营会计核算报表，以“销售最大化，经费最小化”为经营原则，通过阿米巴经营会计核算报表，明确各项费用支出及盈利进账明细，让每一笔账目都有出处与来源，化繁为简，理顺各类数据之间的逻辑关系，从整体到局部的各个维度对公司数据进行梳理，生成整个公司、各个利润巴和费用巴的阿米巴会计报表，经营者可以通过这些报表，对企业的经营状况进行全面了解，并为科学决策提供依据。通过交易定价模型，实现单位时间附加值［（收入 – 费用）/ 工作总时间］的最大化，并形成经营会计核算报表如表 1 所示。该报表比较简单，不同于传统财务三张报表，它能够实时了解经营单元的实际情况，包括但不限于收入、变动费用、边界利润、固定费用、利润、投入人员数、人·月劳动生产力，用数据说话，推动企业长效发展。

表 1　经营会计核算报表

<table>
<tr><td colspan="2">销售收入</td><td></td></tr>
<tr><td rowspan="3">变动费用</td><td>科目 1</td><td></td></tr>
<tr><td>科目 2</td><td></td></tr>
<tr><td>……</td><td></td></tr>
<tr><td colspan="2">边界利润</td><td></td></tr>
<tr><td rowspan="3">固定费用</td><td>科目 4</td><td></td></tr>
<tr><td>科目 5</td><td></td></tr>
<tr><td>……</td><td></td></tr>
<tr><td colspan="2">……</td><td></td></tr>
<tr><td colspan="2">利润</td><td></td></tr>
<tr><td colspan="2">投入人员数</td><td></td></tr>
<tr><td colspan="2">人·月劳动生产力</td><td></td></tr>
</table>

几项维度说明如下。

经营收入仅针对利润巴而言，费用巴无经营收入。营销中心阿米巴组织的收入即为销售收入，各利润阿米巴收入即为其业务条线产品销售收入，根据实际销售情况核算即可。上级利润巴收入为其下级利润巴收入总和，如营销中心收入即为各业务中心收入之和，集成联合体指挥中心收入即为各集成联合体收入之和。

支出类项目包括变动费用、固定费用、分摊费用、资金占用费用等小类。其中变动费用、固定费用、分摊费用，若无特别说明，它们的定义、核算方法与财务会计基本相同。变动费用随着产量增加而增加，固定费用不随着产量增加而变化，企业在经营权下放的过程中，更多地强调是变动费用的下放，作为经营者，更多地通过自己的才能和见识降低变动费用，获得高收益。资金占用费用包括成品库存和应收账款资金占用费用，核算方法如下：资金占用利息 = 占用资金额度 × 央行一年期贷款基准利率 × 占用时长，其中成品库存、应收账款的资金占用为计划外的占用，正常经营过程中的使用不纳入本项支出核算内。例如，营销中心在 8 月时仍有 2 月应收账款资金有 50 万元未到账，则在此期间资金占用利息 =50 万 ×4.35%×0.5=1.0875（万元）。经营利润指收入减支出后所得的经营结果；边界利润指收入减变动费用（即不包括固定费用）后所得的经营结果。

费用分摊的原则是“谁受益，谁承担”。营销中心直属的费用巴，如培训赋能中心与市场中心，由营销中心直接承担费用；各业务中心下属的费用巴，如建材部、视觉策划部、客户服务部等，其费用由各业务中心利润巴负责承担；承担费用巴费用的利润巴在核算利润时其费用支出需包含所承担的费用巴产生的各项费用支出。

4. 分好钱，形成上下同心命运共同体

引入“OGSM”模型，对标行业，建立公司—利润巴 / 费用巴—员工三级目标分解体系，建立多元激励体系，业绩薪酬强联动，及时兑现激励，激发员工内部动力，形成上下同心命运共同体。

想要阿米巴组织有活力，就要让个人有动力。如何让个人有动力？就要把钱分对，激活团队，激发人的欲望。

科学分钱的基础是建立高绩效文化。高绩效是牵引机制，通过建立量化绩效评价体系，将公司的战略目标贯穿到员工的行动指标，实现组织目标分解和个人目标相结合，阿米巴经营单元组织与个人绩效联动，推动业绩增长，如图 6 所示。

阿米巴经营把传统的 KPI 考核发展到可以激发人人参与的 IPK，从 KPI 到 IPK，以“对赌”的方式激励创新。一个产品需要多少量、投入产出如何、要什么样的质量状况、性能水平怎么样、对标哪些竞争品牌和竞争产品等，制作出对应性的指标，通过这些来让每一个年轻人、每一个项目组都能够充满斗志，有机会挑战自己。制定人性化的激励机制，营造创新和奋斗氛围，激发技术创新。

通过绩效评估不断发现问题，解决问题，达到纠偏的目的。通过绩效激发组织活力，绩效结果不完全和薪酬挂钩，依据绩效结果与员工的工资福利、职业发展、学习成长机会等认可激励要素结合，形成命运共同体。

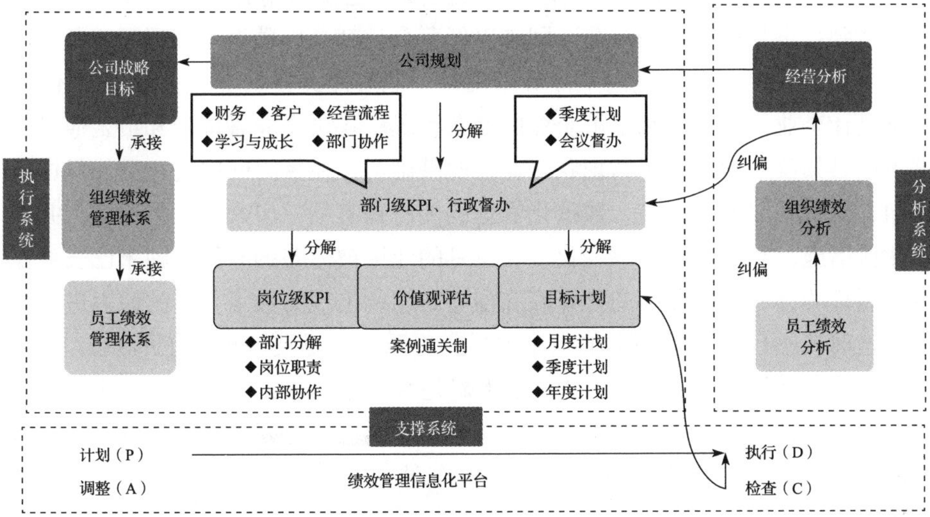

图 6　阿米巴经营单元组织与个人绩效联动

通过业绩评价制度、绩效考核的导入及其运用的指导，对各阿米巴的组织经营实态进行客观评价，对组织能力及人才能力实现客观评价，实现组织、个人能力的循环改善。通过业绩评价的结果，实现员工的奖惩、晋升、福利等相应的组织、人事制度的衔接。

在业绩评价基础之上，设计分钱机制。分钱的基本原则是以奋斗者为本。第一，通过完善薪酬内外部公平性，传递市场压力，建立内部公平性，激发内部活力。定岗定级，以级定薪；在人员匹配上，基于胜任水平定薪档，基于绩效结果定薪福，能力经过绩效验证才能调薪；福利向奋斗者倾斜；等等。第二，设计高激励机制，对于超额完成业绩的员工，进行超额分享，不忘英雄才能更好地激发更多的英雄涌现出来。明确超额利润分享是一种基于利润增量的分配逻辑，明确各阿米巴需要产生增量利润，这是实施超额分享激励的基础条件。同时，设计比赛、排名、对赌等短期及时激励机制，激活内部竞争，及时激励高绩效行为。

5. 改好善，形成循环改进机制

循环改善，业绩改进，召开阿米巴经营分析会，鼓励绩优者，复盘业绩落后者原因，并提出改进措施。

阿米巴经营是通过晨会（30% 经营理念，70% 经营会计报表解读）和业绩分析会五步曲（上期目标完成—经营差异分析—对应经营策略—接下行动计划一需要资源支持）实现循环改进的。

会计报表的经营结果不仅是运用到激励，更要运用到发现问题，改进问题，达到日事日毕、日清日高。阿米巴经营会计就是以数据反馈现场，及时应对市场变化。经营会计是向全体员工反映企业整体经营状况的一套核算体系，原则是让企业每位员工都了解企业的经营状况。各级企业管理者和员工通过数据可以易如反掌地把握经营现状，并在此基础上，在短时间内进行更加具体地沟通，及时采取相应措施。数据化管理的关键是实绩一出来就立刻讨论，并采取相应措施，及时应对市场变化。在每月的业绩被公布的时候，阿米巴长对比自己制订的计划，对业绩的核算表和预定之间所出现的数字差异的原因进行分析。这时，不仅要看表面上的数字差异，更重要的是要找出真正的原因。“为了达成目标要采取什么办法”“这条策略是否合适”等，通过详细分析，从而归纳出下个月的经营改善对策。为了避免重蹈覆辙，更好地开展经营，要把得到的经验、知识、技术等融入下个月的计划中去，并事先制定防患于未然的措施。

建立业绩经营分析会议机制，经营业绩分析会就是通过分析阿米巴月（周 / 日）经营会计报表，找出经营中存在的问题，并制订改善方案或计划的会议。阿米巴的业绩分析会就是以改善为目的，以各个阿米巴单元的经营报表为基础的。改善的内容就是以“销售额最大化、经费最小化”为经营原则，最大化增加收入，节约成本和费用，通过开源节流实现企业的高收益。这是每一位员工的责任，尤其是阿米巴的巴长要起带头作用。经营业绩分析会主要关注点：阿米巴组织及个人业绩评价；跟踪经营计划和改善主题的完成情况；发现问题和确定改善的行动计划；经验分享和团队激励。

业绩发表、循环改进就是打通经营会计—业绩分析—改善循环的三步联动，进一步改善和提升企业经营业绩。

6. 落好地，导入 IT 信息系统

引入 IT 软件，为阿米巴经营提供信息系统支撑，提高阿米巴经营数字化程度。

会计核算是阿米巴经营的核心，在数字经济时代，唯有拥抱数字，从战略的高度认知数字对于企业经营，乃至企业生存的重要性，才能逐步“掌握经营”。对于阿米巴经营来说，首先要做到对经营情况了如指掌，精通会计原则和会计处理办法，也就是像机长一样，构建企业自己的“经营驾驶舱”，以真正做到“看着仪表盘开飞机”，只有开启数字经营，企业才不会偏离发展的主航道。为提高数据核算效率和反馈速度，华夏基石自主开发 A8 阿米巴价值核算软件。

企业要获得实时经营报表，通过数据集成平台，抓取 SAP、用友、金蝶等软件数据，以“智能财务”为核心，系统自动生成经营会计报表，独立呈现可视化的经营数据报表，这个报表是通过会计核算软件将经营目标、项目目标和人员目标等层层分解，然后通过内部定价模型将项目管理、合同管理、资金管理等业务引擎制成收入、成本、费用等会计核算表单。

通过 IT 核算软件，经营者可以通过手机或者电脑 PC 端，实时了解自己经营单元的业绩情况。经营报表简单易懂，由各种图形或者报表组成。每个经营者都有自己的账户，收入、费用和盈余一目了然，有各种费用的花费情况与预算对比图，费用明细图与费用占比表，通过数据不断改善经营。

五、辅导实施

项目组深度参与 A 公司阿米巴落地实操，为公司成功导入阿米巴模式保驾护航。

首先，强调阿米巴建设“一把手”工程，把推行“阿米巴经营模式”作为“一把手”工程常抓不懈，成立阿米巴变革实施领导小组，任命阿米巴推动小组组长，协助组长推动阿米巴落地工作，获取公司高层的全力支持。

其次，对全体员工进行理念宣导，对公司为什么要导入阿米巴模式？阿米巴模式是否改善当前经营管理问题的最佳途径？配套什么样的激励方式等进行详细说明，过程中组织多场培训，循序渐进，逐步加强员工对阿米巴的认识及变革工作的支持。

再次，细化操作细则，将整个前期工作方法和关键点形成阿米巴经营模式实施细则，配套如果经营单位实现盈亏后如何分配效益和承担损失，以及部门之间的结算方法和游戏规则，如何进行阶段性经营成果分析汇报，等等，形成《阿米巴实施细则》，对全公司进行宣讲发布，并在听取试点实施部门的意见和建议后，开始运行。

最后，项目组教授各业务部门召开月度经营分析会议，协助筹备会议，会议过程中，引导员工不断地复盘，不断地去思考缩小差距的措施，达到不断改进的目的，从而激发组织活力。

六、项目效果

自 2021 年 A 公司正式导入阿米巴经营模式以来，通过近半年的试运营与营销中心内部细分经营组织、划小核算单元，以前台、中台、后台建立赋能型自主经营体，充分激活人性，形成了能打仗、打胜仗的经营意识，实现了整体业绩的高速发展。公司业绩大幅改善，2021 年上半年业绩增长率实现倍增，效果显著。公司内部形成了一个竞争体系，自我竞争，自我淘汰，营造了内部良性竞争环境，这是阿米巴导入以来最明显的效果。经营意识的改变和提升，促使员工产生竞争意识，愿意承担高目标，并自发自觉地努力达成高目标，由“要我干”转变成“我要干”，极大激发员工动力。随着员工经营意识的变化，再加上公司对集成燃气灶赛道的精准选择，发展空间很大，公司将会一直保持高速的增长。因此，组织充满活力，员工之间仅保持竞争与合作的活力，把每个小细胞单元结合了起来，所有人为了业绩增长而共同努力，人人都成为经营者，个个都成为生意体。

A 公司领导称阿米巴经营模式抓住了经营本质，充分激活人性，成了公司提供了业绩持续高质量增长的密码。

冀东海德堡（扶风）水泥有限公司
绩效管理咨询项目

西安交大汇思达企业管理咨询有限公司

西安交大汇思达企业管理咨询有限公司（以下简称交大汇思达）始创于2002年，是中国较早成立的管理咨询公司之一，为企业和政府提供专业的、系统的管理咨询服务。交大汇思达是在西安交通大学管理学院的大力支持和帮助下孕育而生并不断发展壮大的，总部在古都西安，位于西安交通大学国家科技园。年服务客户超百家，累计服务客户近万家。出版多部专业著作，发表多篇论文、文章，取得多项国家著作权。凭借“三真三实”的公司精神，取得了丰硕的成果，得到企业、政府和社会的认可，获得多项荣誉。

本案例项目组成员

周亚波，国家工信部智库专家、中国企业联合会管理咨询委员会执行委员、国际注册管理咨询师、国家高级人力资源管理师。曾为中国兵器集团北方特种能源集团、中航工业集团有限公司、中国建筑第八工程有限公司、青海互助青稞酒股份有限公司等大型央企、国企、上市公司、大型民营企业提供人力资源管理咨询服务。曾出版《一本书学会薪酬管理：资深实践专家教你做好薪酬工作》等人力资源管理专业相关著作，在国内多个期刊发表若干篇专业文章。

其他成员：袁泉、王栋、董垚

导读

冀东海德堡（扶风）水泥有限公司作为北京金隅集团股份有限公司旗下的唐山冀东水泥股份有限公司与海德堡水泥控股香港有限公司共同出资成立的中外合资企业，在绩效管理体系建设和运行中，仍然存在诸多不足。在机关部门考核方面，出现了考核不能量化、考核结果不客观，工作绩效差异化不能很好体现等问题；在基层员工考核方面，公司并未建立明确的考核管理办法，尚未实现全员考核的覆盖；在工序考核方面，生产工序的目标责任成本考核的精细化程度不足，生产工序考核效度的偏低。以上问题，使冀东海德堡（扶风）水泥有限公司的整体目标不能有效分解和承接，导致了公司、部门、岗位目标之间的脱节，进而也影响了全员绩效管理的有效运行。

基于以上问题，充分考虑冀东海德堡（扶风）水泥有限公司绩效管理体系建设实际情况，交大汇思达协助公司构建了一套基于外部对标、预算、平衡计分卡的原理的三层次战略绩效管理体系。其中包括三个部分，一是面向公司中高层的“3B”绩效管理体系；二是面向经理部的项目绩效管理体系”；三是面向员工的岗位精细化绩效管理体系。交大汇思达同时还协助冀东海德堡（扶风）水泥有限公司建立了若干绩效管理和调节机制。

冀东海德堡（扶风）水泥有限公司绩效管理咨询项目

西安交大汇思达企业管理咨询有限公司　周亚波

一、项目背景

（一）公司概况

冀东海德堡（扶风）水泥有限公司（以下简称水泥公司）是由北京金隅集团股份有限公司旗下的唐山冀东水泥股份有限公司与海德堡水泥控股香港有限公司共同出资成立的中外合资企业。

水泥公司位于陕西省宝鸡市扶风县天度镇，距离西安、宝鸡、咸阳均在百公里以内，辐射甘肃部分地区，区域位置优越。水泥公司于 2003 年 1 月正式投产，目前在职员工 400 余人。

水泥公司现拥有两条日产 5000 吨熟料的新型干法水泥生产线和配套纯低温余热发电厂，所选大型石灰石矿山储量大，品质优良，石灰石输送选用全封闭的高架皮带长廊。整个生产系统先进，自动化程度高，产品质量稳定，公司整体工艺、设备水平已达到同行业领先水平，同时公司在循环经济发展方面实现了化解“三废”，建设“花园式”工厂，构建和谐生态环境的优良业绩。

由于产品质量稳定，售后服务优良，备受广大用户青睐，水泥公司取得了“陕西省名牌产品”及省市县等多项荣誉称号。

（二）人员数量

水泥公司现有职工 400 余人，其中高级工程师 4 人、高级经济师 2 人、高级会计师 1 人、中级职称 25 人、注册安全工程师 1 人。

（三）组织架构

水泥公司机关本部共设 8 个部门，分别为矿山运行部、设备管理部、质量管理部、物资供应部、财务资金部、综合管理部、党群工作部和安全环保部。

矿山运行部下设 7 个分区，分别为原料工序、烧成工序、水泥工序、装运工序、发电工序、循环经济工序和调度室。

（四）其他背景

全面深化国有企业改革已经成为未来国有企业发展的必然趋势和要求，国家出台的《关于深化国有企业改革的指导意见》中明确提出“推进全员绩效考核，以业绩为导向，科学评价不同岗位员工的贡献，合理拉开收入分配差距，切实做到收入能增能减和奖惩分明，充分调动广大职工积极性”。

集团公司层面始终关注下级公司绩效管理工作的开展，先后出台了一系列指导及管理意见，大力推动下属企业不断完善自身绩效管理体系的建设。

在此背景下，经过领导班子内部协商，决定聘请外部咨询机构进行绩效管理体系的优化。经过多方比选，最终选择交大汇思达为水泥公司提供系统的绩效管理解决方案。

二、诊断分析

（一）基础调研

为了全面、系统地做好水泥公司绩效体系的建设工作，水泥公司成立了由总经理及副总经理牵头，综合管理部组成的专项工作组，交大汇思达项目组协助开展前期调研工作。

第一，工作组对公司领导班子、各部门负责人、工序负责人进行了访谈，了解了公司领导对于绩效评价体系项目的具体期望和要求，以及总部各部室对绩效评价体系建设与运行的建议。在充分准备的前提下，工作组赴宝鸡等地进行调研，详细了解了各类生产的运作状况，以及对于绩效体系建设的意见与期望。

第二，工作组累计分析、研究内部资料 160 余份，外部文献 90 余份。经过对调研资料的充分研究，工作组进一步理解了公司绩效管理工作建设环境要求，整理、归纳了公司和各同类国有企业绩效评价的最新方法和思路，对比分析了常用绩效评价方法的特点和适用性，开展了系统内外的对标工作，为绩效评价体系的设计奠定了基础。

（二）原有绩效考核体系问题介绍

项目组为期 1 个月对冀东水泥公司领导班子、各部门负责人、工序负责人进行了访谈，最终确定了水泥公司绩效考核体系存在以下问题。

（1）在机关部门考核方面，水泥公司成立之初，建立了以定性考核为主、以 360 度评价为考核方式的“机关部门绩效考核管理办法”。其中 360 度评价以德、能、勤、绩、廉五个维度进行评价。这种考核方式可以在一定程度上实现公司对人的评价，但在实际的运行过程中，也出现了考核不能量化、考核结果不客观，工作绩效差异化不能很好体现等问题。

（2）在基层员工考核方面，水泥公司并未建立明确的考核管理办法，尚未实现全员考核的覆盖。尤其是在部门考核准确性、客观性存在不足的前提下，员工考核体系的建设也存在一定的难度。

（3）在生产运行部考核方面，按照公司“水泥生产管理绩效考核管理办法”，围绕产值、能耗、安全、质量目标等指标进行绩效考核。在实际运行中关键指标的完成存在很多不可确定的因素，生产的目标责任成本考核的精细化程度不足。这也自然造成生产运行部考核效度的降低。

以上三个层面的考核体系的实际运行现状，一方面，使公司的整体目标不能有效地分解和承接，直接导致了公司、部门、岗位目标之间的脱节，进而也影响了全员绩效管理的有效运行；另一方面，在具体的绩效回顾、指标追控过程中，指标量化程度及目标值阶段分解的科学性不足，更导致了企业在开展绩效辅导、绩效例会的过程中没有抓手，往往流于形式。绩效管理的核心程序绩效面谈工作也过于弱化，绩效管理的牵引和改进效用大大降低。

（三）原有绩效管理体系问题分析

1. 公司领导的推动力度及参与深度不足

在绩效管理体系的推动及落地过程中，“一把手”发挥着不可替代的作用。这里的“一把手”不仅指企业总经理，还指企业各业务条线的主管领导，各部门、工序负责人等。这些“一把手”的绩效理念、参与深度、时间投入，都很大程度地影响着企业、部门的绩效管理的效度。在企业实际的经营管理过程中，“一把手”通过战略研讨、意见征询、工作例会、经营分析会等多种形式确保企业总体目标共识的达成，具体指标有效分解、监督和落实。而公司目前在开展绩效工作的过程中，各级领导的推动力度与参与深度仍有不足。

2. 牵头组织部门绩效管理能力有待强化

绩效管理牵头部门在绩效管理中扮演着指标分解、追控、评价的关键角色，往往需要完成大量的计划、控制、统计、分析、协调的工作，一般由人力部门直接承接。对于这类部门的要求，一方面是要具有较强的公司战略、经营计划的制订、落实能力，同时也要对公司各部门、分支机构的业务管理特点及属性有着较为深入的理解。因此部门相应的人员专业经验、绩效管理能力和人员数量配置等因素都在很大程度上影响企业绩效管理体系运行的效果。公司在这方面仍需要进行绩效管理能力的强化和提升。

3. 绩效指标体系量化和分解的科学性不足

在企业高层和各部门的绩效指标设计过程中，一方面要考虑公司整体目标能够分解到中高层负责人身上；另一方面也要充分考虑绩效指标本身的量化程度和目标值的年度、季度、月度、周的逐步分解，确保计划有基础数据、追控有明确依据、评价有客观来源。而目前公司恰恰缺少这方面工作的落实和支撑。

三、解决方案设计框架

（一）解决方案总思路

项目组未来将根据水泥公司实际情况，将中高层、经理级员工、基层员工考核都纳入进来，结合各层级、部门、岗位的实际工作内容，设计面向中高层的“3B”绩效管理体系、面向经理部的项目绩效管理体系、面向员工的岗位精细化绩效管理体系，同步引入对标管理、预算管理的理念和方法，形成能够真正落地和指导现实工作的考核指标体系，帮助水泥公司解决“考核指标少、考核指标难以量化、考核工作烦琐、考核周期长、考核人情分”等传统困惑。最终帮助水泥公司提升员工工作积极性，提升企业绩效管理水平，提高企业效益，增强企业竞争力。

（二）绩效管理的“两个有效性”原则

绩效管理是企业各级管理者和员工为了达到组织目标，通过绩效计划、绩效辅导、绩效评价、绩效面谈与反馈、绩效结果应用，将公司战略、资源、业务和行动有机地结合起来所构成的一个完整的闭环管理体系。更好地运用和改进绩效管理这一理论工具可以遵循“两个有效性”原则着手进行。

1. 第一个有效性：目标分解及承接有效

绩效管理是管理者确保企业各团队或个人的工作行为及业务成果能够与组织目标保持一致的过程。这个过程首先要基于公司发展战略，在绩效计划阶段进行有效的指标设计和分解。科学、系统、有效分解的目标体系及配套的量化指标不仅是开展绩效管理的基础，也是实现组织目标的重要保障。而做到目标的有效分解，应该做到以下三点。

第一，绩效指标设计前要做好充分的准备，与指标设计相关的公司战略经营计划、预算目标、部门或个人工作计划等内容都要事先充分酝酿；

第二，绩效管理双方应就企业阶段目标及任务进行充分沟通，就企业当前及未来的工作重点、改善短板进行系统考量，同时在具体的资源配置上也要做到有原则、有底线、有重点，并达成共识；

第三，基于可衡量、可获取、可达到、可信任、可追控的原则对绩效指标进行最终设计和分解，并落实到书面协议上。

基于战略的指标体系，同时还必须保障其有效的承接性。从指标层次的角度看，绩效指标的承接性校验可基于三个层级进行：公司中高层绩效指标通过公司目标的系统分解进行校验；生产运行部绩效通过生产管理的核心目标、精细化管理要求、公司实际要求进行校验；基层岗位指标通过岗位职责、工作流程、部门工作计划和员工自身工作短板进行校验。同时，还要重点关注部门层、生产工序层指标的设计，因为部门项目对上承接着公司级的目标，对下负责内部各岗位指标任务的制定及分解。从指标阶段分解角度看，公司长远目标应确保年度、季度、月度甚至是每周能够科学分解，同时通过阶段的有效追控机制，强化指标的过程纠偏和调整能力，最终保障企业整体目标的实现。

2. 第二个有效性：绩效沟通及牵引有效

沟通贯穿整个绩效管理的过程，也是做好绩效管理的核心。最初的绩效计划阶段的指标、权重、评分标准、目标值的确定；绩效辅导阶段的启动辅导、期间辅导和定期辅导；绩效评价阶段的信息收集、打分、评价；绩效面谈与反馈阶段的绩效结果确认、既往绩效优缺点、改进方案和计划制订，全都离不开绩效管理双方（上下级）的充分沟通。如果绩效计划沟通做不好，那绩效双方就不能对既定的目标达成共识，在推进过程中也必然会出现偏差；如果绩效辅导阶段沟通做不好，那么绩效过程的控制、纠偏、指引、鼓励就无从谈起；如果绩效面谈与反馈阶段沟通做不好，那么未来改善和提升就不会有支撑。

绩效管理本身牵引着企业管理者及基层员工自身工作行为的改变、自我工作效率和职业素养的提升，最终反映到组织目标的实现和达成上。企业在具体的绩效管理过程中，一方面要坚定地推行和贯彻符合企业发展特点的绩效管理理念和意志；另一方面可通过绩效指标本身、指标权重、评分标准、指标目标值四个维度进行绩效松紧度和导向的调节，保证员工在工作过程中有明确、清晰、适度从紧的目标做引导，并在配套的激励体系支撑下，有效地激发大家的主观能动性，切实能够帮助员工取得绩效改善，同时支持所在部门目标的实现，最终促进企业战略达成。

基于绩效管理“两个有效性”原则进行绩效体系的设计，可以把握和理解绩效管理的本质和内涵，也能够促进企业通过绩效管理有效助推自身的发展。

（三）绩效管理体系介绍

遵循以上原则，并充分考虑公司绩效管理体系建设实际情况，由交大汇思达协助为公司构建的系统绩效管理体系包括三个部分。一是面向公司中高层的“3B”绩效管理体系；二是面向经理部的项目绩效管理体系；三是面向员工的岗位精细化绩效管理体系。

1. 面向中高层的“3B”绩效管理体系

“3B”绩效管理是交大汇思达基于数百家国有工程企业服务经验总结的一套绩效管理方法。“3B”是指“对标（Benchmarking）+ 预算（Budget）+BSC（平衡计分卡）”。

通过外部对标，找到内部管理及经营改进的差距点，进行提升自身管理水平，提高管理效益。通过预算管理体系的有效运行，实现公司内部资源的有效规划、配置，为绩效管理体系的指标及目标值的设计提供基础支撑。通过平衡计分卡维度的指标体系设计，使公司在指标体系制定中，充分考虑短期和长期指标，兼顾财务和非财务指标，使整个目标体系的牵引性更好、更全面。

2. 面向经理部的项目绩效管理体系

生产运行部的考核一方面要实现对公司级目标的有效分解，在关注产值、能耗、安全、质量目标等生产管理核心指标的同时，也要关注目标责任成本的考核，加强生产管理的精细化管理水平。另一方面，要重视项目的管理权限的划分、分级分类的管理。在具体的指标及目标值的设计中要关注有效的沟通和互动。

3. 面向员工的岗位精细化绩效管理体系

员工精细化考核是在公司、部门、工序目标分解的基础上，基于员工岗位职责、工作流程、作业标准，提取差异化的绩效考核指标库。通过多层面、多频次的培训、辅导及演练，将绩效计划、绩效辅导、绩效评价、绩效面谈与反馈和绩效结果应用等相关内容进行知识转移和赋能，确保员工绩效管理的精细化和便捷化。

（四）绩效体系主要内容

1. 确定年度目标

年度专家研讨会是公司组织绩效和中高层考核的基础性工作。通过年度目标研讨，我们将形成水泥公司 2021 年年度公司战略目标、重点工作、关键因素，并据此设计工序、部门和中高层干部的考核体系。在专家研讨会的过程中，同步引入对标管理、预算管理的理念和方法，以求形成能够真正落地和指导现实工作的考核指标体系。

基于水泥公司的实际，2021 年的专家研讨会会议分为两次举办，第一次会议在 1 月 26 日，属于年度目标研讨的热身会议，鼓励大家就公司 2021 年年度工作目标、工作内容和工作路径提出建设性意见；在此基础上，通过进一步的预算体系推进和对标，形成更为清晰的思路和目标。

2021 年 3 月第一周举行了第二次专家研讨会会议，对各个部门分解的关键成功因素、考核指标和目标值中高层一起进行深入的沟通，并在此基础上，在 3 月形成面向公司、工序、部门及其负责人的考核指标体系，包括业务指标、共性指标、管理指标。

（1）业务指标（见表 1）。业务指标围绕水泥公司《目标责任书》《综合计划》，党委会、总办会、专题会明确事项，承担集团公司考核指标等内容。

表 1　业务指标

业务指标	指标明细	参考权重	考核部门	计分细则
财务指标	关键财务指标	具体权重由集团财务部依据当年实际情况测算后设置	财务部	财务部根据当年实际情况设计具体考核细则
重点工作（含党建）	《目标责任书》《综合计划》等下达阶段性重点工作	被考核人提交，公司分管领导审定当季度各重点工作、任务分配权重	综合管理部	重点工作、任务实行关键节点、里程碑考核，完成得相应权重分数，未完成扣除相应权重分数

（2）共性指标（见表 2）。共性指标是对集团合规管理及协作目标的分解，体现被考核对象在安全生产及环保工作、党建、廉政与作风建设、平安建设及综治维稳、督查督办等目标的完成情况。

表 2　共性指标

共性指标	考核牵头部门
党建	党群工作部
廉政与作风建设	党群工作部
“三个环境”建设	安全环保部
平安建设及综治维稳	安全环保部
督查督办	综合管理部

（3）管理指标（见表 3）。管理指标是依据管控要求对集团及股份公司职能管理工作贯彻落实任务的分解，包括全员绩效考核、固定资产维护、制度建设等。

表 3 管理指标

管理指标	考核部门
全员绩效考核	综合管理部
固定资产维护	综合管理部
制度建设	综合管理部
公文及档案管理	综合管理部
业务培训	综合管理部
资金支出计划管理	财务部
预算管理	财务部

（4）交付成果。综合以上工作内容，年度目标研讨阶段交付成果如表 4 所示。

表 4 年度目标研讨阶段交付成果

序号	工作内容	交付物
1	战略对标研讨	《水泥公司战略对标研究报告》
2	分解战略关键因素	《水泥公司战略关键因素分解思维导图》
3	公司级考核指标体系	《水泥公司 2021 年度公司级考核指标体系》

2. 机关部门、工序组织绩效指标梳理

根据战略研讨的重点工作方向，进行关键目标分解，形成机关部门、工序组织绩效指标库。交大汇思达咨询顾问与各个部门负责人、分管领导前后进行 5 轮深度的沟通和交流，充分考虑水泥公司的现实情况，形成了每个部门指标体系，部门工序绩效指标体系如表 5 所示。

表 5 部门工序绩效指标体系

部门	指标名称	部门	指标名称
矿山运行部	利润总额	属矿山运行部	利润总额
	石灰石制造成本		熟料制造成本
	石灰石单日产量		固定资产修理及物料消耗支出
	石灰石用柴油单位成本		标准煤耗
	固定资产修理及物料消耗支出		电耗
	石灰石电耗		吨熟料发电量
	破碎机可靠性		可靠性
	骨料系统可靠性		3 天强度
	移动设备完好率		28 天强度

续表

部门	指标名称	部门	指标名称
设备管理部	利润总额	质量管理部	利润总额
	维修费总额		生料单位配料成本
	水泥综合电耗		水泥单位配料成本
	库存物资		熟料单位煤炭成本
	移动设备完好率		3 天强度
	原料磨可靠性（机电）		28 天强度
	回转窑可靠性（机电）		窑台时
	水泥磨可靠性（机电）		水泥磨台时
物资供应部	利润总额	财务资金部	利润总额
	生料单位配料成本		熟料制造成本
	水泥单位配料成本		财务费用
	煤炭质价比		银承支付比例
	银承支付比例		退税净收入

通过组织预算培训，调研水泥公司的历史财务数据、年度预算，与各个部门负责人沟通确认其部门 2021 年的绩效考核指标的目标值、权重及评分标准。

最终通过二次研讨的方式使部门负责人与公司高层领导进行了深度的交流，确认考核指标的目标值。2021 年 3 月 28 日机关部门领导与总经理代表的领导班子，签订了 2021 年机关部门考核业绩合同。

综合以上工作内容，部门工序绩效设计交付成果如表 6 所示。

表 6　部门工序绩效设计交付成果

序号	工作内容	交付物
1	梳理部门、工序指标	《月度考核部门指标明细及释义》
2	设计绩效考核管理办法	《水泥公司组织绩效管理办法》
3	确定绩效考核实施流程	《水泥公司组织绩效管理流程》

3. 项目绩效管理体系的梳理

生产管理是水泥公司绩效管理的关键一环，是绩效管理最能体现管理效益的地方，咨询项目组最终选定极具代表性的水泥工序作为试点工序。

交大汇思达顾问通过与工序中层领导一对一深度访谈，分析总结了原有生产考核方式的优缺点，在保留原有考核方式框架不变的基础上，结合实际情况与公司战略意图提出了生产考核方案，调研结束后，交大汇思达顾问又与机关各部门负责人、分管领导就方案进行了二次沟通及确认。最终形成了基于工序分类的工序绩效考核管理方案。

新的生产考核管理体系将考核延伸至部门领导、员工、作业队和工班，其中作业队长考核方式以及工序员工奖金的计算方式的确定充分调动了大家的积极性，大大激励了一线作业人员的工作热情。忙闲不均情况下奖金分发可以通过项目进度测算及创新奖的方式公平有序地发放给员工，真正做到让员工与公司成为利益共同体。

综合以上工作内容，项目绩效设计交付成果如表 7 所示。

表 7　项目绩效设计交付成果

序号	工作内容	交付物
1	梳理各岗位指标	《工序部门业绩合同》 《工序岗位绩效指标库》
2	设计工序绩效考核管理办法	《工序员工绩效考核管理办法》
3	确定绩效考核实施流程	《工序员工绩效考核管理流程》
4	确定与绩效工资挂钩关系	《工序员工绩效考核表（示例）》 《员工进度奖金测算表》 《员工绩效工资计算表》

4. 岗位绩效管理体系的梳理

根据部门职责与分工，对部门岗位职责进行梳理，基于员工岗位职责工作流程、作业标准，设计员工差异化的绩效考核指标库与绩效考核表。并通过对各部门的意见征询与沟通，对员工绩效考核指标库和绩效考核表进行修订和完善。最后通过对部门负责人及相关人员多层面、多频次的培训、辅导及演练，将绩效计划、绩效辅导、绩效评价、绩效反馈和绩效面谈与结果应用等相关内容进行知识转移和赋能，确保员工绩效管理体系的顺利推进。

综合以上工作内容，岗位绩效设计交付成果如表 8 所示。

表 8　岗位绩效设计交付成果

序号	工作内容	交付物
1	梳理机关岗位指标	《机关岗位绩效指标库》
2	设计工序绩效考核管理办法	《机关员工绩效考核管理办法》
3	确定绩效考核实施流程	《工序员工绩效考核管理流程》
4	确定与绩效工资挂钩关系	《员工绩效考核管理流程》 《员工绩效考核表（示例）》《员工绩效工资计算表》

5. 辅导期绩效管理体系优化

2021 年 4 月 30 日咨询项目方案期结束后，当水泥公司项目在实施落地的过程中发生困难和疑问时，交大汇思达第一时间到客户现场协助客户推进方案的落地。

2021 年 7 月 3 日参加第二季度考核数据统计工作并协助指标修订。

交大汇思达不定期的电话回访关注客户方案落地，与客户的综合管理部的同事建立长期合作关系，保障了项目后续推进的顺利进行。

四、案例项目评估和绩效说明

（一）实现公司目标的有效分解和承接

基于公司战略目标的绩效指标体系，通过对公司目标的层层分解，最终落实到相应的部门和岗位，保证了公司目标在各个层面承接的有效性。同时公司长远目标通过年度、季度、月度的科学分解，建立各阶段的有效追控机制，实现了指标的过程纠偏和调整能力，最终保障公司整体目标的实现。

（二）转变公司内部管理的牵引动力源

各级员工由之前的“让我干”变为“我要干”，变被动为主动，通过完整绩效考核体系，自上而下地制定考核内容、自下而上推动企业战略目标的实现，实现公司利益与个人利益的双丰收，让员工在企业当家做主。

（三）强化公司中高层管理团队的目标意识

通过对公司战略目标的分解，中层管理人员开始分担领导的考核指标。公司每个月的营业好坏都与各个部门领导的工资直接相关，各个部门各司其职，优化本部门考核结果，通过考核不断完善部门短板，不断对照公司经营目标调整部门管理方向，最终打造利益、精神共同体的中高层管理团队。

（四）做到评价有依据，奖惩有区别

新的考核方式将采用专业软件系统来实现，所有的数据统计、考核流程、工资核算均采用自动计算，只要被考核者将考核结果填入，考核结果就自动生成。而且所有扣分项综合管理部门都有原因并且留存过程数据，真正做到评价有依据，奖惩有区别。

（五）提高中高层管理团队的绩效管理能力

系统、表单、指标、考核方法是工具，驾驭工具的是各级管理人员。只有大家对绩效理念有了充分的理解和相同认知，才能在实施过程中发挥其积极作用，因此针对各级领导人员，绩效面谈、绩效管理的培训，以及后期绩效辅导才是绩效管理体系能够有效运用的保证。

（六）逐步形成以业绩和目标为导向的绩效文化和管理语言

企业管理的目的是实现业绩提升，实现组织目标，绩效管理就是最好实

现组织目标的有力保障。通过一轮又一轮的绩效考核，组织中的短板及流程制度中的盲点会被不断地显现出来，给领导提出了企业需要改进的具体方向，最终会使企业在一年又一年的绩效考核过程中实现螺旋式上升。绩效考核管理体系实施一年后会被公司各级人员所接受，绩效理念深入人心。伴随公司业绩蒸蒸日上，公司实现绩效杠杆效果，通过及时激励刺激全员个人目标与公司目标的协调一致。

五、客户评价

项目结题后，水泥公司相关领导对交大汇思达表示了高度赞扬和认可。客户公司总经理说："项目组通过深入细致的调查与分析，为我方设计了科学、合理的绩效考核方案，项目的顺利实施整理出一套符合实际工作需要，客观公正且能实际评价员工工作业绩的量化考核指标，建立一套内部公平、科学、合理的绩效管理体系，解决人情分、绩效考核指标难量化、难提取的问题，实现绩效考核的精细化管理，进而提升绩效管理水平，提升人员工作效率，为完成公司年度经营计划，实现公司战略目标奠定人才激励基础。非常感谢咨询项目团队的专业服务，希望能够保持长期的合作关系。"

J 公司管理咨询与信息一体化整体解决方案

南京东方智业管理顾问有限公司

南京东方智业管理顾问有限公司（以下简称东方智业）创立于 1996 年，由国内具有丰富理论与实践经验的管理专家与职业咨询顾问组成，是江苏省创办最早、最具创新力和影响力的咨询公司，是中国企业联合会管理咨询委员会副主任单位（连任多届至今）、江苏省管理咨询协会首任会长、名誉会长单位。

公司成立 20 多年来，始终以“凝聚中外管理智慧，解决企业实际问题”为宗旨，坚持“客户的成功才是我们的成功”经营理念，已成功为近千家企业、各级政府部门提供社会经济与产业发展规划、战略规划、商业模式优化设计、企业文化与品牌形象创新、并购重组改制、集团管理模式、组织变革与流程再造、人力资源、信息化、大规模定制化人才培养工程等综合管理咨询、培训及落地实施服务。

本案例项目组成员

孙兵，东方智业副总裁，高级咨询师，东方智业合伙人，国际注册管理咨询师（CMC），全国中小企业管理咨询服务专家，工商管理硕士，具有 15 年以上企业中高管与管理咨询经验，曾担任雨润集团区域销售经理、营销系统资金总监、深加工事业部综合中心主任及子公司总经理等职。曾为恒顺集团、西麦集团、江苏增力集团、日出东方、果果食品、赛德力集团等企业提供过战略规划、集团管控设计、股权激励方案设计、组织优化与设计、绩效体系设计、薪酬体系设计、制度与流程优化等方面的系统管理咨询服务。

其他成员：任海虹、毕宇欣、万冬艳

导读

在2019年以前，J公司以海外援建项目为主，依托20多年的援外项目经验和相关资源能力，使其在援外项目获取上相对稳定，加之援外项目资金无风险、无垫资，项目收益有保障，公司整体效益持续增长。但随着市场竞争的持续加剧，以及2019年以后国家援外项目大幅减少和招标规则的调整，援外项目的获取难度骤然加大。在此情况下，J公司及时进行战略调整，从以援外项目为主向援外项目与外经项目（国际工程承包项目）双线发展进行业务转型。而外经项目面临着市场竞争激烈、项目垫资大、资金风险大、项目收益水平低、项目要求高等与援外项目不同的情况，加之公司业务分布广、跨度大，项目周期长，信息传递效率差，管理难度高，这对J公司的管理能力提出了巨大挑战。做好外经项目，要求J公司必须在外经项目市场信息获取、商务开发、风险评估、造价管理、投标管理、采购分包、项目成本控制等方面具备系统性和精细化管理能力，否则在外经项目发展上难有竞争力。

J公司前期也与一些咨询公司开展过合作，其间也做过很多方案，但落地效果一直不好。J公司通过多方调研了解到，东方智业通过“管理咨询方案设计+信息化落地实施”结合模式，可以将咨询方案快速运用到公司的日常运营管理流程中，实现同步快速落地，同时通过实施进行方案的验证、优化与固化，既解决了方案可行性的验证问题，又解决了方案落地执行和执行标准不走样问题，同时也培养了客户体系管理人员，为管理咨询效果的实现提供了保障。因此，J公司委托东方智业帮助其进行管理体系的系统方案设计和落地实施，推动J公司进行业务转型和管理提升。

J 公司管理咨询与信息一体化整体解决方案

南京东方智业管理顾问有限公司　孙兵

一、项目背景

作为中国领先的国际工程建设综合服务商，J 公司以工程建设为主，提供集工程投融资、规划、设计、采购、施工、运维、咨询、贸易等为一体的工程建设全生命周期综合服务。目前业务遍布全球 40 多个国家，依托工程承包主业，充分利用公司在东道国建立的人、财、物等资源，逐步实现国际化运作、本土化经营和属地化管理。为进一步扩大公司的国际影响力，不断拓展国际工程经营领域，J 公司在多个潜力市场注册公司，并以此为平台开展国际业务。目前，J 公司已在刚果（金）、科特迪瓦、塞内加尔、赤道几内亚、瓦努阿图、马来西亚、泰国等多个国家设立了境外子公司。境外子公司的设立，为公司调整经营思路、开展多种经营、拓展当地业务提供了便利条件和有力支持。

在 2019 年以前，J 公司以海外援建项目为主，依托 20 多年的援外项目经验和相关资源能力，使其在援外项目获取上相对稳定，加之援外项目资金无风险、无垫资，项目收益有保障，公司整体效益持续增长。但随着市场竞争的持续加剧，以及 2019 年以后国家援外项目减少和招标规则的调整，援外项目的获取难度骤然加大。在此情况下，J 公司及时进行战略调整，从以援外项目为主向援外项目与外经项目（国际工程承包项目）双线发展进行业务转型。而外经项目面临着市场竞争激烈、项目垫资大、资金风险大、项目收益水平低、项目要求高等与援外项目不同的情况，加之公司业务分布广、跨度大，项目周期长，信息传递效率差，管理难度高，这对 J 公司的管理能力提出了巨大挑战。做好外经项目，要求 J 公司必须在外经项目市场信息获取、商务开发、风险评估、造价管理、投标管理、采购分包、项目成本控制等方面具备系统性和精细化管理能力，否则在外经项目发展上难有竞争力。

J 公司前期也与一些咨询公司开展过合作，这期间也做过很多方案，但落地效果一直不好。J 公司通过多方调研了解到，东方智业通过“管理咨询 + 信息化落地”结合模式，将管理咨询方案设计与信息化手段的落地实施进行结合，可以将咨询方案快速运用到公司的日常运营管理流程中，实现同步快速落地，同时通过实施进行方案的验证、优化与固化，既解决了方案可行性的验证问题，又解决了方案落地执行和执行标准不走样问题，同时也培养了客户体系管理人员，为管理咨询效果的实现提供了保障。因此，J公司委托东方智业帮助其进行管理体系的系统方案设计和落地实施，推动J公司进行业务转型和管理提升。

二、J公司在业务转型方面的主要问题

J公司在过去数十年的发展过程中，“业务聚焦、技术过硬、团队稳定”成为其获得成功和高速成长的最主要原因。在过去的发展历程中，围绕援外业务发展，在组织和制度建设方面进行不断优化和完善，有效地支撑了援外业务的发展。但随着J公司“双业务发展”战略（即援外业务和外经业务发展战略）的提出和业务拓展的需要，相应能力要求与现有组织能力发生了重大改变。而现有组织能力已明显不能满足企业发展的需要，主要存在以下几方面的问题。

（一）外经业务管理能力严重不足，难以进行有效赋能和风险管控

J公司之前主要是围绕援外业务发展，总部在援外项目的资源维护、造价与投标管理、商务管理、项目工程实施建设管理等方面积累了大量经验和竞争优势，同时也建立了相应的管理体系。但这些对于公司发展外经项目来说，则存在较大不足，主要体现为以下内容。

1. 市场信息获取渠道缺乏，管理不到位，难以发挥资源整合作用

公司援外项目的主要信息获取渠道为国家商务部，而外经项目的信息获取渠道则相对广泛，这与之前的单一渠道获取项目信息是完全不同的，而当前国别市场项目信息没有管理标准和流程，缺乏有效的信息系统支持，无法做到信息及时收集与分析管理，公司资源难以针对性赋能。同时，信息渠道缺乏有效整体规划，严重影响公司的市场拓展速度。因此，公司必须构建有效的市场信息渠道和业务开发网络，及时获取有价值的市场项目信息，同时能够对市场项目信息进行有效的信息共享管理，才能为外经项目发展提供保障。

2. 市场项目信息评估管理不健全，项目开发风险高

项目的风险评估对于承接项目最终成败至关重要。不同于援外项目，其项目风险极低，收益水平有保障；而外经项目由于不同投资方的性质（私人、当地公司组织、当地政府、国际组织等），无论是项目的实施风险、资金风险，

还是最终的收益风险等都存在较大的不确定性。而目前 J 公司在此方面还未建立起系统、完善的评估标准和管理机制，对于外经项目发展存在较大隐患。

3. 投标造价与收益核算能力不足，项目开发缺乏支撑

援外项目造价与收益核算，主要由国家商务部进行前期相应成本调研和造价分析，材料相对较充分，因此援外项目投标时信息比较透明，投标造价与收益核算相对风险较小。而外经项目不仅各个国家当地工程造价核算标准不同、工程税收政策不同，还存在汇率风险。另外，各国主要建筑材料成本差异很大，而 J 公司并未对各国别造价核算标准、税收政策、主要材料成本跟踪、外汇风险防范等方面进行管理。因此，J 公司在外经项目造价和收益核算方面难度较大，同时对各国别提报的项目造价与收益核算也难以审核，势必造成公司项目管控风险增加，对于市场竞标的价格策略制定缺乏有效支撑，不利于市场开发的推进。

4. 工程项目成本管控严重不足，项目预算收益难以保障

工程项目通常实施周期较长，短则 1 年，长则 3 ～ 5 年，如果不能在过程中结合进度进行成本的及时核算，对成本超出部分及时进行调整，等到项目决算时，整体项目收益可能会严重低于预算收益，甚至出现亏损情况。而 J 公司由于项目分布全球各地，各国成本核算规则差异较大，目前还未做到过程中阶段性模拟决算，更多是项目结束后才做总体决算，但此时成本已发生，收益亦已确定，项目收益保障存在巨大风险。

（二）组织体系不健全，难以支撑公司双业务发展战略

J 公司现有组织更多是围绕援外业务设计的，虽然公司开展外经项目后，也进行了部分调整，但更多只是基于点上的特定问题解决的优化，并未从整体战略和业务发展上进行系统考虑，很多问题不能进行系统的根本解决，组织能力难以快速提升，匹配业务发展需要。主要问题有如下几点。

（1）组织架构设置不合理：公司在围绕市场开发、投标管理、成本合约管理等部门的岗位设置明显不足，难以支撑各部门核心职能的有效实现。

（2）关键职能缺失、弱化：市场开发、成本合约、工程管理部门外经项目管理的一些核心职能缺失，无法有效发挥部门专业管理作用。

（3）关键岗位人岗不匹配：现有关键岗位部分管理人员从管理意识、业务能力等方面存在明显不足，难以支撑现有业务发展需要。

（三）关键业务流程、管理标准不健全，管理职能难以落地

业务流程、管理标准是组织职能有效落地的基础，目前，J 公司在围绕项目开发、投标管理、造价与成本管理等关键业务上，缺乏标准化的流程与制度

建设，只是靠个人能力在管理，造成大量的部门关键核心职能缺失，已有职能未履行到位，甚至未履行的情况，严重阻碍了J公司业务的快速发展。

（四）业务复杂度高，传统管理方式难以满足管理提升要求

J公司前期还未进行信息系统的建设，总部的各项管理要求，主要是通过邮件、微信群、电话等形式进行下发，过程中通过人员跟催进行管理。由于J公司业务分布在全球40多个国家，各个国家的工作时间、通信设施水平等存在明显不同，通过人员跟催形式，不但工作效率低，而且沟通质量差，容易出现人为差错，不能将工作信息进行实时化的传递，总部管理难度高，效果差。

三、J公司管理体系构建与落地设计思路

传统管理咨询方式是通过前期调研、问题诊断、方案设计，最终提供给客户一套管理解决方案，而企业需要的是方案落地实施来解决企业的经营管理问题，这两个目标的偏差导致很多咨询项目难获成功。在东方智业过往咨询项目中，尤其是从近年的情况来看，大多数企业的方案实施能力普遍不足，企业虽然对咨询方案满意，但在实施过程中，涉及人员对方案的理解程度、执行方法、资源协调、推进策略等方面的制约，导致多数方案实施效果打折，甚至实施失败，最终企业得到的只是一堆方案文件。这不但给企业造成了人力、物力的损失，更是耽误了企业发展的机会。还有一些企业，在进行传统管理咨询后，再找一家信息化公司合作，但由于信息化公司对前期咨询方案的设计背景和思路不了解，在咨询方案与信息化衔接时难以有效融合，甚至出现将前期方案推倒重来的现象，这不但给企业增加了二次成本，也严重影响了项目实施进度。

企业的数字化转型已是大势所趋，通过现代科技手段，将企业经营管理过程中大量信息数据进行整合重构，运用到企业在产品、服务、流程的管理提升之中，持续推动企业经营改善与业务发展。近年来，东方智业创新性地将信息化咨询与传统管理咨询进行有效结合，在每个咨询方案的设计过程中充分考虑方案落地要求，同步进行信息化落地方案的设计，结合信息化实施对管理方案落地进行系统验证，最终通过信息化手段将咨询方案直接融入企业日常业务运行之中，从往人为推动方案的被动方式向通过系统倒逼方案实施的主动方式改变。因此，让每一个咨询方案通过信息化方式实施，过程中客户能感受到咨询方案的价值，也更有利于提升客户在咨询过程中的投入度，进一步保障咨询方案的适用性。J公司咨询方案设计与信息化实施结构如图1所示。

J公司管理体系的构建与信息化落地，关键在于其发展战略所需的核心组织能力的打造与提升。

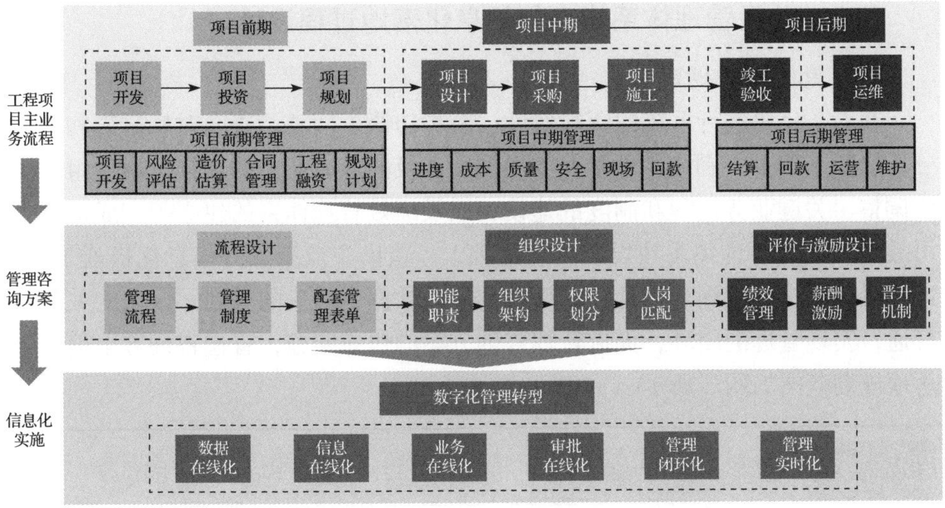

图 1　J 公司咨询方案设计与信息化实施结构

第一步，通过对 J 公司关键业务流程，重点是外经业务的关键流程进行系统梳理、优化和新建，明确各业务流程的关键节点、管理规则，以及匹配的管理标准等，建立高效和高质量的业务流程规划，以此建立 J 公司业务运营能力的标准，为组织能力的打造奠定基础。

第二步，将各关键业务流程的管理规则与管理标准落实到 J 公司的组织架构、关键职能和主要权限设计上去，形成支撑业务流程再造的组织体系建设。

第三步，将组织职能和流程要求，落实到关键岗位的绩效评价与考核管理方案中，形成基于支撑公司战略的以流程再造为核心的管理体系方案设计闭环。

第四步，通过信息化手段将管理咨询方案融入公司日常运营的信息系统中，通过系统倒逼方案实施，通过方案实施验证与优化方案，最终实现组织能力的提升，推进公司业务转型和战略目标的实现。

管理咨询与信息化落地构建总体思路如图 2 所示。

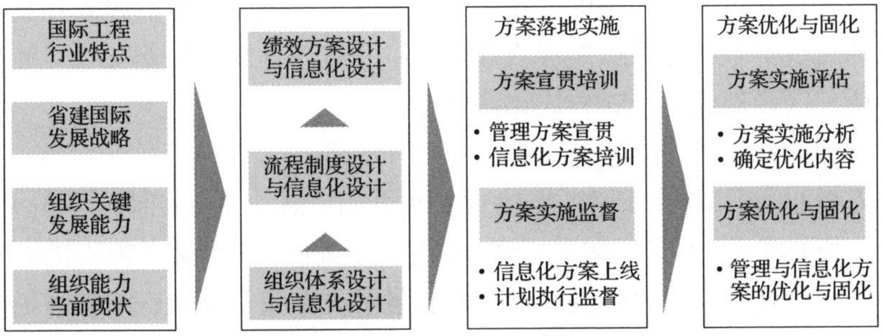

图 2　管理咨询与信息化落地构建总体思路

四、J公司管理体系构建与信息化落地过程设计

（一）总体实施规划

在对J公司进行系统的资料研读、人员访谈、问卷调查、对标研究和问题分析诊断基础上，围绕其外经业务发展所涉及的核心能力的加强，通过组织优化调整、关键业务流程和制度的建设，以及绩效管理体系的建立等完成支撑公司战略发展的管理体系建设。在此基础上，借助主流第三方信息化搭建平台，进行系统架构的规划与设计，实现端到端的数据、信息的横向、纵向的关联与打通，实现管理的闭环，促进管理咨询方案的快速实施，管理咨询方案信息化落地规划蓝图如图3所示。

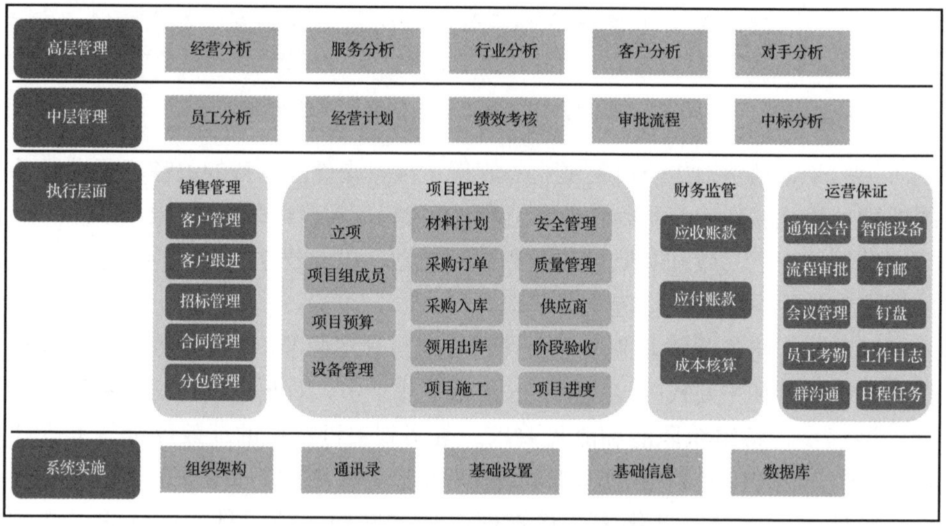

图3 管理咨询方案信息化落地规划蓝图

（二）J公司关键业务流程设计

1. 流程梳理与问题分析

东方智业通过对J公司现有外经业务流程进行梳理，分析业务开发、项目投标、项目成本管控等重点关键流程环节，并就现有外经业务发展问题进行收集与分析，明确外经业务流程优化调整方向。

2. 多部门讨论确定方案

东方智业组织市场、成本合约、工程、采购、财务等相关部门人员，围绕现有外经业务关键流程环节问题进行充分讨论，形成以下外经业务流程优化决议。

（1）公司在工程项目进度、安全和质量管理上相对较强，能够满足外经业务发展需求，但在外经项目市场开发和成本管控方面能力不足，需重点提升。

（2）所有市场项目信息必须及时报由总部进行统筹管理，利用总部资源对各市场项目信息进行审核和项目开发的赋能。

（3）根据市场信息来源不同，将外经业务开发信息（见表 1）划分为 9 类，针对不同信息来源，建立信息挖掘和分类管理机制，提升项目信息获取效率。

表 1　外经业务开发信息

序号	信息来源	序号	信息来源
1	领导资源介绍	6	各国别商会组织
2	事业部 / 国别公司搜集	7	项目咨询公司
3	国际组织官网招投标公告	8	公司员工介绍
4	合作项目信息平台	9	其他渠道来源
5	国内公招项目		

（4）根据市场项目信息所处阶段，将公司外经项目信息划分为“在跟进、已立项、已投标”三类，根据不同阶段信息管控重点，建立信息流转与管理机制，提升项目信息的跟踪管理质量。

（5）所有市场项目信息须经“项目初审”后，才能“立项申请”，立项审批后，方可开展“预算报价和标书编制”，投标前须经“投前会审”批准方可投标。

（6）制定“项目初审”“立项申请”“投前会审”的业务流转要求，明确各环节审核人员及审核所需的资料和内容清单。

（7）建立总部预算造价和成本审核管理机制，对公司重点发展国别市场的工程造价核算标准、税收政策、主要工程材料、人工等成本情况定期进行更新管理，形成总部造价与预算审核能力。

（8）项目成本管理按照管控阶段，划分为“前期合同洽谈”“项目成本策划”“项目实施控制”“项目维保”四个阶段，如表 2 所示。

表 2　项目成本管理的四个阶段

序号	阶段	重点管理内容
1	前期合同洽谈	重点分析合同中对后期项目成本会产生影响的条款内容，制定谈判目标和相应策略，通过谈判争取有利条款，降低后期项目成本
2	项目成本策划	合同签订后，项目工程正式实施前，通过对项目各项成本构成的分析，进行项目总体成本策划，制定项目成本目标，为后期项目成本管理明确标准
3	项目实施控制	根据项目成本管理目标，通过过程的审核、监督，以及成本管理报表体系的系统分析，及时开展成本偏差纠偏管理，保障项目成本目标和预期收益有效达成
4	项目维保	通过对维保期间人员成本、维修成本，以及项目竣工验收后下场物资、机械、车辆等资产处置的有效管理，降低项目总体成本

（9）项目成本管理按照成本类型，划分为“造价成本”“资金成本”“管理成本”“税费成本”“汇兑成本”“质量成本”“索赔成本”七个类型，如表3所示。

表3 项目成本管理的七个类型

序号	成本类别	重点管理内容
1	造价成本	项目涉及的分包成本、材料成本、人工成本、机械成本、临建成本、变更成本等直接影响造价的成本
2	资金成本	项目涉及的预付比例、垫资额度、保函类型、工程结算、资金来源等影响的资金成本
3	管理成本	项目管理涉及的项目部人员编制与工资、招待、差旅、车辆、通信、办公等各项管理费用
4	税费成本	工程项目各种规费，以及在所在国或地区相应税收政策下的增值税、关税、所得税等各项税收的成本
5	汇兑成本	因汇率波动导致的成本
6	质量成本	工程项目出现质量不合格情况，导致工程返工等造成的材料、人工、机械等的项目增加成本
7	索赔成本	违反合同的索赔事项约定，被业主处罚，造成公司经济损失，所增加的工程项目成本

（10）根据成本管控四个阶段对应的不同成本类型，预算形成每个项目成本控制和项目收益目标，并分解形成关键进度节点的成本控制与收益目标。

（11）建立工程项目成本管理报表体系，定期进行成本目标达成分析，及时进行成本偏差调整，保障预算目标的有效达成。

（12）根据各流程关键节点管控要求，设计形成对应管理表格与数据表单。

（13）通过外经项目预算造价与审核体系的建立，从前期市场开发信息的初步审核，到项目立项、预算造价、投前审核，再到中标后的成本策划，过程成本标准管控，最终实现从项目开发到预算成本控制达成的闭环管理。

（14）通过组织设计，明确以上各项工作推进部门和责任人员，界定完成时间，并在此基础上，东方智业设计形成J公司“市场信息管理流程”“项目投标管理流程”“项目成本管控流程”方案和方案落地推进行动计划表。

（三）基于J公司流程再造的组织方案设计

1. 组织体系设计

基于J公司外经业务发展所需强化的市场开发渠道建设、项目信息管理、项目风险评估、项目投标管理、项目预算造价与审核管理、项目成本管控等职能要求，东方智业从组织分工、组织架构和组织授权方面进行了对应设计，实现相应职能有对应部门与岗位承担，部门与岗位履行职能有对应的职权进行保障，通过组织保障承接业务流程的运行，最终实现相应组织能力的提升。

2. 人岗匹配分析与调整

东方智业针对以上核心职能强化的承接部门负责人员进行了胜任力评估，主要围绕现有人员对岗位职责要求所需的业务知识、业务技能，以及工作意愿等方面进行了评估，对现成本合约部经理进行调岗，重新从业务部门选拔了一名人员担任成本合约部经理，人员选拔与调整历时两周，从近一年来的表现来看，最终选出了非常适合 J 公司的成本合约部经理人选。

（四）J 公司绩效考核方案设计

组织能力的建设，最终必须通过能够准确衡量的指标来进行评定，没有评价与衡量就没有办法进行管理，因此 J 公司管理体系实施的效果必须要建立与之相匹配的绩效管理体系来进行保障，通过绩效评价来验证公司管理改善的效果，同时也为后续的人员激励奠定基础。

1. 梳理各部门及关键岗位的核心绩效指标

结合组织设计方案，对各部门核心职能的评价指标进行梳理，同时结合公司战略目标分解、部门管理现有突出问题，以及关联部门的协同要求，制定相应可衡量的考核指标，以此确定各部门及关键岗位的绩效考核指标项。

2. 讨论确定核心指标的目标值

围绕确定的各岗位核心绩效考核指标项，组织各部门及分管领导，分析指标当前达成情况，根据部门能力提升和公司要求，制订指标年度季度绩效目标值。

3. 制订核心指标的评价规划和权重设计

针对各绩效考核指标项及目标值，进行指标项重要性排序，根据排序情况，确定各指标的权重、指标说明、目标值评价考核规则，以实现指标考核的规范性。

4. 明确核心指标的数据提供标准和审核部门

指标数据提供的及时性和公正性，是推动绩效管理的重要内容，因此对指标数据如何提取，标准如何，由哪个部门审核，东方智业通过组织讨论进行确定，以保障绩效考核的有效性。

5. 形成绩效考核责任书，组织进行签订

根据以上讨论结果，拟定各关键岗位年度、季度绩效责任书，组织签订，绩效管理部门进行备案与后续管理。

6. 制定绩效管理与结果应用规则

围绕绩效管理的管理机构，对机构职责权限、绩效考核范围、指标体系、绩效的提报要求，以及绩效结果在薪酬、晋升、岗位调整等方面的应用进行制度规定。

（五）J公司管理体系信息化实施

1. 组织体系信息化实施

传统管理咨询通常是将组织体系对应的组织分工、组织结构和组织授权设计完成后，形成组织管理文件，交由客户实施。而客户一般会由组织管理部门进行组织调整方案的公示和宣贯，然后根据组织调整方案进行相应组织分工调整。

由于组织调整方案的宣贯只是针对主要部门负责人进行，而具体办事人员对公司组织调整并不清楚，尤其是对业务遍布全球40多个国家的J公司来说，如何让大家有一个快速了解公司组织的查询渠道，能够及时联系工作，清楚各部门职能职责，对组织效率提升至关重要。因此，本次J公司组织方案设计完成后，东方智业通过信息化实施将组织体系进行上线，让各级人员根据权限，能够迅速了解到公司的组织架构，部门岗位的职能职责，人员及联系方式，为各部门更好地协作提供机制保障，同时组织体系也是流程与制度、绩效体系、薪酬体系等的建设基础，通过组织体系上线运行，为后续管理方案上线运行提供保障。

2. 关键业务流程信息化实施

传统管理咨询通常是将业务流程设计完成后，将电子版文件提交客户流程管理部门进行内部的审批，审批后下发至相关部门进行公示。但通常情况下，相关部门不会细看，在实际业务运行过程中完全靠把关部门来审核，有些部门人员更换比较快，审核必须去查文件，这样既不高效，也容易因对文件不熟悉或理解不同，出现管理漏洞。同时对于一些关键业务流程，如果不通过信息化来进行倒逼，会出现因运行有难度，相关部门不执行，大家相互扯皮，最后设计的流程未执行，还是回到以前模式，这样的话组织调整就是一句空话，组织能力建设也无法实现。本次流程咨询，在方案设计时就综合考虑了系统流程配置的逻辑与要点，任何人如不按流程系统要求操作，将寸步难行，无法开展工作，从而保障咨询方案能通过系统实现，改变传统的依靠人盯人管理，提升管理效率和效果。

3. 绩效管理方案信息化实施

一直以来，建筑工程企业在绩效考核实施过程中总是存在以下诸多难点。

（1）考核耗时长、进度慢：员工办公地点不固定，传统绩效考核各流程都需人工核验，耗费时间长、进程缓慢。

（2）统一管控困难：各个业务部门考核模式不同，考核内容五花八门，难以统一管控。

（3）考核数据存储难：传统纸质考核数据难以统一存储且容易丢失，查找更是费力，人员激励、晋升得不到有效数据支持。

（4）耗费管理资源：领导繁忙，考核打分找不到人，人力资源部门需要花费大量的时间和精力在流程盯办上。

而对于国际工程领域更是如此，传统的绩效管理模式最终只是一个简单考核，而非绩效提升管理，未实现管理深度切入，真正推动绩效提升的目的。

本次信息化落地实施，通过系统实现绩效指标库的在线管理与维护，绩效负责人一键发起绩效指标的确定与绩效考评，考核责任人的考核目标确认、考核结果录入、上级评分、绩效申诉、面谈记录等全流程都实现了在线处理。员工通过手机、电脑随时随地参与考评，告别传统 Excel 纸质考核的低效与烦琐。根据分级权限的设置，领导对下属的考核进度一目了然，并可实时跟进考核进度，支持在线催办、转交、驳回等处理。在绩效结果统计方面，绩效负责人无须进行烦琐的人工汇总，绩效考核报表自动生成，并支持多维度数据智能对比分析，绩效管理实现了有据可依，为J公司的员工激励提供了数据保障。

五、实施效果

J公司管理体系构建与信息化落地从提出思路到付诸实施至今已经历了1年时间，在这期间，J公司结合信息化手段大力推动管理体系的落地实施，在实施过程中不断优化和完善管理方案和管理方式，管理效率和效益持续提升。同时，也收获了管理体系构建与信息化落地实施所带来的以下一系列成果。

（一）经营效益水平持续增长

2020—2021年新签订单、营收与利润水平同比增长均达到两位数以上，同时成功中标一大批重大项目，项目储备规模持续提升。

（二）经营管理能力持续提升

通过管理体系构建与信息化实施，项目开发与工程管理能力得到有效加强，具体表现在以下几点。

1. 市场信息管理能力不断提升，项目信息实现实时更新与统筹管理

目前全球市场开发信息实现了实时共享管理，所有市场信息从项目初审、立项评审、投前会审、投标结果跟踪等全部实现系统跟踪管理，所有项目进展情况实时进行统筹管理，改变了以往项目信息管理分散，更新不及时，总部难以统筹管理的现状，市场管理能力持续加强。

2. 项目造价管理不断完善，为外经项目成功投标提供有效支撑

通过J公司投标管理制度和流程的优化，并结合信息化上线管理，实现J公司对重点市场的工程造价核算标准、税收政策、主要工程材料、人工、外包项目的市场价格进行系统跟踪更新管理，为总部对各国别公司、事业部的项目报价进行审核提供依据，进一步提升了总部管控能力，同时加快项目审核报价的速度，有效支撑了前端市场开发工作的开展效率。

3. 成本管控能力持续提升，保障项目预算收益的有效达成

通过项目成本管理流程与制度体系建设，目前在信息系统上可对各工程施工项目结合项目进度情况，对各分项成本进行预算成本与实际成本对比分析管理，总部可将每个项目的进度管理和成本管理进行结合，及时发现成本异常，及时进行偏差调整，并结合工程管理部门的定期项目检查，实现成本有效控制，保障项目预算收益的达成。

（三）员工能力得到有效提升

通过管理体系构建和信息化落地实施，各业务关键岗位人员能通过对方案的运行操作，进一步了解各关键业务的管理逻辑，同时通过对流程和标准的学习，在业务能力上进一步得到加强，为公司未来发展进行人才培养。

（四）公司品牌影响力进一步提升

2021年公司先后获得“中国对外承包工程前100强企业”“中国对外承包工程房建领域前30强”等荣誉，2020年ENR“全球最大250家国际承包商”排名提升22位，公司品牌影响力进一步得到了提升。

六、总结

管理体系的成功构建与信息化实施的有效结合，帮助J公司在经营效益、内部管理、人才培养、市场开发、综合竞争力、品牌影响力等多方面实现了全面提升与改善。同时，J公司在此基础上，通过不断的优化与完善，最终将建立一套适合自身发展要求的企业管理模式。借助信息化手段，不断为管理赋能，通过管理提升不断推动业务发展，以此形成管理与业务的“双轮驱动”，为J公司实现“双业务发展”转型成功奠定坚实基础，也为J公司实现“成为国际一流的工程建设综合服务商”的愿景贡献力量。

保靖县中医院“‘十四五’高质量发展——专病建设”咨询案例

北京精医万家科技有限公司

北京精医万家科技有限公司，多年来专注于医院管理咨询领域的理论研究与实践，现已拥有一批以国际注册管理咨询师（CMC）为核心，具有丰富医院战略管理咨询经验的专家团队，在24个省、自治区、直辖市开展1000余个医院管理咨询项目，获得众多合作医疗机构的一致好评。2019年荣获了国际管理咨询行业“奥斯卡”——君士坦丁奖金奖及国家金奖，具有里程碑意义。

公司业务范围包括发展战略管理咨询、市场营销管理咨询、人力资源管理咨询、文化建设管理咨询、精细化管理咨询、医院绩效管理信息系统、学科建设管理咨询、管理组织管理咨询、医院发展相关培训、医疗行业相关咨询、医院发展单项咨询等。公司以“新思路、新方法、新理论的提供者”为使命，致力于提升医院的管理效率，使医院可以为患者提供更优质的服务，进而使医院持续健康发展。

本案例项目组成员

时林涛，长期从事医院管理咨询工作，能够通过实地调研分析出医院在发展过程中存在的问题，并运用公司先进的医院管理理论解决实际工作过程中遇到的问题，促进医院快速发展。参与并主持过多家医院的专病建设、门诊专科建设、中医服务能力提升、医疗质量管理考核、医院执行力提高、医院临床路径管理、成本管理体系建立，具有一定的医院管理咨询实践经验。主要参与的项目有芷江县中医医院、怒江州中医医院、丘北众康医院、永善县人民医院等多家医院。

其他成员：于殿炯

导读

医院的学科建设是医院发展的重要战略举措，但是结合医院的建设方向，推行措施是广泛面临的发展难题。北京精医万家科技有限公司提出医院学科建设应从专病建设出发，打造医院专病特色，借以提高医院对疾病的诊断、治疗水平的指导思想。

保靖县中医院为切实促进医院高质量发展，提升患者疗效，打造医院专病品牌，增强医院影响力与竞争力，决定聘请北京精医万家科技有限公司对其进行管理咨询。

从2021年3月11日项目组进驻医院开始，总体按照实行边调查边改进的模式推进。先后通过制订专病特色构建推进计划；进行专病细致分类；建立专病门诊；调整确定各病区专病诊治方向；梳理各专病治疗方案，总结专病治疗特色；制定专病疗效评价标准，定期评估不断优化方案等措施，促进医院升级转型，逐步提升医院核心竞争力。截至2021年6月，经过近3个月的升级转型，医院的专病门诊量不断增加，住院患者专病诊治持续规范，医生的发展方向越来越清晰，医院的专病治疗水平不断优化，专病患者疗效逐步提高，患者口碑越来越好。

保靖县中医院“‘十四五’高质量发展——专病建设”咨询案例

北京精医万家科技有限公司　时林涛

一、项目背景

（一）保靖县中医院介绍

保靖县中医院创建于1960年，是一所集医疗、预防、保健、康复和教学为一体的国家二级甲等公立医院。近年来，医院坚持“西医不落后，中医有特色”的发展方针，在湘西县级医院中发展突出。

2013年医院通过“二甲”评审。2015年4月6日，医院从老城区整体搬迁。2019年，根据县城区域卫生资源调整，县妇计中心医疗临床业务职能调整到中医院，2020年3月18日，保靖岳阳妇女儿童医院投入使用。2020年8月20日，省中医药管理局对我院重点专科骨伤科验收。2014年业务收入2300万 元，2015年2900万 元，2016年4200万 元，2017年6200万 元，2018年7700万元，2019年医疗业务收入9800万元，出院17435人次；2020年预计11000万元，成为湘西自治州第一个业务收入过亿元的中医院。医院占地约46667平方米，建筑总面积37998平方米，分两个区（即本院和保靖岳阳妇女儿童医院区），现有人员535人，编制床位490张，设置临床科室22个。

2020年9月通过国家胸痛中心对我院的“中国基层胸痛中心”认证工作，成为湘西北地区首家国家胸痛中心验收通过单位。

1. 院区一（医院本部）

院区一占地面积43333平方米，建筑总面积26898平方米（含内科业务综合大楼），现有床位近600张；设有急诊重症病房、心脑血管专科、眼科、呼吸、内分泌科、普外科、骨伤科、针灸推拿、康复科、消化、肝病、肾病、肿瘤科、导管室、血液净化中心、手术麻醉科（2个）、120、治未病科、公卫科、口腔、眼耳鼻喉科、心理咨询室；是县内胸痛中心。

2. 院区二（保靖岳阳妇女儿童医院院部）

保靖岳阳妇幼儿童医院院部是保靖县中医院业务的一部分，承担原妇幼保健院的临床业务工作，是岳阳市对口帮扶保靖卫生的重点项目，建筑总面积 11100 平方米，业务综合楼共 15 层，2020 年 3 月 18 日投入使用。设置妇科（两癌普查、妇女病普查、生殖门诊、乳腺外科及住院病房）、产科（产科门诊、VIP 住院病房、普通病房、孕妇学校、孕期营养门诊）、儿科（儿科及新生儿科）、儿童保健科、小儿推拿科、预防接种门诊、婚前检查、孕前优生科以及相关辅助科室，其行政管理由总部统筹。医院计划在该院区建成一所围绕妇女儿童保健、健康一体化服务的健康服务中心。

3. 专科建设

中医骨伤科是省重点专科；

“胸痛中心”国家验收达标单位；

肿瘤科是省中医药肿瘤特色专科建设单位；

120 是省验收达标单位、县 120 急救医院之一；

省“光明扶贫工程”项目定点医院；

两癌免费筛查、婚前检查、孕前优生定点单位；

湖南省妇幼保健院生殖专科联盟单位；

湖南中信湘雅生殖中心医联体；

保靖县成人康复定点医院；

湖南省蛇伤急救定点医院；

省中医药大学附属医院联盟成员单位；

省儿童医院医联体单位；

湘西州人民医院、州民族中医院医联体；

保靖县“胸痛中心联盟”指导单位。

（二）咨询项目需求和目标

（1）提升医院各专科技术水平。

（2）构建各专科特色和品牌。

（3）提升医院整体服务人次。

（4）实现“十四五”期间的高质量发展。

二、项目诊断分析

（一）诊断内容及过程

项目组在进驻保靖县中医院后，通过人员访谈、实地观察、数据分析、对标诊断等方式对医院进行全面的诊断。

以下为部分诊断内容及过程展示。

2020年保靖县各乡镇医保外流患者情况如表1所示。

表1　2020年保靖县各乡镇医保外流患者情况

序号	乡镇	出院人次	占比 /%	费用 / 万元	占比 /%
1	毛沟镇	3386	18	2754.7	14
2	迁陵镇	2480	13	3265.4	16
3	清水坪镇	2220	12	2171.7	10
4	复兴镇	1993	10	1930.7	10
5	吕洞山镇	1796	9	1312.5	7
6	城镇居民	1418	7	1830.1	9
7	葫芦镇	1256	7	1151.8	6
8	水田河镇	1051	6	1201.2	6
9	阳朝乡	896	5	1148.6	6
10	长潭河乡	731	4	825.6	4
11	比耳镇	652	3	754.4	4
12	碗米坡镇	633	3	876.0	4
13	普戎镇	576	3	767.0	4
	总计	19088	—	19989.7	—

2020年保靖县医保外流患者就诊医疗机构统计如表2所示。

表2　2020年保靖县医保外流患者就诊医疗机构统计

序号	医疗机构	出院人次	占比情况 /%	费用 / 万元	费用占比 /%
1	湘西土家族苗族自治州人民医院	6905	36	9464.1	47
2	花垣县人民医院	2770	13	1629.7	8
3	湘西土家族苗族自治州民族中医院	1858	10	1627.0	8
4	花垣县中医院一分院	1192	6	529.0	3
5	省外县市级医疗机构	984	5	1247	6
6	吉首市人民医院	691	4	323.3	2
7	湘西土家族苗族自治州肿瘤医院	626	3	663.1	3
8	吉首光明医院	609	3	140.2	1
9	湘西自治州精神病院	531	3	670.5	3
10	湘西爱尔眼科医院	375	2	135.5	1

续表

序号	医疗机构	出院人次	占比情况/%	费用/万元	费用占比/%
11	龙山县里耶中心卫生院	338	2	81.7	1
12	中南大学湘雅二医院	194	1	568.2	3
13	中南大学湘雅医院	193	1	647.2	3
14	湖南省肿瘤医院	177	1	286.9	1
15	湘西土家族苗族自治州荣复医院	164	1	296.7	1
16	湖南省人民医院	125	1	381.6	2
17	湖南省儿童医院	104	1	142.6	1
18	花垣县董马库乡卫生院	157	1	17.5	0
19	省内县外其他医疗机构	1095	6	1138	6
	总计	19088	—	19990	—

泌尿外科科室综合服务能力现状如表3所示。

表3　泌尿外科科室综合服务能力现状

项目	序号	内容	独立开展	偶尔独立开展	外请专家指导开展	没有开展	备注
能够诊治的疑难重症（三级医院）基本标准	1	肾盂输尿管连接部狭窄			√		
	2	复杂性尿道狭窄				√	
	3	复杂性或巨大肾完全性鹿角形结石			√		
	4	高龄肾盂输尿管肿瘤				√	
	5	肌层浸润性膀胱癌				√	
	6	局限性前列腺癌				√	
能够诊治的疑难重症（三级医院）基本标准	7	难治性化脓肾及感染性多囊肾				√	
	8	肾癌合并下腔静脉癌栓				√	
	9	阴茎癌				√	
	10	睾丸癌		√			
	11	难诊断性前列腺癌				√	
	12	巨大肾肿瘤				√	
	13	巨大肾上腺肿瘤				√	
	14	低位梗阻性无精子症				√	
	15	高位梗阻性无精子症				√	
	16	精索静脉曲张	√				

续表

项目	序号	内容	独立开展	偶尔独立开展	外请专家指导开展	没有开展	备注
开展关键诊疗技术或手术（三级医院）推荐标准	17	腹腔镜手术	√				
	18	超声引导辅助诊断治疗技术				√	
	19	电切镜手术	√				
	20	输尿管镜治疗	√				
	21	经皮肾镜手术	√				
	22	体外碎石技术	√				
	23	尿道内切开镜手术				√	
开展关键诊疗技术或手术（三级医院）推荐标准	24	软性镜治疗	√				
	25	内镜下经尿道前列腺剥脱术	√				
	26	显微镜手术				√	

（二）医院存在问题

1. 外流患者较多

通过对保靖县2019年、2020年医保病案进行分析，发现2020年，全县56105个住院患者，其中在县外就医的为19088人次，占比34%。医保总费用3.47亿元，外流患者总费用1.99亿元，占比57%。外流患者中，大病重病的人次占比27%，用费占比33%。较高的外流人次和高额的外流资金将进一步加剧医保的崩盘，同时也严重制约着医院的发展。

2. 医院各科室大病重病诊疗能力较弱

通过将医院各科室与二级公立医院服务能力标准、三级公立医院服务能力标准所要求的各科室服务能力的对标诊断，发现医院各科室大病重病诊疗能力较弱。

由于各乡镇卫生院大多承担不了常见病、多发病的诊治，患者大多来人民医院、中医院就诊。这就使得医院在有限的场地、人力和财务资源下，没有更多的精力进一步来提升自己对大病重病的诊疗能力。另外，医院急救抢救能力差，不能为各科室发展大病和重病提供很好的技术保障。

3. 疾病诊疗的特色不明显、无针对性

在整理收集各科室特色疗法时，我们了解到各科室虽然都有一些秘方、制剂，但是患者知晓率并不高；另外特色疗法对疾病的针对性不是很强，更多的是一些广谱性的疗法，不利于在患者中实践和推广。医院要想增强对患者的影响力，打造医院的品牌，这种颗粒度的特色是远远不够的。

4. 县域患者来院较为不便

（1）保靖县，隶属于湘西土家族苗族自治州，位于云贵高原东侧，武陵山脉中段，湖南省西北部，与吉首市、花垣县、永顺县、古丈县、龙山县、重庆市秀山县接壤；县域内山路较多，有些乡镇患者来县城就医较为不便。

（2）医院位于县域内中上部分，左边大多乡镇的患者因距离花垣县的医院较近，选择去花垣县就医。

三、解决方案的设计框架

（一）专病建设的优势

1. 专病建设投入资源少

医院学科发展分为三种形式：学科建设、专科建设、专病建设，这三种形式是医院学科建设认识上的突破。三种形式的学科建设资源配置不同，医院在不同发展阶段应选择不同的学科建设形式。从人才建设、设备投入、床位资源、门诊建设强度等资源配置角度分析、测算，假设学科建设所需资源配置系数为 1.0，那么专科建设所需资源配置系数为 0.2，专病建设所需资源配置系数仅为 0.067。可见，在学科发展的三种形式中，专病建设所需投入的资源要素是最低的，也是最容易见效的。

因此，在人才储备、场地、设备投入及发展资金相对有限的情况下，学科建设从专病着手是一条较为实际的发展道路，而且经过实践证明，也是适合于大多数医院学科建设发展的选择。

2. 专病出名医

一直以来，医院对名医的定义是：职称高就是名医。但很多高职称的医生是在医院实行大综合、专科的学科建设背景下成长起来的，他们对某一疾病的诊治能力不一定非常专业。我们认为名医一定是他的技术和服务得到县域内大多数患者的认可，才能称之为名医。

以往大综合、专科医生所要学习、掌握的病种较多，再加之医院的资源有限，想要将该学科的疾病完全掌握，对一个医生的时间和精力要求是非常高的。但是走专病建设就避免了这个缺陷，医生长期看一种病，能在相对较短的时间内，掌握这种病的诊疗技术，也就更容易成为这一领域的名医。

3. 专病具有很强的市场穿透能力

我们服务的芒市创伤骨科医院，专门从事骨科方面的疾病诊疗，多年发展下来，仅传统骨科就辐射3市6县，该案例是"专病具有很强的市场穿透能力"的典型代表。面对医院处于不利的地理位置，专病建设一定能提升医院对县域的辐射能力和影响力。

4. 专病建设出特色

何为医疗服务特色？我们认为，在整个医疗服务过程中，所使用的服务方式、方法（技术、制剂、服务等）显著区别并优越于其他医疗服务过程中所使用的方式、方法，这种服务方式、方法就称为特色。

要构建科室特色就要求医院各科室要专门针对某一疾病的诊治下功夫，去了解、发现、总结某种疾病的服务特色。如果我们的医护人员一天的时间都忙于日常的各种疾病常规的诊治，各科室特色的打造也就无从谈起。而实施专病建设，无疑是打造科室特色的重要手段。

（二）实施专病建设

面对以上种种情况，在公司执行董事马五福老师和执行总监崔宝辉、孙龙庆、王双老师的指导下，我们最终明确医院发展定位——走专病发展之路，并为医院制定"立足专病建设，打造专病品牌，实现医院十四五高质量发展"解决方案。

1. 成立领导小组

成立领导小组，由党委书记任组长，党委副书记、院长为常务副组长，其他班子成员为副组长。

袁昌国（院长）、吉小静（纪委书记），负责监督各项工作的正常开展。领导小组包括以下五个工作组。

第一组，徐尤武、戴文俊，负责脾胃病科（消化）、儿科、新生儿科、呼吸内科。

第二组，余中军、姚兰，负责心病科、肾病科、针灸推拿科。

第三组，万永军、王秋菊，负责骨伤科、急诊ICU。

第四组，向功宝、卢元元，负责普外科、眼科、外治科、康复科。

第五组，李萍、唐琳，负责妇科、产科。

领导小组下设办公室，医务科科长任办公室主任，办公室负责专病的日常工作。

另外，领导小组下设宣传办，宣传科科长任宣传办主任，负责组织、策划专病的宣传工作。

2. 选择专病建设病种

根据县域医保数据，将本院出院患者病案表中各科室发病率最高的一个专病，确定为科室专病，如表4所示。

表4　保靖县中医院各科室专病确定

保靖中医各科室考卷提交情况表				
序号	科室	病种选择（门诊）	病种选择（住院）	备注
1	心病科	高血压	冠心病	
2	脑病科	脑梗死	脑梗死 / 脑出血	
3	肺病科	肺炎	肺炎	
4	内分泌科	糖尿病	糖尿病	
5	脾胃肝病科	胃炎	胃炎	
6	肝胆胃肠乳甲外科	结石	阑尾炎	
7	骨伤科	骨折	骨折	
8	产科	产检	分娩	
9	妇科	盆腔炎	功能性子宫出血 / 异位妊娠	
10	儿科	小儿支气管炎	肺炎	
11	新生儿科	新生儿黄疸	新生儿黄疸	
12	急诊科 ICU	中毒	中毒	
13	五官科	角膜炎 / 鼻炎	白内障	
14	肾病科	肾炎	肾炎	
15	针灸推拿科	关节炎	腰椎间盘突出	
16	脑病骨伤康复科	脑梗死康复	脑梗死康复	

3. 专病到人

各科室所选专病需责任到科室具体的医生，从而保障专病的后续工作推进。

4. 基础理论学习及考核

医院任何疾病的诊治，都需要医护人员牢牢掌握三基基本理论、基本知识和基本技能，专病的建设亦是如此。因此，我们将专病的理论知识结合三基对医护人员进行培训和考核。并制订对应的管理考核方案。

考核方案如下所述。

（1）以科室为单位，当月排名第一（低于80分不予奖励）的奖励100元，倒数第一的扣罚100元（大于等于95分不做扣罚）；

（2）低于80分、高于70分的扣罚200元；

（3）低于70分的扣罚300元；

（4）半年累计排名第一的奖励500元，半年累计排名倒数第一的扣罚400

元；年底累计排名第一的奖励 1000 元，第二名奖励 800 元，年底累计倒数第一的扣罚 800 元，倒数第二的扣罚 700 元。

（5）考核结果每月进行全院通报，全年排名倒数第一的取消年底评先评优资格。

5. 梳理专病四大模板

（1）专病诊疗模板。

由于资源的限制，医院各科室在具体疾病的诊治上，技术和设备都是比较落后的，为此我们需要重新整理这些目前国内最新的专病诊疗技术。并根据梳理结果，统一组织技术的进修和设备的采购，为实现专病技术服务能力提升找到方向。

在明确各科室专病后，各科室主任需参考目前国内最高精尖的专病诊疗指南，按照专病诊疗模板进行逐条梳理。

（2）梳理专病鉴别诊断模板。

疾病在诊断环节，往往容易出错的是鉴别病种，为了更好地提高疾病的诊断水平，我们需将所选专病的所有鉴别病种从症状、体格检查、实验室检查三个方面，梳理清楚，明确该专病与其鉴别诊断病种的区别，为进一步提升专病的诊断能力打好基础。

（3）梳理专病的宣传模板。

医院以往的宣传（科室、专家、设备等）总是切入不到患者的关注点，而以专病进行的宣传，更能获得患者的认知。因此，我们需要围绕所选专病，从专病的征兆及确诊方法、病因、发病后的注意事项、急救措施、疾病的预防、病例案例分享、医学小实验等方面更好地进行宣传，从而抓住患者的认知。

为此，需要在诊疗模板的基础上，进一步增加患者关心的模块（疾病的危害、疾病的征兆、疾病的注意事项等）。整理出来为后续的专病宣传打好基础。

（4）诊疗评估模板。

在接诊完专病的患者后，诊疗评估模板是管理者用来判断科室医护人员对专病的诊疗能力是否有进一步提升依据，是专病建设的重要内容，也是医护人员不断优化、改进自身服务能力的关键抓手。所以我们根据每个专病分级和各级治疗目标，制作诊疗评估模板，为后续专病建设的质量做了很好的监督、考核和指导。输卵管炎专病诊疗评估如表 5 所示。

表 5　输卵管炎专病诊疗评估

患者：		性别：（ 男 / 女 ）	年龄：	科室：	
住院号：		床位号：	责任医生：	责任护理：	
模块	**序号**	**内容**	**评估标准**	**得分**	**备注**
诊断环节	1	诊断是否准确	第一级，盆腔炎：0 分 第二级，输卵管炎：2 分 第三级，急性 / 慢性输卵管炎：6 分 第四级，沙眼衣原体 / 支原体：8 分 第五级，一般炎症 / 脓肿 / 积液：10 分		每降一级扣 3 分
治疗环节	2	治疗是否有效	治愈（临床症状 / 体征消失；实验室检查结果好转率 X ≥ 95%）：10 分 显效（临床症状 / 体征消失；实验室检查结果好转率 70% ≤ X<95%）：8 分 有效（临床症状 / 体征部分消失；实验室检查结果好转率 30% ≤ X<70%）：4 分 无效（临床症状 / 体征无缓解；实验室检查结果好转率 X<30%）：0 分		每降一级扣 3 分
总计					
			科主任： 时　间：	护士长： 时　间：	

（5）审核整理。

每个主任在梳理完成自己所负责的专病模板后，统一由医务科进行审核。审核无误后，组织医院专病小组进行讨论，进一步优化专病内容。

6. 弥补缺失

根据梳理的专病诊疗模板，医院有计划地组织人员进修学习并购置相应的设备。

7. 成立专病门诊

条件允许的情况下，根据本科室所定专病单独成立专病门诊。

8. 挂制专病门牌

不能单独成立门诊的，根据本科室所定专病挂制专病门牌。

9. 实施专病效果评估

（1）医生每完成一个专病患者的诊治工作，须填写专病诊疗评估表。

（2）完成后主任及护士长签字、保存，每月初将上月所有专病的评估表提交医务科。

（3）医务科根据患者病历进行抽查。

10. 专病宣传

（1）视频宣传。各专病负责人根据专病视频宣传模板拍摄专病视频。宣传科组织协调视频的拍摄。要求，每月拍摄 1 个完整的专病内容。

（2）专病分级打印张贴宣传。科室提交专病宣传模板后，宣传科选择 2～3 个科室最为常见的、内容较为好的专病宣传模板，将其打印出来，张贴在对应科室的门诊和住院部（张贴处以患者方便查看为准）。

（3）医院各科室特色文集。整理各科室特色形成医院特色文集，通过微信公众号、医院院内展板、三折页、入院宣教卡等形式进行宣传。

11. 专病绩效激励

每月统计各科室专病门诊人次、出院人次、效果评估得分和特色疗法的服务人次这四项指标。

（1）专病门诊人次激励标准：7 元每人次。

（2）专病出院人次激励标准：200 元 × 效果评估分。

（3）专病特色考核。

每个专病必须有至少一种制剂或技术类特色，每年考核一次，每次考核，无特色扣罚科室 1 万元，且要持续考核，直至有特色为止。

四、"专病特色建设"咨询效果

医院每日门诊人次变化如图 1 所示。

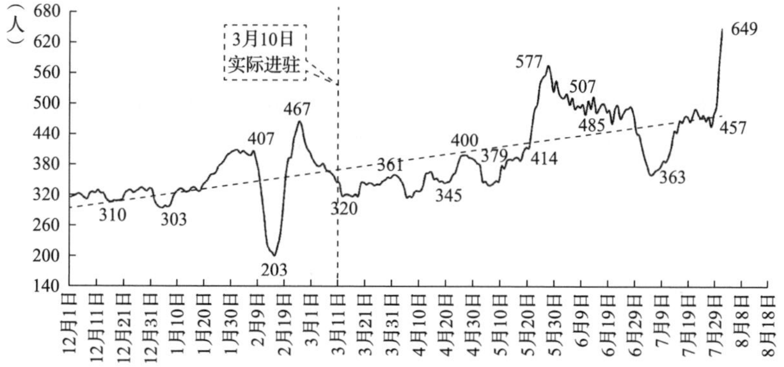

图 1　医院每日门诊人次变化

医院每日在院病人人次变化如图 2 所示。

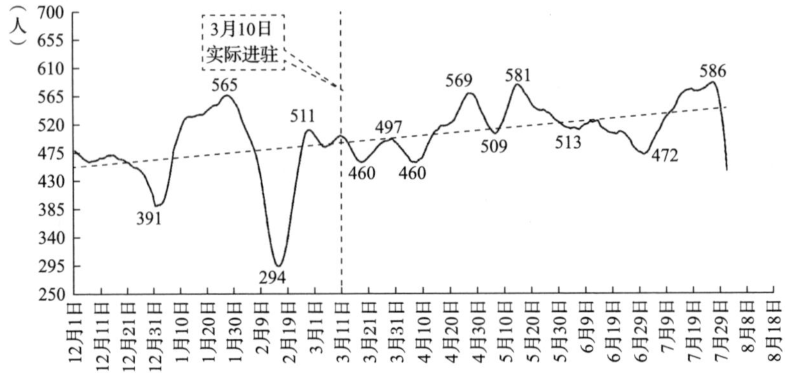

图 2 医院每日在院病人人次变化

五、总结

北京精医万家科技有限公司在对保靖县中医院的管理咨询中，通过多样的调研方式，诊断出医院存在的关键发展问题，并根据公司独创的理论知识，明确提出“立足专病建设，打造专科品牌，实现十四五高质量发展”的发展思路，以及“一科一专病、一科一制剂、一科一项目”的落地指导方案。咨询项目结合公司创新性的理论研究，通过专病分级、专病宣传、专病评估、专病门诊建设等方法使医院专病服务能力及品牌影响力得到显著提升。咨询项目获得院方领导及全体医院职工的一致认可，并助力医院发展为员工幸福、患者满意和政府放心的医院。

医院在自身人才、技术、资金投入有限的前提下，如何克服自身的不足，走出适合自身发展的道路，形成自己的影响力、特色、品牌是值得研究的，其中保靖县中医院的发展历程具有一定的借鉴价值。

A 美容院国际品牌化营销管理咨询

广州市通慧企业管理咨询有限公司

广州市通慧企业管理咨询有限公司（以下简称广州通慧）以陈朝阳老师 10 多年反复实践与提炼的“数据营销，简明管理，策略运作”的理论体系为中心指导思想，聚焦于美容院业绩增长空间与能力成长空间的研究与对策。被业界誉为“运作力之神”的核心团队以其领先于同行的数字模型为基石，化繁为简，个性定制，精准运作，致力于美容院的业绩活动与业务活动的重组与变革，坚持一切以成果为目标导向，坚持一切以效率为标杆准则，铸就了客户的价值，并以其超然的目标想象力和卓越的瓶颈问题之解决能力，以及独特的运作机制，成就了客户的领先竞争力与广州通慧的核心优势。以“中国最好，世界最好”为理想，创新一流的顾问技术，打造一流的咨询团队，承诺一流的服务品质，为美容连锁业态的发展而精益求精。

本案例项目组成员

王晓康，广州市通慧企业管理咨询有限公司高级咨询师，合伙人，国际注册营销师，全国中小企业管理咨询服务专家，工商管理硕士，具有 15 年以上企业中高管与管理咨询经验，曾担任克丽缇娜集团区域销售经理、营销系统资金总监、总经理等职。

其他成员：牛丽丽、张中数

导读

A 美容院基于中国美容行业的发展趋势和 A 国际美容院的国际品牌化经营策略的角度构建营销方案项目，主要思想就是通过一系列的主题活动和创新经营来树立 A 国际美容院的企业文化和打造知名品牌。充分运用高效科学的营销策略，多途径、大规模的形象化、专业化和纵深化宣传推广。通过一系列的策划活动和创新经营，增加社会的认知度，以此带动企业的市场份额和经济效益，提升员工对企业的荣誉感和团队精神。

项目设计的第一条主线是提升价值的营销管理。通过提升营销队伍建设，规范业务流程；提升客户信息管理，为企业营销人员提供完备的支持；提升客户服务水平，将客户服务优势转化为销售力；提升新媒体营销转化能力等方法从中创造价值，从而提升营销管理。

项目设计的第二条主线是有效利用我们的品牌优势和制定最有效的营销方案，在最短的时间内实现资金的回笼、市场份额的增加。

项目设计的第三条主线是营业额的构成及相关因素的互动关系应如何把握，有了营业额是否可取得预计的毛利和利润，营业额成为销售管理中最重要的一环。顾客管理、产品管理与服务管理等成为提升 A 美容院的经营保障。

项目共历时两个月，经过对近 103 家美容院的走访，发放调研问卷 5000 份，参与项目人次超过百人，基于合同交付近 40 项详细完整的可行性成果。

A 美容院国际品牌化营销管理咨询

广州市通慧企业管理咨询有限公司　王晓康

一、客户基本情况与项目背景说明

（一）客户基本情况概述

A 美容院成立于 2018 年，是为女性提供专业高品质的服务，给您细心的体贴呵护，以“使您更加健康美丽”我们长久不变的诺言，以“女人心，美丽情，相约 ××，做品位女人！”为我们的宗旨，以“给您家一样的感觉”为我们的服务理念。先后成立了 A 国际美容院、A 美容俱乐部等。

（二）项目背景说明

A 美容院与广州通慧此次合作，主要是为 A 国际美容院的国际品牌化提升。以美容院之前定位不准确，没有准确的目标市场，营销方式单一，顾客管理、产品管理、服务管理等混乱，资金回笼慢是存在的主要问题，基于上述问题再结合中国美容行业的发展趋势如何在最短时间内完成从“知道—了解—认可—购买”的过程，以及资金快速回笼和品牌提升的工作尤为关键，新冠肺炎疫情在国内得到有效控制后如何准确锁定目标市场；如何提高产品附加值，满足消费需求；如何准确定位；如何运用新媒体进行转化；如何提升美容院运营能力成为此项目的合作内容。

（三）项目目标界定

经过与客户多次沟通，我们将项目的名称定义为：A 美容院国际品牌化营销管理咨询，要达到的咨询目标是要回答以下问题。

（1）A 美容院构建什么样的营销管理体系？ A 美容院价值提升的路径是什么？

（2）什么是 A 美容院的品牌优势？什么是最有效的营销方案？

（3）A 美容院的经营指导思路和工作流程是什么？

二、前期调研与诊断

（一）调研诊断概述

项目自2020年5月正式启动，历时两个多月，广州通慧通过访谈、资料研究（内外部文件、行业研究、相关书籍等）、专题研讨、问卷调查，对A美容院现状进行了全面调研和诊断。

（二）诊断的主要框架与内容

广州通慧主要从美容院的客户价值、产品规划、运营管理、营销系统、品牌文化五个维度系统认知与理解。以此为主线，设计调查问卷，以及针对不同维度设计访谈提纲，全面检视了A美容院在中国美容行业的发展趋势和A美容院的国际品牌化经营所面临的挑战及现实存在的问题，规划未来A美容院的国际品牌化的思路与步骤，并推动未来有效实施。

（三）核心诊断结论

1. 品牌规划实施（价值）

从2018—2020年，A美容院独特的专业女子美容服务理念和强有力的实力保障，已经得到了众多高端女性客户的认知。但通过问卷调查，我们可以看出，其目前品牌形象定位、市场地位定位、消费圈层定位、服务对象定位、消费者感受（利益）定位及经营项目定位还不是很清晰明确。

2. 经营模式

未来的美容行业发展主流是什么类型？将以什么样的特色去吸引消费者？通过问卷调查，消费者年龄一般在25～45岁，其收入不低于5000元，85%以上具有本科以上学历，其在服饰上讲究不同场合搭配不同的服饰，以显示个人内在气质。这类顾客具有超前消费意识，注重消费的附加值，属成熟的消费群体。她们具有一定的美容知识，注重服务的品牌和内在品质，不追求短期的产品功效，以高档产品、高档服务为主诉求。在接受美容服务时，注重美容的愉悦感觉和超值得体的服务，对具体的“价格数字”不敏感，注重是否“值”或“超值”，可以理解收费中包含环境、服务、感觉、价值等成分。

3. 产品规划

A美容院成立至今产品受到顾客的认可，但现有产品的复购率只有37%，相对较低，主要原因是产品内容相对单一。通过问卷调查及对业内多年从事相关领域人员的访谈发现，随着收入丰厚的白领女性和拥有个人事业成功女性的不断增多，她们已逐渐成为美容最具消费能力和最活跃的顾客。由于她们在职场或商场的社会角色分量的加重，其对美容的要求已远远超出“面部护肤美容”的范畴，而进入更深层次的“整体美容”“魅力提升”“心理美容”“结交朋友”的追求。

4. 营销系统

通过老顾客问卷及对相关领域人员访谈发现，美容院现行营销体系形式大于内容，客户邀约、现场感受、会员沟通、主题活动、跟踪回访、服务通告等流于表面、走过场，不注重最终效果，是现在美容院存在最大的问题。

三、解决方案及建议

（一）提升价值的营销管理

通过提升营销队伍建设，规范业务流程；提升客户信息管理，为企业营销人员提供完备的支持；提升新媒体营销转化能力等方法从中创造价值，从而提升营销管理。提升客户服务的专业水平，将客户服务优势转化为销售力。

1. 提升价值的营销管理

（1）规范业务流程，加强营销队伍的建设。美容院在营销队伍管理工作中，要建立严谨的目标管理体系及科学合理的业务绩效考核体系，针对业务的性质和业务的特点制订严格的可实施的业务流程，同时合理整合客户资源，建立客户等级营销等。

（2）提升客户信息管理能力，建立完善的客户档案管理体系，实施数据库管理，客户信息搜集、整理专人专项负责，客户信息数据库业务团队共享。对客户属性进行细分，有针对性地对客户的消费能力、消费特点等进行有效的分析，以便对重点客户、潜在客户采用不同的营销策略。

（3）增强新媒体营销力度，随着5G时代的到来，有效利用新媒体平台速度快、传播广泛的特点，在原有的营销模式基础上结合新媒体实现新的营销模式，开拓新的市场和不断地影响新的客户。

（4）提升客户服务的专业水平，增强销售顾问对客户的主动服务意识和延伸服务能力，从而转化为销售力。

2. 营销为主导的新理念

随着中国美容行业的发展，从以产品为主导的时代发展到以营销为主导的时代，营销方式及模式各具特色，从而推动中国美容行业的发展，所以A美容院必须加强概念营销服务营销、体验营销等方面的工作。

（1）概念营销。信息主导社会，对于美容院来说，如何吸引消费者眼球是经营成败的关键。美容院市场竞争激烈，美容院的重心落在打造自己产品的品牌故事和产品特色上，如美容院对专业美容、家庭美容、办公室美容、休闲美容等进行特色划分，针对不同客户采取针对性的开发，让客户引起共鸣。

（2）服务营销。服务从售前、售中到售后都需要在每个环节或细节上做好设计，是更以顾客满意度为导向的，所以提高从业人员的服务意识和服务能力对服务营销十分重要。

（3）体验营销。现代美容院以关注顾客体验为核心的体验营销战略为新时期企业的必然选择。满足消费者的体验，将“体验”纳入营销战略，为消费者带来新的价值。随着消费者感性比重的增加，体验营销在市场中的作用越来越凸显，拉近了与终端消费者的距离。在消费结构上，情感消费的比重提高了；在内容上，个性化需求增加了；在价值目标上，更加注重接受产品时的感受；而从接受产品方式上看，消费者主动参与产品设计制造，消费过程变为一种体验过程，增加了客户的参与感。

（4）知识营销。在知识经济时代，知识营销使客户在消费的同时学到新知识，增加营销活动的知识含量；挖掘产品文化内涵，注重与消费者形成共鸣的观念价值；形成与消费者结构层次上的营销关系；培训顾客有针对性地销售。

（5）情感营销。情感营销是与综合因素相结合的一种感性体验，从硬件到软件让客户没有束缚，全身心地放松下来。情感营销注重和顾客、消费者之间的感情互动，在美容院终端通过各种沙龙、体验、联谊会等形式，增强和客户的沟通。

（6）教育营销。美容行业的营销其实一直都和教育培训息息相关。从20世纪90年代初期美容技术培训的兴起，20世纪90年代末期美容概念培训的流行，到如今美容文化教育的膨胀，这种以培训和讲座为主要形式的营销模式所涉及的对象和内容也发生了较大的转变和提升。“教育搭台，招商唱戏”，否则将得不偿失。思路是将营销作为一个系统工程来运作，而非单纯的一种手段，培养了客户对厂商的信任感和忠诚度。

（7）差异化营销。美容行业的同质化早已不容忽视，无论是产品概念、名称、包装，还是促销手段、营销模式，无不显现出雷同、跟随的发展趋势。成功运作最大的优势是迅速获得市场认知度、占有率，而且容易形成资源优势。值得注意的是，容易被跟进者仿效从而沦为平庸，甚至成为培育市场的牺牲品。差异化策略是与竞争对手进行比较后的选择，是一个动态的控制过程。

从传播渠道、销售渠道上去挖掘新的切入点是“纤姿美”的高明之处，能将各种营销手段综合并合理分布运用更是棋高一着，既有相互补充的完美组合，又有鹤立鸡群的效果。差异化营销正需要这些创新，以实现产品、形象、销售及服务的差异。

（二）制订有效营销方案

有效利用我们的品牌优势和制订最有效的营销方案，在最短的时间内实现资金的回笼、市场份额的增加

1. 品牌规划

（1）品牌形象定位。目前在市区 A 国际美容院，独特的专业女子美容服务理念和强有力的实力保障，已经得到了众多高端女性客户的认可。我们已将美容服务做得很有规模和品牌优势，这将有利于提升我们服务项目和满足高端客户的发展需要。另外，可以利用策划活动宣传本企业的公众形象和为新老客户延伸更多的服务。

（2）市场地位定位。A 美容院的经营策略与其所处的市场地位有着密切的关系。由于 A 美容院在美容服务方面已经很具影响力并拥有良好的经营状况，故可以利用现有的客户资源拉动其他的服务。在有些情况下，还应考虑自身的持续投资能力与市场进入成本。

（3）消费圈定位。例如我们采用“定位地图法”。对于本美容机构而言，以 ××（高端商业或高档小区名称）为核心辐射，可以建立顾客档案，在地图上标明顾客的家庭住址或工作单位，会发现消费者以本店为中心向外次第减少。因服务项目都是为女子服务的专业项目，按照其密度递减变化趋势，分别设不同的层级。

（4）主要服务对象定位。对于已经拥有一定规模和实力的我们来说，目前我们消费圈的客户基本上以白领、政府机关、私营女性、高档小区女业主等为主。

（5）经营项目定位。经营项目定位将根据美容、健身的各自服务特点进行最专业的服务，根据其服务特点和客户需求、市场发展等制订适合本企业发展的服务项目。

（6）消费者利益定位。本企业将根据市场需求多元化、高端化、规模化等要求，满足客户除美容健身以外的其他服务，相信随着我们的服务项目增多，也将会拥有更多的优质客户，中国美容行业新一轮的利润增长点是提高服务品质和服务细化。

2. 经营模式

实施会员制的A美容院，相对单体规模大，服务项目多，前期投资较高，对环境的档次、现场管理水平、从业人员的综合素质等要求都极高，须实施不间断的严格训练，用心体会“物以类聚，人以群分”的含义，努力做好会员固定化、组织化的策划工作，并强化附加值销售功能。会员制俱乐部，必须透过会员的入会费用的测算和精心经营，让会员卡升值，使会员体验到“至尊会员”享受的“至尊待遇”，而避免会员卡仅仅是资格卡的验明正身作用。同时根据季节和发展情况定期举办各种文化活动，可以让会员之间更好地认同本俱乐部。

3. 采用俱乐部的模式营销

（1）俱乐部具备社交功能。俱乐部不局限于企业与会员的双向沟通，更鼓励会员之间的交往，通过经验交流、联谊、娱乐、学习等活动方式来实现。

（2）俱乐部具备沟通功能。要有必要的沟通工具、多种沟通形式、充足的沟通场所，以保证企业与会员、会员之间、会员与潜在会员、企业与潜在会员之间沟通顺畅。

（3）俱乐部具有服务功能。要求俱乐部能够根据行业特点面向会员提供基本服务（美容、健身）和增值服务（如个性化服务、自助式服务等）。

（4）俱乐部具有心理功能。要能满足会员的多重心理需求，如得到尊重、消费安全、心理满足、精神需求等心理需求。

（5）俱乐部具有促销功能。这也是最关键的功能，因为俱乐部最根本的产品就是销售服务，我们的发展理念就是“服务创造价值”，所以要有区别于非会员的消费优惠和其他超值享受。

（6）俱乐部有凝聚功能。一个俱乐部能否生存下去，能否吸引会员是关键，所以打造俱乐部的核心凝聚力至关重要。因此，要通过采取必要的激励措施吸引并留住会员。

4. 会员管理

（1）管理制度。主要是入会资格审查制度，入会及退会、除籍公告制度，资源共享制度，保密制度，销售服务制度等。

（2）建立数据库。建成的客户数据库包括客户编号、姓名、自然状况、入会时间、会员级别、消费记录等内容，这是为其提供个性化服务的基础。

（3）建立档案。档案包括网络电子版和书面记录版，内容可参照数据库内容，不能忽略的一点是消费者在消费产品或服务过程中的体验和效果，以及新的消费需求。

（4）级别管理。对消费量大、忠诚度高的客户要有差异化回报，形成激励作用。通常有几种等级划分方法：红宝石、蓝宝石、绿宝石；白金、黄金、银；钻石、宝石、玛瑙等划分方法，分别制作成会员卡。一般而言，客户领取到会员卡即视为加入俱乐部，便享有相应的权利和义务。

5. 营销策略

（1）打造沟通工具：印制内部杂志或客户通信等客户服务专刊，以及主题活动的光盘。

（2）明确沟通形式，包括会籍服务人员把客户邀约至现场感受、会员沟通、主题活动、跟踪回访、服务通告等多种沟通方式。

（3）定期将同阶层的客户组织起来进行聚会性的沟通，打造除美容健身以外的服务。

6. 活动组织

积极与政府相关部门及行业协会建立广泛的联系，每年组织一次大型全民参与的公益性活动。另外，定期组织各种主题的特色文化营销会员活动。这些活动的举办有利于本俱乐部品牌宣传和会员推广等工作。

（三）营业额的构成及相关因素的互动关系应如何把握

有了营业额是否可取得预计的毛利与利润，营业额成为销售管理中最重要的一环。顾客管理、产品管理与服务管理等成为提升A美容院的经营保障。

1. 营业额的构成

（1）营业额＝交易客数 × 平均交易客单价。

（2）交易客数＝通行客数 × 顾客入店比率（入店客数 ÷ 通行客数）× 顾客交易比率（交易客数 ÷ 入店客数）。

由上述两项可知：营业额＝通行客数 × 顾客入店比率 × 顾客交易比率 × 平均交易客单价。

即营业额受到上述四种因素的影响。

通行客数，即人流量，取决于以下四种因素。

（1）立地条件，即商圈人口构成与交通便利特性的经营特色（口碑、服务、技术、价格）。

（2）促销策略。提高通行客数的根本意义在于努力扩大商店的商圈和培养固定顾客。

（3）顾客入店比率。即使商店位于顾客流量大的地点，若店铺本身缺乏吸引顾客的魅力，还是难以带动商店的业绩。

因此，需要了解顾客喜欢什么样的美容店。如服务亲切、态度良好，环境优雅、清洁卫生，技术高超、引领流行，品牌形象信用可靠，客情关系融洽，把顾客当朋友，提供丰富的专业资讯，服务快速、不必等太久，和上下班时间不冲突，价格合理公道，等等。

（4）顾客交易比率，有很多影响因素，如接待技巧与顾客的第一印象，店内环境与气氛，可信奉的专业技术口碑，丰富的专业资讯，服务项目的设置，等等。

2. 根据季节性的变化，制订销售计划与促销办法

（1）对比参考上年的营业记录。

（2）考量新年度、季度的流行性变化与消费变化。

（3）考量季节性变化的规律。

（4）制订销售计划（具体到月，最好可分解至服务项目）。

（5）制订为达到销售计划而需要实施的促销计划。

3. 促销活动的策划与组织

（1）促销的终极目的。

促销的终极目的为顾客满意、员工乐意、公司得利。

促销目的可分解为：吸引人潮，提高顾客入店比率；改善并提升美容店形象，拓展商圈，开发客源；稳定客源，提高忠诚顾客比率；提升顾客人均消费额度；推出独特的销售或服务主张；改变季节性营业格局或竞争格局，刺激营业额。

（2）影响美容店促销效果的因素。

美容店的内在因素包括美容店的口碑、形象、地址、交通便利性、服务水准、服务项目设置、店内气氛、使用产品功效、专业技术、策划能力。

外在因素包括以下内容。

一是商圈特性：商圈之消费力、成熟度。

二是竞争特性：竞争对手动向、优劣势。

三是顾客之消费特性：顾客职业、收入、消费观念。

四是气候的季节性。

五是商品的流行性。

六是促销时机。

七是社区关系户。

八是媒体的表现力。

（3）促销策划的程序。

第一，遵循并活用 6W2H 原则。

第二，促销的实施。

一是必须有明确的“促销活动实施进度及分工协作计划表”。

二是所有员工均须知道自己的职责、任务，并按期按要求完成。

三是大型及特殊之促销活动，应对收银、接待等环节工作人员进行专项训练。

四是对促销活动须有完整的记录。

五是必须做好库存盘查及追加订货作业。

第三，价格促销应考虑的问题。

一是若非竞争逼迫，尽量不采用降价的促销方法，只有降价幅度超过30%，才会产生明显效果。

二是若准备安排价格促销，则应注意以下方面。

与竞争对手比较，本店的平均毛利水平如何？有多大空间？产品利润空间如何？

是否有把握吸引更多顾客上门？是否找到好的方法？

降价的幅度，折算后相当于牺牲多少利润？

选择哪些项目进行优惠？选择哪些化妆品进行优惠？

当竞争对手再次加大降价幅度时，你是否有能力跟进？

降价促销，则意味着会随着促销的结束而出现“销售空档”，你是否找到解决方法？

三是不可以孤立地组织降价促销，必须有后续的其他形式的促销活动予以支援。经营美容中心要有一个共识：市场的竞争就是促销的竞争。美容中心的促销可以有效地刺激客户，引导和储蓄客户需求，从而客户数量快速上升。但是，很多美容中心的促销目的只是挽留旧客户，促销的手法也仅仅是单一的降价，进而开始了价格战的恶性循环，难以获得初衷的目标。

四、项目成效与未来建议

（一）项目成效

通过近两个月的打磨，A 美容院增强了营销队伍建设，进一步提升了客户服务水平，通过会员制优化实现资金快速回笼，所在区域市场份额提升35%，各项制度在实施过程中与实际相结合进行微调，初步达成合同约定交付内容。

（二）未来建议

实时关注中国美容行业发展动态及最新信息，结合未来科技创造适应性产品，加快产品迭代速度，在新产品推出时注重客户体验。在营销方式上，建议营销方式推陈出新，注重营销组合拳结合，我们也为A美容院提供7×24小时的全天候服务，以全力配合好美容院宣传推广为重点，协助指导美容院经营和发展为己任，侧重为美容院提供每年在经营、宣传方面的建议的工作。相信在双方共同努力下，必定会创造一个新的开端和美好的未来。

首发集团京沈高速公路分公司绩效考核体系优化设计

中智管理咨询有限公司

中智管理咨询有限公司（以下简称中智咨询）隶属于中智集团，致力于为客户提供多方位的管理咨询和智库服务，帮助企业在战略转型、变革能力提升、组织管理和人力资源管理升级等多方面长期赋能，实现高质量发展。经过10多年持续发展和不断变革，中智咨询已成为国内管理咨询行业的主力品牌，且连续9年入选中国管理咨询50大机构，位列人力资源管理第一位。

中智咨询成立于2003年，公司总部位于上海，拥有专业顾问约300人，并以上海、北京、广州、深圳、成都、武汉、西安等主要城市为中心，建立了覆盖华东、华南、华中、华北、西南五大区域的全国性管理咨询服务网络。

公司始终坚持自研路线，建有管理咨询研究院，自主研发了以国资国企改革、开发区改革、政府智库服务、政府绩效咨询、企业战略管理、组织变革管理、人力资源管理和数字化转型八大类别为主的管理咨询产品，并自建了国内领先的人力资源数据库和数字化管理平台。

公司凭借着强大的自研实力、经验丰富的专业团队和数据库优势，不仅是国家相关部委和各地政府的智力支持机构，同时还是国资国企改革的优质合作伙伴。在企业客户方面，现已形成独特的国有企业客户服务优势，服务覆盖超90%的中央企业，与数十家对我国经济产生重要影响的大型国有集团企业建立了常年深度合作；与此同时，公司紧跟国际趋势，结合中国国情和本土市场需求，也不断获得世界500强企业、跨国公司驻华总部、知名民企的青睐，在金融、科技、能源、建筑、汽车、交通运输、装备制造等领域不断积累行业优势。

本案例项目组成员

巩一帆，中智咨询项目经理，本科毕业于中央财经大学，北京大学硕士，在管理咨询行业从业多年，对国企改革、组织岗位、薪酬绩效、中长期激励等模块较为熟悉，拥有丰富的实操经验。

其他成员：陈敏

导读

北京市首都公路发展集团有限公司京沈高速公路分公司（以下简称京沈分公司）1999 年成立至今，经过员工上下不懈努力，取得巨大发展，但现因内外部新形势，面临变革压力。从外部来讲，行业发展受限，整个行业处于大调整、大转型、寻找新出路时期，国企改革也同时进一步深化，对公司改革提出了新要求；从内部来讲，高速公路全国联网之后的集团及公司规划调整，对公司提出了“减员增效”的新要求，同时原有管理体系存在问题，且逐渐不能适应新形势、新业务需要；原有绩效考核较为流于形式，未真正实现绩效考核作用，无法有效实现差异化分配，存在严重“大锅饭”现象。以上种种，均要求京沈分公司对绩效体系及分配体系做出创新性改革，同时京沈分公司岗位类型复杂，人数较多，岗位工资、职级体系及工资总额受公司总部限制，项目难度较大。在经过前期诊断调研、中后期充分沟通方案之后，不仅针对不同岗位类型搭建了全员绩效考核体系，而且重新梳理了薪酬分配体系，实现了项目初期确定的几项目标：有效实现差异化分配，实现减员增效的战略导向，形成完备绩效考核体系，以正向激励为主，坚持维稳原则，对部门及收费所负责人充分放权，保证其分配自主性。

首发集团京沈高速公路分公司绩效考核体系优化设计

中智管理咨询有限公司　巩一帆

一、申报案例背景分析

（一）客户基本情况

1. 基本信息

京沈分公司成立于1999年，主营业务为高速公路通行费征收，京沈分公司在集团公司的正确领导下，坚决贯彻落实集团工作会议精神和工作要求，分公司上下团结一心，攻坚克难，实现了不错的发展。2020年分公司实现经营路段收取通行费18.4亿元，超计划2.5亿元。京平路收取通行费2.1亿元，京秦路收取通行费0.36亿元，首环路收取通行费2.75亿元。2020年分公司运营支出5.69亿元，扣除人工、劳务等项目后，日常考核成本支出0.54亿元（含托管路段），比年度调整计划节支25.57%。完成集团专项工程6项，自主专项工程5项。全年投诉1835起，路方责任投诉2起，服务质量事故率为0.07‰。收费综合值、基础管理综合值、物业管理综合值、安全、计划生育等指标全部达标。

但公司减员增效、控制人工成本的压力比较大，严控人工人本、提升员工队伍管理水平是2021年分公司工作规划中非常重要的内容，在此背景下，本项目从分析目前现状出发，明确方案整体思路，最终确定整体综合改革方案。

2. 改革出发点/面临的压力

（1）从行业经营环境上看，企业盈利能力遇到瓶颈。

一是受到收费政策影响，包括起征点、车型费率、收费方式等变化造成收费额降低，直接影响分公司整体收入近2.5亿元。二是目前我市高速公路网基本建成，加之PPP模式的推广，未来新增路段几乎为零，通行费收入增长空间极为有限。三是受政策性免费、恶劣天气封路、重大活动保障等不确定性因素的影响，加之受新冠肺炎疫情影响，全路网车流量将进一步下降，必将直接影响通行费的收入。

（2）从集团未来发展上看，运营成本压力持续增加。

一是压减机构编制与收费系统稳定性、通过率和使用率存在矛盾。目前联网收费系统的稳定性、通过率还在持续完善过程中，ETC 的使用率距 90% 的目标还有差距，这些都需要用人工来缓解站区拥堵问题，短期内很难大幅降低人工成本。二是减员增效、转型升级和转岗培训还存在一定的困难。从发展趋势看，集团势必要优化管理机构，分公司必将面临减员压力，但是减下来的人员如何转岗安置，方向并不明确，目前也很难提前做好工作准备。三是持续降本增效与设施老化、能耗增加矛盾日益凸显。当前，在成本预算和实际支出中直接压减一定比例的成本支出，是集团压减成本，渡过难关的唯一手段，但随着"水分"挤干，又要维持设备、设施正常运行，持续降低运行成本难上加难。

（3）从分公司自身看，改革创新步履维艰。

一是集团"十四五"规划虽然明确了运营转经营的发展方向，适时调整压减数量，缩减管理规模和成本的发展布局，实现低成本、高质量的发展目标，但是具体路径还不清晰，办法还不明确，在分公司现有的管理体制下将是举步维艰。二是随着时代发展，市场环境变化，客户需求增长，分公司还未真正打破传统思维、习惯做法，思想还不够解放，求变意识还不够强烈，经营意识、市场意识薄弱，转型升级的原动力不足，很难适应改革发展的需要。三是分公司虽然积累了首环、京平项目一定的管理经验，但是适应市场需求的经营管理机制还未真正建立，别人是市场化运作，公司还是传统的运营管理，在决策机制、经营机制、用人机制、激励机制方面还存在一定的差距，未能发挥规模、品牌优势，未能充分提升核心竞争能力。

（二）所在行业特点

高速公路收费行业整体由于 ETC 及其他科技产品的普及，并且受到全国通行费降费和政策压力，利润空间被不断压缩。

1. 营收增速放缓

目前，高速公路中有 90% 以上均采取收费方式，分摊建设成本。交通运输部《2019 年全国收费公路统计公报》公布的数据显示，2019 年，全国高速公路收费站 753.5 个，全国收费公路车辆通行费总收入 5937.9 亿元。其中，高速公路 5551 亿元。但是，受公路货运量增速变化影响，从 2015—2019 年中国公路货运量呈现上升趋势，2019 年全国公路货运量达到 416.06 亿吨，较 2018 年增长 5.15%，增速在近五年内首次低于货运总量增速，受"公转铁"政策影响，公路货运量增速明显放缓；自2018年，高速公路通行费收入增长逐年下降：受新冠肺炎疫情等因素影响，2020年我国收费高速公路通行费收入较2019年下降18%左右。

2.“收不抵支”现象突出

从公路收入来看，影响高速公路通行费收入的直接因素主要是高速公路里程数和相应的客货车运量等，其背后的决定因素则是经济水平和高速公路投资额等因素。目前国内宏观经济进入新常态，经济增速放缓，再加上“公转铁”、高速通行费减免等政策影响，在一定程度上抑制了国内高速公路的运营收入增长。高速公路行业整体亏损状态明显，2015—2019年我国收费高速公路支出总额逐年增长，到2019年我国收费高速公路支出总计10224.9亿元，较2018年增加1199.2亿元。并且债务规模庞大，从债务规模来看，2015—2019年我国收费高速公路债务余额逐年增加，在收费公路债务总额中占比一直处于较高水平。根据《2019年全国收费公路统计公报》，截至2019年年末我国收费高速公路债务余额为58044.6亿元，在收费公路债务总额中占比高达94.3%。

3. 科技代替人工

全国联网之后的收费智能化，ETC实现不停车快捷收费，2020年全国ETC普及率超过65%，导致对人力的需求降低。2020年1月1日零时起，全国29个联网省份的487个省界收费站全部取消，这意味着，2019年《政府工作报告》提出的“两年内基本取消全国高速公路省界收费站”任务提前完成。从数据上看，在两年内基本取消全国高速公路省界收费站任务下，ETC用户数明显增长。ETC使用的普及导致高速公路收费公司的收费员及其他人员冗余现象严重，亟须打通员工退出通道。

4. 行业由劳动密集型转向技术密集型

未来，高速公路将向信息化和智能化的方向发展，这不仅有利于推动中国交通运输发展方式的转变，还能够促进中国交通运输事业的科学化发展，是推动中国交通运输建设的一个里程碑。并且在交通智能化的发展过程中，高速公路ETC将成为智能化发展的主要方向。

（1）智能化。全国联网后，ETC收费将成为主流收费方式。由此高速公路行业将由密集型产业转为智能管理型产业，也导致未来收费员需求量将大幅减少，收费所管理、后勤等非技术人员需求也将相应减少；通信设备维护人员需求量将大幅提高，人员结构将以技术性人才为主，如数据分析员、设备维护工程师将呈现阶段性紧俏局面。

（2）信息化。高速公路收费新模式对整个收费系统的技术指标和网络安全提出了更高的要求，未来高速公路管理将重构两条管理主线，一条为高速公路的养护管理，为司乘提供“畅安舒美”的路域环境；一条为高速公路的信息管理，保障司乘行驶路径的畅通无阻。

（3）规模化。全国联网后，ETC车辆占有率大幅提升。高速公路收费现场将趋于少人化或无人化，后勤服务人员需求将大大减少；基层收费站少人化、分路段管理单位结构简化将成为可能。另外，数据流和信息流如何在全路网实现快捷共享、快速流动，减少层级管理、推行规模化管理也将成为未来的必然需求。

未来，高速公路的发展仍是我国推进交通基础设施建设发展的主要动力，但是受制于高速公路建设技术要求高、资金投入成本大、运营维护难等问题的存在，高速公路的收费在短期将仍然成为主要趋势。

（三）客户咨询需求

京沈分公司自1999年成立至今，经过员工上下不懈努力，取得巨大发展，但现在因为内外部新形势，面临着巨大的变革压力，其中最重要的一项就是人力资源管理的变革。

内部原因：因为高速公路全国联网之后的集团及公司规划调整，公司业务面临由“运营”向“经营”的巨大转变，原有管理体系存在问题，大锅饭现象比较普遍，现行绩效考核体系既不能起到约束员工的作用，也不能充分激励员工，逐渐不能适应新形势、新业务需要，所以需要变革。

外部原因：国企改革强调建立现代企业制度，健全市场化经营机制，完善三项制度改革，分公司需要顺应国企改革的要求；并且，行业发展受限，整个行业处于大调整、大转型、寻找新出路时期，倒逼分公司进行改革。

（四）预期达成目标

通过这次改革，旨在通过以下几条路径，最终实现京沈分公司战略转型、降本增效、提高员工工作积极性这三大目标。

（1）通过差异化分配，提高优秀员工待遇，为战略落地提供人才保障。

（2）实现对员工有效激励，提高其工作效率和积极性，实现业务发展。

（3）绩效管理体系改革满足新业务需要，实现有效管理。

（4）通过绩效体系改革作为抓手，完善三项制度改革。

（5）通过实行先进的绩效管理体系为行业转型奠定劳动力数量、素质基础。

二、诊断分析

（一）调研方法

项目组通过多种形式对京沈分公司的绩效考核现状进行分析，并借鉴同类型公司的先进经验，得出京沈分公司现行绩效考核体系存在的问题。调研方法主要有问卷调研，访谈调研和资料调研。

1. 问卷调研

本次调研回收有效问卷 2803 份，其中，管理人员 73 份，生产人员 2730 份。在问卷调查中，认为绩效考核流于形式的个体占比最高，超过全体样本的 1/3；约 1/5 的被调查者不了解绩效考核制度，如图 1 所示。

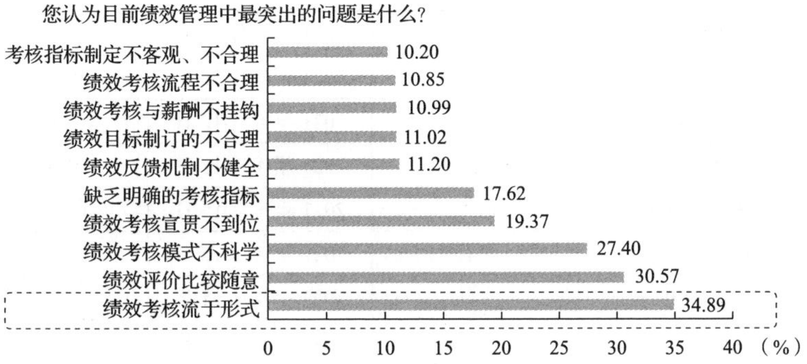

图 1　问卷调研情况

并且从问卷调查中将关键词“扣钱”“奖金”“过细”“清晰”归纳为：考核扣分多加分少，且条款过细，缺乏清晰考核重点。

2. 访谈调研

项目组于 2021 年 4 月 12 日至 4 月 20 日共访谈 28 人（见表 1），涵盖京沈分公司高层管理人员 5 人、中层管理人员 23 人，同时举办研讨会 3 场。

表 1　访谈对象名单

序号	部门	被访者职务	访谈日期	具体时间
1	公司领导	李经理	2021 年 4 月 16 日	10:00—11:30
2	公司领导	刘书记	2021 年 4 月 19 日	13:30—14:00
3	公司领导	马书记	2021 年 4 月 19 日	14:30—15:10
4	公司领导	王经理	2021 年 4 月 20 日	9:30—10:30
5	公司领导	郭经理	2021 年 4 月 20 日	11:00—11:30
6	白鹿收费所	所长	2021 年 4 月 19 日	10:30—11:40
7	夏各庄收费所	所长	2021 年 4 月 16 日	9:30—11:30

续表

序号	部门	被访者职务	访谈日期	具体时间
8	吴各庄收费所	所长	2021 年 4 月 16 日	9:30—11:30
9	机场北线收费所	所长	2021 年 4 月 16 日	9:30—11:30
10	机场南线收费所	所长	2021 年 4 月 16 日	9:30—11:30
11	司马台收费所	所长	2021 年 4 月 16 日	9:30—11:30
12	太师屯收费所	所长	2021 年 4 月 16 日	9:30—11:30
13	东坝头收费所	所长	2021 年 4 月 16 日	9:30—11:30
14	京承收费所	所长	2021 年 4 月 16 日	9:30—11:30
15	西所收费所	所长	2021 年 4 月 16 日	9:30—11:30
16	疃里收费所	所长	2021 年 4 月 16 日	9:30—11:30
17	白庙收费所	所长	2021 年 4 月 16 日	9:30—11:30
18	疃里西收费所	所长	2021 年 4 月 16 日	9:30—11:30
19	人事劳资部	部长	2021 年 4 月 12 日	13:30—15:00
20	安全保卫部	部长	2021 年 4 月 15 日	10:30—11:30
21	稽核监控部	部长	2021 年 4 月 15 日	10:30—11:30
22	党群工作部	部长	2021 年 4 月 15 日	11:40—12:00
23	收费管理中心	主任	2021 年 4 月 15 日	13:30—14:20
24	行政办公室	主任	2021 年 4 月 15 日	14:25—15:10
25	资产物业部	部长	2021 年 4 月 15 日	15:10—15:30
26	隧道管理中心	主任	2021 年 4 月 15 日	14:50—15:10
27	设备管理中心	主任	2021 年 4 月 15 日	15:15—15:35
28	计划财务部	部长	2021 年 4 月 15 日	16:00—16:20

3. 资料调研

项目组调研了京沈分公司现行绩效考核制度及公司战略规划和人力资源相关所有文件，并对标同类公司，发现京沈分公司的绩效考核存在流于形式，不能起到激励约束作用等问题。

（二）调研结论

通过以上调研，项目组得出京沈分公司绩效考核体系问题总结（见表 2）

表 2　京沈分公司绩效考核体系问题总结

绩效模块	主要问题	优化方向
被考核主体	绩效考核分类基础不足，存在一刀切问题，不同类型部门之间没有明显分类分级	将考核对象分类分级，考核进行差异化处理

续表

绩效模块	主要问题	优化方向
考核指标	1. 考核指标过于细致，导致重点不突出，影响考核结果拉开差距 2. 考核指标量化不足，人为因素过强 3. 指标均为扣分项，激励性不足 4. 未充分考虑中层干部个人素质因素，缺少对其行为评价等维度	1. 确定部门考核 KPI，通过关键绩效指标确定部门 / 员工考核结果 2. 建立定量指标库，减少人为主观因素 3. 增加加分项及激励措施 4. 增加对管理人员的行为评价
考核主体	1. 考核主体为部门间考核，相互约束较少 2. 逐级考核不明显，部门负责人考核权威未体现	1. 尽量以定量数据作为考核依据，明确不同指标考核主体 2. 明确考核权限，进行逐级考核
考核结果	1. 绩效考核结果部门及员工均未差异化，区分度不足，未实现考核的有效激励 2. 个人考核结果未与部门绩效挂钩，不利于组织压力的传导 3. 考核结果应用不明显，未实现员工能进能出	1. 通过调整考核指标、考核指标定量、强制分布等方式将考核结果差异化处理，确保考核结果的区分度及有效性 2. 将个人考核同部门考核挂钩 3. 考核结果应和绩效工资、奖金分配、职级调整、员工进出挂钩
考核理念	员工绩效考核理念较弱，宣贯不到位，结果不透明	加强考核制度宣贯与相应理念的灌输

三、方案设计

（一）方案设计目标

为未来公司战略发展、组织调整、管理优化奠定良好基础，推动公司业务从运营向经营的转变，考核凸显市场化导向，进一步深化国有企业改革。

实现差异化分配，打破原有大锅饭情况，充分激励员工积极性，识别优秀员工。

通过本次项目，建立绩效考核体系和理念，并形成不断完善的良好机制。

（二）方案设计原则

战略导向原则：从公司发展规划出发，层层分解，保证组织目标与个人目标的一致性。

目标管理原则：坚持目标管理，通过绩效管理实现公司目标的分解，促进公司年度经营任务的完成。

分类管理原则：根据各部门和岗位的特点，差异化设置绩效考核指标。

市场化导向原则：引入市场化的考核机制，建立以市场化为核心的、覆盖全体公司成员的、职位能上能下的激励与约束机制。

持续改进原则：以推动公司持续发展为目标，遵循先建立、再完善的方式，循序渐进地推动绩效管理的不断优化。

激励结合约束原则：建立与部门、员工功能定位相适应、与考核结果紧密挂钩的激励约束机制。

（三）方案对比选择

1. 湖北工程公司部门经营业绩年度考核

该公司对核心任务设置较高目标值，给予一次性奖励：奖励经营管理团队正职6万元，副职根据业绩完成贡献度奖励2万～5万元；奖励经营类单位年度工资总额，奖励额度控制在上年实发工资总额的1%～3%。并增加经营难度考核，根据各经营单位考核指标完成难度、技术要求难度、安全重要程度及经营环境等因素综合考虑确定，表3为经营难度加分表，表4为规模及效益加分表。

表3　经营难度加分表

项目规模	极差			
	土建	国内偏远艰苦地区	国外	新型业务（非传统）
5000万元以下（含）	0	+1	+3	+2
5000万元～1亿元（含）	+1	+1.5	+4	+3
300（含）～600MW（含）主体（1亿～2亿元）	+1.5	+2	+5	+4
600～1000MW（含）主体（2亿～3亿元）	+2	+2.5	+6	+5
1000MW以上主体（3亿元以上）	+3	+3	+8	+6

表4　规模及效益加分表

等级	A	B	C	D	E	F	G
加分	30	25	20	15	10	5	0

2. 中储粮总部机关部门年度考核

该公司部门考核分为关键绩效指标和年度重点工作指标（见表5），其中，关键绩效考核指标通过分解总公司战略目标及部门关键职能得出，并与分公司考核形成有效联动；年度重点工作指标考核方式一为列示重点任务评分，方式二为根据年度工作计划评分。

表 5　部门年度考核维度

考核维度	考核内容	评价方式	指标数量	业务管理部门	职能管理部门	监督保障部门
关键绩效指标	考核总公司战略目标分解及体现本部门关键业绩贡献	量化考核为主	2 ～ 3 项	60%	40%	—
年度重点工作指标	考核部门年度重点工作及年度新任务的完成情况	定性评价与量化考核相结合	2 ～ 5 项	40%	60%	100%
合计	—	—	—	100%	100%	100%

并且，中储粮总公司绩效奖金基准值为分公司绩效奖金基准值的平均数，其中，总公司绩效奖金为总公司机关绩效奖金基准值 = 所有分公司绩效奖金基准值的平均数：D/（E × 12）（其中：D 为分公司绩效奖金总额，E 为全部分公司各岗位实有人员绩效奖金系数和）；分公司绩效奖金为 B=D/（E × 12）× 24 × C（其中：B 为当年绩效奖金基准值，C 为当年绩效考核结果计算综合贡献率，为所有分公司绩效奖金基准值的平均数，D 为分公司绩效奖金总额，E 为全部分公司各岗位实有人员绩效奖金系数和），并按照绩效考核系数表进行奖金分配（见表 6）

表 6　绩效考核系数表

部门年度考核得分	绩效奖金系数
（105 分 < 考核结果 ≤ 110 分）	1.10
（100 分 < 考核结果 ≤ 105 分）	1.05
（95 分 < 考核结果 ≤ 100 分）	1.03
（90 分 < 考核结果 ≤ 95 分）	1.00
（85 分 < 考核结果 ≤ 90 分）	0.97
（80 分 < 考核结果 ≤ 85 分）	0.90
（75 分 ≤ 考核结果 ≤ 80 分）	0.80
（考核结果 < 75 分）	0

3. 中国电子科技集团公司总部绩效考核体系

该公司组织考核的考核周期为年度考核，考核维度和权重为组织绩效考核包括 3 个维度的考核指标，分别为关键量化指标（KPI）、重点工作任务指标（GS）和保障与约束类指标。其中，关键量化指标权重占 30%；重点工作任务指标权重占 70%。考核分为以下五步。

①自评。每年1月份，各部门对KPI与GS完成情况进行自评。办公厅汇总各部门的自评结果。

②初评。相关部门如财务部等对关键量化指标实施初评；考核办公室实施重点工作任务完成进度检查。

③复评。办公厅将汇总的绩效考核初评结果，连同各部门述职报告提交绩效考核办公室及集团分管领导进行复评；绩效考核办公室组织召开复评会议。由各考核责任部门向绩效考核办公室汇报考核评分情况，绩效考核办公室进行绩效考核评分。集团分管领导根据部门考核初评结果、述职报告及部门年度实际工作表现，进行考核评分。以上复评评分，对量化指标和保障与约束类指标主要进行复核，对重点工作任务指标进行考核评分。

④部门绩效考核结果根据绩效考核办公室与集团分管领导的复评结果综合确定，权重分别为70%和30%。

⑤审核确认。绩效考核办公室负责汇总、统计部门绩效考核结果，并提交考核领导小组审批。绩效考核办公室向各部门反馈绩效考核结果。

员工考核的考核周期为年度，考核维度和权重见表7，并且结果进行强制分布，应用于绩效改进，绩效奖金发放与薪资调整，部门绩效考核结果作为部门评选先进及奖励表彰的依据，个人绩效考核结果作为员工职级晋升、培训、评选先进及奖励表彰的依据。

表7　考核维度和权重

考核维度	维度一：岗位工作业绩	维度二：部门绩效考核结果
总工程师、总经理助理、总经济师	100%	—
副总师	100%	—
主任	—	100%
高级专务、副主任、专务	60%	40%
处长、高级经理、副处长、经理	70%	30%
员工	80%	20%

4. 标杆案例研究启示

（1）部门考核：从部门分类来看，公司总部部门普遍分为业务管理部门、通用管理部门、业务经营部门，个别公司将纪检监督部门单列。从部门考核指标框架来看，职能部门有两种模式：一是关键业绩指标（KPI）+重点任务指标（GS），主要是定量与定性，权重之分；二是基础管理+任务专项+主业目

标 + 鼓励约束项目，其中业务管理部门比通用管理部门多主业目标。对经营部门主要采用基本运营 + 战略引领 + 鼓励约束项目 + 党建工作的模式。从部门考核结果差异化体现工作难度来看，对职能部门可采用总分满分差异、指标维度差异两种方式，经营部门采用指标计分增加调节系数或增加奖励分值、工资两种方式。从考核结果与工资挂钩差异化来看，可通过部门人均工资基数差异化设置与考核系数两个变量同步体现。

（2）员工考核。从考核周期来看，整体周期基本以季度、半年度为主，如果是月度考核，则考核权限与奖金总包下放给部门；从部门正职考核来看，基本等同部门考核结果，可加入行为评价维度进行确认；从部门副职考核来看，基本和部门考核部分挂钩，同时和个人考核（正职考核、员工评分等）结果挂钩，分别设置一定权重；从员工考核来看，考核维度基本由 KPI+GS+ 综合评价构成，员工考核结果根据部门考核等级内部强制分布，控制员工考核等级的比例。

（四）方案设计内容

结合以上调研的结论，本项目主要针对京沈分公司绩效考核体系不完善，考核结果没有真正应用，指标设置不合理，绩效考核有效性较低，权限分配不均衡，存在大锅饭现象等问题，在对标杆案例充分研究的基础上，进行本次方案的设计，主要聚焦体系建立以及指标优化等内容进行方案设计。

1. 构建系统、科学的绩效管理体系

从绩效计划、绩效实施、结果应用、绩效改进等绩效考核全体系入手，对现行制度进行规划，建立运行高效的绩效管理体系。

2. 绩效考核分为组织考核和个人考核，构建组织 + 个人，定量 + 定性，考核压力层层传导的机制

根据岗位不同，设置不同的考核指标和考核周期，实现差异化考核和差异化应用。指标通过自上而下分解（公司考核 / 战略发展）+ 自下而上工作（部门重点工作）确定，然后通过签订年度目标责任书，明确年度考核指标，并分解到季度或半年度。

3. 分级分类考核

本次项目将考核组织部门分为两类（见表 8），并在考核体系及权重、结果应用上进行差异化。

表 8　部门分级分类

一级分类	二级分类	部室 / 所
收费所	市场化收费所	首环收费所……
	常规化收费所	京承收费所……
职能部门	一级业务管理类	收费管理中心
	二级业务管理类	稽核监控中心
		设备管理中心
	通用管理类	行政办公室
		党群工作部
		纪检部
		计划财务部
		人事劳资部
		资产物业管理部
		安全保卫部

（1）考核指标和维度差异化：对于市场化收费所，项目利润占 $x\%$，常规化收费所无此考核；对于一级业务管理定量指标占 60%，二级业务管理占 50%，通用管理占 40%。

（2）结果应用差异化：考核分数无差异，通过系数差异化实现薪酬及总额差异化分配，这种做法的好处是可以实现部门价值天然差异化，标尺相同，考核满分和基本分相同，部门间更容易比较。

4. 员工考核维度优化

（1）对员工的考核从业绩、态度、能力三个角度出发，业绩指员工的工作效率及效果，态度指员工对工作的投入感，能力指员工从事工作的能力，具体包括体能、知识和智能、技能等内容。

另外，针对不同类型员工设计不同考核模块的绩效指标，对劳动的付出与最终成果联系不强、刚开拓新市场目前劳动的付出对于成果影响重大、以成果考评会导致员工的行为偏离公司的战略目标的员工，实行过程导向型考核；对劳动付出与业绩有一定联系、战略目标的实现与短期目标有一定联系的员工，实行综合型绩效考核；对劳动的付出与最终成果有必然的直接的联系、直接的劳动成果与长期战略目标一致的员工，实行结果导向型考核。

（2）绩效考核流程。分公司目前的绩效考核流程不完善，并且没有成文的制度，影响绩效考核的执行，本次项目通过规范绩效考核流程，最终推动考核有效进行。

（3）分配方式设计。因为京沈分公司下属有 11 个收费所和 10 个职能部门，他们的日常工作有非常大的区别，为让绩效考核更纯粹地衡量组织或员工的表现，本次方案设计分配系数区分不同部门的工作量及工作难度差异，并一定程度纳入对员工的工作量的衡量中。其中收费所工作量 = 人员占比 ×50%+ 收费额占比 ×30%+ 车流量占比 ×20%，职能部门的工作量在年初确定各部室重点工作后，经理办公会评估各部室本年度重点工作内容重要程度及完成难度确定，分为高、中、低三档。其中，最低档为收费所分配系数的均值，最高档与收费所最高档相同，中间档为最高档与最低档的平均值。

四、案例项目评估及绩效说明

从 2021 年 4 月至今，京沈分公司绩效项目在分析过往问题，充分了解公司实际情况，总结外部经验的基础上，形成了完整的绩效考核体系，并以此为契机，对薪酬分配体系进行了优化与调整，项目成果包括以下内容。

（一）有效实现差异化分配

差异化薪酬分配主要体现在绩效工资分配及经营奖分配，其中绩效工资和分配系数、绩效考核系数挂钩：分配系数可体现各个部所及岗位工作量及工作难度不同，其中生产人员统一采取积分制，根据岗位特点不同采取不同积分方式，不同工作量确定不同积分，进而影响绩效薪酬；绩效考核系数可体现考核周期内工作表现不同，受到绩效考核结果影响，系数可突破 1，表现优秀人员考核系数最高可为 1.2，并进行强制分布（即数量限制）。

（二）实现减员增效的战略导向

其在绩效工资及专项奖中均有体现，在绩效工资中，针对生产人员及收费所一般管理人员设置人力成本总包节约绩效工资，对实际人员少于分公司核定编制的，将结余人力成本在所内相关岗位进行分配，突出“薪酬总包发放”“减人不减资”导向；在专项奖中，增加人力成本结余奖，对于职能部门或者收费所负责人减少人员编制的，给予相应奖励。

（三）形成完备绩效考核体系

建立目标导向，拉开差距，全面系统，分类确定的绩效考核体系，增加和公司及个人业绩考核完成情况相结合的公司副职考核体系。对于收费所和职能部门考核，建立以半年度为周期、目标责任书为依据的考核体系，在完成目标基础上，最高分可为 120 分，考核指标定量与定性相结合，以可量化可考核的量化指标为主，对定性指标建立明确的评价主体及评价标准。对员工个人考核，区分工作同质化高的生产人员及岗位职责差别较大的一般管理人员，生产人员制定统一考核标准；一般管理人员以上级考核为主，确定明确的考核指标，区分业绩考核结果和员工行为评价，均应用于最终的考核结果。员工考核结果和部门考核结果挂钩，并进行强制分布，突出考核优秀人员。

（四）以正向激励为主，坚持维稳原则

此次分配改革，对员工的岗位工资及津贴补贴等固定部分不做调整；分配系数以 1 为最低基数，工作量多的做增量分配；绩效考核系数对 1 以下的数量不做强制限制。通过薪酬测算，做到在考核结果为 1 的前提下，薪酬不减少，坚持正向激励，保证员工队伍稳定。

（五）对部门及收费所负责人充分放权，保证其分配自主性

对经营奖、绩效考核目标设定及人力成本总包节约绩效工资，公司确定部所分配总包及分配原则，部所内分配授权部门负责人，相关方案提交人事劳资部审核。总体来说，此次项目重点为利用咨询系统化方案，解决客户具体问题，在充分借鉴外部市场和考虑公司业务战略发展的前提下，结合上级单位管理要求，针对性设计绩效考核体系优化方案。

在项目方案实施后，得到了客户高层的高度认同。通过本次项目，建立了完善的绩效考核制度，并提高了员工的工作积极性，为员工的退出扫清了障碍，提升了公司的营运效率。

中山榄菊日化实业有限公司企业文化咨询项目

汉哲管理咨询（北京）股份有限公司

汉哲管理咨询（北京）股份有限公司（以下简称汉哲咨询），于2003年创办（2008年更名），2015年7月21日登录全国中小企业股份转让系统，由此也成为中国管理咨询领域首批公众公司之一，标志着中国管理咨询业资本化时代的开始。当前，汉哲咨询集团拥有全资、控股及关联类管理咨询机构八家，资本、商学、软件企业三家，在北京、上海、成都设有三大运营中心，在天津、深圳、南昌、南宁、西安、武汉、济南设有分支机构及办事处，服务网络覆盖全国。汉哲咨询是经中国企业联合会评选的中国管理咨询50强企业，国家工信部2018年推荐首批管理咨询机构，并先后获得“中国著名管理咨询品牌”“中国管理咨询行业最具影响力十大品牌机构”“中国管理咨询行业最具公信力典范品牌”“2016值得信赖的中国管理咨询机构”“2017中国十佳管理咨询诚信服务机构”“2017中国产品创新品牌”等数十个荣誉称号。

本案例项目组成员

巩永旭，汉哲咨询咨询总监，高级项目经理，大连理工大学企业管理硕士，人力资源管理师。后从事管理咨询工作，咨询及服务客户包括但不限于：江西铜业、海亮集团、杭州半山发电、西安投资控股、贵州恒信置业、联仁健康、中国农业发展银行、广发银行等。

其他成员：刘金笛、齐鹏飞、王振涛、郭莹、钟义

导读

中山榄菊日化实业有限公司（以下简称榄菊）拥有近40年的发展历史，目前企业经营状况良好，且在企业文化方面有着较为深厚的积累；榄菊董事长及首席执行官（CEO）对企业文化非常重视，对于通过企业文化规范全员行为、凝心聚力、促进企业发展有较大期待；企业已有愿景、价值观、企业精神等文化核心内容，此次希望通过本项目对企业文化进行重新梳理，形成更加符合企业发展实际的文化核心理念，并通过相关文件、制度、办法等的规范推动企业文化全面落地。具体来看，在文化体系建设中，企业有以下三个方面的要求。

第一，榄菊目前正处于发展变革的关键时期，须传承、提炼、升级，最终重塑具有榄菊特色的现代企业文化，形成完整的有高共识度的现代企业文化价值理念体系，以引领企业发展。

第二，榄菊历经近40年的发展，以骆建华董事长为代表的榄菊奠基者，以及以薛洪伟总裁为代表的管理高层的经营指导思想、战略思维和价值观导向等都是榄菊取得成功和持续发展的优秀基因，必须将之整理成每个榄菊人共享的精神财富和共同遵守的准则。

第三，企业要实现可持续发展，必须有一套员工高度认同的企业价值观和行为规范，真正使企业文化融入员工的血液当中，使之变现为实际工作能力和绩效，确保企业高效地运营。同时需要有一套能凝聚和感召人才的企业愿景和使命，有一套可以感知的价值标准，让员工认识到自我人生价值在榄菊如何实现。

在此基础上，榄菊进一步提出了本次企业文化建设方向，包括但不限于以下内容：①支撑榄菊发展战略的企业文化；②与榄菊品牌共生共荣的企业文化；③体现企业家管理个性的企业文化；④体现企业发展历程优秀基因的文化；⑤比同行快一步的竞争性企业文化；⑥科学、完整、规范的系统性企业文化；⑦全程沟通培训的共识性企业文化；⑧接地气、易传播、可实现的企业文化；⑨全员认同并有效落地的企业文化；⑩年轻、活力、开放、包容的企业文化。

中山榄菊日化实业有限公司企业文化咨询项目

汉哲管理咨询（北京）股份有限公司　巩永旭

一、申报案例背景描述

（一）公司概况

榄菊诞生于1982年，是中国电热驱蚊产品的开山鼻祖，目前已发展成为中国家庭卫生杀虫行业的领军企业之一，几乎参与了所有国家、行业标准的制定及修订，是国内少数拥有自主研发、生产全系列消杀产品，全国布局的企业集团，榄菊产品畅销全球30多个国家和地区，其中蚊香市场占有率稳居全国前列。同时，榄菊坚持绿色生产，获得“国家绿色工厂”荣誉称号，多款产品通过中国环境标志认证。榄菊拥有榄菊、儿宝健、精亮、碧芳菲、菊之语、猎网、金果园等多个自有品牌，实行高端化、差异化、年轻化的品牌发展策略，布局不同的细分领域，目前已形成以蚊、蟑、蝇、鼠等有害生物防治产品为核心，以儿童防护、洗涤、家居清洁、生活用纸为延伸的100多个产品族群，为家庭提供一揽子生活服务解决方案。

（二）项目背景

榄菊成立近40年，目前企业经营状况良好，且在企业文化方面有着较为深厚的积累。集团董事长及CEO对企业文化非常重视，对于通过企业文化规范全员行为、凝心聚力、促进企业发展有较大期待。经过多年的发展，企业已有愿景、价值观、企业精神等文化核心内容，此次希望通过管理咨询机构的协助，站在新的发展起点，对企业文化进行重新梳理，形成更加符合企业发展实际的文化核心理念，并通过相关文件、制度、办法等的规范推动企业文化全面落地。

具体来看，在文化体系建设中，企业有以下三个方面的要求。

（1）榄菊目前正处于发展变革的关键时期，须传承、提炼、升级，最终重塑具有榄菊特色的现代企业文化，形成完整的有高共识度的现代企业文化价值理念体系，以引领企业发展。

（2）榄菊历经近 40 年的发展，以骆建华董事长为代表的榄菊奠基者，以及以薛洪伟总裁为代表的管理高层的经营指导思想、战略思维和价值观导向等都是榄菊取得成功和持续发展的优秀基因，必须将之整理成每个榄菊人共享的精神财富和共同遵守的准则。

（3）企业要实现可持续发展，必须有一套员工高度认同的企业价值观和行为规范，真正使企业文化融入员工的血液当中，使之变现为实际工作能力和绩效，确保企业高效地运营。同时需要有一套能凝聚和感召人才的企业愿景和使命，有一套可以感知的价值标准，让员工认识到自我人生价值在榄菊如何实现。

在此基础上，榄菊进一步提出了本次企业文化建设的指导方向，包括但不限于以下内容。

（1）支撑榄菊发展战略的企业文化。

（2）与榄菊品牌共生共荣的企业文化。

（3）体现企业家管理个性的企业文化。

（4）体现企业发展历程优秀基因的企业文化。

（5）比同行快一步的竞争性企业文化。

（6）科学、完整、规范的系统性企业文化。

（7）全程沟通培训的共识性企业文化。

（8）接地气、易传播、可实现的企业文化。

（9）全员认同并有效落地的企业文化。

（10）年轻、活力、开放、包容的企业文化。

基于以上背景，在与全国多家咨询机构交流之后，榄菊选中汉哲咨询作为本次企业文化咨询的服务机构。

二、诊断分析

企业文化调研与分析的目的是了解榄菊当前企业文化的基本情况及主要问题，确定未来文化建设的方向。

（一）诊断逻辑

榄菊的调研工作基于时代视角、历史视角、战略视角、员工视角、评估视角、标杆视角、管理运行视角 7 个方面进行系统的文化诊断及调研，如图 1 所示，分析当前榄菊集团企业文化现状，厘清未来建设目标，寻找文化建设工作的重点和方向，并做出准确的判断和定位，为编制企业文化诊断报告提供重要支撑。

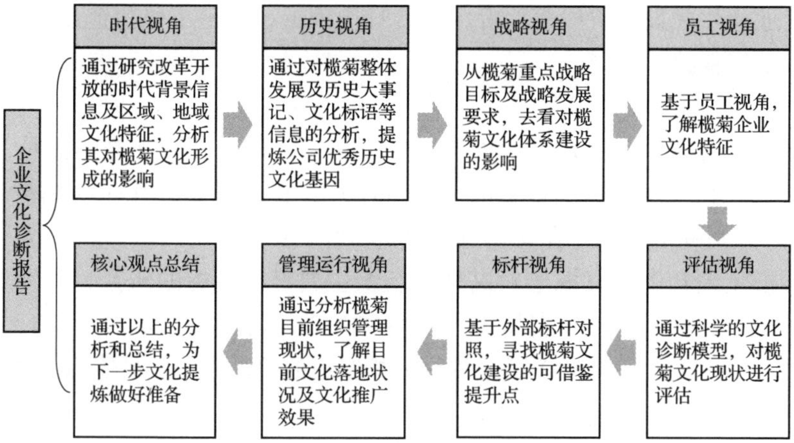

图 1　企业文化调研诊断思路

（二）调研开展的具体工作

在具体调研工作层面，重点开展了以下六项工作。

第一，进行榄菊总部及分公司、子公司中高层管理人员访谈，访谈覆盖 28 人次，全面听取中高层管理团队对公司文化体系及管理提升建设的意见和建议。

第二，选取科创中心及小榄工厂、阜沙工厂两个生产基地进行现场走访和调研，对各下属机构的管理、运营及文化现状进行深入的了解。

第三，组织了多场车间员工座谈会、后勤保障员工座谈会，数十人次参与座谈，了解员工对公司企业文化的感受和认知。

第四，开展问卷调查，共收集 1187 份样本，了解全体员工对公司文化的理解和提升建议。

第五，开展专项调研，围绕企业战略发展、组织管控、营销管理、研发管理、生产管理、职能管理等各维度进行专项业务及管理条线的调研，深入地了解各业务及管理条线的运行现状及核心问题。

第六，选取了 15 家相关优秀企业进行文化理念借鉴，并从中选取巴斯夫、丰田等重点企业进行专项文化亮点分析，为榄菊文化建设提供外部借鉴。

在此基础上，形成了《榄菊集团企业文化诊断报告》，诊断报告面向公司全体中高层进行了两轮的分享、研讨及宣贯。

（三）诊断模型及工具使用

在具体的诊断调研中，咨询组以企业文化诊断奎因模型、“7S”管理模式、企业文化建设五阶段模型等为主要理论依据，奠定了榄菊企业文化科学、系统诊断的基础。

1. 奎因模型

在榄菊公司企业文化调研的过程中，使用了很多西方先进的工具，其中最核心的工具采用美国学者奎因（Quinn）归纳的竞争性文化价值模型（以下简称模型）对榄菊公司企业文化进行分析研究。

该模型最初的开发源于对高效率组织主要经济指标的研究，共涉及4个主要方面、2个维度。分别从工作内容（内部运营、外部发展）和工作方式（灵活和自由、稳定和控制）两个维度分析组织的价值导向。具体如图2所示。

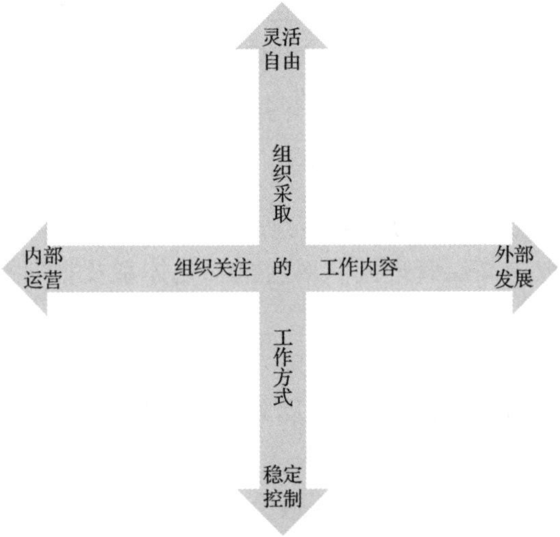

图2　竞争性文化价值模型

根据组织关注的工作内容不同，可将企业文化划分为组织内部取向文化和外部环境取向文化两种类型［见图3（a）］。组织内部取向文化是把工作重点放在组织内部，解决战略规划和落实，解决内部的管理问题，如IBM、惠普。外部环境取向文化的组织则提倡与外部的顾客、供应商、股东、社区、政府加强联系，设置专门的部门或工作小组协调各种关系，对环境、市场、资源、对手变化密切关注，如丰田、沃尔玛。

根据组织采取的工作方式不同，可将企业文化划分为灵活变通型文化和过程控制型文化两种类型［见图3（b）］。灵活变通型文化的组织表现为结构进一步扁平化、决策权下放、工作专业化程度降低，如英特尔、微软。过程控制型文化的组织，其结构等级森严、权力中心化程度很高、工作专业化程度也很高，如大学、政府机构等。

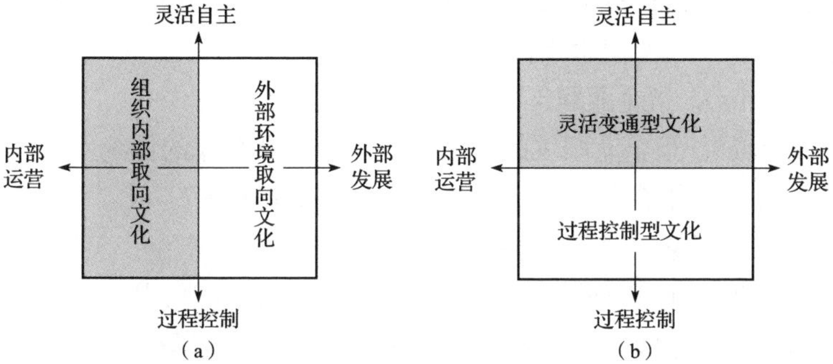

图 3　竞争性文化价值模型细分类型

综合组织关注的工作内容和采取的工作方式，可将企业文化划分为团队支持文化、灵活创新文化、市场绩效文化和层级规范文化四种文化类型。

2.“7S”管理模型

美国斯坦福大学教授理查德·特纳·帕斯卡尔（Richard Tanner Pascale)）和哈佛大学教授安东尼·G. 阿索斯（Anthony G. Athos)）合著的《日本企业管理艺术》一书中提出了一种由 7 个关键要素构成的“7S”管理模式，即战略、结构、制度、共同价值观、技能、风格和人员，如图 4 所示。

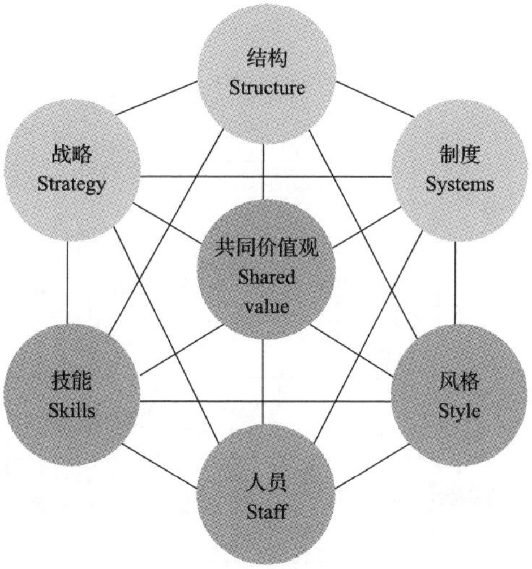

图 4　“7S”管理模型

战略（Strategy)，指企业为谋求自身生存和发展的规划和决策。

结构（Structure)，指一个企业的内部组织形式。

制度（Systems），指信息和决策在企业内传递的程序和系统。

共同价值观（Shared Value），指能真正激励职工，并将其个人目标和企业发展目标结合在一起的信念或目标。

技能（Skills），指企业职工所特有的工作能力。

风格（Style），指企业职工的行为方式，也包括企业的传统作风。

人员（Staff），指企业内各方面人员的构成及其素质。

帕斯卡尔和阿索斯两位教授根据这一“7S”模式指出，美国在企业管理过程中过分重视了前三个硬性的“S”，即战略、结构和制度，而这在现代社会中已渐渐不适应企业管理过程中日益复杂的行为，美国企业应像日本企业那样，在不忽视这三个硬性“S”的前提下，更好地兼顾其他四个软性的“S”，即重视企业文化。

3. 企业文化建设五阶段模型

企业文化建设的核心逻辑是从认知到认同。通过对众多企业文化建设案例的总结、分析、研究与整理，根据榄菊实际，本次工作以“内化于心，外化于行”为主线，构建了一套行之有效的“企业文化建设地图”，即企业文化建设现阶段模型（见图5）。这一地图涵盖了企业文化建设的各个步骤及重点工作，包括文化调研与诊断评估、文化理念设计提炼、文化表现系统设计、文化落地实施规划、文化管理与评估，构成了企业文化建设的闭环系统。

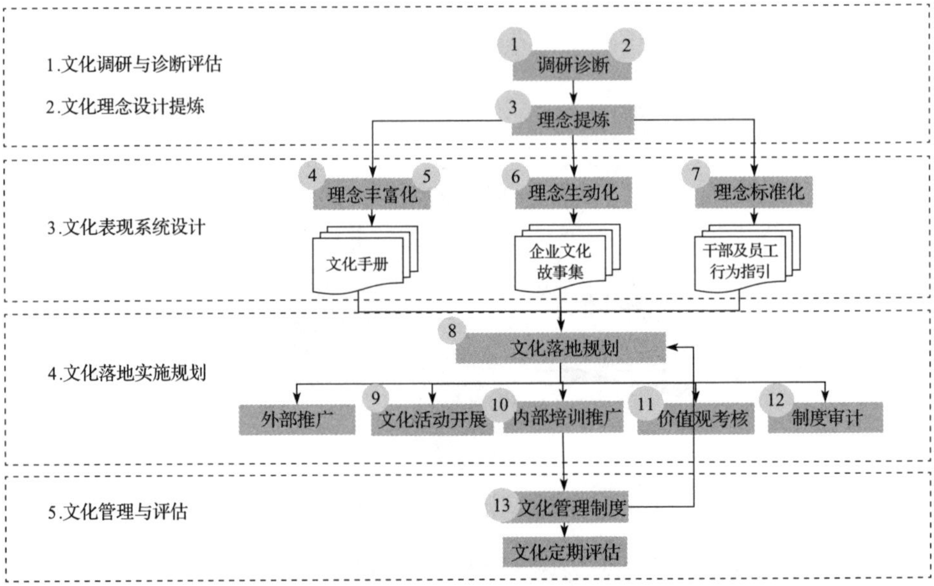

图5　企业文化建设五阶段模型

三、解决方案的设计框架

（一）系统进行企业文化理念提炼及升级

文化理念体系是形成制度文化、行为文化和表象文化的思想基础和根基，也是企业文化建设工作的根本前提，后期的企业文化落地实施等工作都要围绕这一核心理念展开。在这一环节，应在企业总体战略规划的指导下，通过系统的梳理和完善，挖掘企业文化基因，结合企业自身实际与未来发展需要，通过讨论，统一认识，形成全体员工共同接受的文化理念与价值主张。

具体来看，本次榄菊文化理念的提炼基于前期调研情况，提出了八个明确的建设方向，即按照“体现榄菊历史优秀文化基因的传承与激活、体现对内外部环境的契合、体现科技引领的发展理念、体现国际竞争力的打造、体现对发展战略的支撑、体现先进制造企业的特点、体现地域文化特点的传承与突破、体现广大干部及职工的关注”的要求，对公司的使命、愿景、核心价值观、企业精神、榄菊人行事准则等核心文化理念进行了重新提炼和诠释，针对新的文化理念，组织进行了多轮意见征询和修订工作，在此基础上形成了榄菊新版的核心企业文化理念内容，具体内容如下所述。

1. 使命：护卫人居健康，共享静美生活

榄菊以“护卫人居健康，共享静美生活”为使命。作为行业的引领者，榄菊在行业内创新性地提出了“家护”“护卫”等新定义。从传统的灭蚊，到蚊虫防制，再到有害生物防制，榄菊始终专注于保护人居环境卫生与健康。榄菊致力于不断提升产品品质，无论是传统的“灭、清、洁”，还是升级后的“驱、防、护”，都是榄菊对人居环境健康保护和改善的承诺，最大限度地让人们免受有害生物的袭扰，让消费者能够共享更安静、更舒心、更美好的生活。

2. 愿景：全球领先的有害生物防制科技集团

榄菊以“全球领先的有害生物防制科技集团”为愿景。首先，榄菊要成为“全球领先的榄菊”，要从“国际化”进一步向“全球化”的方向发展，充分发挥榄菊在全球市场、所处行业的示范和引领作用。其次，榄菊要从当前的服务领域，逐步向对人类的生活、生产甚至生存产生危害的生物防制领域去发展，为每个人、每个空间、每个场景提供专业、高品质的产品和服务。最后，榄菊坚持科技护卫人居健康的理念，努力把自己打造成为科技型、集团化发展的企业。

3. 核心价值观：崇德尚信、守正逐新、臻于至善、以人为本、力合四方

榄菊核心价值观如图 6 所示。

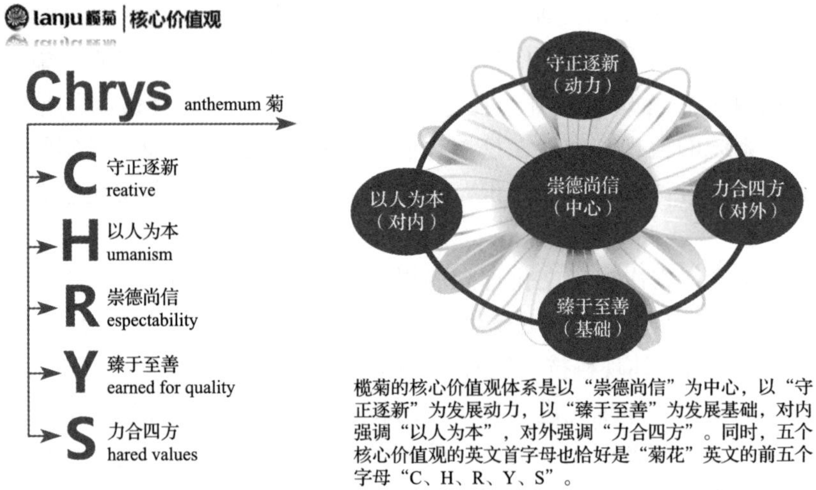

图 6　榄菊核心价值观

（1）崇德尚信（Respectability）。

【释义】道德是一个人、一个企业的道义品格和德行品位。榄菊人做事、处世，首先是做人、为人；而做人、为人，首先是要有德有品，向善行事。同样，榄菊人恪守诚信之道，诚信是榄菊商业价值体系的基础，榄菊过去的成功和未来的发展，都源于对诚信的坚守。

（2）守正逐新（Creative）。

【释义】榄菊人始终坚守正道，坚守初心。不跟风、不畏惧、不浮夸、不拆台。踏实做人，扎实做事，有风骨，有自信。榄菊人敢为天下先，主动追求创新，将创新作为常态化的工作。通过不断探索有害生物防治领域的前沿技术和管理，开展前瞻性研究和实践，并有效转化为成果，持续引领市场及行业发展。

（3）臻于至善（Yearned for quality）。

【释义】榄菊从立业之初就强调质量为本，坚定不移地把质量作为企业发展的基石，榄菊人始终把质量的每一件小事都当成天大的事去努力做好。未来榄菊将在研发、市场、生产、采购、质量、安全、环保、基础管理、社会责任履行的方方面面，持续改进，不断追求完美，从而更好地回馈消费者和社会。

（4）以人为本（Humanism）。

【释义】榄菊的发展离不开人才，我们要将人才视作公司最重要的资源、

财富和核心竞争力，我们要成人达己，平等对待和尊重每一个员工，努力创造人尽其才的良好发展局面。

（5）力合四方（Shared values）。

【释义】榄菊人倡导打造利益共同体，榄菊的发展离不开每个员工、每个合作伙伴、每个消费者。榄菊的发展也会促进员工的成长、合作伙伴的发展、社会的进步。榄菊将和利益相关方一道，打造更加良性的合作生态，力合四方，共生相伴，最终实现价值的共创、共享。

4. 企业精神：坚毅·进取、务实·担当、协同·高效

坚毅是菊之精神的重要体现，是榄菊人倡导的优良品质。坚韧不拔的精神早已深深根植于每个榄菊人心中，不屈不挠的意志早已融入每个榄菊人的血液。我们努力而不惧失败，坚持而不畏辛劳。

进取是榄菊历史发展的精神动力，是榄菊人不断努力、持续进步的精神风貌。面向未来，榄菊的进取之路必将是长期的、不平坦的，榄菊人要始终保持永不懈怠、一往无前的进取姿态。

务实是榄菊传承下来的宝贵品质，是榄菊不事张扬、踏实做事风格的充分体现，榄菊人要继续传承并发扬务实精神，对待工作专注、踏实，对待事业勤奋、精进。

担当是新时期榄菊人面对责任、困难、压力、挑战的积极态度，是榄菊人自我驱动、主动作为的精神倡导。担当就要做到勇于负责、敢于挑战、乐于奉献。担当就要果敢决断、面对现实，敢于接受挑战，勇于战胜挑战，迎难而上，力挽狂澜。

协同是新时期榄菊必须具备的一种团队合作精神，榄菊人要多分享、多交流、多合作，要主动支持、主动配合、主动补位。从而实现跨地区、跨职能、跨业务的全面融合，不断提高企业的运作效能。

高效是榄菊新时期确保企业经营业绩目标实现和长期健康发展的必然要求。榄菊人工作强调结果导向、业绩导向、价值导向，榄菊人做事提倡立即执行、马上执行、高效执行。

5. 榄菊人五大行事准则

榄菊人五大行事准则如图 7 所示，其具体内容如下所述。

行事准则 1：积极打造共创、共赢、共享、共担的综合利益共同体。

合作伙伴是榄菊发展的重要力量。榄菊要最大化地利用社会资源，在公开透明的评价考核体系下，以平等尊重为前提，与有共同价值观的合作伙伴形成利益共同体，发展长期的战略合作关系，共同发展，共同创造价值。

行事准则 2：追求企业健康、可持续发展，不因短期利益而损害长期利益。

榄菊要做有德有品的企业，要做对社会有价值的企业，要做健康发展的企业，就必须要守正道，守住做企业的初心。依法依规，匠心发展，不以短期利益损害企业长期利益。

行事准则 3：自我驱动、持续改善、价值创造是衡量人才的核心标准。

人才是榄菊最重要的资源，是榄菊变革、发展的基础。只有主动承担责任，善于发现问题和解决问题，积极主动推动工作落到实处，才能持续为企业创造价值。

行事准则 4：敢于行动、智慧行动，学会在奔跑中调整姿态。

高效执行力是组织发展的基础，榄菊人做事提倡立即执行、马上执行、高效执行。同时，榄菊人还要学会以事实为依据，科学决策，在发展的道路上不断地调整前进的方向和前进的步伐。

行事准则 5：做人纯粹、做事扎实，知行合一、言行一致。

实在做人、踏实做事不仅是做人的基本准则，也是榄菊事业取得成功的根本保证。榄菊人要以目标为导向，以结果论成败，说到做到。

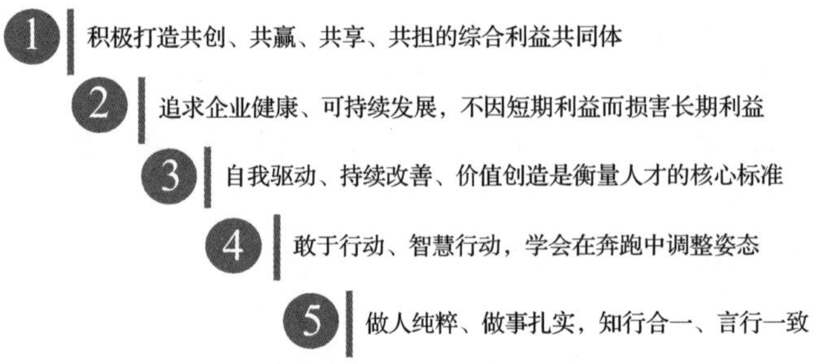

图 7　榄菊人五大行事准则

（二）文化理念丰富化——文化手册设计及发布

企业文化核心理念往往非常精炼，有时甚至比较抽象，要全面理解这些理念，就需要对其进行系统、全面的分析与解释；同时，将企业文化理念与企业发展历程、文化践行、获得荣誉等放在一起，将会使得文化理念更为系统和丰富，并最终以《榄菊集团企业文化手册》作为文化传播的载体。

在榄菊集团文化手册设计阶段，汉哲咨询专业设计师对新版企业文化手册进行整体设计、排版和印刷，明确了“榄菊领路人寄语、榄菊发展历程、榄菊核心理念、榄菊行事准则、榄菊文化践行”等整体内容架构，并对企业文化手册的版式、风格、配图、字体等进行了多轮调整和优化，最终形成了新版的《榄菊集团企业文化手册》。

历时近10个月，凝聚着全体榄菊人智慧结晶的企业文化手册隆重发布，意味着榄菊企业文化2.0版的全面宣贯与弘扬正式拉开了序幕。企业文化是一个组织的生存方式、行为本能和精神生命，是激励一个团队持续发展的重要基因。榄菊要在发展当中不断丰富企业文化的内涵，把企业管理智慧和精华不断融入其中，引领企业不断前进。

榄菊总裁薛洪伟先生寄语全体干部员工：对企业文化的认识要逐步加深，要把我们的企业和工作当成自我生命体的一部分，要不断进行自我批判、自我否定、自我革新，在企业文化建设中贡献自己的智慧，以文化的力量促进自我驱动，从而推动个人与企业全面发展。

为更好地推动集团企业文化建设与落地工作，建立并完善集团企业文化宣传队伍，共有21名来自各部门的榄菊人，经推荐选拔成为首批企业文化使者，薛洪伟总裁在企业文化手册发布会上，为他们颁发了聘书。

（三）文化理念标准化——员工行为指引开发

企业文化只有与员工的实际行为相结合才能产生价值，而员工行为指引，就是将企业文化理念进行分解和细化，形成指导员工日常行为的规范和标准。因此，员工行为规范可以理解为是以标准和制度的形式将企业的核心理念和价值观进行外化和固化，精确界定在日常工作及对外交往中员工应遵循的统一、规范的语言及行为方式。通过对员工行为的指引和约束，使员工养成正确的行为方式，自觉践行企业所倡导的价值理念，是员工行为规范的目的，也是企业文化落地的关键内容之一。

榄菊在多年发展历程中取得的进步和成功，不仅得益于合作伙伴的信任和全体干部员工的共同努力，更有赖于榄菊始终坚持的理念一致、目标一致和行动一致。“知我所信，行我所知”“说我所做，做我所说”，文化理念只有被员工理解、接受并付诸行动才能真正实现它的价值。

在此背景下，汉哲咨询协助榄菊进行榄菊员工行为指引的设计和编写，《榄菊员工行为指引》（见图8）是《榄菊集团企业文化手册》的延伸，是榄菊人践行企业文化核心理念的行动指南。

在榄菊员工行为指引的框架设计上，从“软性文化引导”到“刚性制度规范”两个来源进行内容的构建，进而形成了价值观倡导、精神指引、制度规范、礼仪规范的设计架构。

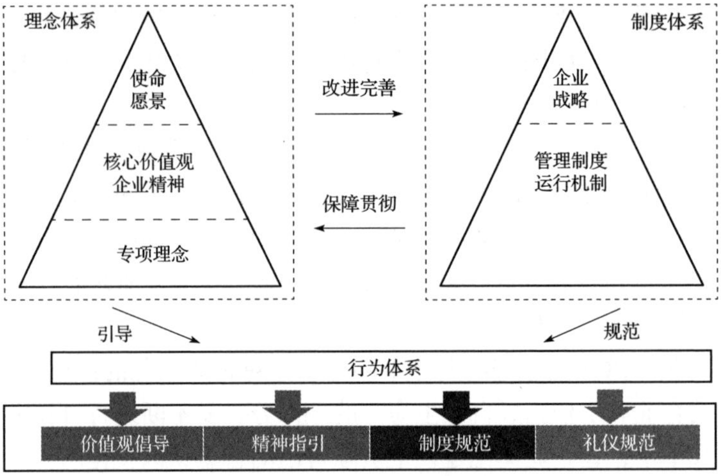

图 8　榄菊员工行为指引

- 价值观倡导，是基于“崇德尚信、守正逐新、臻于至善、以人为本、力合四方”五大核心价值观进行行为指引的开发，具体包括组织倡导、全员行为、干部行为三类内容，行为指引表述风格采取 3 ～ 5 个短句、平铺直叙的方式，确保内容让员工看得懂、记得住、好执行。
- 精神指引，是基于“坚毅 · 进取、务实 · 担当、协同 · 高效”的企业精神进行行为指引的开发，同样包括组织倡导、全员行为、干部行为三类内容，表述风格与价值观倡导一致。
- 制度规范，是基于榄菊当前内部制度内容提取出对于员工行为的刚性要求，包括日常行为规范、全员安全规范、保密规范、廉洁规范等四类内容，表述风格简洁、清晰、聚焦。
- 礼仪规范，是基于榄菊面向内外部的日常礼仪和社交礼仪两个维度进行相关行为规范的设计，表述风格同样要求简洁、清晰、聚焦。

企业文化要做到“内化于心，外化于行”，就要求每一位榄菊人都必须按照指引的要求，规范自己的行为，践行企业文化核心理念的要求，做一名合格的榄菊人。领导干部是榄菊的中坚力量，在文化践行中更要起到率先垂范作用。领导干部不仅要完全理解和认同榄菊核心文化，而且要经常检视自己的行为，思考工作的价值和意义，在行为实践中发挥示范、引领和推动作用。

（四）文化理念生动化——榄菊文化故事集选编

榄菊是有着近 40 年发展历史的企业，榄菊的发展史，就是一部不断创新求变、勇于开拓、敢为人先的奋斗史。在榄菊 40 年的发展历程中，发生过也正在发生着无数令人感动、激荡人心的优秀事迹，这些事迹，就是对榄菊文化最好的诠释。汉哲咨询项目组与企业对接工作组一道，怀着一颗虔诚的心，将这些事迹一一摘录下来，精选了32个典型企业文化故事，形成《榄菊企业文化故事集》。通过一个个发生在榄菊人身边的鲜活故事，将榄菊近40年的优秀传承和文化基因串联起来。

"崇德尚信、守正逐新、臻于至善、以人为本、力合四方"是榄菊近40年来积淀出的核心理念精华；"坚毅·进取、务实·担当、协同·高效"是榄菊人最为振奋的精神风貌。它们是榄菊取得成功的密码，也是榄菊持续发展的动力和源泉。在具体工作中，项目组以榄菊核心文化理念为主线，进行文化故事的筛选及整理。

相信通过文化故事集的形式，会更加有效地推进榄菊集团企业文化的深植和落地，正如项目组在《榄菊企业文化故事集》的序言中写到的：我们的文化故事，也许琐碎，也许简短；故事中的主人公，也许平凡，也许普通，但他们都心怀梦想，他们都充满激情，他们都执着追求。他们用最直白的解说和最朴实的行动展现着榄菊人的精神风貌，他们是榄菊的脊梁，他们也是我们应该努力学习的楷模。正是这些平凡人日复一日默默无闻地付出，见证并创造了榄菊今天的辉煌事业，也必将引领着榄菊走向明天的光辉灿烂。

（五）文化管理及运行专项支撑工作推进

为了进一步巩固项目成果，确保后续文化管理及运行工作更加有效推进，汉哲咨询项目组协助榄菊集团开展了以下六项重点工作。

1. 制定《榄菊价值观考核办法》

《榄菊员工行为指引》的核心内容构成价值观考核重点维度，分别对员工行为和干部行为进行考核。价值观考核是整体绩效考核的组成部分，在考核结果应用上相互衔接。《榄菊价值观考核办法》主要包括考核计划、考核流程、考核指标、评分标准、考核结果应用等几方面内容。同时对价值观承诺书、行为考核表、考核结果汇总表、考核结果统计表、考核申诉表等基本考核工具进行细化和明确。

2. 开展基于文化视角的制度审计

基于文化视角进行榄菊关键制度的审计，文化审计的目标是通过审计，找出现有制度与企业文化核心理念之间存在的不一致、表达不清晰，甚至发生冲突的关键点并提出调整和修正意见。在实际操作中从制度规范性、可操作性和文化匹配度三方面对榄菊11项关键制度进行审计，并提出整改建议。

3. 制定《榄菊集团企业文化管理制度》

《榄菊集团企业文化管理制度》是企业文化工作的纲领性文件，以企业文化洋葱模型为基础，对企业文化管理工作的组织架构、企业文化工作范畴、工作内容和工作重点进行规范和说明，文化落地运行阶段的主要工作内容也基本围绕本制度主体内容组织开展。

4. 制定《企业文化宣传媒介及信息发布管理办法》

文化理念管理体系、制度管理体系、行为管理体系及企业文化落地实施均有相应的项目成果与其对应。为保证集团企业文化工作的完整性，在《榄菊集团企业文化管理制度》的基础上，在文化宣传媒介管理层面补充了《企业文化宣传媒介及信息发布管理办法》，对宣传媒介分类、宣传内容、审核要求、发布管理进行了统一规定。

5. 进行企业文化培训宣贯教材开发

开展企业文化培训宣贯教材开发，从企业文化定义、榄菊文化溯源、榄菊企业文化、榄菊人行为指引四部分进行内容设计，并将榄菊近 40 年取得的成就、文化故事穿插其中。未来在使用中，可根据培训对象不同对内容和案例进行适当调整和补充。

6. 进行年度主题文化活动策划

结合榄菊年度文化落地安排，提出 2021 年全年主题文化活动建议，榄菊集团以“爱国・爱企・爱家”“热心公益・大义担当”“传播菊之文化”“弘扬菊之精神”四大主题为核心全面开展全年的文化活动。

（六）企业文化落地实施规划及运行

所谓企业文化落地，实际上就是价值观与行为的匹配性建设过程，是公司全体员工对企业的核心文化理念从认知、认同到践行的过程。图 9 为企业文化落地推广模型，通过此模型来说明榄菊集团企业文化落地的整体思路。

（1）知——企业文化的认知。企业文化的认知，尤其是核心文化理念和行为指引的认知，是企业倡导的各种理念和行为标准能否落地的基础。

（2）信——企业文化的认同。要践行企业倡导的各种文化理念，仅仅知道是不够的，还必须让全体员工认同，使大家相信企业文化中的各种价值理念，不仅独特有效，而且是企业正在坚定不移地倡导和推行的；相信只有这样做才能符合企业的价值标准和行为要求，才能有所发展。

（3）行——企业文化的践行。企业文化落地的最重要的标志就是企业文化理念落实到员工的行为中，能够通过员工的日常行为体现出来。企业文化建设过程几乎所有的方法和形式都是直接或间接作用于员工的行为，期望对员工的行为产生影响。

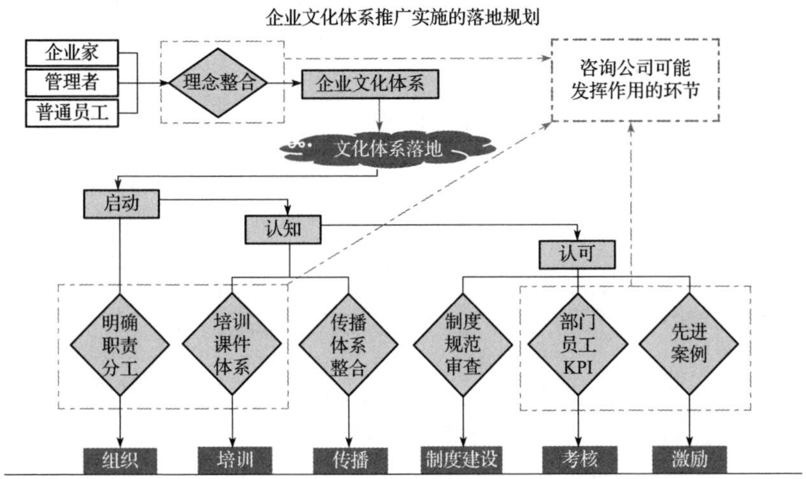

图 9　企业文化落地推广模型

（4）评估改进。评估改进是企业文化建设的必经之路，企业可采取各种形式，对于倡导的行为进行奖励，以强化员工对文化的理解和认同，并逐步内化为员工的理念；对于不符合企业倡导的行为，进行负激励，可强化员工对价值观与行为相匹配的理解和认同。同时常规性地鼓励和激励各部门就不良行为及其方式做出改进，通过研讨、修订、实施改进等方式强化正确的行为。

面向未来的文化深植及落地，项目组进一步协助榄菊制订企业文化落地推广三阶段工作计划，从组织与制度保障体系、企业文化培训体系、企业文化宣传体系、企业文化主题活动开展等维度，进行具体工作的策划，如表 1 所示。

表 1　企业文化落地推广三阶段工作计划

工作项目	2021 年工作重点	2022 年工作重点	2023 年工作重点
组织与制度保障体系建设	1. 企业文化相关制度的建立 2. 健全企业文化管理架构、专职人员招聘 3. 各部门及各分厂文化使者的确定 4. 培训各级干部代行企业文化内部培训师职责 5. 企业文化预算制订	1. 相关制度、办法进行补充、修改和完善 2. 通过招募和培养，形成成熟的企业文化内部培训师队伍及后备力量 3. 持续进行文化使者的选拔和培养 4. 企业文化预算制订	1. 相关制度、办法进行补充、修改和完善 2. 持续进行企业文化内部培训师和文化使者的招募和培养 3. 企业文化预算制订

续表

工作项目	2021 年工作重点	2022 年工作重点	2023 年工作重点
企业文化培训体系构建	1. 全年企业文化培训计划制订 2. 培训教材开发 3. 针对新员工入职培训的“领路人寄语”视频录制 4. 面向集团各层级干部的企业文化培训 5. 基层员工企业文化培训	1. 全年企业文化培训计划制订 2. 培训教材的开发与更新 3. 新员工入职培训（文化部分） 4. 面向全员开展文化践行主题研讨 5. 完成企业文化内部培训师的培训	1. 全年企业文化培训计划制订 2. 培训教材的开发与更新 3. 新员工入职培训（文化部分） 4. 根据企业发展情况重新录制“领路人寄语” 5. 文化践行优秀事迹巡讲活动策划及活动开展
企业文化宣传体系构建	1. 对宣传媒介进行盘点，依据企业文化 2.0 对宣传内容全面更新 2. 企业文化宣传品，如企业文化手册、员工行为指引等的制作和下发 3. 企业文化故事集编写 4. 办公自动化（Office Automation，OA）新闻、微信公众号、企业报等的日常更新	1. 开展宣传媒介的市场调研和标杆企业学习，在传统媒介基础上引入新媒体宣传平台 2. 持续开展企业文化小故事征集工作 3. 展板、条幅、灯箱等的维护、维修和更新	1. 企业文化手册及员工行为指引的优化及更新 2. 持续开展企业文化小故事征集工作 3. 展板、条幅、灯箱等的维护、维修和更新
企业文化主题活动开展	1. 确定主要会议、庆典活动的文化植入策略和方案； 2. 日常文化活动的组织与实施； 3. 可适当增加文化活动，如“文化找宝”“企业文化知识竞赛”“众里寻‘他（她）’”等专项活动	1. 持续深入会议、庆典活动的文化植入工作，形成惯例； 2. 日常文化活动的组织与实施； 3. 可适当增加以核心理念认同和践行为主题开展的文化活动，如“员工诚信月”“文化践行先进人物评选”“发现工作中的美”等专项活动	1. 日常文化活动的组织与实施； 2. 以核心理念认同和践行为主题开展文化活动，活动主题如“创新奖评选”“每日精进优秀员工评选”“质量月”等

四、案例项目评估和绩效说明

榄菊的文化建设咨询项目推进的过程，是对一个有近 40 年发展历史和文化积淀企业的文化基因系统梳理、传承和升级的过程，同时也是企业面向未来科技化、创新化、年轻化、绿色化、全球化发展要求，进行文化要素完善的过程。

通过本项工作的推进，实现了榄菊成立以来对自身企业文化的一次系统诊断、梳理和升级；重新明确了榄菊集团的使命、愿景、核心价值观、企业精神、榄菊人行为倡导、员工行为指引、配套管理制度及文件等内容，并在前期的宣贯培训过程中，得到了广大干部员工的普遍认可和共识；实现了榄菊集团企业文化传承和创新；实现了企业文化建设与未来发展战略相匹配的要求，将助力榄菊集团持续扩大品牌影响力，有效支撑企业核心竞争力的构建及自身的高质量发展。

2019 年 12 月 5 日，榄菊 2021 年全国营销大会在广州长隆国际会展中心隆重举行。榄菊董事会成员、榄菊日化集团经营班子成员、行业专家、媒体人士与近千名榄菊营销精英、各渠道合作伙伴欢聚羊城，共叙友情，共谋榄菊未来发展大计。当天，汉哲咨询副总经理刘金笛先生，对最新版榄菊集团企业文化核心理念进行了释义与讲解。在全体与会人员的见证下，骆建华董事长、陈勇副董事长、罗永康副董事长、薛洪伟总裁、刘金笛先生共同为榄菊企业文化 2.0 全球发布揭幕。榄菊企业文化 2.0 版的发布，是榄菊企业文化建设历程中的一件大事，将为榄菊战略目标实现、内部运营管理及企业可持续发展提供支撑与引领。

面向未来，榄菊企业文化建设还将发挥以下六大作用。

（1）导向作用。文化牵引战略、文化影响制度、文化改变行为，都强调了文化的导向作用。榄菊企业文化会依托独特的价值理念和标准，潜移默化地影响到组织所追求的目标，以及落实到企业制度、机制的建设和调整，并对全体员工产生巨大的感召力，员工基于共同的价值观、制度要求，会逐步形成共同的理想和信念，思想和行为会自觉向企业的目标靠拢。

（2）凝聚作用。企业文化所提出的倡导和要求，只要能够被绝大多数员工所接受，就能令员工产生对工作的责任感、自豪感和使命感，增强对集体的认同感和归属感，就能把员工的力量凝聚起来，以共同的行动，为企业目标的实现而努力。榄菊通过文化体系建设及升级，提高员工与企业价值观的契合度，实现文化价值驱动与员工自我认同、企业发展目标与员工职业规划紧密关联、有机协同，实现企业与员工共同进步、共同发展。

（3）激励作用。企业文化和经营理念是良好的激励标尺。企业文化通过企业精神及人与人之间的相互关心、爱护、理解，给员工一种比纪律约束、物质奖励更易接受的精神动力，这种动力基于企业全体员工所普遍认同的心智模式和行为方式得到正向、积极的反馈而产生，有利于激励全员为实现企业目标而努力奋斗。

（4）约束作用。公司的文化氛围能够以无形、非正式、非强制性的方式对全体成员形成号召与影响，对员工的思想和行为进行约束，完整的企业文化体系中既包括要求全体员工应当做到、不能违背的价值标准，也包括要求员工“应当这样做，不应当那样做”的行为规范。当这种约束逐渐从外部他律转化为个人自律，从少数人的自觉行为转变为大多数人的自觉行为时，就会形成一种稳定的、长期起作用的无形约束力量，从而自然而然地为企业良好风气的形成发挥作用。

（5）美化作用。优秀的企业文化，是企业过往发展经验和成功基因的萃取、凝练和升华，它通过文字的诠释、艺术的表现使之系统化、丰富化，并反映在多个方面，企业宣传片、企业文化手册、公司 VI 体系、工作环境、工装工服、司旗司徽等，都会令企业员工看到和感受到企业之美，使员工的求知、求美、求乐、求新的愿望得到满足。

（6）协调作用。由于企业文化明确了企业与各利益相关者之间的关系，因而天然具有协调企业与社会关系、企业与上下游关系、员工与企业关系、企业内部员工之间关系的作用，能够使得上述各方利益保持基本一致，避免无谓的冲突和内耗，从而令员工能够快乐工作，企业能够全力满足客户需求，为社会的进步有所贡献。

最后，特别感谢榄菊集团董事长骆建华先生、总裁薛洪伟先生及各位高级管理人员在百忙之中对于项目的积极参与、畅所欲言与群策群力，也特别感谢以张艳女士、刘翔先生为代表的项目对接团队在项目成果构建方面的大力支持。

预祝榄菊在新时代、新文化、新战略的引领下，秉承“护卫人居健康，共享静美生活”的使命，打造百年基业，打造全球梦想，打造中国企业集团的卓越品牌。

空军某修理厂人力资源管理咨询项目

西安交大汇思达企业管理咨询有限公司

西安交大汇思达企业管理咨询有限公司（以下简称交大汇思达）始创于2002年，是中国较早成立的管理咨询公司之一，为企业和政府提供专业的、系统的管理咨询服务。交大汇思达是在西安交通大学管理学院的大力支持和帮助下孕育而生并不断发展壮大的，总部在古都西安，位于西安交通大学国家科技园。年服务客户超百家，累计服务客户近万家。出版多部专业著作，发表多篇论文、文章，取得多项国家著作权。凭借“三真三实”的公司精神，取得了丰硕的成果，得到企业、政府和社会的认可，获得多项荣誉。

本案例项目组成员

周亚波，国家工信部智库专家、中国企业联合会管理咨询委员会执行委员、国际注册管理咨询师、国家高级人力资源管理师。曾为中国兵器集团北方特种能源集团、中航工业集团有限公司、中国建筑第八工程有限公司、青海互助青稞酒股份有限公司等大型央企、国企、上市公司、大型民营企业提供人力资源管理咨询服务。曾出版《一本书学会薪酬管理：资深实践专家教你做好薪酬工作》等人力资源管理专业相关著作，在国内多个期刊发表若干篇专业文章。

其他成员：袁泉、王栋

导读

中国人民解放军空军某修理厂（以下简称修理厂），隶属于西部军区空军，现有员工400余人。修理厂以“航空报国，精品立业”为服务宗旨，秉承“付出精心诚心、让军队放心称心”的服务理念，不断提升维修质量和管理服务水平。

修理厂作为一家军工企业，业务发展取得了较好成绩，但在薪酬与绩效管理方面的不足，已经导致员工积极性下降。如何克服自身发展的瓶颈，快速提升管理能力，加强军队装备保证能力成为发展面临的重要问题。

在此背景下，修理厂引进专业的管理咨询团队交大汇思达，从提升人力资源管理入手，通过清晰界定部门职责、岗位职责，规划人力资源管理流程，构建与市场接轨的薪酬体系，建立科学、合理符合企业现状的绩效考核体系，从而激发了广大员工的活力，真正促进了修理厂的效率提升与管理提升。

在本人力资源管理咨询案例中，交大汇思达项目组通过深入细致的调研诊断，全方位的行业及对标分析，对客户实际全面的准确把握，制订科学的、操作性强的系统解决方案，得到了修理厂的高度认可，其咨询效果明显，具有一定的借鉴作用。

空军某修理厂人力资源管理咨询项目

西安交大汇思达企业管理咨询有限公司　周亚波

一、客户背景介绍

修理厂，隶属于西部军区空军，现有员工400余人。修理厂以“航空报国，精品立业”为服务宗旨，秉承“付出精心诚心、让军队放心称心”的服务理念，不断提升维修质量和管理服务水平。

二、客户需求

修理厂作为一家军工企业，业务发展取得了较好成绩，但在薪酬与绩效管理方面的不足，已经导致员工积极性下降。

在薪酬管理方面，与市场同行业同岗位薪酬相比，总体来看，修理厂薪酬处于市场平均水平，但员工感受薪酬水平偏低；修理厂各岗位在制定薪酬时，未对各岗位进行科学评估，导致现有薪酬体系公平性不高；修理厂对各岗位进行薪酬调整时没有明确的标准，薪酬调整缺乏依据；修理厂对各岗位福利、津贴的发放无具体标准，导致福利、津贴的发放缺乏依据，员工对福利、津贴的满意度不高；修理厂未对网站开发制定明确的奖金分配管理办法，没有起到相应的激励作用。

在绩效管理方面，修理厂绩效考核思路、方法、工具的实用性不强，导致绩效考核形式大于意义。绩效考核的具体考核标准不够清晰，以定性考核与主观考核为主，绩效考核的客观性有限；修理厂现有绩效工资比例偏低，导致绩效考核激励性不强，没有发挥绩效考核的作用；绩效考核流程及制度有待完善，导致绩效考核工作不顺畅，未能有效发挥绩效管理的作用。

面对这些问题，客户需求非常明确，希望通过完善薪酬与绩效管理体系，推动企业管理升级。

三、项目目标与范围

交大汇思达本着对客户负责，推动客户提升价值的原则，从项目立项开始就对项目组成员进行了严格的甄选。交大汇思达与修理厂在项目范围确定上也经历了反复的沟通与调整，最终在修理厂高层领导的支持下，双方确定了开展“薪酬及绩效体系设计”管理咨询项目。

（一）项目目标

参照行业标杆企业，对现有的人力资源状况进行评估，诊断现有人力资源管理体系，明晰修理厂人力资源管理的优化方向。

根据诊断结果，制订落实人力资源发展规划目标的岗位管理体系，明晰各岗位职责内容，建立岗位管理制度。

基于修理厂的战略导向与经营目标，不断完善和优化修理厂绩效管理体系。

（二）项目工作范围

本次管理咨询项目工作范围主要包括内外部调研、组织设计、薪酬体系设计、绩效体系设计及辅助实施等。

内外部调研具体工作范围包括内部访谈、问卷调查、资料收集与分析、内部讨论、形成调研问卷分析报告及人力资源管理诊断报告。

组织设计具体工作范围包括组织分析、部门职责澄清、部门职责细化、部门职责分解到岗位、设计岗位管理体系、编写岗位汇编、岗位说明书、岗位管理制度、流程、表格。

薪酬体系设计具体工作范围包括建立岗位评估体系、设计薪酬等级体系、设计薪酬结构体系、设计绩效薪酬体系、编写薪酬管理制度、流程、表格。

绩效体系设计具体工作范围包括分类分层的考核方式确定、关键业绩指标构建及沟通、量化考核指标构建及沟通、考核数据收集方式设计、编写绩效管理制度、流程、表格。

辅助实施具体工作范围包括咨询相关专业知识的培训、实现知识与经验的共享、方案培训、辅助实施、方案调整。

四、诊断分析

在项目启动会议后，交大汇思达项目组对修理厂开展了为期近一个月的调研访谈，通过资料收集、项目访谈及调查问卷等多种方式对修理厂的现状进行了全面了解。

（一）资料收集

交大汇思达项目组通过发放资料、索取清单等形式，收集了相对完整的资料，对修理厂内部情况有了一个较为清晰的了解。该项目的资料来源主要分为以下两类：外部资料与内部资料。

（二）项目访谈

按照组织管理、薪酬管理及绩效管理涉及的相关内容，交大汇思达项目组设计了针对高层领导、中层领导和基层员工 3 份不同内容的访谈提纲。与修理厂员工进行访谈，共计 80 余人次。通过访谈，项目组对修理厂组织设计、薪酬管理及绩效管理存在的问题与改进方向有了初步的定性了解。

（三）调查问卷

基于项目访谈所获取的信息，交大汇思达项目组设计了项目调查问卷，发放范围覆盖了修理厂的高层、中层和基层员工。项目参与调查问卷人数为 400 余人，占总人数的比例为 95%，其中回收的有效问卷为 380 份。通过调查问卷，项目组对修理厂存在的问题与改进方向在定性了解的基础上加了定量分析的数据支撑。

（四）诊断报告

在此基础上，交大汇思达项目组编制了诊断报告，对修理厂所处行业现状、发展趋势、内外部环境分析，以及对目前修理厂人力资源管理中在岗位评价、薪酬管理及绩效管理中存在的主要问题与下一步的改进方向和工作思路做了明确阐述。

项目诊断中涉及组织管理、薪酬管理及绩效管理方面的主要结论如下所述。

（1）组织管理诊断结论。部门设置、部门职能、岗位职责都“约定俗成”，没有规范化的文本，既不利于新员工进步，也不利于薪酬体系的科学搭建，更不利于岗位考核；岗位设置尚需进一步完善，行政管理层级过多；岗位管理制度缺失，岗位管理缺乏系统性。

（2）薪酬管理诊断结论。从薪酬策略来看，采用市场跟随策略，薪酬平均水品与同行业基本持平，但因竞争激励，薪酬跟随策略阻碍了修理厂人员招聘及员工工作积极性；从薪酬水平来看，因员工工作效率有待提升，造成薪酬整体水平不高，无法体现薪酬的激励作用；从薪酬的公平性来看，薪酬未能与绩效考核相联系，导致员工的薪酬呈现高稳定特征，未实现多劳多得，未能体现薪酬的公平性。从薪酬的结构来看，研发人员的项目奖金激励方式，销售人员的提成方式未能完全发挥其激励作用；从薪酬的模式来看，员工工资标准未能以岗位责任、劳动强度、劳动条件、劳动技能等评价要素确定，不同岗位的价值关系未能全面体现。

（3）绩效管理诊断结论。从绩效管理体系建设分析，修理厂绩效管理不成体系，大部分岗位未进行有效考核；从绩效管理的多维度考评原则分析，影响员工月度考核结果的主要是“出勤率”，考核维度单一；从绩效考核的内容来看，多数部门缺乏明确、细化的部门和个人考核指标；从业绩导向原则分析，员工并未参与有效绩效考核，缺乏绩效反馈和绩效辅导，未能通过绩效考核改进工作以提升业绩。

2020年4月，修理厂召开厂委办公会，对诊断报告给予认可，并接受了下一步的改进方向和工作思路。

五、方案设计

交大汇思达项目组结合诊断结论和修理厂的实际要求，将项目整体内容分为组织体系设计、薪酬设计体系及绩效设计体系三个部分，其中各个部分方案设计思路如下所述。

（一）组织体系设计

1. 组织体系设计原则

（1）管理明确原则：即避免多头指挥和无人负责现象。

（2）权责利对等原则：每一管理层次、部门、岗位的责任、权力和激励都要对应。

（3）有效管理幅度原则：管理人员直接管理的下属人数应在合理的范围。

（4）灵活性原则：保证对外部环境的变化能够做出及时、充分的反应。

（5）客户导向原则：组织设计应该保证修理厂以统一的形象面对客户，并满足客户需要。

（6）执行和监督分设原则：保证监督机构起到应有的作用。

（7）专业分工和协作原则：兼顾专业管理的效率和集团目标、任务的统一性。

（8）精干高效原则：在保证修理厂任务完成的前提下，应力求做到机构简练，人员精干，管理效率高。

2. 组织体系设计思路

组织体系设计思路主要围绕职责分析、岗位设置、岗位说明书修改完善三个方面进行，具体如图1所示。

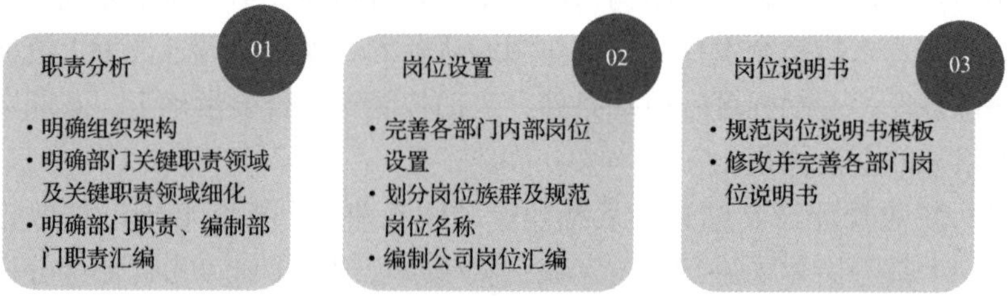

图1　组织体系设计思路

3. 组织体系设计流程

组织设计流程与主要工具如图 2 所示。

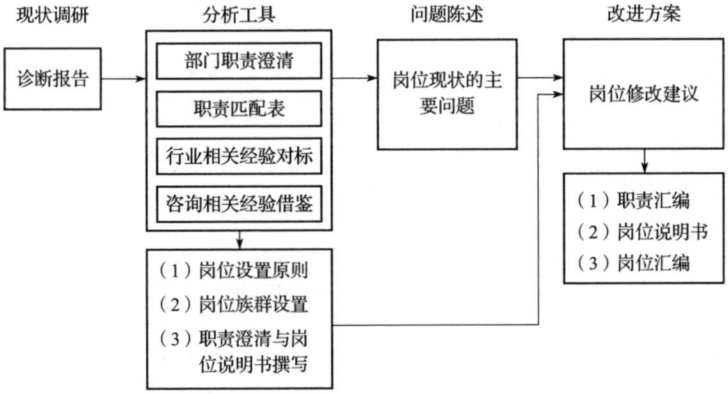

图 2　组织设计流程与主要工具

4. 组织体系设计主要内容

在优化组织架构基础上，交大汇思达项目组对各部门关键职责领域进行了澄清。明晰各部门主要职责，并按照规范格式及标准语句优化及完善现有的部门职责，编制完成了各部门的职责汇编。

参照行业经验，并结合修理厂的实际，项目组设置了管理类、技术类、专业类、工勤类共 4 个岗位族群，最终形成岗位模型，具体如图 3 所示。

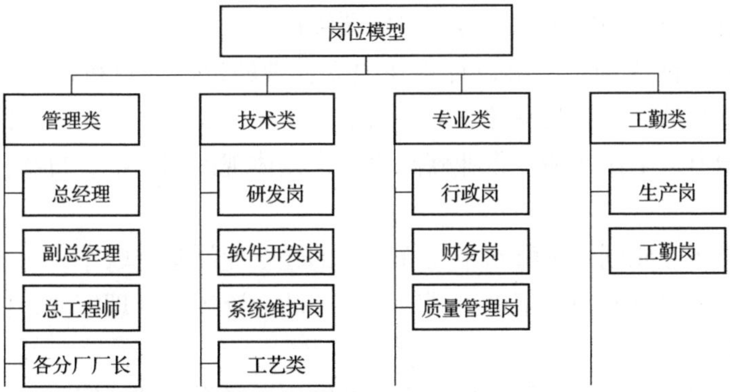

图 3　修理厂岗位模型

项目组将部门职责与岗位模型进行了职责匹配，规范了岗位说明书模板，完成了岗位说明书培训，编制了完整的岗位说明书，使得管理明确化、规范化，增强了岗位管理在人力资源管理中的基础作用。

5. 组织体系设计交付成果

综合以上工作内容，组织体系设计模块的交付成果如表 1 所示。

表 1　组织体系设计模块的交付成果

序号	工作内容	交付物
1	优化、完善各部门职责	修理厂各部门职责汇编
2	培训职责澄清与岗位说明书撰写方法	培训职责澄清与岗位说明书撰写方法培训教材
3	编制职责匹配与岗位说明书初稿	“职责匹配表”初稿
4	职责匹配与岗位说明书初稿编制答疑与问题处理	“岗位说明书”初稿
5	审核岗位说明书初稿，并提出修改	修理厂各部门岗位修改建议
6	修理厂与项目部沟通岗位设置、学历、工作经验要求	
7	修理厂各部门修改完善职责匹配表及岗位说明书	“职责匹配表”“岗位说明书”

（二）薪酬体系设计

1. 薪酬体系设计原则

（1）竞争性原则：薪酬以提高市场竞争力和对人才的吸引力为导向。在薪酬结构调整的同时，根据市场薪资水平的调查，对与市场水平差距较大的岗位薪酬水平将做适时调整，使修理厂的薪酬水平具有一定的市场竞争力。

（2）激励性原则：打破工资的刚性，增强工资的弹性。通过绩效考评，使员工的收入与修理厂业绩、个人业绩紧密结合，激发员工工作积极性；建立多条薪酬通道，使不同职级员工有同等的晋级机会。

（3）公平性原则：薪酬设计重在建立合理的价值评价机制，在统一的规则下，通过对员工的绩效考评、能力认证决定员工的最终收入。分配依据是岗位特点、能力、工作业绩及行业薪酬水平，以体现内部公平、自我公平和外部公平。

（4）经济性原则：薪酬水平与修理厂的经营业绩紧密联系，人力成本的增长幅度应低于利润的增长幅度，同时考虑劳动力资源的合理配置，保障修理厂的整体利益。

（5）实用性原则：将科学性与实践性结合，联系修理厂实际，注重可操作性和实用性。

2. 薪酬体系设计思路

（1）薪酬策略：运用关键成功要素法、内部调研法、职位分析法、标杆对照法、数理统计法对修理厂内外部环境、房地产行业薪酬水平进行分析，确定修理厂薪酬策略。

（2）岗位评估：明确岗位评估工具；明确典型岗位，完成岗位评估；明确非典型岗位插值，确认岗位评估结果。

（3）薪酬结构：根据不同的岗位族群设计不同的岗位工资、浮动工资；设计工龄工资，平衡由于对企业历史贡献不同而带来的薪酬差距问题。

（4）薪酬水平：外部公平，参照市场薪酬水平，确保外部公平；内部公平，有效评估岗位价值，体现内部公平；自我公平，科学评估，真实反映员工价值；引入宽带薪酬的同时，按劳分配，岗变薪变；同一岗位职级薪酬设计多个薪档，职级不变的情况下拓宽薪酬提升通道。

（5）制度体系：确定薪酬沟通渠道，明确定薪、调薪条件及流程；编制薪酬管理制度；编制与薪酬管理制度相应的流程和表格。

3. 薪酬体系设计流程

薪酬体系设计流程如图4所示。

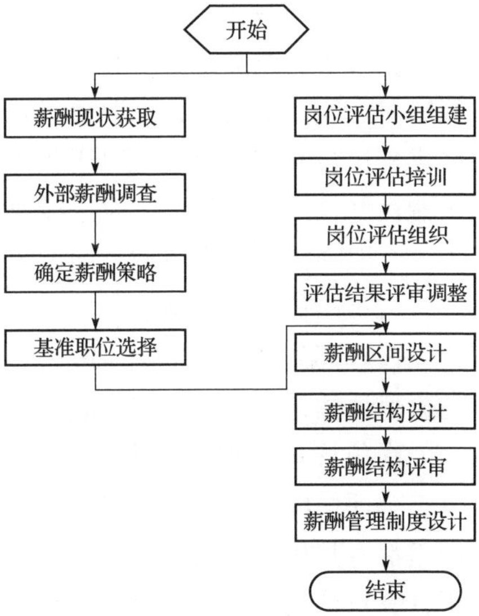

图4　薪酬体系设计流程

4. 薪酬体系设计主要内容

（1）薪酬策略。

薪酬水平策略。企业薪酬水平的选择必须有利于强化人才的竞争能力，应相对于区域薪酬行情、同业企业薪酬水平和竞争对手薪酬水平制定修理厂自身薪酬水平策略，同时，薪酬水平的选择要求与企业人才结构特点相对应。因此，对于修理厂而言，针对不同的部门、不同的岗位、不同的人才，应采用不同的薪酬水平策略：高级管理人才、核心人才、专业技术骨干人才采取市场领先策略；中基层管理岗位采取跟随策略；一般人才采取成本型策略。

随着房地产行业竞争的日益白热化，行业内人才流动率逐年增大和技术人才招聘难度的加大，企业在薪酬有限的情况下为了发展和实现战略目标，应有重点地保留住核心员工和业务骨干。因此修理厂的重点激励群体主要为高级管理人才、专业技术人才和销售人员。针对不同群体采取不同激励内容，高级管理人才重点加大中长期激励，核心骨干、专业技术人才及其他基层和销售人员应根据岗位与自身能力建立以业绩、责任、能力为导向的激励机制。

薪酬结构策略。薪酬结构是指企业薪酬总额中各种薪酬项目的构成及比例关系，不同的薪酬模块如基本工资、奖金、津贴、福利具有不同的功能。对于修理厂来说，根据修理厂的发展需求，适宜采取调和型薪酬策略，针对不同层次的人员设计不同的薪酬结构，分别依据各自的标准进行发放，从而实现薪酬多种功能的综合与统一。高层管理人员采取以激励为主导的薪酬结构；中层管理人员、核心人才、专业骨干人才采取以激励为主，兼顾保障的薪酬结构；基层人员、辅助人员采取以保障为主导的薪酬结构。例如，高层管理人员采用以激励为导向的薪酬结构，绩效薪酬所占比例为 50% ～ 60%。

薪酬调整策略。建立正常的薪酬调整机制是确保薪酬体系长期激励性的重要手段。在薪酬调整上，企业分别通过整体调整和个体调整两方面进行。针对修理厂不断扩大企业规模和实现业务增长的需求，在薪酬整体调整方面，可根据劳动力市场平均增长水平确定企业自身增长幅度。在薪酬个体调整方面，第一，对于优秀员工、核心人才、骨干人才，可根据企业营业收入增长和企业战略对人才需求情况，采取适当高于市场增长水平且符合国家政策指导线的薪酬水平进行调整；第二，对于普通员工，根据员工自身工作表现情况，可采取限制性增长策略；第三，对于绩效评价结果连续没有达到本岗位合格要求的员工，采取降档、降级或调整岗位等策略。

（2）岗位价值评估。

修理厂组建了岗位评估委员会，在交大汇思达项目组的指导下完成了岗位价值评估，形成了岗位价值矩阵表。

岗位评估计划是用来衡量修理厂中每个岗位的一种标准。岗位评估计划由三个评估因素组成：技能、所需付出的努力复杂度和所需承担的责任。每个因素都有其相应的权重，以显示其在不同性质岗位中的重要程度。岗位评估采用计算点值的方法，对每个被评估的岗位累加上述三个因素所得的加权点值，得出该岗位最后点值。

为了准确客观地衡量修理厂内部不同性质的管理岗位，体现其对于上述三个因素的不同要求，交大汇思达制订了针对管理层的两套岗位评估计划，分别针对管理人员和非管理人员。对于管理人员来说，其决策的正确性及对修理厂的责任都是相对较大的；而对于非管理人员来说，则在具体操作技能和体力、注意力的付出程度上可能要求较高。

为了保证在岗位评估时的一致性和公正性，修理厂岗位价值评估按如下程序展开。

第一，成立岗位价值评估专家小组。修理厂与交大汇思达项目组于 2020 年 5 月 3 日发出函件，组织修理厂中对修理厂业务及岗位职责熟悉的员工及交大汇思达相关专家成立岗位价值评估专家小组。

第二，岗位职责熟悉。修理厂与交大汇思达项目组于 2020 年 5 月 3 日发出函件，请专家小组成员熟悉各部门岗位设置、岗位职责、管控关键流程。

第三，岗位价值评估实操。修理厂与交大汇思达项目组于 2020 年 5 月 6 日抽取 4 个典型岗位由专家小组代表对典型岗位进行试评估。交大汇思达项目组采用德尔菲法对岗位价值试评估结果进行确认，同时根据确认的岗位价值试评估结果完善岗位价值评估工具。

第四，岗位价值评估培训。由修理厂与交大汇思达项目组组织实施岗位价值评估培训，重点介绍此次岗位价值评估的工具。

第五，岗位价值全面评估。专家小组根据岗位价值评估相关指引对岗位实施全面评估。

第六，岗位价值评估结果确认。在岗位价值全面评估结束后，修理厂与交大汇思达项目组将再次采用德尔菲法对岗位价值全面评估结果进行确认。

在岗位价值全面评估结果确认后，交大汇思达顾问组将与修理厂相关领导最终确认岗位价值评估结果。

（3）薪酬结构。

交大汇思达项目组充分尊重修理厂历史薪酬结构，在符合国家相关法律法规、陕西省人社厅相关规定的前提下，参照行业其他企业薪酬结构，设计了由岗位工资、绩效工资、加班工资、工龄工资、津贴、福利费等组成的新的薪酬结构。

新的薪酬结构实行岗位绩效工资制。按照修理厂岗位薪级薪酬表，确定每个员工所在岗位的薪级和薪酬。员工进入修理厂后，不再以学历进行级别划分，各工资名目也不再直接或间接与学历挂钩，而是根据各岗位职责来划分薪酬级别，体现了以岗定薪的原则。

控制不同层级固定工资与浮动工资的比例。层级越高，权责利越重要，其浮动工资比例越高；层级越低，其浮动工资比例越低。

精简了花样繁多的工资类别。取消了诸如夜班费、住房补贴等完全固化、失去其设置意义的项目，从岗位工资中直接得到体现。

（4）薪酬制度。

在薪酬策略、薪酬结构设计的基础上，交大汇思达项目组编制了薪酬管理制度，固化了薪酬管理理念。

5. 薪酬体系设计交付成果

综合以上内容，薪酬体系设计模块的交付成果如表 2 所示。

表 2　薪酬体系设计模块的交付成果

序号	工作内容	交付物
1	岗位价值评估培训	岗位价值评估培训教材
2	典型岗位价值评估	典型岗位价值矩阵
3	典型岗位价值矩阵表沟通、反馈	
4	典型岗位价值矩阵修改完善	
5	非典型岗位插值，岗位价值矩阵确认	岗位价值矩阵（所有岗位）
6	薪酬结构体系设计	薪酬结构表
7	薪酬水平设计	薪酬级序表
8	薪酬管理制度设计	薪酬管理制度及相关附件
9	沟通薪酬结构体系、薪酬水平和薪酬管理制度	
10	完善薪酬结构体系、薪酬水平和薪酬管理制度	

（三）绩效体系设计

1. 绩效体系设计原则

（1）公平性原则。其主要包括内部公平和自我公平两个方面。内部公平指对每一名员工一视同仁，考核过程不存在徇私舞弊和不正当竞争；自我公平指员工个人的工作积极性、工作中的贡献与其考核分数密切相关，每一个人都可通过自己的努力来提升绩效成绩。

（2）公正性原则。其主要指在评价员工绩效成绩时要做到公正客观、反映实际，并建立科学适用的考评指标体系和考评标准，尽量采用客观公正的尺度，避免人为因素使绩效评价结果与员工的实际工作绩效有较大的差距，影响绩效评价结果的可信度。

（3）公开性原则。绩效评价工作的各环节应是公开的，要对评价的标准、考评的程序、考评的方法及时限的选定等公开宣布，使员工心里有数，积极参与到考评中来。同时，考评的结果也应该是公开的。

（4）科学性原则。在设计绩效管理体系的过程中，应充分考虑其系统性、科学性，并运用成熟、可靠的方法使修理厂的工作目标完整、明确地分解到全员的日常工作中，发挥全体员工最大的潜能，促进企业的发展，做到“人与事的配合，事得其人，人尽其才”。

（5）实用性原则。根据绩效评价的对象不同，采取相应的绩效管理方法，以有利于绩效提升和经营目标实现为标准，保证绩效管理的灵活性和针对性，使得绩效管理方法能结合员工的实际进行有效的运用。

（6）方便性原则。在制订企业的绩效管理方案时，应充分考虑修理厂整体管理的水平及经营特点、行业特征。根据修理厂员工普遍的素质水平，通过全盘考虑绩效管理方案制订和实施所需的人力、财力和物力，来设计方便、可行的考评工具、方法和流程。

2. 绩效体系设计思路

分层分类的绩效考核方式确定：设计分层、分类考核方式；明确绩效考核方式；明确绩效考核内容。

关键业绩指标设计和沟通：确定修理厂主要考核指标；提炼各部门考核指标；建立各部门考核指标库；确定各部门 2020 年绩效考核指标。

数据收集渠道设计：明确绩效考核数据收集部门；编制绩效考核数据收集流程。

制度体系：编制绩效管理制度；编制与绩效管理制度相应的流程和表格。

3. 绩效体系设计流程

绩效体系设计流程如图 5 所示。

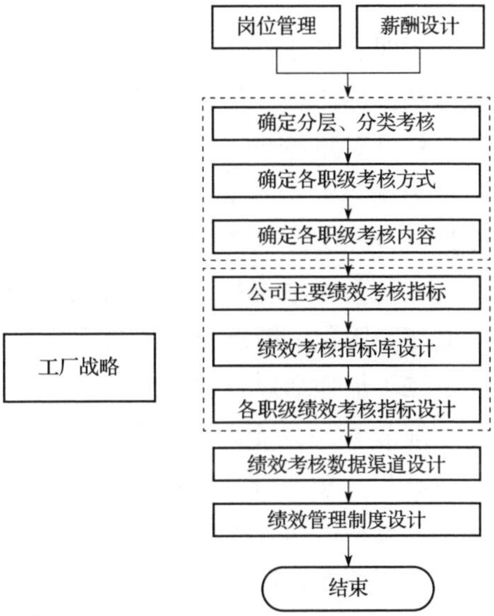

图 5　绩效设计流程

4. 绩效体系设计主要内容

（1）分层、分类的考核方式。

交大汇思达项目组为修理厂设计了一套分层、分类的绩效考核方式，如表 3 所示。

表 3　修理厂分层、分类的绩效考核表

类别		考核人	审查人
组织绩效	各部门绩效	劳动人事处	厂委办公会
个人绩效	副总级领导绩效	厂长	厂委办公会
	中层干部绩效	分管领导	厂委办公会
	基层骨干绩效	所属岗位直接上级	分管领导
	基层员工绩效	所属岗位直接上级	分管领导

修理厂绩效考核主要方式如表 4 所示。

表 4　修理厂绩效考核主要方式

考核方式	考核内容	考核频率
关键绩效指标（KPI）	指标基于修理厂年度经营目标、部门职责、关键业绩指标设计	月度 / 年度
重点工作计划	重点工作计划应成为修理厂工作展开的重点及基础，并且月度计划也应围绕 KPI 指标的达成而制订，因此重点工作计划是保证 KPI 结果的过程控制	月度 / 年度
工作态度	工作态度考核是 KPI 考核及重点工作计划考核的补充，由直接上级领导考核下属工作中体现的责任心与主动性	月度 / 年度

同时，基于修理厂战略要求，交大汇思达项目组与修理厂一同构建了绩效考核指标体系，制定了修理厂各部门年度指标数据库，修理厂人力资源部每年年初可对照各部门年度指标数据库，制定各部门年度 KPI 指标。

为统筹汇总各部门上报的各项数据，交大汇思达项目组编制了数据收集管理试行办法，明确了数据收集责任主体与收集流程。

在绩效考核指标、流程设计的基础上，交大汇思达项目组编制了绩效管理制度，固化了绩效管理理念、方式和工具。

（2）加强绩效管理。

绩效管理是企业各级管理者和员工为了达到组织目标，通过绩效计划、绩效辅导、绩效评价、绩效面谈与反馈、绩效结果应用，将修理厂战略、资源、业务和行动有机地结合起来所构成的一个完整的闭环管理体系。更好地运用和改进绩效管理这一理论工具可以遵循“两个有效性”原则着手进行。

第一个有效性：目标分解及承接有效。绩效管理是管理者确保企业各团队或个人的工作行为及业务成果能够与组织目标保持一致的过程。这个过程首先要基于修理厂发展战略，在绩效计划阶段进行有效的指标设计和分解。科学、系统、有效分解的目标体系及配套的量化指标不仅是开展绩效管理的基础，也是实现组织目标的重要保障。而做到目标的有效分解，应该做到以下三点。一是绩效指标设计前要做好充分的准备，与指标设计相关的修理厂战略、经营计划、预算目标、部门或个人工作计划等内容都要事先充分酝酿；二是绩效管理双方应就企业阶段目标及任务进行充分沟通，就企业当前及未来的工作重点、改善短板进行系统考量，同时在具体的资源配置上也要做到有原则、有底线、有重点，并达成共识；三是基于可衡量、可获取、可达到、可信任、可追控的原则对绩效指标进行最终设计和分解，并落实到书面协议上。

第二个有效性：绩效沟通及牵引有效。沟通贯穿整个绩效管理的过程，也是做好绩效管理的核心。最初的绩效计划阶段的指标、权重、评分标准、目标值的确定；绩效辅导阶段的启动辅导、期间辅导和定期辅导；绩效评价阶段的信息收集、打分、评价；绩效面谈与反馈阶段的绩效结果确认、既往绩效优缺点、改进方案和计划制订，全都离不开绩效管理双方（上下级）的充分沟通。如果绩效计划沟通做不好，那绩效双方就不能对既定的目标达成共识，在推进过程中也必然会出现偏差；如果绩效辅导阶段沟通做不好，那么绩效过程的控制、纠偏、指引、鼓励就无从谈起；如果绩效面谈与反馈阶段沟通做不好，那么未来改善和提升就不会有支撑。

遵循以上原则，并充分考虑修理厂绩效管理体系建设实际情况，由交大汇思达协助为修理厂构建的系统绩效管理体系包括两个部分。一是面向修理厂中高层的绩效管理体系；二是面向员工的岗位精细化绩效管理体系。

面向中高层的绩效管理体系。通过外部对标，找到内部管理及经营改进的差距点，进行提升自身管理水平，提高管理效益。通过预算管理体系的有效运行，实现修理厂内部资源的有效规划、配置，为绩效管理体系的指标及目标值的设计提供基础支撑。通过平衡计分卡维度的指标体系设计，使修理厂在指标体系制定中，充分考虑短期和长期指标，兼顾财务和非财务指标，使整个目标体系的牵引性更好、更全面。

面向员工的岗位精细化绩效管理体系。员工精细化考核是在修理厂、部门目标分解的基础上，基于员工岗位职责、工作流程、作业标准，提取差异化的绩效考核指标库。通过多层面、多频次的培训、辅导及演练，将绩效计划、绩效辅导、绩效评价、绩效面谈与反馈和绩效结果应用等相关内容进行知识转移和赋能，确保员工绩效管理的精细化和便捷化。

5. 绩效体系设计交付成果

综合以上工作内容，绩效体系设计模块的交付成果如表 5 所示。

表 5　绩效体系设计模块的交付成果

序号	工作内容	交付物
1	分层、分类的考核方式	绩效考核方式设计
2	关键绩效考核指标（KPI）设计	组织绩效考核指标数据库 组织绩效 KPI 考核表 领导干部（高层、中层）考核 KPI 表 核心员工考核 KPI 表
3	考核数据渠道设计	绩效考核数据收集管理流程
4	制度体系设计	绩效管理办法 重点工作计划考核管理办法
5	绩效管理体系设计	绩效面谈、绩效辅导相关文件表单

六、项目评估

本咨询项目设计历时近6个月，从2020年4月至2020年9月。本项目实施的重点是薪酬与绩效落地，为此，交大汇思达项目组制定了详细的项目落地实施细则，对项目落地进行全方位的实施与指导。具体包括组织评审设计方案、完成中层管理人员薪酬定薪征求意见，组织完成各职级考核方式及考核内容征求意见，组织完成各部门绩效考核指标征求意见，收集在方案设计过程中的具体问题，根据运行中存在的实际问题，对方案及制度进行修改完善，组织评审设计方案，直至修改完善、定稿；组织薪酬、绩效管理制度的宣贯，直至薪酬管理体系、绩效管理体系正式运行。

特别值得一提的是，在整个项目调研、综合诊断、方案形成、方案培训、方案实施过程中，交大汇思达项目组与修理厂的充分沟通和培训式咨询也给修理厂留下了深刻的印象。“培训式咨询”的核心是在创新思维指导下，将先进的管理理念与企业的具体实践有机结合，目标是提供从咨询需求诊断、解决方案设计到转变员工观念、提升管理技能和行为的全方位服务。

在项目运作过程中，联合项目组中修理厂成员在咨询过程中全程参与项目工作，交大汇思达项目组通过大量的包括管理理念、管理技巧、管理工具等广泛覆盖的全员培训，向修理厂项目组成员传递了管理知识，提供了咨询工具、分析技术、调研方法、项目管理等技能培训，有效提升了修理厂的管理水平。

管理变革是永恒的主题，持续改进是企业发展的长期动力。本项目设计方案得到了修理厂各级领导干部、员工的高度好评。

七、客户评价

项目结题后，修理厂相关领导给予汇思达高度赞扬和认可，“汇思达为我们量身定做了一套科学、有序、专业、可供实操的方案，在这个项目里，我们能够感受到的，不仅仅是专业、高效、谦虚、充满活力，更加重要的是，我们能感受到一种强烈的责任心。我们会和汇思达保持长期的合作关系”。

唐人神集团全产业链设计咨询项目
——以长期价值主义打造农牧行业生态圈

深圳华夏基石智库科技有限公司

深圳华夏基石智库科技有限公司（以下简称华夏基石）脱胎于华夏基石管理咨询集团，传承华夏基石优良的文化血脉，勠力深耕中国本土市场，致力于整合传播全球先进管理理念和最优实践成果并推进其在中国管理实践中的运用。与此同时，不断总结研究中国管理实践，提出了一系列对于中国企业具有实际意义、原创性的管理方法和工具，并在对国内外先进管理智力成果进行研究的基础上创新，开发了具有独立知识产权的文化产品和服务，将“为客户创造价值，与客户共同成长”的理念落于实处，管理产品与咨询服务成果得到业内的高度认可。

华夏基石依托在管理咨询、产业布局和资本整合及行业研究和助力公益等领域的至臻能力，为企业提供全链条管理咨询和产业开发服务，致力于帮助全国的高速成长企业全方位整合资源和综合经营管理能力的全面提升，有力助推企业完成蜕变并完成资本化过程，铸就一批中国成功企业的新时代骄子。

本案例项目组成员

杨智宇，华夏基石产业服务集团合伙人、国际劳工（ILO）SIYB 导师、管理学硕士。曾任职中国社会经济决策咨询中心合伙人，清华大学研究院创新创业学院转型升级课题组副组长，中商网运营总监等。专长领域：战略规划、商业模式、人力资源体系建设等，在唐人神集团项目担任项目总监，主导项目的整体推进落地。

其他成员：王锐坤、尹建武、周闽、周源、吕银夏、王娟、张旭、刘皓天

导读

作为农牧全产业链经营的典型企业，唐人神集团股份有限公司（以下简称唐人神）一直是稳健经营、持续高效发展的、优质的中国制造业500强主板上市企业，2020年实现营收185亿元规模，净利润9亿元以上。在新冠肺炎疫情和非洲猪瘟的双疫情冲击下，基于过往的优秀经营积淀，展开了逆境中的系列探索和变革，以期在下一轮周期性波动中，获得较大优势，从优秀走向卓越，从成功走向伟大，从国内领先企业走向世界级企业。

华夏基石作为国内咨询界颇具影响力的品牌之一，协助唐人神共同建设：农牧全产业链经营战略规划，大平台＋分布式平台化组织解决方案，激活人才动能和链接产业生态要素资源的事业合伙人机制，以及支撑全产业链经营的干部队伍建设。

以用户价值和产业协同者价值作为出发点，实现企业全面经营思维导向的转变——从经营产品转向经营用户，从经营企业规模转向经营大数据，从经营企业转向经营产业生态。同时，在华夏基石新六化（战略生态化、组织平台化、人才合伙化、要素资源社会化、运营数字化、领导赋能化）大变革思想指导下实现从“中国生猪全产业链经营领跑者”到“全球最卓越的农牧食品全产业链企业”的跨越。

唐人神集团全产业链设计咨询项目
——以长期价值主义打造农牧行业生态圈

深圳华夏基石智库科技有限公司　杨智宇

一、项目的背景

（一）唐人神简介

唐人神成立于1988年，并于2011年在深交所上市，是中国生猪全产业链经营第一股。唐人神秉承“致力农家富裕，打造绿色食品”的理念，深耕中国农牧产业。经过30余年的发展，形成了“生物饲料、健康养殖、品牌肉品、新兴板块、资本发展”五大产业发展格局，成长为年销售收入达185亿元，利润达9.5亿元的国家级农业产业化重点龙头企业。

唐人神拥有行业领先的种猪繁育体系，精准营养的饲料技术体系，先进高效的生猪养殖模式，出色的财务能力和并购经验；唐人神在全国布局有70余家子公司，销售辐射范围广泛。唐人神位列肉类、饲料行业十强，同时健康养殖实力雄厚。旗下拥有“唐人神”肉品、“骆驼”牌饲料、“美神”牌种苗、“大生”牌水产料、“比利美英伟”牌规模猪场饲料、“和美”牌禽料等优势品牌和产品，在全国有16个养殖基地，存栏基础母猪150000头。综合实力位列中国制造业500强。

（二）唐人神面临的挑战

在非洲猪瘟和新冠肺炎疫情“双疫情”重压、农牧产业受到重创、生猪产能一度去化70%的巨大挑战下，唐人神坚持的全产业链经营体现出了优势：过去单纯的饲料板块，非洲猪瘟来临会造成周期性巨大亏损，目前五大业务板块齐头并进，饲料受到冲击，养殖反倒有更大盈利，生鲜和肉品也有了更好的发展，全产业链抗住了“双疫情”的巨大考验。

“双疫情”成了生猪全产业链经营的试金石，唐人神全产业链布局得到了充分的价值体现，但唐人神创始人、董事长陶一山先生认为，唐人神必须坚持长期主义，必须打造出全产业链 2.0，才能继续抗住未来依然存在的经济周期、猪周期、产能危机三大挑战，从而实现从“中国生猪全产业链经营领跑者”到“全球最卓越的农牧食品全产业链企业”的进化。

（三）华夏基石与唐人神合作背景

华夏基石与唐人神坚持长期服务，2020 年华夏基石与唐人神就“为打造农牧领域华为，实现唐人神全产链经营”展开进一步的深度合作，确保未来实现唐人神“313 追梦工程”①。

合作范围包括：从全产业链大战略规划，基于区域产业链的平台 + 分布式组织建设，干部部与人力资源分设，政委机制作为保障的人力资源分线体系建设，继续推进内部合伙人、产业合伙人及资源要素项目合伙人的机制，打造三高（高目标、高绩效、高收入）的要素人才队伍。

二、问题分析与诊断

（一）战略支撑体系的诊断分析

华夏基石组织专家团队，从内外部资料研读，大数据分析，世界级企业和业界最佳实践对标入手，对唐人神进行了系统的组织诊断。

华夏基石以世界级企业和业绩最佳实践对标为基础，采取“行业内 + 行业外”“国际 + 国内”的多维对标。对标史密斯菲尔德等世界级生猪养殖企业发展史，分析生猪产业的规模化养殖发展史的研究，研究国内主流的三大路线，包括“公司 + 农户”模式的温氏、大规模工业化养殖模式的牧原、数字化养殖模式的京东与网易。从深度对标研究中，探索唐人神的自身发展模式。

对标世界级企业华为，唐人神提出，打造农牧领域的华为的伟大构想，同时对标华为的五大成功要素：战略上方向大致正确，组织上充满活力，具备使命感的干部队伍，卓越的产品技术，以客户为中心的价值理念和践行。进一步提炼出唐人神未来打造农牧领域华为的六大成功要素，及识别出当前存在的差距、问题和挑战，如图 1 所示。

（二）诊断结果

1. 唐人神尚在探索自身发展模式的进程中，发展道路有待进一步清晰化

全行业一方面面临着猪周期、经济发展下行周期和“双疫情的巨大影响，

① 启动 2019 年“313 追梦工程”：用 12 年时间，在唐人神迎来第四个猪年（2031 年）时，将要实现销售收入超过 1000 亿元、饲料销量超过 1000 万吨、生猪养殖超过 1000 万头，实现利润 30 亿元的目标。

另一方面技术的大变革对行业也提出巨大的挑战。唐人神也在和行业一道，寻找未来适合自己发展的核心模式，是全产业链发展，还是规模化养殖，抑或是一重多轻（1个重资产，其他多为轻资产）的模式。最终唐人神选择了全产业链经营，如何将其打造成“唐人神特色”，如何走出适合自身发展的打法，需要把优秀经验进一步提炼、固化、优化和复制，需要借鉴跨界经营、本行业最优实践，进一步验证自身探索出的优秀模式。

◎ 战略基本正确	做正确的事，正确地做事，战略牵引目标，拉动持续有效增长
◎ 组织充满活力	核心价值就是激活组织和组织中的人。也就是要整个组织上上下下充满活力，特别是决策团队充满活力。用决策层的开放、努力、敢于自我批判、亲力亲为来弥补可能的战略方向误判
◎ 有使命感的干部	具有使命感才能自我激励和激励他人，在逆境中，这种使命感才可以支持领导者永不放弃地带领团队循着胜利的微光前行
◎ 产品技术超群	产品技术不断优化，以过硬的技术牵引组织机构的变革，强化行业竞争力
◎ 以客户为中心	哪里有人，哪里就有客户；哪里有客户，哪里就有市场，所有的市场都是以客户为中心，所有的产品都是以服务客户为宗旨
◎ 坚持奋斗者为本	坚持以奋斗者为本，使奋斗者得到合理的回报。所谓奋斗者，即信念坚定、忠诚敬业、创造价值的人，这样的人是有理想、有信仰的劳动者

图1　对标华为五大成功要素的唐人神六大成功要素

2. 支撑全产业链发展的组织运营机制存在不合理性

组织分工及各层级功能设置不合理，集团十二大职能单元（一级部门和专线）、养殖九大部门、动保中心、大客户中心（重点在饲料板块）等均归总裁直接管理，其精力无法满足；一级部门与二级部门缺乏合理切分。

大区分散在全国各地，总部支撑力不足。饲料子公司与养殖基地分散在全国各地，总部职能单元鞭长莫及，各子公司独立作战，无系统化支撑，不利于地区协同力的形成，需要形成赋能和支撑力量，大区需要做实。

总部职能平台无法支撑全产业链运营，需定位于全产业链运营模式。当前各板块各自为战，无法协同；集团总部由饲料总部发育而来，以饲料管理的模式来管理各板块，无法达到协同效用，因此无法创造产业价值。

3. 头部、腰部、腿部的干部和人才力量的建设不足

年轻高级管理干部断层现象严重，呈现明显的“头重、腰细、腿无力”局面，即头部决策多，思想理论多；腰部细，支撑力不足；腿部执行力弱，缺少

同时具备使命感和对应能力的干部。有梦想会写报告的管理干部不少，但能力欠缺，导致业绩平平。

4. 战略绩效的落地和支撑的人力资源体系不健全

首先，对于管理者来说，市场变化没有规律，会因突发事件导致利润分配存在问题，同时缺少有效工具，导致每年目标的确认，都需要反复的“谈判”。

其次，对于被管理者来说，外部环境变化较为复杂，制订的目标缺乏可操作性；利润分配原则总是变化，没有安全感。

最后，绩效不是源于大战略任务的拆解，支撑性的全面人力资源体系不健全。

三、解决方案思路框架

（一）总体思路

在国家“十四五”大战略规划之际，唐人神要打造成为最卓越的农牧食品生产全产业链企业，必须实施五新战略：新战略（“3+1”模式集聚图发展，饲料 + 养殖 + 屠宰为“3”，加工大客户营销为“1”）、新机制（事业合伙人机制增活力）、新技术（产品技术超群创价值）、新人才（新精英 + 新青年创大业）、新发展（持续增长新发展，持续 20% 以上复合增长）。

（二）全产业链经营体战略规划

唐人神采取全产业链运营模式，不是单纯的模仿公司 + 农户模式、规模化工业化养殖模式、数字化养殖模式，而是以全产业链运营为载体，打造“1+3”经营体模式：“1”是基于用户的营销平台打造，“3”是生物饲料 + 规模养殖 + 规模屠宰，形成区域全产业链经营体，打造 100 万吨饲料、100 万头生猪养殖、100 万头屠宰规模和服务周边区域 1 亿人口的发展模式。以试点 + 示范 + 标准化，打造成区域产业链经营体标杆后，进一步优化、复制，制订每个经营体创收 100 亿元规划，未来打造千亿级农牧全产业链主体。

核心要点：①从平台与业务、需求与资源、资本与生态三个主维度设计唐人神“3+1”经营体的顶层架构。②打造品牌“雪花猪肉”是“3+1”运营业务的核心，基于“安全放心雪花猪肉”，以 C 端的经营逻辑来经营 B 端大渠道的模式深耕经营。③在内部运营机制和运营效率打劳的基础上，推动外部产业合伙人机制建设，加速需求侧资源的获取。④基于“长板理论”整合外部优秀技术、产品与团队，打造围绕放心猪肉的产品与服务生态链。⑤通过资本循环，促进产业循环，叠加发展新的延伸产业链事业单元。

（三）基于区域产业链的平台 + 分布式组织建设

1. 总部高能平台组织

组织整体采取大平台 + 分布式的模式，总部打造十二大职能单元形成平台赋能主体，各业务单元打造业务板块经营体、区域全产业链经营体。

（1）总部平台。

从识别价值转移趋势出发，构建核心战略方向和商业模式，从产业链布局出发，制订战略和业务规划，进而识别构建该战略所需要的核心资源和能力要求，推导组织建设所需的核心能力，建设组织架构。完善集团组织架构设计如图 2 所示。

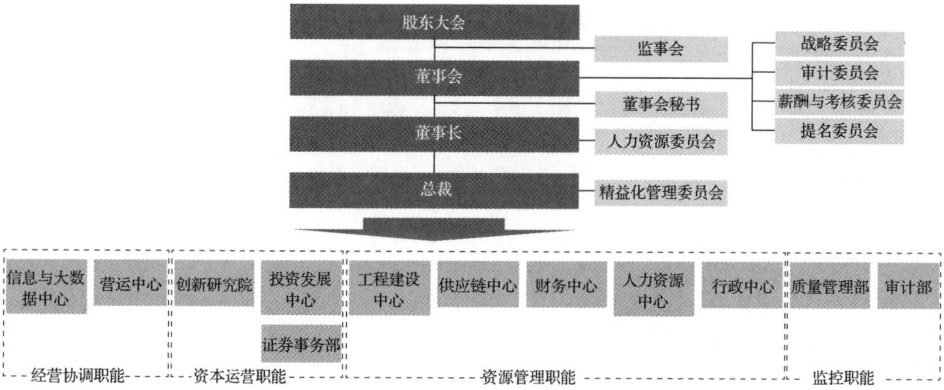

图 2　完善集团组织架构设计

（2）做实饲料事业部组织架构优化设计。

一是事业部要打造赋能平台，为大区及子公司业务开展进行赋能；大区将现有客户进行分层，由大区负责大客户销售，组建大客户铁三角，设置精准防控专员、精准营养专员、财务专员、市场专员和采购专员（省外），逐步构建平台支撑能力；子公司将核心负责生产交付及散户的销售工作。饲料事业部组织架构优化设计如图 3 所示。

（3）做实养殖事业部组织架构优化设计。

事业部定位由专线管控逐步过渡到猪场前期开拓和专业平台赋能；大区定位为销售和区域专业支撑；生产基地定位为生产管理；各层级依据定位新增部分专业部门。养殖事业部组织架构优化设计如图 4 所示。

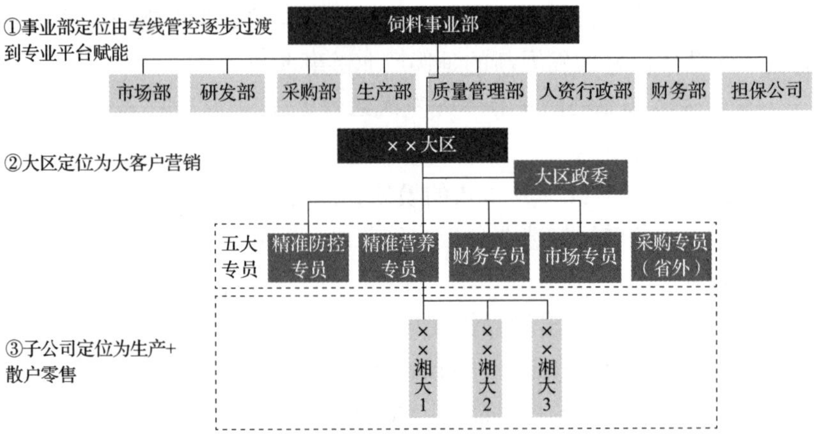

图3　饲料事业部组织架构优化设计

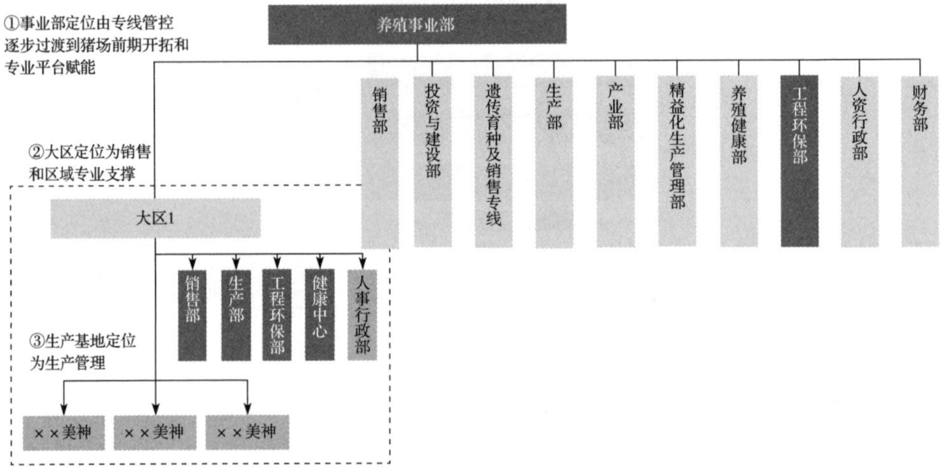

图4　养殖事业部组织架构优化设计

2. 区域“1+3”全产业链经营体组织建设

饲料、养殖板块为独立的经营主体，在满足“1+3”全产业链生产基础上，锚定各自的第一客户，以创造客户价值来获取盈利，如养殖生产无法满足销售需求，则由唐人神其他生产基地进行调送，务必保证消费端产品来自唐人神全产业链；同时，为保证产品品质，屠宰板块仅服务于唐人神“1+3”全产业链经营体；由销售板块基于“三个一”全产业链建设指标：跑通一个模式，找到一个客户，锻炼一支队伍，对生产板块提出产量、成本需求、以此倒逼生产板块降本增效，实现“1+3”全产业链经营体整体目标。区域“1+3”全产业链经营体组织建设如图5所示。

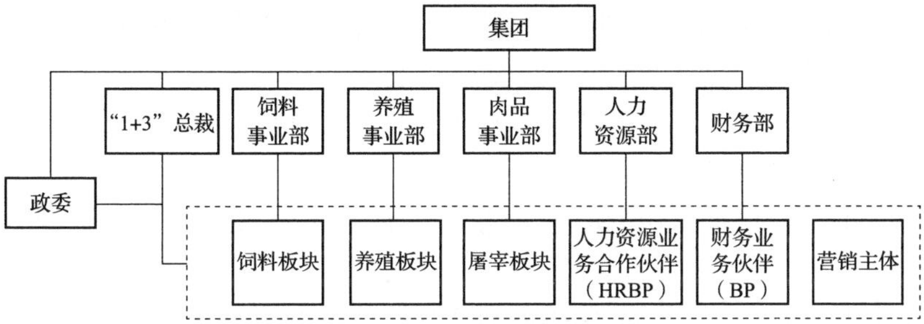

图 5　区域"1+3"全产业链经营体组织建设

（四）干部部与人力资源部分设，政委机制作为保障的人力资源分线体系建设

1. 干部部体系建设

对标最优实践华为公司的干部部与人力资源部分设的体系建设，人力资源部好像一个大河的堤坝，干部部好像在河水中行进的船只。二者之间相辅相成，共同打造人力资本生态链，支撑公司大战略发展。在此大思想指导下，组建人才决策委员会，作为集团干部的最高决策机构，成员包括集团董事长、集团总裁、集团运营总监、集团干部部负责人、外部专家顾问，决策集团人才政策制定与调整、集团干部的人员调整等决策行为（集体决策）。干部部各级组织架构如图 6 所示。

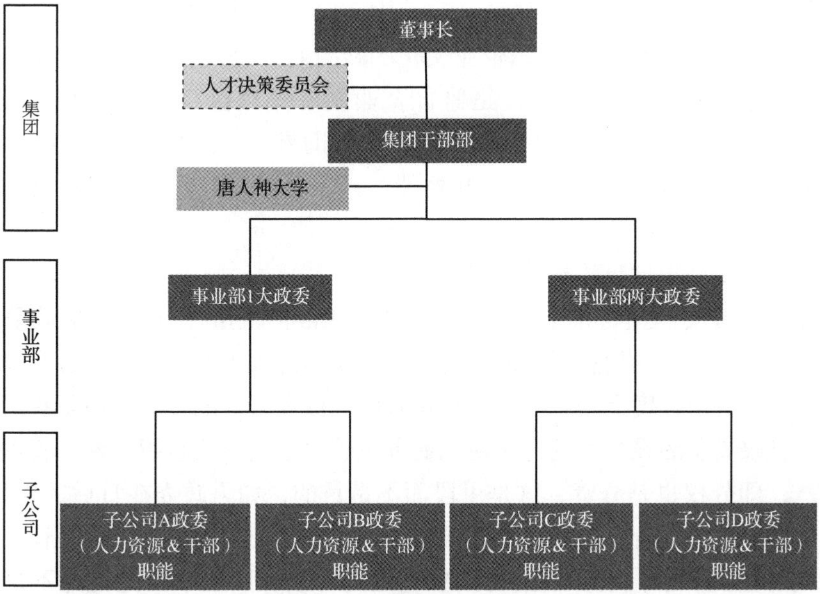

图 6　干部部各级组织架构

（1）集团层面设置干部部，由董事长直接管理；集团干部部负责集团全体干部的管理工作。

（2）事业部层面，根据事业部的规模及管辖范围，考虑设置一位或者多位干部负责人（HRBP/政委）。

（3）子公司层面，由HRBP/政委一并履行干部管理及人力资源的相关职能。

（4）事业部与子公司的HRBP/政委接受双重领导，行政上归所在单位负责人领导，在业务上归集团干部部的领导。

2. 政委体系建设

（1）明确角色定位与职责。

很多企业在引进政委制的时候，经常会拎不清政委和业务主管的关系，把政委当作“监军”，不是一直说“党指挥枪么？”所以政委就应该承载更重要的权责，包括承担企业文化的落地，因此其会直接向老板汇报，造成了政委凌驾于业务主管之上。不管政委和主管之间的职位层级关系如何设置，但大部分企业的本意都是要搭建互补性的管理团队，角色上互补，职责上既有分工又有合作，最终都是要指向组织的目标。

为保证政委制顺利实施，我们第一要义是明确角色定位与职责。唐人神政委是厚德博学的榜样者、企业文化的践行者、制度流程的监督者、业务发展的支撑者、内外关系的协调者。其中，厚德博学的榜样者，是榜样示范唐人神厚德博学价值观的人；企业文化的践行者，是模范践行唐人神企业文化的人；制度流程的监督者，是监督企业制度流程执行到位的人；业务发展的支撑者，是确保集团战略落实到位，协助推动“3+1”目标持续提升的人；内外关系的协调者，是维系好外部关系（政府/周边）、处理好内部关系的人。

（2）政委、指导员的薪酬考核体系。

能否把政委制坚持推下去，关键还是要回到机制的初心，虽然政委的设置打破了业务主管的信息资源的专有权，以及内部人才的建议权、晋升权和决策权等，在一定程度上是分散了业务主管的权威和实际的权力，但是我们也应该看到，政委制的设置目的还是协助业务主管更好地完成组织目标，管理好业务团队，即分权也是分责，这是手段而不是目的，如果政委在日后的工作中，真的能帮助业务主管，成为事业共同体，这种抵制的理由自然就不复存在。在电视剧《亮剑》中，政委赵刚初到独立团的时候，团长李云龙也并不是很欢迎，并爆发了多次的冲突，但是正是由于政委的存在，也有效地遏制了团长李云龙的军事冒险冲动，使得组织不断地走向健康，最后赵刚通过自己的工作能力与行为征服了李云龙，成就了“将相和”的佳话。

从刚刚对政委的角色阐述，我们会发现，其实对政委的任职能力要求是比较高的，虽然重点强调了其“政治”的能力，但是不可忽视的是，我们对政委的业务能力也是有一定要求的，支持业务，必然要“懂”业务，不懂业务的政委就是政客，必然会变成纸上谈兵，得不到主官的支持。因此对政委需要有一套合理的配套机制。

第一，制定政委、指导员薪酬挂钩、目标考核体系。建立三层挂钩体系，一是将政委职级职等认证与月度固定工资挂钩；二是将政委线日常营运项目考核与月度管理奖挂钩；三是将经营单元战略目标考核与年终奖金挂钩，切实推动政委体系能够支撑业务发展。其具体内容如图 7 所示。

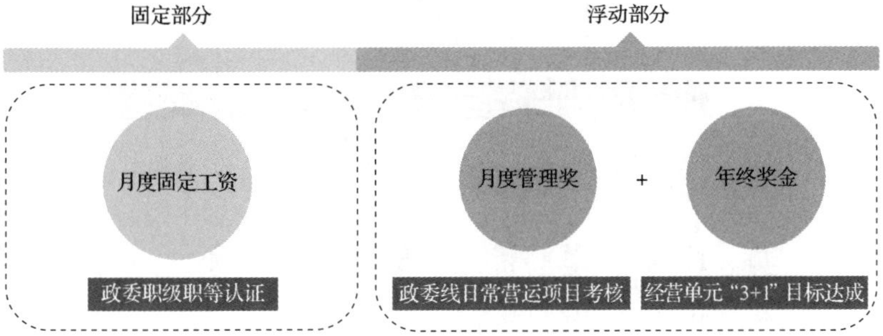

图 7　政委薪酬与绩效挂钩

第二，架构运营考核框架。常规考核与加减分、一票否决相结合，确保政委能够履职。因为政委不像板块负责人能够考核量化的业绩，所以对政委不仅要有常规考核，还要结合政委的要求设置加减分、一票否决等方式。

3. 干部素质模型（为人才发展与盘点打牢基础）

通过与集团领导的沟通、各层级调研后，确认了唐人神干部应该具备的四大能力，即业务能力、专业能力、组织能力、赚钱能力，并且对各个能力进行分级，提炼关键词并解释，最终生成唐人神干部“四力”模型。

（五）继续推进内部合伙人，产业合伙人及资源要素项目合伙人的机制

1. 一级合伙人及新业务合伙人

（1）一级合伙人平台建设。

唐人神一级合伙人是真正使命导向的命运共同体队伍，其宗旨在于使唐人神成为全球最优秀的农牧产业链国际化战略投资与资本运营平台，其核心价

值在于：①为唐人神旗下各价值创造主体实现价值变现与增值；②获取全球农牧产业资源协同唐人神产业资源，形成全球资产增值、交易和变现；③构建全球化农牧生态圈；④构建以农牧全产业链为核心的战略投融资和资本运营平台。其资本运营涵盖战略投资业务和财务投资业务。战略投资业务核心在于：布局于有潜力的农牧行业企业，投资并长期持有其中有价值的企业，基于市场化原则在各自专长领域快速发展；财务投资业务核心在于：以财务回报为导向，在合适的领域，选择好的企业进行投资，享受企业增值（公司上市或者并购给其他更大的企业）收益后退出，再投资其他标的企业。

一级合伙人由公司高管及核心经营管理人员构成，涵盖专业和技术、业务和营销、管理和经营、资本和金融四类要素人才，具体一级合伙人股权结构如图 8 所示。

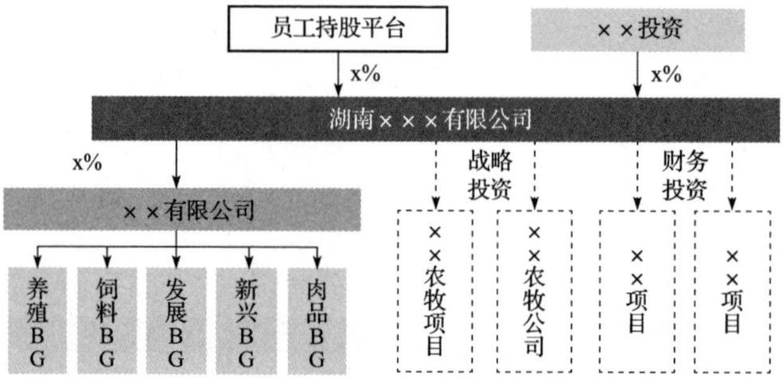

图 8　一级合伙人股权结构

（2）新业务合伙人。

新业务为餐饮连锁板块，开辟唐人神的新赛道，其挑战性非常大，其使命方向为提升中国新兴中产阶级的餐饮生活品质。其口号为小风唐，引领唐人美食快休闲化的小风潮。其食材特点为食材安全健康、食品营养均衡、菜品美味可口。其核心优势包括以下几点。①产业链控制源头、基地直采安全、环境优良健康；②能量、蛋白质、维生素均衡；③标准一致、温度适中、烘烤诱香。

为激活小风唐新业务板块的人才动能，对小风唐三大循环（业务循环、资本循环和产业循环）进行全面规划，并对新业务规划 IPO 预期，充分调动合伙人积极性，打造餐饮生态链小风唐三大循环如图 9 所示。

餐饮新业务作为产业链下游的拓展承载者，为加快拓展效率、激励团队，设置为三级架构，一级合伙人团队成立合伙企业，与唐人神控股合资成立总公司，由总公司与区域团队的合伙企业以及外部合伙人共同成立区域公司，一、二级合伙人享受实股，区域公司下属门店为三级合伙人，小风唐整体股权结构如图 10 所示。

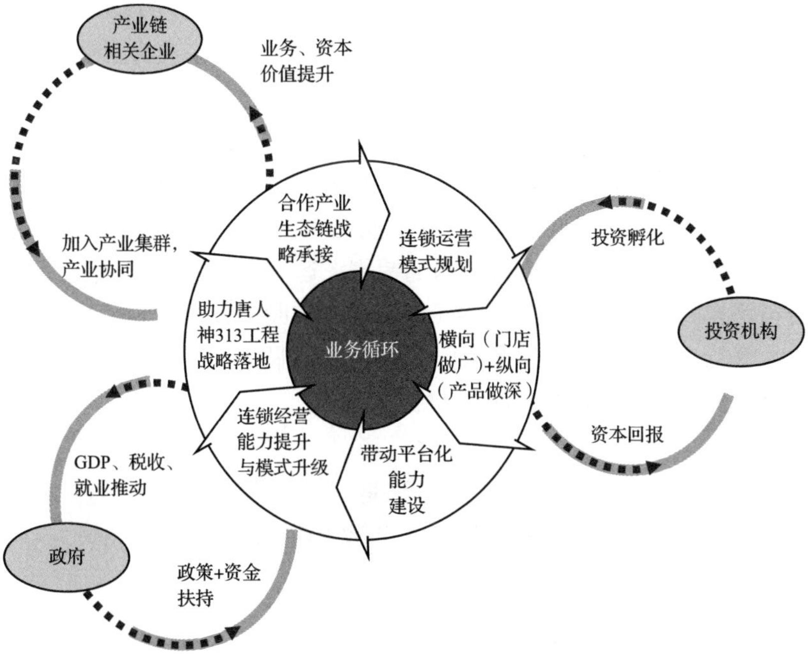

图 9　小风唐三大循环

细分类别	对象	参与方式
一级合伙人	• 板块负责人、运营总监、研发总监、央厨总监拓展总监、人力资源总监、市场总监、采购总监、信息总监	实际股权
二级合伙人	• 小风唐餐饮品牌管理公司区总+区域团队核心骨干	实际股权
三级合伙人	• 小风唐餐饮品牌管理公司店总+门店团队核心骨干	利润分享计划

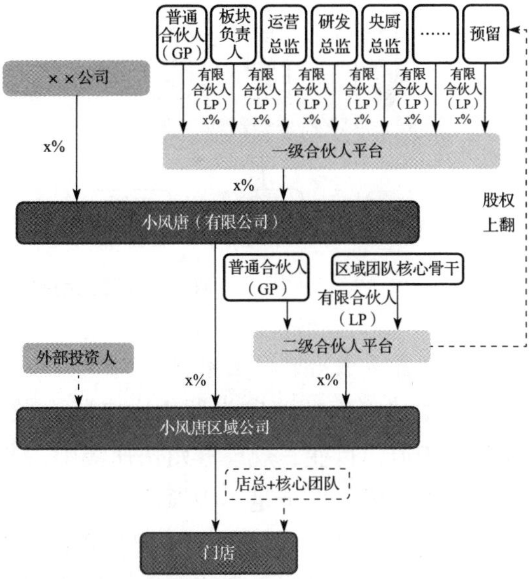

图 10　小风唐整体股权结构

2. 产业链外部合伙人（以超级大户解决方案为例）

超级大户重要性逐渐提升。由于散养户不具备防非洲猪瘟条件，正在大面积退出，给规模化养殖户提供了发展空间，未来行业集中度会进一步加强，资金和资源进一步集中，区域集中度加强，生猪产业链格局将会重构，超级大户会逐渐崭露头角。

为了长期绑定超级大户，唐人神与超级大户一起合资建立养殖公司，让超级大户作为大股东，持股比例 X%，未来通过资本市场资产证券化的逻辑回购超级大户所持有的股权，用短期分红 + 长期回购的机制绑定超级大户。由超级大户全面负责合资公司的销售、运营管理等相关工作，同时约定合资公司销售的产品必须从唐人神（含全资或控股子公司）进行采购。唐人神提供技术赋能、管理赋能、服务赋能，通过养殖服务公司，服务各个养殖家庭农场。超级大户整体股权结构如图 11 所示。

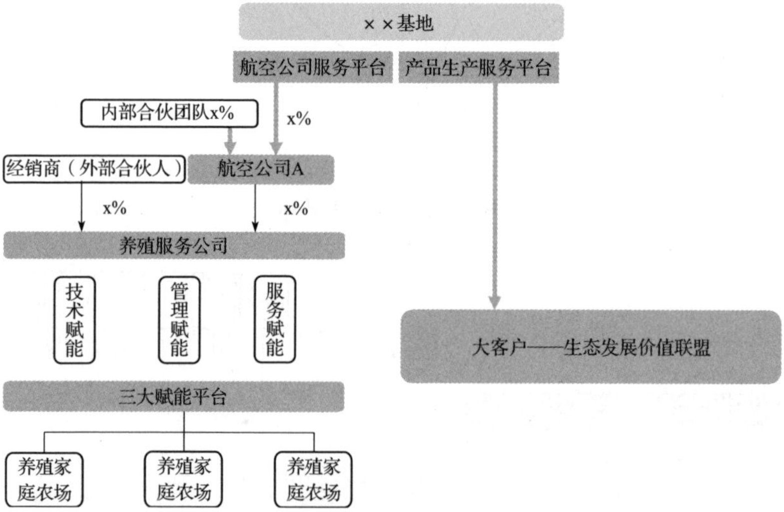

图 11　超级大户整体股权结构

3. 产业要素合作项目合伙人

在生猪养殖加速向头部集中之际，散养户因为工业老龄化和养殖门槛的提升逐步退出行业，规模养殖快速集中，非洲猪瘟疫情加速了这一趋势，生猪规模化养殖成长性十足。为抓住行业发展红利，充分激活人才动能，同时吸引更多的优秀人才加入，唐人神拟投资设立 ×× 亿级项目平台，通过创新式地建立项目合伙人机制，发挥资本及杠杆的力量，给予创业团队更大的反哺并放大激励效应，形成一个品牌、资本、人才融通的事业平台（唐人神提供品牌，外部参与者提供资金和资源，金融机构提供大基建资本，人才提供智力资源）。唐人神项目合伙人股权结构如图 12 所示。

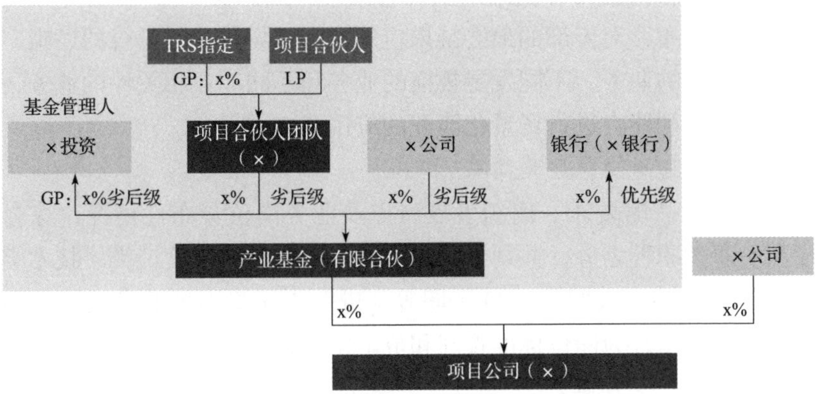

图 12　唐人神项目合伙人股权结构

（六）打造三高（高目标、高绩效、高收入）的要素人才队伍

1. 基于三高人才盘点

以唐人神干部四大能力模型为基础，通过工作业绩和能力素养两个维度对现有干部进行盘点，针对不同干部的不同盘点结果，把干部落到九宫格中的不同位置，做出不同情形下的干部应用解决方案，如图 13 所示。

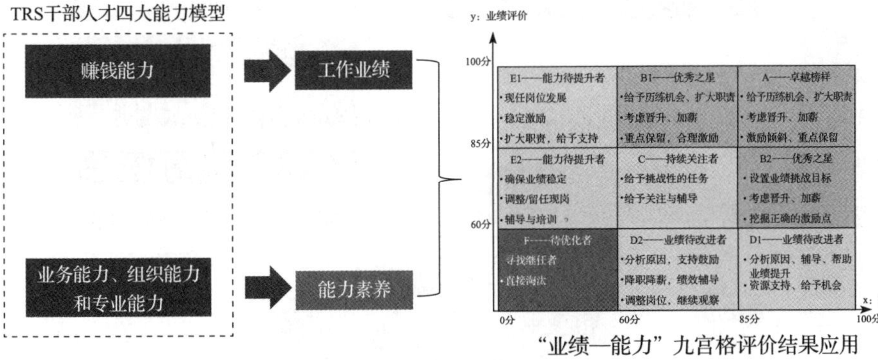

图 13　本次干部评估的工具及方法

其中业务能力、组织能力、专业能力、赚钱能力是根据农牧企业的发展特点，及便于理解的逻辑梳理出来的。其中，赚钱能力是只以盈利为导向的价

值体现，以业绩结果来衡量；业务能力、组织能力和专业能力均为干部发展要求的核心能力要素，每一维度在各层级下均有不同的细化要求，以此作为评价干部能力要素的抓手，进行360度和述职述能评价。

九宫格作为干部能力评估结果呈现的经典工具，以7∶2∶1分布原则去把控干部的整体分布，对干部的最终结果应用提出与场景化相结合的逻辑，即结合不同发展阶段的业务、不同发展规模的业务和不同产业相关性的业务，对干部的履历、经验和能力进行场景化匹配的应用。

2. 人才发展通道岗位序列体系

基于唐人神战略要求、组织发展特点及业务岗位分布性情况，综合设置岗位序列的职类职种划分，共划分为五大类，即管理类、营销类、技术类、职能类和操作类，共九大职种，20个职等。进一步厘清岗位的发展通道和任职资格的晋级系谱图，为岗位标准管理和员工发展管理铺平道路。

3. 基于战略的绩效体系

构建唐人神绩效管理体系，需要构建绩效组织体系、绩效运行体系，需要从公司发展战略出发，从战略角度确定各部门的任务目标与要求，构建“压力层层传导、业绩层层支撑”的三级绩效指标体系，并且目标将随着行业、市场及职责变动等情况动态调整优化，如图14所示。

同时，将事业合伙人的目标与非事业合伙人的目标互相结合打通，让合伙人真正起到火车头的作用，带领团队高效打造超额增量业绩。

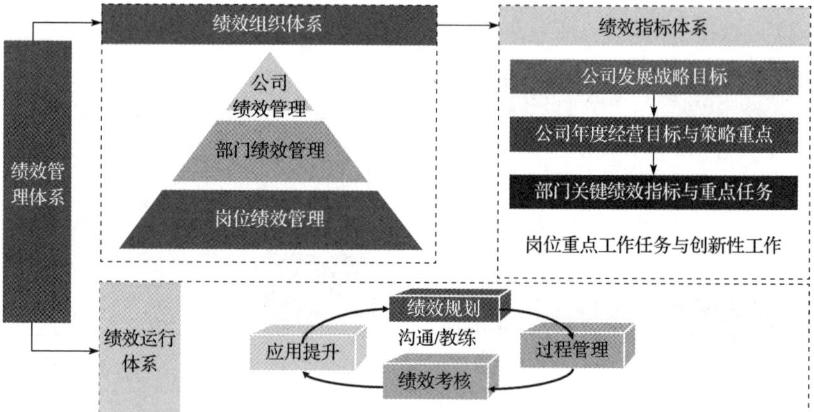

图14　构建绩效管理体系

绩效管理的规范化运作流程如图15所示。

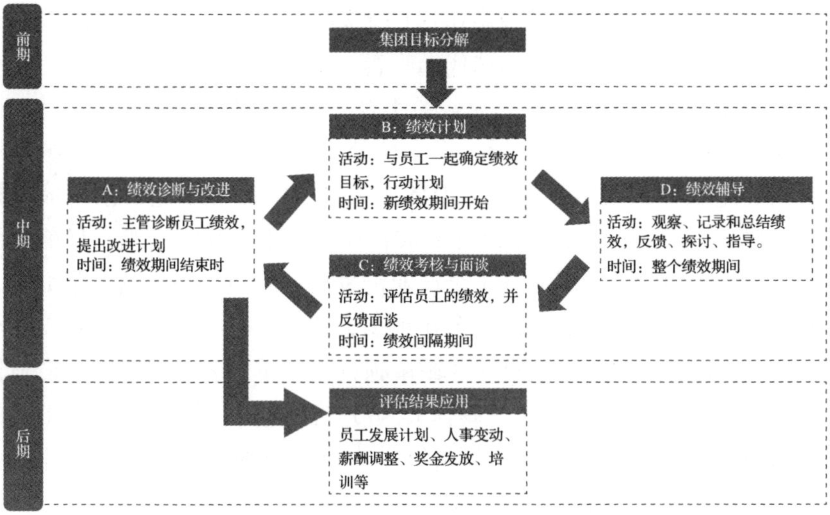

图 15　绩效管理的规范化运作流程

4. 高收入薪酬体系

不同发展阶段的业务要寻找到其发展的核心“红利”。对于高速成长的业务，可以随着机会窗风口快速发展起来，这时对人才的激励特点应该导向“冲锋”，导向“多打粮食多分钱”；而对于较为成熟的业务，要寻找其精细化红利和管理红利，或者说两头抓，既导向去存量市场空间和对手抢市场，又导向从内部的精细化管理寻找利润。

下属单元上海肉品研究院作为试点开始获取分享工资包解决方案。员工在导向增量价值创造中能够获得工资包结余。同时，从降本增效方面可以拿到降本增效的费用包结余。通过既定的薪酬单位核算标准，导向人效和人工成本节约，导向费用节约，将节约的费用成本均奖励给团队。

四、项目的成果和业绩

（一）战略层面：全产业链经营体战略规划

在工业化大规模生产已经成熟的时代，农业的工业化、规模化、标准化大发展时代，帮助唐人神坚定了全产业链发展道路，同时，进一步论证了饲料、养殖、屠宰、销售一体化“1+3”经营体建设的必要性，在某省区开展了试点工作，从全产业链经营体规划，组织建设，人才发展，模式探索，渠道资源匹配，人才资源匹配，资本资源匹配出发，展开规划基础上的共同试点探索，打造了试点、示范、标准化复制的模式。从 1 个成功的模式、1 个扛责任打胜仗的司令官，1批规模级稳定供应的大客户的三个“1”工程出发探索出了一条新模式发展道路，并持续迭代、完善、落地中。

（二）组织层面：基于区域产业链的平台+分布式组织建设

华夏基石施炜博士曾经分析，唐人神处于分蘖成长期，但是组织建设系统成长期的组织体系没有打牢固。因此唐人神一方面需要建设系统成长期的“高能”组织，另一方面需要建设分蘖成长期的“平台化”组织。目前是两个工程一块去打造的阶段，因此基于全产业链发展的特点，华夏基石帮助唐人神打造了基于全产业链发展的高能平台化组织，建立了基于总部大平台支撑全产业链发展，支撑区域经济体发展（区域单独饲料，单独养殖，区域全产业链经营体），产品经济体发展（肉品、餐饮），客户经营体发展（大客户中心）的平台+分布式组织，以合伙人机制为机制动力源，以平台化组织为载体，更好地支撑全产业链发展，导向“313追梦工程”的实现。

（三）干部层面：解决“头重，腰细，腿无力”的问题，打造“三高”机制，激活干部队伍

帮助唐人神通过四大能力模型建立了干部选拔标准，并对标华为最优实践将干部部与人力资源部分离，充分发挥干部排头兵的作用，让人力资源成体系化的发展，建立政委机制，让政委更高效地支撑业务发展。让头部能够指挥大方向，把控核心关键点，腰部更有力量，腿部更有执行力。

以战略为导向厘清高目标发展的可能性，以机制激活人才动能，以绩效管理完成闭环，形成高目标、高业绩、高收入的三高铁军队伍。

2020年5月23日，第一批近20名员工完成宣誓，正式成为唐人神政委；2020年12月30日，第二批80余名退伍军人完成宣誓，正式成为唐人神政委。因此，正式形成了以集团总政委为首，大区政委、子公司、指导员为辅共计100余人的唐人神铁军政委队伍。

五、唐人神项目的启示

（一）导向终端消费者的全产业链经营是最终厚利发展的根基，不仅能够抵抗逆周期带来的巨大冲击，还能够把握产业经营的主动权

一方面，我们分析农牧全产业链的各环节，不难发现，越靠近终端消费者毛利的空间越大，因为做全产业链经营的企业最终的走向还是去向消费端。要去解读消费者的最终需求，预判消费者的消费变化趋势，通过营销大数据去解读和判断趋势，通过敏捷产品开发去满足消费趋势，通过精益化产能和供应链生态整合去完成交付，通过规模化、系统化和标准化去形成大批量交付体

系，打通从饲料、养殖、屠宰、鲜肉到肉制品加工的全产业链条，掌握产业经营的主动权。另一方面，全产业链经营，当发生后期性冲击时，虽然产业链的一环无法形成规模盈利，甚至周期性亏损，但是产业链的其他环节可以形成规模性盈利，来弥补单纯链条环节周期性受环境影响的弊端。如饲料、养殖、屠宰，在猪周期发生时就会出现一个很好的平抑关系。

（二）对于企业来说，变革是个永恒的话题

这是一个突变的时代，“黑天鹅”事件满天飞。组织的弹性和抗打击能力，尤其能抗住突如其来的打击的能力，非常重要。企业的变革是永恒的话题。企业需要不断地创新，不断地变革去适应时代的变迁，去抓住核心的机会，去成长企业的核心能力。因此承认“变革”这个主题，将其从战略中强调出来，从组织中建设出来，从文化中打造出来，让组织不断“折腾”成为一种常态，拥抱变革，打造学习型组织。

（三）建立大平台组织时，要考虑五个平衡

五个平衡的具体内容，如下所述。

规模与速度的平衡（规模和速度是相对的，在平台化组织中，应该在平台上建规模，在经营体上出速度）；需求侧与供给侧的平衡（以客户的核心需求为导向，形成平台赋能一线，一线经营体依据客户的需求来调度资源，形成解决方案响应客户，完成供给与需求的动态平衡）；内部与外部的平衡（企业内部要搭建起自身核心竞争力的长板能力，使其平台化，其余的核心能力可以与生态共建形成平台化）；机制与管理的平衡［在“红利”期没有消退之前，在还有大多数高成长业务的机会窗时期多用“机制”，少用“管理”；在“红利”期消退之后，整个行业乃至整个社会都在拼低成本竞争力（如日本的精益生产社会，整个社会的毛利 7%，净利 2%；如地产行业的万科，郁亮提出的管理红利）的时候，多用“管理”，少用“机制”。农牧行业在工业化、规模化、集中化、数字化的发展中，显然还有很长的红利期和很大的增长空间］；单平台建设与大平台建设的平衡，依据企业的资源禀赋和战略要求，一个一个单平台能力建设是成功路径之一，以几个平台同时建设支撑核心业务单元也是成功路径之一，核心来源于企业的战略发展和能力发育要求。

综上所述，平衡五个发展逻辑，方能将平台化组织建设好。

（四）在顶层设计“高举高打”，在无人区探索试点、示范，打标杆

这是一个“顶层设计”的时代，需要高举高打，马斯克的每一个新的，大的、壮举性的业务都是通过精心设计和系统规划，想清楚后，大资源密集投入，驱动完成，而不是一点点摸索出来。小米的成功前期，雷军花了一年半时

间才想出所做的事情，找到最核心的人才，然后再动手一举成功。但当探索性业务已经走入了无人区时，一定要通过试点打造出一个样板，作为示范效应、标杆效应，再快速迭代复制，迅速成功，如唐人神的“1+3”全产业链经营体模式的探索。

六、致谢

特别鸣谢专家组：彭剑锋、施炜、张文锋、何屹、陈明、王智敏、伍婷、董智波、陆志庆、王锐坤、肖旭、罗辑和张君婷。

国家电网有限公司基于数智化应用的组织免疫系统构建路径

北京英大长安风险管理咨询有限公司

北京英大长安风险管理咨询有限公司（以下简称北京英大长安）是国家电网有限公司下属专业风险管理咨询机构，由国网英大国际控股集团有限公司、英大长安保险经纪有限公司共同出资成立，注册资本金 1111.11 万元，是一家以风险管理为核心业务的国网系统内专业管理咨询机构。

北京英大长安是中国企联第七届管理咨询委员会副主任委员单位，2012 年以来每年均入选中企联“中国管理咨询机构 50 大”，2016 年、2018 年两次被评为“最值得信赖的中国管理咨询机构”，入选“全国首批 45 家企业管理咨询机构推荐名录”第 11 位，入围国家电网有限公司“首批服务国网风控工作的管理咨询机构”第 1 位，入围工业和信息化部全国首批推荐两化融合 80 家贯标服务机构名录（位列第 16 名，在咨询公司中排名第一）。

北京英大长安承担的项目先后荣获国际管理咨询协会理事会（ICMCI）“君士坦丁奖”提名奖、中企联“中国管理咨询优秀案例”一等奖、中电联“中国电力管理创新”二等奖、国家电网有限公司“管理咨询优秀成果奖”“软科学成果奖”等 20 多项国家级、省部级奖项。

本案例项目组成员

王超升，毕业于西安交通大学电气工程专业，高级工程师，现任北京英大长安总经理。具有国家电网有限公司资本运营、风险管理、内部控制、电力交易等多个大型管理咨询项目管理经验，熟悉电网企业经营管理模式，曾深度参与英大长安公司发展规划设计工作，具有丰富的部门及团队管理经验。

其他成员：周天、靳艳梅、崔罡、周振、王搏

导读

本案例通过系统梳理人体免疫系统与组织免疫系统结构功能、应答机制、作用机理等，提出企业“数智化免疫系统”概念，即利用数智化技术从“特异性免疫”与“非特异性免疫”两个角度为企业免疫系统赋能，在免疫监视、免疫防御、免疫记忆环节，对各类风险信息进行数字化接收、传输、分析和处理，强化风险监视的深度、广度，推动风险防御模式变革，实现风险应对经验、技术、方法的共建共享，提高企业防范化解“特异性风险”的能力；通过打通组织机构壁垒，提升制度规范效能，助推风控文化传播，夯实企业抵御“非特异性风险”的基础，保障企业健康稳定发展。

具体来讲，本案例以业务场景的高度数字化为基础，通过提升免疫监视、免疫防御以及免疫记忆三大功能的数智化水平，切实提升风险管理支撑决策能力。一是免疫监视环节，站在全局视角，构建“收集 / 监测”“分析 / 评估”“报告 / 提示 / 预警”三大维度的“数智化”能力，提供企业风险的全局、专业、历史分析及预测视图，着力解决“面临什么样 / 多大的风险”的问题。二是免疫防御环节，在实现辅助二次识别、辅助风险分析、辅助协同应对、辅助决策制定四大“辅助”能力的同时，从“事项、人员、分工、进度、结果”五个方面实现风险应对 / 问题处置全轨迹的可视化，并根据应对 / 处置的效率、效果对责任机构、人员实行“正反”双向激励，着力解决“组织如何开展免疫应答”的问题。三是免疫记忆环节，通过数据层免疫记忆“库”的建立与完善，在功能层构建业务操作智能辅助及基于业务连续性理论的应急管理智能应用模块，着力解决“组织如何实现长效管理提升”的问题。

同时，按照“分级、分步、分布”的建设原则，我们针对数智化免疫功能设计制定了可落地的咨询解决方案，如“基于大数据、人工智能技术的环境、社会和治理（Environmental, Social, Governance，以下简称ESG）风险监测体系建设项目”“基于中台，理念的电网企业内部控制智能管理体系建设”等，正在协助国网公司所属单位分级、分批次地推动实施，希望取得良好效果。

国家电网有限公司基于数智化应用的组织免疫系统构建路径

北京英大长安风险管理咨询有限公司　王超升

一、申报案例背景描述

从国际形势看，当前，受新冠肺炎疫情冲击，世界经济陷入严重衰退，我国经济发展的外部环境空前复杂严峻，各类风险易发、高发甚至集中释放，世界性“灰犀牛”“黑天鹅”风险事件频现，全球动荡源和风险点显著增多；从国家层面看，党的十八大以来，习近平总书记在多个重要会议、重要场合强调要增强忧患意识，着力防范化解重大风险，指出要将“防范化解重大风险，摆在三大攻坚战的首位，是中华民族实现伟大复兴必须跨越的关口”；从监管要求看，国资委等外部监管机构近年来从不同侧面发布了政策文件，对中央企业在风险、内控、合规管理等方面提出了明确要求和指导意见，体现出监管机构推动中央企业构建“风险、内控、合规”相协调的风险防控体制机制新要求；从行业发展看，国家提出“碳达峰、碳中和”目标，释放能源清洁低碳转型的强烈信号，“十四五”期间，“新能源、微电网”等设备将大量接入，国家电网有限公司（以下简称国网公司）在保障电网安全运行和可靠供电方面面临重大考验。从公司形势看，国网公司主营业务盈利能力不足与刚性投资需求之间的矛盾更加突出，统筹稳投资、稳增长、降成本、降杠杆、保评级多重目标难度较大。作为大型中央企业，国网公司如何提升企业防范化解重大风险能力，牢牢守住不发生系统性风险的底线，是摆在其面前的重大课题。

二、诊断分析

理论界一些学者借鉴人体免疫系统理论，探讨企业免疫行为，产生了以组织免疫系统理论为代表的一系列企业免疫系统创新研究成果。组织免疫理论认为，与人体免疫系统类似，组织免疫系统能够对组织内外部侵袭做出应答、排除威胁并产生记忆，从而修复破损细胞，维持组织健康发展，组织免疫发挥作用的效果取决于组织“免疫力”的情况。此次蔓延全球的新冠肺炎疫情是对组织免疫系统的“大考”和全面“体检”。不仅考验组织对外部异己的识别速度与应变能力，还检验组织内部适应性免疫耐受能力、中枢免疫系统的响应效率，以及摆脱危机实现平衡发展的综合能力。疫情防控常态化之下，组织唯有及时修复免疫系统，提升免疫力，才能化危为机，实现健康稳定发展。如何将组织免疫理论应用到公司风险管理体系，提升公司防范化解重大风险能力，提高公司“免疫力”是我们开展组织免疫系统研究的重点。

应对新冠肺炎疫情的实践让我们看到了大数据、人工智能在疫情防控中的重要作用。大数据时代下，云计算等先进的信息数据资源得到迅速发展，利用大数据资源完善组织免疫系统运行机制有重要的理论和实践意义。数智化免疫系统本质上就是利用数智化手段为组织免疫系统赋能，如何利用数智化手段顶层设计企业免疫系统，创新免疫监视、免疫防御、免疫记忆工作模式，是提升公司“免疫力”的有益探索。为此，组织应深耕数字经济发展新模式，接种“数字化疫苗”，积极优化组织风险预警体系，不断提升公司防范化解重大风险能力，助力推进公司治理体系现代化。

本案例从国网公司风险管理实践出发，借鉴“组织免疫系统”理论及运行机理，构建具有国网公司特色的“免疫系统”理论，思考如何利用“数字化+智能化”技术赋能国网公司“免疫系统”，探索公司“数智化免疫系统”建设路径，推动公司风控数智化转型，助力提升公司防范化解重大风险能力。

三、解决方案的设计框架

（一）数智化免疫系统概述

数智化免疫系统，本质上是通过新一代数字技术的运用为公司免疫系统赋能，主要包括两个方面：一方面为公司特异性免疫进行赋能，即利用数据技术打通组织机构壁垒，提升制度规范约束能力，助推企业文化传播；另一方面为公司非特异性免疫赋能，即通过对各类风险信息进行数字化接收、传输、分析和处理，强化免疫监视深度、广度，推动免疫防御模式变革，实现免疫经验、技术、方法的共建共享，为企业打造更加标准化、智能化、立体化、关联化的管理基石。由此，构造一个全感知、全连接、全场景、全智能、全价值的数字风险管理世界，优化再造企业整体的组织免疫功能，从数据视角理解企业经营管理的痛点，强化风险管控能力，有效辅助管理层决策，进而提升企业的竞争力。

（二）数智化免疫系统设计思路

本案例通过系统梳理人体免疫系统与组织免疫系统结构功能、应答机制、作用机理等，提出企业“数智化免疫系统”概念，即利用数智化技术从“特异性免疫”与“非特异性免疫”两个角度为公司免疫系统赋能，具体来讲就是在免疫监视、免疫防御、免疫记忆环节，对各类风险信息进行数字化接收、传输、分析和处理，强化风险监视的深度、广度，推动风险防御模式变革，实现风险应对经验、技术、方法的共建共享，提高公司防范化解“特异性风险”的能力；通过打通组织机构壁垒，提升制度规范效能，助推风控文化传播，夯实公司抵御“非特异性风险”的基础，保障公司健康稳定发展。

具体来讲，本案例以业务场景的高度数字化为基础，通过提升免疫监视、免疫防御及免疫记忆三大功能的数智化水平，切实提升风险管理支撑决策能力。一是免疫监视环节，将站在全局视角，构建“收集/监测”“分析/评估”“报告/提示/预警”三大维度的数智化能力，提供公司风险的全局、专业、历史分析及预测视图，着力解决“公司面临什么样/多大的风险”的问题。二是免疫防御环节，将在实现辅助二次识别、辅助风险分析、辅助协同应对、辅助决策制定四大“辅助”能力的同时，从“事项、人员、分工、进度、结果”五个方面实现风险应对/问题处置全轨迹的可视化，并根据应对/处置的效率、效果对责任机构、人员实行“正反”双向激励，着力解决“组织如何开展免疫应答”的问题。三是免疫记忆环节，通过数据层免疫记忆“库”的建立与完善，在功能层构建业务操作智能辅助及基于业务连续性理论的应急管理智能应用模块，着力解决“组织如何实现长效管理提升”的问题。

为实现上述目标，本案例设置了公司数智化免疫系统三大阶段性目标，即以“基础建设和功能设计与验证”为核心的短期建设目标、以“数据贯通和免疫工具成熟化”为核心的中期建设目标和以“数字化转型成熟化和免疫功能智能化”为核心的远期建设目标，预测了进入三个阶段的判断标志特征，从实用角度出发细化了每个阶段的建设重点任务，提示了建设过程中主要面临的“高层认可与支持、企业免疫观、数字化转型进程匹配度”等需注意事项以及相关风险，助力公司将数智化免疫系统建设成本及风险降到最低的同时保障预期功能的实现。

（三）数智化免疫系统建设路径

基于公司全面风险管理部门功能定位思考，结合各业务部门、各级单位风险管理现状调研结果，立足全局视角，将免疫功能进一步分解、延伸，通过管理层认可推动、风委会（风控办）统筹组织、专业部门深度参与，应用数智化技术，提供多维度风险监测、专业分析、信息传递、沟通协作等多种工具，真正解决风险管理工作长期以来重救轻防、重短轻长、各管一段、资源分散等突出问题，把风险解决在萌芽之时、成灾之前，通过风控体系与功能的变革筑牢组织免疫的铜墙铁壁。

数智化免疫系统顶层（概念）设计（见图 1）的目的是帮助公司依托数智化技术打造新一代的具备“全感知、全连接、全场景、全智能、全价值”特征的“动态免疫”系统，以业务场景的高度数字化为基础，通过构建智能化免疫监视、免疫防御及免疫记忆功能应用，切实提升风险管理支撑服务能力，为管理层决策及前端业务风险管控赋能。

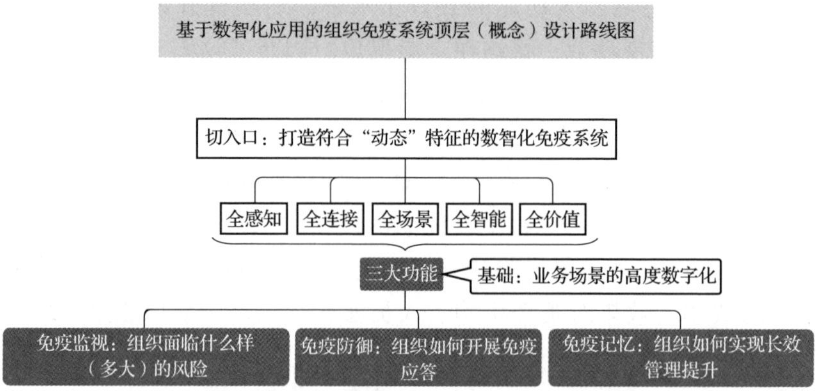

图 1　数智化免疫系统顶层（概念）设计

1. 组织免疫监视功能设计

组织免疫监视功能设计（见图 2）将站在全局视角，以“全面、实时、综合”为主要特征，依托数智化应用手段，着力解决“公司面临什么样（多大）的风险”的问题。其中，“全面”指应关注公司整体风险状况，包括主业、产业、金融等业务板块乃至基层单位；“实时”指从“动态免疫”的角度出发，7 天 ×24 小时不间断监测风险状况；“综合”指整合碎片化的风险信息，根据个性化需求，应用相应风险评估技术输出多维度的具备足够价值的风险评估结果，从而为公司领导决策以及专业部门风险管控提供支撑。

组织免疫监视功能拟从三大视角对公司面临的风险进行展示：一是提供全局视角的风险视图，即公司整体风险状况，其重点在于展示公司各层级、各板块间存在的风险聚集、风险传导状况以及对公司整体的影响；二是提供专业视角的风险视图，即展示各专业风险管控情况以及专业间是否存在风险传染；三是提供风险历史分析、预测视图，即通过对风险历史数据的统计、分析，判断风险演变情况，预测未来风险发展趋势。风险视图中的关键要素来源包括但不限于：外部要素，如国际形势、国家行业政策变动、电力相关科技发展、全球供应链状况、金融市场波动、舆情等；内部要素，如经营管理情况、大客户用电量、各类项目进展、安全生产状况、公司产业链上下游情况等。

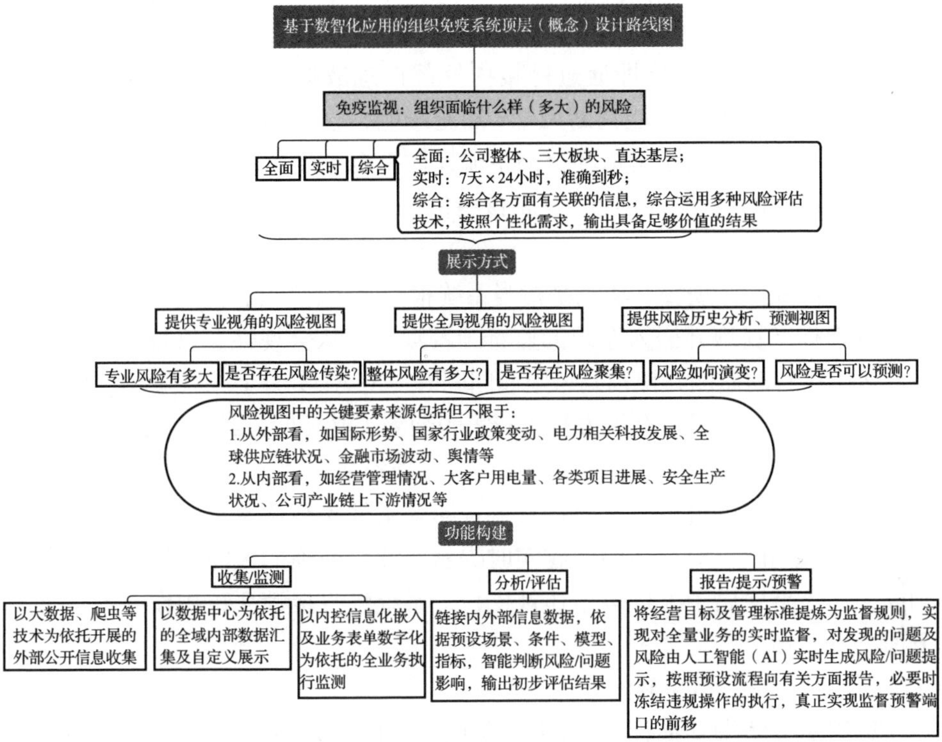

图 2　组织免疫监视功能设计

组织免疫监视功能拟从“收集 / 监测”“分析 / 评估”“报告 / 提示 / 预警”三大维度进行构建，具体包括以下内容

“收集 / 监测”功能主要包括以下几点。一是以大数据、爬虫等技术为依托开展的外部公开信息收集，例如运用市面上基于大数据、人工智能技术的成熟风控工具，针对电网产业链架构及电网企业特点，由风控办及专业部门按照职责分工不间断地对外部市场经济形势、政策变化、重大事件、舆情、关联企业动态等各类信息进行收集、筛查、评估，包括但不限于市场重大负

面事件、行业限制性政策出台、行政处罚、诉讼纠纷、经营业绩下降等。二是依托数据中台，对包括营销、物资、建设在内的全域内部风险数据进行汇集，按照风险视图需求自定义选取、计算、展示相应数据、指标。以“非标债权类资管产品违约事件处置进展”视图为例，可从发行单位、投资人（系统内/系统外）、产品规模、风险敞口、出险原因、处置进展、可能损失等维度进行展示。三是在重要业务实现流程及表单数字化的基础上，以问题为导向，将规章制度、内控标准转化为可用于事前、事中预警的免疫监视规则，嵌入业务前端实时开展监测。

“分析/评估”功能即通过链接内外部信息数据，依据预设的场景、条件、模型、指标等，智能判断风险/问题影响，输出初步评估结果，例如当系统识别到某诉讼纠纷舆情在全网主流媒体平台上线数超过5万（预设）、浏览人数超过10万（预设）时，会将该舆情信息风险等级标注为高，并强行弹出提示。

“报告/提示/预警”功能是指当系统根据基于经营目标以及风险、内控、合规管理标准提炼并嵌入系统的监督预警规则，从合规性、执行效率、实施效果等维度自动监测并识别到风险或问题时，由AI实时生成风险/问题提示，按照预设或指定流程向有关方面进行报告预警，必要时冻结相应操作的执行，真正实现监督预警端口的前移。例如：当一项资金支付业务发生时，系统将从事项合规性、审批流程、资金授权、合同等附件完整性及真实性等角度自动进行合规性判断，对存在的问题实时提示，并对面临的风险性质及等级进行判断，如该事项属于大额资金违规支付，系统将直接锁死该操作并提示有关方面。

2. 组织免疫防御功能设计

组织免疫防御功能设计（见图3）以“个性、关联、一体”为主要特征，依托数智化应用手段，着力解决“组织如何开展免疫应答”的问题。其中，“个性”指针对具体的风险/问题，个性化生成解决方案；“关联”指提取风险/问题特征，在后台横向关联当事各方掌握的数据信息，纵向关联制度、标准、案例、经验、预案等；“一体”指借助线上协同应对平台，打通信息传递壁垒，凝聚各方合力。

组织免疫防御功能主要从“事项、人员、分工、进度、结果”五个方面实现风险/问题应对及处置全轨迹的可视化（出于保密性要求，上述可视化仅限授权人员），以展示、评估应对及处置的效率、效果，进而提出对相关人员的奖惩措施，从正面、反面双向激励员工加强对风险/问题的应对及处置。

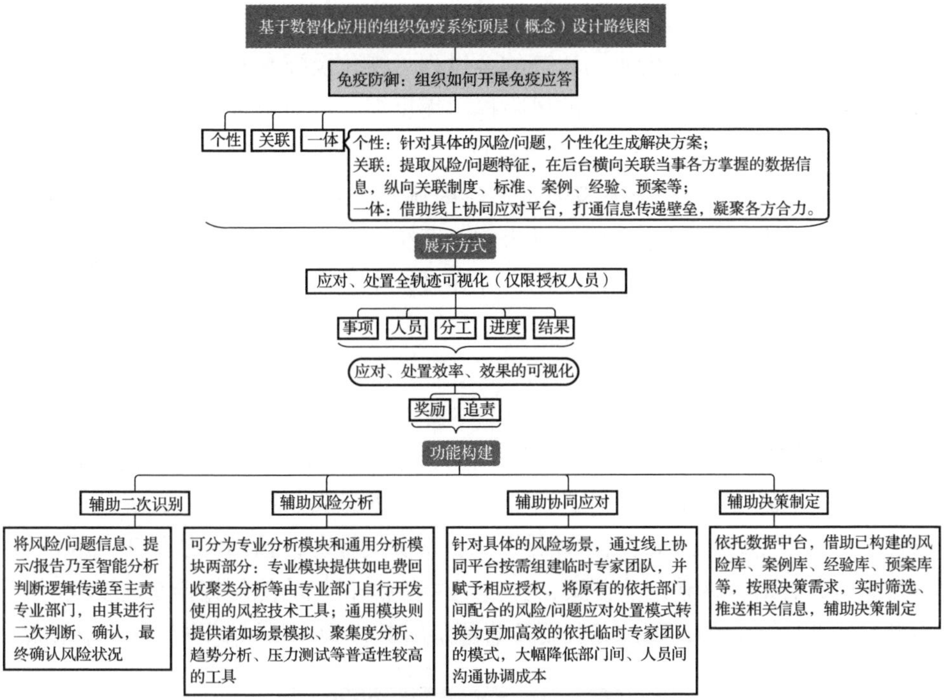

图 3　组织免疫防御功能设计

组织免疫防御功能将实现四大“辅助”能力。一是辅助二次识别，对于“二道防线”发出的风险提示或报告，系统将自动传递至对应专业部门并归集相关支撑性数据、信息，辅助其判断风险是否真实存在。例如，当风控办监测到某下属企业在履行生效判决过程中仍存在二次诉讼纠纷风险，并向该企业发送风险提示时，系统除执行基本的发送功能之外，还将自动从媒体、司法等公开渠道收集舆情信息，连同数据库中的类似案例，一同推送至该企业。二是辅助风险分析，一方面将专业部门自行开发使用的风险分析技术集成至统一的风控平台，例如集成在专业部门调研中了解到的电费回收风险筛查、战略环境跟踪分析、专利侵权监测分析、评标现场实时监测、境外资产运营监测等技术，实现风控技术、工具的共享共建；另一方面由风控办加大通用风控工具研发力度，开发场景模拟、聚集度分析、趋势分析、压力测试等普适性较高的工具，在提供给其他部门使用的同时，对于某些风险事项，由风控办独立开展风险分析，提出风险管控建议。三是辅助协同应对，针对具体的风险场景，例如专项风险评估、风险事件应对、监督发现问题整改等，通过线上协同平台按需组建临时专家团队，并赋予相应授权，将原有的依托部门间配合的风险 / 问题应对处置模式转换为更加高效的依托临时专家团队的模式，大幅降低部门间、人员间沟通协调成本，并凭借协同轨迹的全过程可视化及配套奖惩机制，切实解决目前风险应对处置工作中存在的风险提示无反馈、应对拖沓、协同配合程度低等问题。四是辅助决策制定，依托数据中台，借助已构建的风险库、案例库、经验库、预案库等，按照决策需求，实时筛选、推送相关信息，辅助决策制定。以风险事件处置讨论会议场景为例，系统可针对该风险事件按照预设逻辑生成可选处置方案供会议讨论使用，并在过程中按需推送相关信息，辅助会议决策。

3. 组织免疫记忆功能设计

组织免疫记忆功能设计（见图4）主要以“借鉴、预见、持续”为主要特征，依托数智化应用手段，着力解决“组织如何实现长效管理提升”的问题。其中“借鉴”指广泛吸收国内外、行业、市场先进经验与典型案例，提炼、总结风控手段，丰富风控工具箱；“预见”指针对关键业务，预判可能发生的风险事件及影响，针对性构建应急预案；“持续”指免疫记忆功能的完善是需要长时间不断在实践中建立的，因此尤其要注意避免将其作为一项短期的专项工作来做。

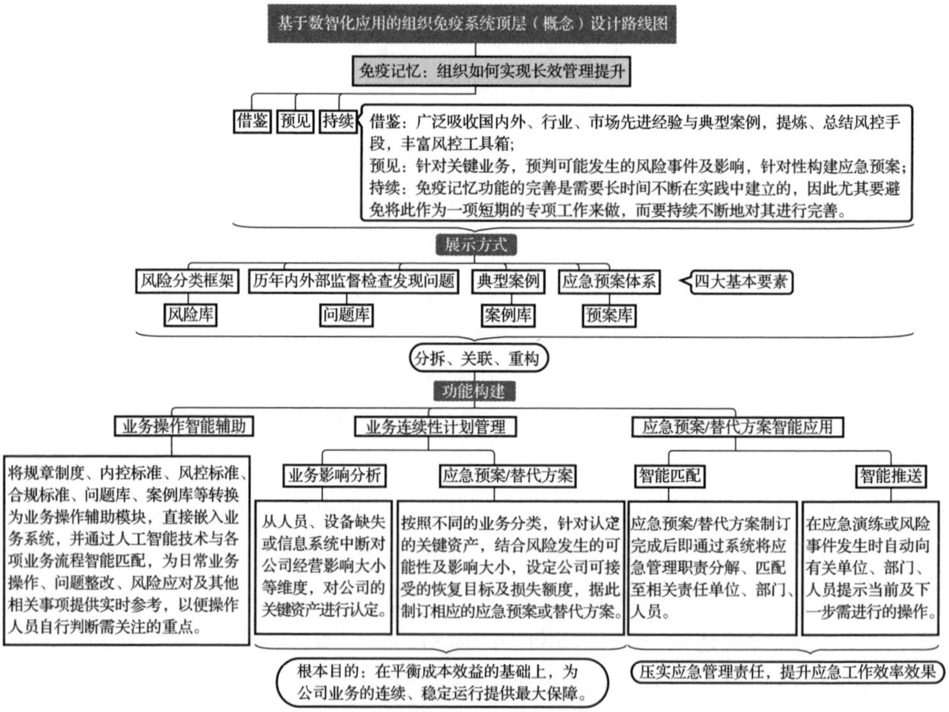

图4　组织免疫记忆功能设计

传统的组织免疫记忆建立了风险应急框架、典型问题库、典型案例库、应急预案库等工具，但在实际的使用过程中存在一定的局限性。而基于数智化应用的组织免疫记忆功能同样以以上四种工具为基本要素，但不再是将其作为单一工具单独使用，而是将四项要素进行分拆，并在系统后台与相关的企业、部门、岗位、规章制度、业务流程、管理体系标准等逐一关联，重新构建成为嵌入式的免疫记忆库，在系统前台按需调取运用。例如在系统中执行某一项操作时，自动提示该项操作相关的内控标准、应关注的风险、历史发生的典型问题、可选的应急处置手段，一方面强化规章制度执行的刚性约束；另一方面也指导员工在特殊情况下采取恰当的方式对有关事项灵活处理，同时规避相关风险。

组织免疫记忆功能将实现业务操作智能辅助、业务连续性计划管理、应急预案 / 替代方案智能应用三方面能力。一是业务操作智能辅助，将规章制度、内控标准、风控标准、合规标准、问题库、案例库等在后台进行关联，并与业务流程相匹配，进而生成业务操作辅助模块，直接嵌入业务系统，为日常业务操作、问题整改、风险应对及其他相关事项提供实时参考，以便操作人员自行判断需关注的重点。以资金支付场景为例，如操作人员对某类不常发生的业务支付不熟悉，可通过辅助模块直接调取对应的制度条款，同时辅助模块还会在操作执行过程中对每一步应关注的控制点进行提示。此外，辅助模块还包含警示教育功能，提供业务相关的典型违规问题、案例供操作人员学习。二是业务连续性计划管理，业务连续性管理是企业为有效应对可能的重要业务运营中断事件，而建设的应急响应、恢复机制和管理能力框架，以及保障重要业务持续运营的一整套管理过程。一方面从人员、设备缺失或信息系统中断对公司经营影响大小等维度，对公司的关键资产进行认定；另一方面按照不同的业务分类，针对认定的关键资产，结合风险发生的可能性及影响大小，设定公司可接受的恢复时间目标及损失额度，据此制订相应的应急预案或替代方案。三是应急预案 / 替代方案智能应用，旨在转变传统的应急预案管理模式，在制定完成后即通过系统将应急管理职责分解、匹配至相关责任单位、部门及人员，相关人员可通过终端自主查看本岗位在各种应急场景下需履行的职责、上下级联系方式等事项。而当应急演练或风险事件发生时，系统自动匹配应急场景，并向有关人员的终端提示当前及下一步需进行的操作，真正起到压实应急管理责任，提升应急工作效率、效果的作用。

（四）数智化免疫系统建设咨询解决方案

按照“分级、分步、分布”的建设原则，我们针对上述数智化免疫功能设计制订详细的咨询解决方案，正在协助国网公司所属单位分级、分批次地推动实施，因篇幅所限，下文将从风险监测及内部控制两方面各举一个案例进行详细说明。

1. 基于大数据、人工智能技术的 ESG 风险监测体系建设

（1）咨询项目实施背景。

按照数智化免疫监视功能设计，自 2020 年 7 月起，我们尝试性地使用大数据爬虫、机器学习等技术对某省级电网企业在公开渠道暴露的风险信息开展常态化监测，涉及人身伤害、合同纠纷、供应商履约、专利资质过期等诸多方面，经二次复核、确认后以风险提示单的形式向有关部门、单位进行预警。同时，我们根据收集到的风险信息，开展案例研究，形成了《××新能源汽车服务有限公司大额涉诉往来款风险事件分析》《某公司公开贩卖企业用电数据风险分析》《××供应商违约风险分析》等专题分析报告，为电网企业风险防控提供服务支撑。与此同时，我们也发现存在收集到的信息碎片化特征突出，导致通过大数据技术获取后仍需由专人在庞杂的信息中进行二次甄别，风险监测效率不高的问题。且目前的数智化风险监测技术尚未形成体系化指标，监测效果对执行人员个人能力、经验依赖较大，且容易出现遗漏，实际效能有限。

对此，目前我们正就该风险信息监测技术开展体系化改进，通过当前国际、国内热门的 ESG 评价体系的应用，促使数智化风险监测技术实现体系化、规范化、高效化，更加有效地利用各类非财务数据预测目标企业的风险状况，更好地服务于电网企业全面风险管理工作。

（2）咨询项目实施方法。

ESG 是一种关注企业环境、社会、治理绩效而非财务绩效的企业管理理念和企业评价标准，旨在反映财务信息之外的收益和风险因素，揭示 ESG 因素对企业运营的影响，帮助利益相关方了解 ESG 的风险和机遇，并将 ESG 因素纳入相关决策过程。利益相关方通过考察企业的 ESG 绩效，便于识别企业面临的风险，衡量企业的可持续发展能力，从而实施相应的风险管理策略。利益相关方对企业经营状况的评判不仅限于市值、经营收入和盈利水平等传统财务指标，可持续发展方面的实践和绩效也逐步成为重要的考量依据。对于电网企业而言，将 ESG 理念与全面风险管理工作相结合，不仅仅是从风控技术层面的补强和提升，便于从非财务角度监测、评估公司自身及产业链上下游的风险状况，更是从服务碳达峰、碳中和的角度出发，践行绿色低碳安全高效发展的理念，推动电网协调发展。

ESG评价体系包括环境、社会和公司治理三个维度。环境维度反映企业生产经营过程对环境的影响，揭示企业面临的环境风险和机遇；社会维度反映企业对利益相关方的管理能力及社会责任方面的管理绩效，揭示企业可能面临的社会风险和机遇；公司治理维度考察公司是否具有良好公司治理能力或存在潜在治理风险。ESG风险预警技术旨在帮助利益相关方去理解和捕捉目标企业的风险暴露情况及其对相关风险的管控状况。更直接地讲，ESG风险预警技术可帮助评估目标企业有多大的风险未经妥善管控，未管理风险越高，则企业ESG风险越大。对此，我们设置了以下公式：

ESG风险暴露 = 未管理风险 = 可控风险 + 不可控风险

ESG风险预警即通过ESG实质性议题，对目标企业可控风险和不可控风险进行评估。评估方式包括正向和反向两方面。首先，正向评估，即按照ESG实质性议题各分项指标，逐一评估企业的表现，反映长期ESG的基本面影响。例如，可通过企业的“能源管理体系与制度”“温室气体排放量”等议题指标表现，了解其管理制度及温室气体排放水平。针对碳排放风险较高的企业，综合政策要求如碳排放配额、碳市场交易价格等合理调整企业营收预测，以及分析相关的监管风险，为目标预警场景提供有效的分析基础。其次，反向评估，即收集、分析目标企业的各类争议事件，运用归因法反推争议事件反映的可能的企业管理问题，以评估企业在ESG各项实质性议题中的表现，反映短期突发事件影响。例如，企业在合同诉讼纠纷事件中被法院认定其制式合同模板存在不公平条款，进而折射出该企业合同管理上存在一定问题。最后，综合正向、反向评估结果，并将其代入ESG风险预警的具体场景，判断在目标场景下该企业的风险暴露及其对利益相关方的影响，得出最终预警结论。

（3）ESG风险预警实施案例——以某电网企业供应商为例。

基本信息。某电网企业及关联企业与某供应商2019年发生业务往来400余万元，2020年发生业务往来560余万元，2021年1～7月发生业务往来680余万元。

我们通过大数据技术挖掘到，2021年7月，该供应商实际控制人王某累计被司法冻结的股票数量为6000余万股，占其所持股份的比例为27.65%；累计被司法标记股份数量为3500万股，占其所持股份比例为15.66%，合计比例为43.31%。此外，王某及其一致行动人累计质押股份数量已经达到了约2亿股，占其所持公司股份数量比例超过80%。

此外，我们还注意到，该供应商2018—2020年连续三年扣除非经常性损益后的净利润为负数；于 2018 年 2 ～ 7 月停牌筹划涉及资产收购的重大事项，但收购于 2019 年 1 月宣告终止；为回笼现金，2019 年年底折价出售连续盈利子公司 31.86% 的股权。

风险分析。从收集到的信息可得知，在电网企业与该供应商发生往来前后，该供应商一是累计超过 80% 股权被质押，对照 ESG 实质性议题进行归因追溯后，应对“公司治理管理”中的“股票质押比例（%）”项作扣减处理；二是实际控制人王某被司法冻结、标记股份占其持股比例的 43.31%，疑似大量债务纠纷，不属于 ESG 实质性议题范畴，应被视为“特殊风险事件”，作为 ESG 风险暴露的额外项进行加总；三是 2018—2020 年连续三年扣除非经常性损益后的净利润为负数，面临严重的退市风险，应被视为“特殊风险事件”；四是停牌筹划涉及资产收购的重大事项于 2019 年 1 月宣告终止，资产质量存疑，应被视为“特殊风险事件”；五是为回笼现金，2019 年年底折价出售连续盈利子公司 31.86% 的股权，存在现金流风险，应被视为“特殊风险事件”。

综上所述，该供应商的总体 ESG 风险暴露为：股权质押风险 + 债务纠纷风险 + 退市风险 + 资产质量风险 + 现金流风险，即在公司治理管理得分扣减（股权质押）的基础上对总体得分进行扣减（特殊风险事件）。

ESG 风险评估结果应用。上述评估结果可应用在对供应商管理的多个阶段。例如，在准入阶段，一旦通过 ESG 风险预警技术发现潜在供应商存在类似的风险，可采取禁入、订单额度控制、供货能力审查、经营状况材料复核等策略对其进行管控；在合同履约阶段，一旦发现类似风险，可采取提前寻求替代供应商、加大对相关供应商供货质量抽检、现场确认其供货能力等策略。

而对于该供应商而言，2021 年 5 月，有关电网企业正式发布公告宣布，因供货质量问题等原因暂停其中标资格 6 个月的处罚决定。

2. 基于“中台”理念的电网企业内部控制智能管理体系建设

按照数智化免疫记忆功能设计，我们于 2021 年 4 月起协助某电网企业开展内部控制智能中台建设管理创新实践，该实践借鉴了数智化免疫记忆中的业务操作辅助功能设计，借助新兴技术，实时感知员工业务操作动态，将繁杂的内控要素与信息系统界面、业务操作一一匹配，在业务执行过程中对员工进行指导、提示、约束，以此建立一套基于智能工具的高效、易用的新型内控管理体系，推动内控要求进一步融入业务执行中。

（1）咨询项目实施背景。

按照国资委、国网公司工作部署，内部控制建设及监督评价将是近几年的工作重点。从实务角度来看，内控体系建设需要系统性地梳理公司各项制度规定，通过访谈员工、执行穿行测试等方式确定业务流程如何执行，最终形成包含几百上千条流程、控制点、风险点的流程手册和评价手册。在推动数字化转型进程、探索发展新业态、新模式的今天，更需要内控体系快速响应业务变化，以保证内控要求的全面性、实用性。但实际上，受内控体系文件查询不便、调整工作量大、部门间协调困难等因素影响，电网企业普遍存在内控体系文件使用频率低、更新不及时等问题，难以起到良好的约束业务执行、指导内控评价开展、促进管理提升的预期效果，甚至还可能导致内控评价效率低、重点遗漏等问题。因此，如何保证内控体系文件与业务实际相匹配，通过提供切实有效的支撑来充分调动前端业务部门的主观能动性，已成为当前内部控制工作亟须解决的问题。

为此，我们协助客户以财务资金收支管理为切入点，构建基于数字化技术的内部控制中台，在业务流程、系统操作与各类内控要素之间建立逻辑关系映射，采用“分级、分步、分布”实施部署方式，综合运用机器人流程自动化（RPA）、PaddlePaddle、SlowFast 等新兴技术，设计、开发内控标准指导、内控自评价、业务变动感知、中台统计分析等功能，以一套与企业数字化转型相适应的新型内控管理体系，在辅助前端业务操作、提升业务执行效率与效果的同时，亦将监督端口前移，切实强化内控执行刚性约束。

（2）咨询项目实施方法。

为实现内控智能“中台”管理体系建设目标，真正解决上述难题，确保项目达到预期效果，我们协助积极探索“大云物移智”等新兴技术与内部控制工作的结合点，创新技术接入思路、方法，找准解决管理难题的切入点的同时，确保符合成本效益原则。

一是紧追业务前端操作，实现机器人全过程感知及实时提示。内控智能中台管理模式实现的关键之一在于快速感知前台业务执行情况，以便中台及时做出应对。为此，本案例开发了基于 RPA、光学字符识别（OCR）、机器学习等技术的内控智能机器人，实时识别前台正在执行的业务操作，并与中台底层内控全要素表相匹配，调取当前业务相关的风险、内控、制度等要素，同步向前台发出内控提示，指导、辅助前台业务合规执行。

二是紧系“行为边界”管控理念，搭建业务行为异常分析模型。我们遵从“以人为本”的思想，探索 Slowfast 神经网络算法，通过对员工业务操作的大量识别、分析，搭建一套标准化员工业务行为模型，当内控智能机器人在前端监测到某员工系统操作大幅偏离标准化行为模型时，实时分析偏离原因，发出提示信息，并向中台反馈。

三是紧握“中台”管理模式，开发内控智能中台管理中心。内控智能中台管理中心是内控“中台”管理模式实施的核心，链接各个部署在业务前台的内控智能机器人，全方位监测业务前台内控设计及执行情况，收集内控信息，并做出相应的提示，确保业务执行与内控规范良好融合，主要包括总体概览、内控流程、行为分析、统计比对四大模块。

四、案例项目评估和绩效说明

（一）项目总结性说明

本项目的核心目标，在于通过数智化免疫系统的建设，构造一个全场景、全感知、全连接、全智能、全价值的数字风险管理世界，帮助客户优化再造企业整体的组织免疫功能，从数据视角理解企业经营管理的痛点，强化风险管控能力，有效辅助管理层决策，进而提升企业的竞争力。其中，“全场景”是指打破业务和管理障碍，从董事会到员工、从专业部门到管理职能部门、从电网到产业再到金融板块，实行风险管理全场景转型；“全感知”是指企业自外向内，所有业务、管理流程都要每天24小时不停地收集和利用各类风险信息；“全连接”是指跨越企业界别，连接内外部风险信息，把与企业相关的内外部风险信息渠道全部打通；“全智能”是指通过智能技术的收集、分析和判断，连接和预测企业乃至个人的风险信息，构建不同于传统的风险管控新模式；“全价值”是指充分挖掘、分析、利用风险数据，打破单个系统、专业的封闭性，穿透所有价值体系，并整合与创建出前所未有的、巨大的风险价值链。

为实现这一目标，针对客户的核心业务场景，我们站在面向未来的视角，从免疫监视、免疫防御、免疫记忆三大功能出发，提出基于数智化技术的解决方案。同时，我们系统地评估了各项免疫功能设计在客户不同发展阶段实现的可行性、必要性，明确指出数智化免疫系统的构建需高度契合客户数字化转型进程，以点及面，从单个功能的实现与应用再到整个免疫系统平台的建立完善，确保与自身发展阶段、基础能力建设相匹配，将系统建设成本及风险降到最低，并分级、分批次协助客户开展数智化免疫功能建设及应用，取得良好成效。

（二）项目设计实施路径及风险分析

为实现上述设计，我们将整个数智化免疫系统构建过程细化为短期、中期、长期目标，设定了每个阶段的标志性特征以及在架构层和功能层要实现的具体成果。其中，“短期”指现阶段可开展的工作，主要目标包括对企业基础资源的盘点、数智化免疫功能规划、符合结构化特征的基础“库”建设、开放式风控平台开发、免疫功能的初步设计与验证；进入“中期”阶段可以数据中台的全面应用为参考标志，主要目标包括内外部数据的交汇贯通、免疫数据资产的建立、风控平台与业务系统的对接以及免疫工具成熟化应用；进入“远期”阶段则以业务场景的高度数字化作为参照物，主要目标包括各类风险数据在数据库层面的高度关联、各类风控要素在业务系统层面的嵌入、业务操作全面“线上化”、表单全面“数字化”以及免疫功能的智能化应用。

同时，我们注意到，基于数智化应用的免疫系统的构建不仅仅是单一的风控方法或信息技术的问题，更大程度取决于公司企业文化、发展进程、管理模式变化、数字化进程等因素。一方面，企业管理层的认可与支持是数智化免疫系统实现的前提，核心原因在于免疫系统功能的发挥能否达到管理层对公司全局乃至各专业、各分子公司风险控制的期望，而本项目的根本目的之一，是将公司面临的风险以多维度的方式，向管理层提供全面、实时、准确、可延伸、可穿透的展示，进而通过各项免疫功能应用的实现，切实为管理层决策赋能，提升决策体系效率与效果，促进企业稳定健康发展。另一方面，企业文化决定了公司免疫观念及工作氛围。当前的免疫观更加注重规避风险，着眼于局部、具体的事务，风险管控目标大多是基于企业发展战略目标制定的，二者是先后而非并行关系，在确保企业运营安全的同时，也难免错失了一些发展机遇。而未来的风险管控不单单在于发现风险，更在于发现机会和自信地接受不确定性。因此，本项目设计着重考虑了如何帮助企业加强前瞻性思考、全局性谋划、战略性布局、整体性推进，将组织免疫实施的重点，从个体流程转向整个企业层面，防范和化解影响公司发展进程中的各种风险，筑牢公司安全屏障，实现发展质量、规模、速度、效益、安全相统一。

此外，数智化免疫系统构建本身的风险需在过程中加以防范和化解。一是要防范数智化免疫路线超出企业当前数字化水平。企业信息化程度较低、核心数字技术供给不足，数据采集率低，抑或是思路不清、意识不坚定，没有从企业发展战略的高度进行谋划，均有可能导致数智化免疫系统构建不成功。二是要避免数智化免疫系统的构建急于求成。数智化免疫系统的建设是一项周期长、投资大的复杂系统工程，从风控技术的研发到配套数字技术的实现，从软硬件购买到系统运行维护，从人力资源培训到企业文化的培养，都需要持续资金、精力的投入。因此，短期内数智化免疫系统带来的收入可能远远小于投入的成本，需要企业做好相应的预期准备。三是要警惕传统、固有观念阻碍数智化免疫系统的应用。管理人员可能会认为数智化免疫系统的应用给他们带来的风险很大，威胁到他们的权力行使，压缩他们一些操作的空间；员工同样会担忧以往“灵活”的操作会被监督、被考核，导致业务效率降低，产生一些“麻烦”，亦可能出于单纯对新技术的不信任和抗拒。四是要妥善应对数据质量较低带来的风险。数据质量风险可以分为数据技术性差错的风险和数据失控性差错的风险。数据技术性差错的风险可能来自数据的操作、传输失误，也可能来自各种客观因素，如不同数据工具间的数据逻辑差异，对同一个数据不同的定义和计算规则，原始数据凌乱或缺失，复杂多变的业务逻辑。数据失控性差错的风险是指缺乏内部控制或者在内部控制无效的环境下所产生的各类数据所发生的差错。

（三）项目实施现阶段进展及效果

按照项目短期、中期、长期目标，我们完成了“基于市面上成熟风控平台产品的敏捷式风险监测”“基于‘中台’理念的电网企业内部控制智能管理体系建设”“基于逻辑回归分析模型的交易对手违约风险评估”“风险管理协作平台建设”“基于业务连续性管理理论的突发事件应急管理”五项功能应用设计，且其中的两项已在省、市级电力公司试点开发及实施中，具体如下所述。

1. 基于市面上成熟风控平台产品的敏捷式风险监测（实施中）

目前，我们已完成敏捷式风险监测方法论的初步探索，并借助大数据、爬虫等技术的应用，在省级电力公司开展试点，对企业自身及关联企业、供应商在公开渠道显示的风险信息开展常态化监测，并就相关风险线索向有关方面进行提示。2021 年，我们在某试点省级电力公司共监测到风险信息 300 余条，经二次识别、分析后成功获取有效风险线索 56 条，涉及法律诉讼纠纷、专利到期、资质认证到期等事项，并向有关方面发送风险提示单。同时，我们对部分风险线索开展进一步的深度挖掘，形成《某新能源汽车大额涉诉往来款风险事件》《某 3 家供应商不良行为与经营风险关联性分析》《清理关停虚拟货币挖矿项目对公司影响分析》等专题分析报告。此外，我们参考国际 ESG 框架及评价方法，对敏捷式风险监测方法论进行系统性的完善，重点加强非财务数据在风险监测领域的应用，编制《 ESG 体系在企业风险监测预警中的应用探索》研究报告，目前受某市级电力公司委托，正在开展 ESG 风险监测技术应用工作。

2. 基于“中台”理念的电网企业内部控制智能管理体系建设（实施中）

我们在数智化免疫系统研究中提出了将各项管理标准嵌入业务系统以实时进行操作提示及管理约束的数智化应用设计，但从目前而言，无论是从数字化转型进程还是从成本—效益来看，上述设计实现的可行性和必要性有限。对此，我们从客户实际出发，首创基于 RPA 技术的内控智能中台管理模式，旨在借助 RPA 工具，将各类繁杂的内控要素在信息系统层面与业务操作一一匹配，在业务执行过程中对员工进行指导、提示、约束，以此建立一套基于智能工具的高效、易用的新型内控管理体系，推动内部控制真正融入到业务执行中。目前，我们已在省、市级电力公司开展试点建设及应用，一是完成了内控智能机器人的开发及落地应用，实现了业务系统操作界面识别、内控智能提示、内控自评价辅助等功能，并将其应用于 3 家试点市级供电公司 12 项资金结算类业务，通过将内控提示推送至由业务人员自定义选取的系统界面之中，切实改善了内控标准与实际业务相分离、内控体系文件更新滞后、查阅困难等问题，为业务操作提供了辅助支撑，提升了业务操作的准确性和规范性；二是研究机器学习技术在内控行为识别中的应用，并以 SLOWFAST 神经网络算法为例，搭建业务异常行为分析模型，探索在业务流程变更、违规行为发生等场景下，前台实时感知、提示，中台智能分析、精准判断等功能的实现；三是完成内控智能中台管理中心设计，开发总体概览、内控流程、行为分析、统计比对四大管理模块，确保对内控流程更新、机器人部署应用、中台响应处理效率、异常行为监测分析、内控提示有效性等信息的全方位掌控。

3. 基于逻辑回归分析模型的交易对手违约风险评估

电网企业供应商履约 / 大客户电费回收风险的实质通常在于交易对手因经营状况下降、资金链断裂抑或负面突发事件引发的合同违约（物资 / 服务供应合同、用电合同）。对此，我们借鉴金融行业信用评级方法，以供应商履约 / 大客户电费回收业务场景为例，完成基于逻辑回归模型的风险等级分类方法论研究，阐明模型应用原理、模型开发、数据处理、验证等核心要素，并列举了一系列在该场景下适用的供应商 / 大客户关键分析指标，其中通用财务关键指标 34 项、大客户用电量及供用电合同履约特征指标 12 项、供应商合同履约特征指标 20 项、通用特例调整规则 28 项。

4. 风险管理协作平台建设

针对电网企业风险事件各专业协同应对这一应用场景，我们借鉴 GTD 方法论及时间管理理论，引入市面上先进、成熟的项目计划管理工具，完成了风控任务协作平台的初步设计，实现了风险事件及管理问题从识别、应对到后评估全过程跟踪，包括风控任务概览、任务管理、流程跟踪、时间进度管理、报表管理等功能。其核心机制在于：以事件为单位，建立线上的临时事件处置虚拟机构，并将事件相关部门（单位）、责任人引入。由此，组内所有成员可在平台中实时跟进事件进展，对于处置过程中遇到的问题通过平台提供的风险协同、跨专业问题确认等各类功能及时沟通解决，且应对处置的全过程将在平台中留痕，以便后期复盘乃至考核奖惩。

5. 基于业务连续性管理理论的突发事件应急管理

业务连续性管理理论通常被广泛应用于金融、互联网等数字化程度较高的行业。如今，随着电网企业数字化转型进程加速，如何完善原有的应急管理体系，使之与自身数字化发展水平相匹配，妥善应对数字化时代的新风险，已成为数智化免疫功能建设过程中需要考虑的重点问题之一。为此，我们细致解析了业务连续性理论的各项关键要素，以新冠肺炎疫情突袭而至的场景为例，系统地说明了基于业务连续性管理的应急管理体系相较于传统应急管理的优势，以此为依据提出了电网企业建立业务连续性管理体系建议。

兖州煤业股份有限公司任期制和契约化设计

中智管理咨询有限公司

中智管理咨询有限公司（以下简称中智咨询）隶属于中智集团，致力于为客户提供多方位的管理咨询和智库服务，帮助企业在战略转型、变革能力提升、组织管理和人力资源管理升级等多方面长期赋能，实现高质量发展。经过10多年持续发展和不断变革，中智咨询已成为国内管理咨询行业的主力品牌，且连续九年入选中国管理咨询50大机构，居人力资源管理第一位。

中智咨询成立于2003年，公司总部位于上海，拥有专业顾问约300人，并以上海、北京、广州、深圳、成都、武汉、西安等主要城市为中心，建立了覆盖华东、华南、华中、华北、西南五大区域的全国性管理咨询服务网络。

公司始终坚持自研路线，建有管理咨询研究院，自主研发了以国资国企改革、开发区改革、政府智库服务、政府绩效咨询、企业战略管理、组织变革管理、人力资源管理和数字化转型八大类别为主的管理咨询产品，并自建了国内领先的人力资源数据库和数字化管理平台。

本案例项目组成员

李艳敏，中智咨询人力资本咨询中心项目经理，英国德蒙福特大学人力资源管理专业，专长领域为职业经理人体系设计、人力资源规划及定岗定编、薪酬体系设计、绩效体系设计、上市公司股权激励设计等，曾主导或参与中国石油、中国石化、中国节能集团等集团公司的人力资源管理咨询项目。

其他成员：刘欣

导读

兖州煤业股份有限公司（以下简称兖州煤业）作为首批入选国家“双百企业”的大型煤炭上市公司，建立了治理结构完善、经营管理规范的现代企业管理体系，具备深化三项制度改革的条件和基础。公司根据国务院国有企业改革领导小组办公室印发的《关于印发〈“双百企业”推行经理层成员任期制和契约化管理操作指引〉和〈“双百企业”推行职业经理人制度操作指引〉》（国企改办发〔2020〕2号），以及山东省国资委发布的《省属权属企业推行经理层成员任期制和契约化管理基本规范（试行）等征求意见的通知》要求，结合公司管理实际开展任期制和契约化管理机制方案设计。

任期制和契约化管理方案设计基于“试点先行、全面推开”的思路，根据公司所属行业特点及自身发展阶段，首先在煤业公司层面推行经理层成员任期制和契约化管理，在煤炭、煤化工两大主业中各选取一家市场化程度高、有代表性的子公司作为试点单位进行定制化方案设计，最终形成了“两书两办法”：《经理层聘任协议书》《经理层年度及任期经营业绩责任书》《经理层薪酬管理办法》《经理层业绩考核管理办法》，为公司任期制和契约化管理搭建了完善的管理机制。

方案内容中约定了经理层任期制和契约化管理规定。一是聘任管理规定，严格聘期管理并明确经理层履行职责所能行使的权利，同时基于“一人一岗”要求，编制经理层成员岗位说明书，明确岗位职责和任职要求。二是考核管理，通过采用平衡计分卡（BSC）战略地图分解工具，对公司本部及两家下属子公司的战略进行分解，形成考核指标库，并根据经理层岗位职责分解指标，搭建绩效管理体系，分为年度考核和任期考核，考核指标中包含了经营业绩类指标、岗位职责类指标和管理短板类指标，以及对岗位的约束性指标要求，全面考核经理层任职能力，形成“一岗一表”。三是薪酬管理，结合企业上市公司属性和具有工程建设类项目的业务特点，建立经理层短期+中期+长期的全面激励体系。其中，短期激励建立与劳动力市场相匹配的激励水平；中期激励体现正向激励，按照年薪的一定比例核定并与任期激励考核结果挂钩；长期激励体现长期业绩、管理要素贡献与企业收益共享的激励机制，采用上市公司股权激励工具，实现经营者与企业的捆绑作用。

兖州煤业股份有限公司任期制和契约化设计

中智管理咨询有限公司　李艳敏

一、案例背景概述

（一）案例企业基本介绍

兖州煤业成立于1997年7月，注册资本48.6亿元人民币，是兖矿集团有限公司的控股子公司，属于山东省属国有企业。

兖州煤业是以煤炭开采、高端化工、装备制造、现代物流贸易为主导产业的国际化特大型能源上市公司，是中国唯一一家拥有境内外四地上市平台的煤炭企业。近年来，兖州煤业认真落实习近平总书记关于国有企业改革的新指示、新要求，以入选“双百企业”为动力，认真贯彻国务院国资委、省委省政府、省国资委部署要求，坚决执行国有企业改革发展十条意见，相继采取了一系列突破性改革举措，下决心解决了多年没有破题、不敢动、不敢干的问题，实现了企业弯道超车、赶超发展。2018年，公司实现营业收入1630亿元，利润总额150亿元，助推母公司兖矿集团列世界500强第399位；2019年，凭借优秀的经营业绩和规范的公司治理，荣登2019财富中国500强第58位，公司市值列全球矿业公司50强第35位，公司先后两次荣获“亚洲质量卓越奖”，被业界评为“中国最受尊敬的上市公司”和成长性最好、国际化程度最深的中国煤炭企业。

2018年8月，兖州煤业正式入选首批国务院国资委“双百企业”名单，随后便聚焦“五突破一加强”积极开展综合改革实践。经理层任期制和契约化管理便是其中一项重要改革内容。

（二）任期制和契约化管理概述

1. 任期制和契约化概念界定

任期制和契约化是指对企业经理层成员实行的，以固定任期和契约关系为基础，根据合同或协议约定开展年度和任期考核，并根据考核结果兑现薪酬和实施聘任（或解聘）的管理方式。

区别于传统的国企干部任命制管理方式，任期制和契约化通过任期打破领导职务“铁交椅”，解决干部“下”的问题，通过契约建立符合现代企业管理规律的经理层管理机制，完善考核兑现。

2. 任期制和契约化政策沿革

自党的十八届三中全会提出要分层分类建立国有企业负责人管理制度以来，任期制和契约化多次出现在国资国企改革相关文件中，并于 2020 年正式出台配套指导文件。整体而言，国有企业经理层任期制和契约化政策发展大致可分为以下三个阶段。

（1）第一阶段：早期探索阶段。

2015 年，中共中央、国务院印发《关于深化国有企业改革的指导意见》（中发〔2015〕22 号），明确了推行企业经理层成员任期制和契约化管理，明确责任、权利、义务，严格任期管理和目标考核。

2019 年，国务院国有企业改革领导小组办公室印发《关于支持鼓励“双百企业”进一步加大改革创新力度有关事项的通知》（国资改办〔2019〕302 号），针对市场化用人机制问题，要求各中央企业和地方国资委要指导推动“双百企业”全面推行经理层成员任期制和契约化管理。

（2）第二阶段：精准发力阶段。

2020 年，国务院国有企业改革领导小组办公室印发《关于印发〈“双百企业”推行经理层成员任期制和契约化管理操作指引〉和〈“双百企业”推行职业经理人制度操作指引〉的通知》（国企改办发〔2020〕2 号），引导、鼓励企业更加规范有序地推行任期制和契约化管理。

（3）第三阶段：全面推进阶段。

2020 年，中央全面深化改革委员会第十四次会议审议通过《国企改革三年行动方案（2020—2022 年）》，重点提出将经理层任期制和契约化改革作为所有国有企业的必选项，并要求“2020 年在纳入有关试点和专项工程的国有企业率先实现”。

3. 任期制和契约化政策分析

由于兖州煤业属于“双百企业”，同时隶属于山东省省属企业，其推行经理层任期制和契约化管理主要适用《关于印发〈“双百企业”推行经理层成员任期制和契约化管理操作指引〉和〈“双百企业”推行职业经理人制度操作指引〉的通知》（国企改办发〔2020〕2 号），以及山东省国资委颁布的《省属权属企业推行经理层成员任期制和契约化管理基本规范（试行）等征求意见的通知》两项文件。

（1）“双百企业”任期制和契约化管理政策要求。

《关于印发〈“双百企业”推行经理层成员任期制和契约化管理操作指引〉和〈“双百企业”推行职业经理人制度操作指引〉的通知》（国企改办发〔2020〕2号，以下简称《操作指引》）主要从任期制管理和契约化管理两方面提供操作指导，如表1所示。

表1 《操作指引》对任期制管理和契约化管理的要求

模块	内容	要求	配套协议文件
任期制管理	任期管理	任期期限一般为2～3年，期满重新履行聘任程序并签订聘任协议	岗位聘任协议
	明确权责	明确经理层成员岗位职责及工作分工，合理划分权责界面	岗位说明书 权责清单
契约化管理	签订契约	签订年度/任期经营业绩责任书	年度/任期经营业绩责任书
	实施考核	由董事会进行年度/任期经营业绩考核	—
	薪酬管理	薪酬结构：基本年薪、绩效年薪、任期激励等 薪酬兑现：根据年度/任期经营业绩考核结果	—
	退出管理	明确退出条件，理顺退出方式	—

（2）山东省国资委任期制和契约化管理政策要求。

山东省国资委颁布的《省属权属企业推行经理层成员任期制和契约化管理基本规范（试行）等征求意见的通知》与国务院国有企业改革领导小组办公室印发的《“双百企业”推行经理层成员任期制和契约化管理操作指引》在框架、内容上基本相同，仅就个别内容做出详细规定，或提出更高标准，如表2所示。

表2 山东省政策差异

差异内容	山东省《省属权属企业推行经理层成员任期制和契约化管理基本规范（试行）》	《“双百企业”推行经理层成员任期制和契约化管理操作指引》	山东省差异对比说明
推行范围	处于充分竞争行业和领域企业总经理、副总经理、财务负责人和公司章程规定的其他高级管理人员	“双百企业”的总经理（总裁、行长等）、副总经理（副总裁、副行长等）、财务负责人和公司章程规定的其他高级管理人员	进一步明确推行企业应为充分竞争行业和领域企业
绩效年薪占比	目标绩效年薪占年度薪酬（基本年薪与绩效年薪之和）的比例不低于70%	绩效年薪占年度薪酬（基本年薪与绩效年薪之和）的比例不低于60%	对固浮比提出更高要求
绩效年薪兑现	年度考核不合格的，扣减全部或者部分绩效年薪	年度考核不合格的，扣减全部绩效年薪	未严格要求年度考核不合格必须扣减全部绩效年薪，保留一定灵活处理空间

续表

差异内容	山东省《省属权属企业推行经理层成员任期制和契约化管理基本规范（试行）》	《“双百企业”推行经理层成员任期制和契约化管理操作指引》	山东省差异对比说明
退出管理	年度、任期综合考核评价结果为“不称职”等次，或者连续两个年度考核评价结果未达到“称职”等次的	任期综合考核评价不称职	增加年度综合考核评价结果“不称职”或“称职”的退出条件
	对中止任期、免去现职的经理层成员，可按照管理权限和人岗相适原则，综合运用转岗、竞聘上岗等方式，妥善做出安排，薪酬待遇要按照岗变薪变、以岗定薪原则确定	—	对经理层的退出路径进行提示

二、项目需求分析

（一）实施任期制和契约化改革是基于政策和管理实际的必然选择

1. 落实国企改革三年行动方案的必然要求

经理层成员任期制和契约化管理改革，是国企改革三年行动的“标志性改革动作”，是国有企业三项制度改革的“牛鼻子”。

兖州煤业作为首批国务院国资委“双百企业”，应聚焦“五突破一加强”，在改革中率先取得突破，推动综合改革取得积极成效。《国企改革“双百行动”工作方案》要求之一是“双百企业”要在完善市场化经营机制方面率先突破，重点是全面推行经理层成员任期制和契约化管理，此项任务也被兖州煤业列进“双百任务”台账。

2020年出台的《国企改革三年行动方案（2020—2022年）》则进一步明确要求“2020年在纳入有关试点和专项工程的国有企业率先实现”“到2022年国有企业子企业全面推行”。

2. 健全中国特色现代企业制度的重要内容

推行经理层任期制和契约化就是要建立中国特色现代契约制度下的新型经营责任制，按照权责对等的原则，建立并完善授权制度，保障经理层依法行权履职，推动各治理主体不缺位、不越位，更好发挥党委（党组）领导作用、董事会作用、经理层经营管理作用。

3. 激发兖州煤业经理层内生活力的关键举措

要按照市场规律对经理层进行管理，立下军令状，明确责任制，干得好就激励，干不好就调整，就是要实现经理层成员职务能上能下、收入能增能减的目标，强化“干好干坏不一样的导向”，充分激发经理层成员的活力和创造力，提升市场化、现代化经营水平。

基于上述需求，兖州煤业亟须建立完善符合自身发展实际的经理层任期制和契约化管理机制。

（二）项目前期内容的沟通与确认

本案例为基于政策要求和管理实际的改革类咨询项目，不同于一般咨询项目通过调研诊断发现问题并提出针对性管理提升建议的实施思路，该类咨询项目主要根据企业管理需求、企业管理现状与政策要求的差距等进行针对性设计。

兖州煤业为上市公司，治理结构规范，具有较好的管理基础。针对经理层一直采用传统干部任命制方式进行管理。

在任期制管理方面，经理层由上级国有股东任命，无明确任期，未签订聘任协议。这与政策要求相差较大，需结合政策进行完善。

在契约化管理方面，兖州煤业董事会与总经理，总经理与副总经理分别签订年度工作目标责任书形成契约，并根据考核结果兑现绩效年薪。其中，在绩效考核方面，兖州煤业具有年度经营业绩考核管理基础，但指标主要来自上级股东及董事会指标的分解，考核与公司整体战略的协同性较低，同时“一岗一表”的差异化程度也需进一步提高。此外，仅包含年度考核，尚无任期考核，需基于政策要求进行完善，丰富考核周期。在薪酬方面，兖州煤业经理层薪酬体系已初步达到市场化管理要求，一是按照“外具竞争性、内具公平性和成长性”的原则，确定经营管理者整体薪酬定位，体现市场化思维；二是将经理层年薪分为基本年薪、绩效年薪、安全年薪、特别贡献奖励和中长期激励五部分，兼顾短期与长期；三是副职薪酬参照总经理薪酬的 80% 核定，拉开总经理与副总经理薪酬差距。实施改革前，兖州煤业经理层薪酬在水平及结构上已基本具备市场化管理基础，但基于政策要求还需在薪酬结构中补充任期激励，并设计兑现规则。

在实施范围方面，《国企改革三年行动方案（2020—2022 年）》明确要求“2020 年在纳入有关试点和专项工程的国有企业率先实现”“到 2022 年国有企业子企业全面推行”。兖州煤业下属子公司繁多，且管理基础各不相同，实施范围一步到位或难以实现。在兖州煤业本部实行的基础上，项目组建议兖州煤业采取“试点先行、全面推开”的思路，根据公司所属行业特点及自身发展阶段，首先在煤业公司层面推行经理层成员任期制和契约化管理，在煤炭、煤化工两大主业中各选取一家市场化程度高、有代表性的子公司作为试点单位进行定制化方案设计。

三、项目具体实施过程

项目开展前期，项目组对兖州煤业本部及试点企业进行了访谈和资料调研，调研访谈主要领导的观点总结如下。

（一）经理层任期制和契约化管理的实施目的

经理层任期制和契约化管理是公司“双百行动”计划的一项重点工作任务，是实现市场化经营机制改革，形成“以上率下”作用的重要一环。

（二）考核方式的转变问题

兖州煤业办本部法人治理结构健全，董事会建设规范，经理层任期制和契约化管理，按照董事会考核经营层实施考核。试点企业鲍店煤矿、榆林能化尚未建立董事会，按照上级控股股东考核经营层的方式进行管理。董事会成员可参照经理层成员任期制和契约化管理文件执行。

（三）经理层契约化考核管理

在原有考核基础上进行完善和优化管理，一是原工程建设类指标可以与年度重点工作任务结合。二是考核指标重点考虑产量、安全指标。煤矿行业产量任务受国家管理要求限制，故产量目标值设置不能按照三档阶梯式增长设置。三是方案中增加任期考核部分，从任期考核战略落实情况（净利润、利润总额完成情况）和主要指标（国有资产保值增值率）完成情况为主，关注中长期主要经营业绩的实现。四是确定考核兑现可以线性方式进行，但必须基于历年数据进行模拟测算，以保证结果精准，避免副职承担责任与薪酬兑现结果不匹配的问题。

（四）经理层契约化薪酬管理

薪酬体系增加任期激励部分，对应任期考核的兑现，按照年度薪酬水平的 20% 核定。党委会岗位人员薪酬可与任期制契约化管理的经理层成员进行合理调整。

（五）建议建立内部人才市场

对于职业经理人体系，建议建立内部人才市场，若出现退出企业的情况，则建立保底机制，需研究集团内部成立模拟人力资源市场的方式是否符合政策要求。为帮助兖州煤业更好地理解外部市场做法，项目组跟随兖州煤业项目组共同调研了天津两家已经实施了任期制和契约化管理的优秀企业，并且进行调研形成了案例分析。案例一主要做法总结如下。集团所属公司等 4 家企业主动担当，班子整体转制进入市场，转换身份，实行契约化管理，将待遇与企业经营状况紧密挂钩。公司负责人竞聘成功后必须先认领责任书，才能签订聘任合同，并且有半年的试用期。试用期或任期内，业绩不达标的，退出企业。案例二主要做法总结：中层实行聘任制管理，津融资产总裁分别与部门负责人签订《聘任合同书》《经营业绩责任书》并颁发了《聘任书》，公司领导班子和部门负责人分别签订部门《绩效合约》《绩效合约》，公司员工签订了个人《绩效合约》，以合约的形式约定聘任期限、聘期内的职责义务和退出方式，聘期考核后中层管理人员的“能上能下”“员工能进能出、薪酬能增能减”，经营业绩成果挂钩公司工资总额增减和员工奖惩、调职，实现了刚性约束和收入能升能降，体现了公司在市场化治理方面取得的成效。

基于对项目需求的理解，前期调研和外部案例分析，项目组重点从强化任期制、契约化管理内容，完善相关协议文件的角度进行方案设计，最终形成“两书两办法”：《经理层聘任协议书》《经理层年度及任期经营业绩责任书》《经理层薪酬管理办法》《经理层业绩考核管理办法》，为公司任期制和契约化管理搭建了完善的管理机制。

四、任期制和契约化管理项目内容

基于政策范围界定，此次方案设计仅针对兖州煤业及试点子企业的总经理、副总经理等由董事会管理的高级管理人员。董事长、董秘、党委书记、纪委书记等不纳入此次方案设计，项目组建议兖州煤业如有需要可基于管理权限，有相关管理机构参照经理层任期制和契约化进行管理。任期制和契约化管理项目设计逻辑如图 1 所示。

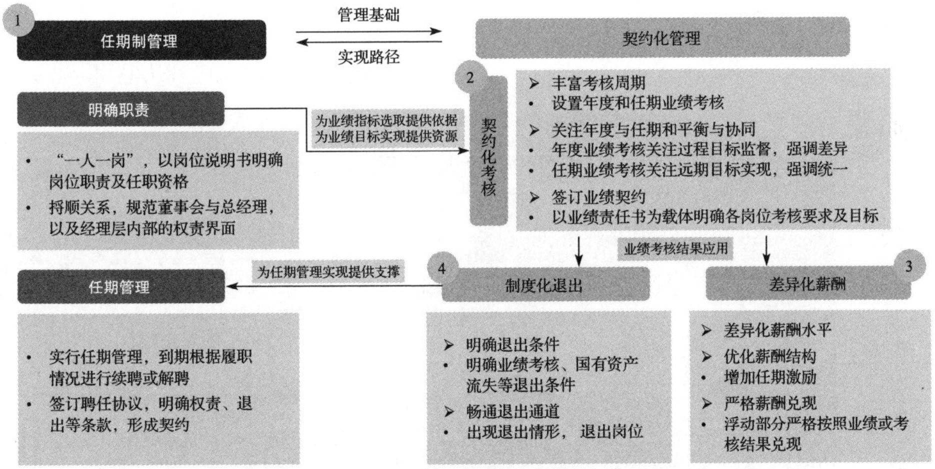

图 1 任期制和契约化管理项目设计逻辑

（一）任期制管理：明确职责与任期，签订聘任协议

任期管理规定，严格聘期管理并明确经理层履行职责所能行使的权利，同时基于“一人一岗”要求，编制经理层成员岗位说明书，明确岗位职责和任职要求。

首先，明确经理层岗位职责并编制岗位说明书，实现“一人一岗”，为“一岗一表”差异化考核提供依据。其次，明确岗位任期期限为 3 年，期满需重新履行聘任程序，彻底打破领导干部“铁交椅”，为干部能“下”夯实基础。最后，签订聘任协议，进一步以契约形式明确聘任岗位及职责、聘任期限、退出条件等，建立中国特色现代契约制度下的新型经营责任制。

（二）绩效管理：基于岗位差异化，衔接年度与任期

通过采用 BSC 战略地图分解工具，对公司本部及两家下属子公司的战略进行分解，形成考核指标库，并根据经理层岗位职责分解指标；搭建绩效管理体系，分为年度考核和任期考核，考核指标中包含了经营业绩类指标、岗位职责类指标和管理短板类指标，以及对岗位的约束性指标要求，全面考核经理层任职能力，形成“一岗一表”。

1. 基于 BSC 战略分解，建立考核指标库

兖州煤业原有经理层年度考核指标由上级国有股东及兖州煤业董事会“下达”，为上级股东的考核指标分解与分拆。而绩效考核作为“指挥棒”，对于企业战略落地具有重要意义，经理层作为企业火车头，其意义更加显著。因此，项目组借助 BSC 分析工具对企业中长期战略进行分解，建立考核指标库，搭建考核大框架，为经营业绩考核内容圈定范围，提供方向，解决经营业绩考核指标确定难问题，为企业差异化制定经营业绩考核指标奠定基础。兖州煤业战略地图如图 2 所示。

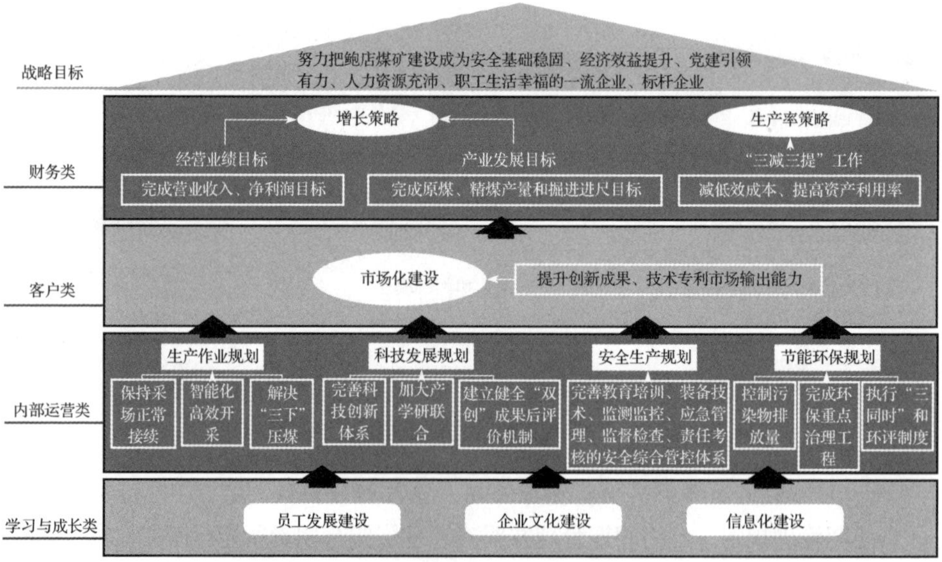

图 2　兖州煤业战略地图

借助 BSC 分析工具，从财务、客户、内部运营、学习与成长四个方面对“十四五”战略规划内容进行分解，建立全面的指标库。结合兖州煤业行业特点，一是兼顾量化与定性指标，设置营业收入、原煤产量、掘进进尺等财务量化指标，以及解决“三下”压煤工作完成情况等重点工作任务；二是关注科技发展，设置科技成果产业化项目数量，建立健全“双创”成果后评估机制等指标；三是坚持党的领导，将党建指标纳入指标库。

此外，针对安全环保、党建等管理要求，设置约束性指标库，对于违反规定、对企业造成重大影响的行为给予扣分处理。

2. 年度与任期经营业绩考核的差异与协同

在经理层任期制和契约化管理机制设计中，如何明确年度与任期经营业绩考核的重点，实现两者的有效衔接向来是方案设计的难点和重点。

一方面，应明确年度和任期经营业绩考核两者的关系。年度经营业绩考核以年为考核周期，主要聚焦相对短期的目标实现；任期经营业绩考核以 3 年任期为考核周期，主要聚焦远期目标的实现。就战略承接而言，任期经营业绩考核主要承接企业远期战略，年度经营业绩考核则聚焦过程，对战略进行年度分解，对阶段性目标进行承接。因此，年度与任期应是短期对长期的承接关系，年度考核内容对任期考核内容具有支撑作用。

基于上述分析，本案例中，将年度经营业绩考核聚焦阶段性战略目标实现，考核指标体系由主要指标、分类指标、年度重点工作任务指标、约束性指标四部分构成。

（1）主要指标是集中反映企业整体经营情况的指标，鼓励经营层回归企业经营，突出企业经营的效益和效率、做大企业资本，提高企业市场竞争能力。具体包括利润总额、营业收入、经济增加值、煤炭产量等指标。

（2）分类指标是对经理层分管业务责任的考核，根据企业所属行业特点、经理层岗位职责和企业管理特点设置考核指标，突出经理层所管理业务的完成情况。具体包括甲醇产量、经营现金净流量、四新收入、煤炭完全成本（境内）、平均存货占用额、资产负债率、资金集中度、融资余额、案件处理、项目建设（各项目的建设进度及完工情况）等指标。经理层考核指标根据其岗位职责，由董事会讨论确定。

（3）年度重点工作任务指标是对当年年度公司各项重要任务实施的专项考核。具体包括项目建设责任，以及其他当年年度重点工作内容。

（4）约束性指标是对岗位的约束性要求，包含党建及党风廉政建设工作指标。

任期经营业绩考核则聚焦远期战略目标实现，考核维度分为主要指标、分类指标、三年年度考核结果和约束性指标。

（1）主要指标是集中反映企业整体经营以及国有资产的保值增值情况的指标。

（2）分类指标是对经理层分管业务责任的考核，根据企业所属行业特点、经理层岗位职责和企业管理特点设置考核指标，突出经理层所管理业务的完成情况。

（3）三年年度考核结果是对经理层三年任期期间各项工作的考核，与年度经营业绩考核形成联动。

（4）约束性指标是对岗位的约束性要求，包含党建及党风廉政建设工作指标。

另一方面，应明确年度和任期经营业绩考核两者的差异。年度经营业绩考核关注过程目标监督，强调差异；而任期经营业绩考核关注远期目标实现，强调统一。因此，在对考核体系进行设计时，年度经营业绩考核采取“一岗一表”差异化设计，体现岗位职责差异；任期经营业绩考核则采用同一体系，保证经理层远期目标的趋同。

3. 经理层“一岗一表”差异化考核

差异化考核主要针对年度经营业绩考核，以充分体现岗位差异，为后续差异化薪酬奠定基础。本案例创新性地从指标和权重两个方面进行差异化设计。

（1）基于岗位职责差异化选择指标。

经理层年度经营业绩考核维度中，主要指标聚焦企业整体经营业绩，应由经理层共同承担，因此在指标选择中未做差异化设计，以保证整体目标一致。此外，约束性指标主要针对安全、环保等约束，对经理层全体适用，不做差异化要求。

除主要指标和约束性指标之外，分类指标、年度重点工作任务指标均在总经理指标的基础上，根据副总经理岗位职责分工进行差异化分解和承接。一方面，体现岗位职责差异，承担相应工作，考核相应内容；另一方面，防止经理层“搭便车”行为。如对承担安全、法律相关职责的副总考核案件处置情况，对承担财务管理职责的财务总监考核煤炭完全成本、甲醛完全成本。

（2）基于岗位特点差异化设定权重。

经理层考核权重根据岗位职责确定，将经理层分类为总经理、业务型副总、职能型副总三类。其中，总经理对企业整体经营情况负责，业务型副总的工作直接影响企业整体经营情况，因此反映企业经营情况的主要指标权重占比较高；职能型副总以落实分工作为主，对企业整体经营情况起支撑作用，因此扩大分类指标权重。经理层差异化权重设置如表 3 所示

表 3　经理层差异化权重设置

维度	总经理	业务型副总	职能型副总
主要指标	60%	60%	40%
分类指标	30%	30%	50%
年度重点工作任务指标	10%	10%	10%
约束性指标	不占权重	—	—

4."阶梯式"考核目标，鼓励"摸高"

为鼓励经理层"摸高"，对分类指标设置三档目标值，由低到高依次为考核目标值、奋斗目标值和力争目标值。与此同时，针对三档目标值匹配阶梯式考核计分规则。基于目标值及配套考核计分规则拉开差距，激发管理层主观能动性，鼓励主动"摸高"。具体计分方式如下所述

（1）完成考核目标值：得 100% 权重分。

（2）完成奋斗目标值：考核得分 = 权重分 ×［1+0.1×（完成值 – 考核目标值）÷（奋斗目标值 – 考核目标值）］，最高得 110% 权重分。

（3）完成力争目标值：考核得分 = 权重分 ×［1.1+0.1×（完成值 – 奋斗目标值）÷（力争目标值 – 奋斗目标值）］，最高得 120% 权重分。

（三）薪酬管理：完善薪酬体系，严格薪酬兑现

1. 优化薪酬结构，增加任期激励

兖州煤业原有薪酬体系已相对健全，包含短期和长期激励，覆盖不同激励导向。在此基础上，此次咨询项目为兖州煤业进一步丰富薪酬维度，增加任期激励，建立起经理层"短期 + 中期 + 长期"的全面激励体系，其中，短期激励建立与劳动力市场相匹配的激励水平；中期激励体现正向激励，按照年薪的一定比例核定并与任期激励考核结果挂钩；长期激励体现长期业绩、管理要素贡献与企业收益共享的激励机制，采用上市公司股权激励工具，实现经营者与企业的捆绑作用。

2. 基于考核结果，严格薪酬兑现

基于"收入能增能减"要求，体现"干好干坏不一样"的激励导向，将考核结果严格应用于薪酬兑现，明确考核低于 70 分或主要指标完成值低于考核目标值的，不兑现绩效年薪和任期激励。在此基础上，分档设置差异化薪酬兑

现系数计算方式（见表 4）。考核得分所处区间越高，兑现系数计算起点越高，且兑现系数计算斜率越高，即考核得分越高。考核得分越高，则兑现系数增加越快。通过兑现系数计算方式差异化，鼓励经理层主动“摸高”，充分激发经理层主观能动性。

表 4　兑现系数计算方式

考核得分	绩效考核兑现系数
95 ～ 120 分	1.1+0.25 ×（考核得分 –95）/（120–95）
80 ～ 95 分（含）	0.9+0.15 ×（考核得分 –80）/（95–80）
70（含）～ 80 分（含）	0.8 × 考核得分 ÷ 100
70 分以下或主要指标完成值低于考核目标值	0

（四）退出管理：明确退出条件，畅通退出通道

完善不适宜继续任职的经理层退出机制，明确不适宜继续任职的情形，包括但不限于年度经营业绩考核结果为 D 或连续两年考核结果均为 C，任期经营业绩考核结果为 C 及以下，因违规经营投资造成国有资产损失负有责任等情形，为经理层退出管理奠定基础。相关不适宜继续任职情形进一步扩大经营业绩考核结果的应用场景，充分发挥绩效考核的“指挥棒”作用，对经理层形成负向约束，完善闭环管理。

鉴于任期制和契约化管理并未完全颠覆传统的国有企业干部任命制管理方式，仅是增加任期和契约以解决干部不能“下”的问题，并未改变经理层干部身份和管理权限。因此，在退出机制设计中，明确上述不适宜继续任职的经理层，应当退出岗位，由董事会安排处理。这既为退出留出通道，也留有余地，方便企业由传统干部任命制管理方式平稳过渡至任期制和契约化管理。

五、推行任期制和契约化管理的意义

全面推行任期制和契约化管理是国有企业落实习近平总书记关于国有企业“两个一以贯之”要求，完善现代企业制度的重要举措。

新一轮国资国企改革中，经理层人员任期制和契约化管理，在多项国家文件中作为改革举措加以强调。2015 年，中共中央、国务院印发的《关于深化国有企业改革的指导意见》中，明确了推行企业经理层成员任期制和契约化管理，明确责任、权利、义务，严格任期管理和目标考核，是建立国有企业领导人员分类分层管理的制度抓手。2019 年，国务院国有企业改革领导小组办

公室印发《关于支持鼓励“双百企业”进一步加大改革创新力度有关事项的通知》，要求各中央企业和地方国资委要指导推动“双百企业”，全面推行经理层成员任期制和契约化管理。

（一）全面推行任期制和契约化的“破”与“立”

1.“破”——领导职务“铁交椅”

任期制“破”的是长期存在的领导职务“铁交椅”。三项制度改革中最难啃的硬骨头——干部能“下”的问题。对国企经理层的管理，通常以任命文件代替岗位聘用书，任命文件中通常不规定职务任期。所对应的国企经理层管理实践，将经营业绩考核结果主要运用在绩效薪酬和任期激励的兑现上，考核结果与经理层成员任免的联系并不紧密。

任期制就是要做到有职务任命就有明确任期，任期到了就存在继续聘任和不继续聘任两种可能性。这种不确定性也赋予了考核在契约化管理中更有效的应用，打破了领导职务“铁交椅”的观念。

2.“立”——市场规律管企业

契约化“立”的是按市场规律对国有企业经理层进行管理。经理层契约化管理包括两层含义：一是董事会（或者上级单位）与经理层任职者事先约定工作任务、目标和奖惩措施，以及完成目标过程中双方的权力、责任和义务；二是经理层任职者应该以契约精神来对待约定，认真执行并认同自己的承诺。

契约化就是要做到有职务就落实考核、有业绩就兑现奖励。契约化是任期制得以实施的保障，是国有企业按照市场规律建设落实现代企业制度的助推力。

全面推行任期制和契约化管理，是对习近平总书记关于国有企业改革两个“一以贯之”中建立现代企业制度要求的具体落实，是对国企经理层传统管理方式的一次“破”与“立”，是引导国有企业实现高质量发展、加快成为具有全球竞争力的世界一流企业目标的重要制度保障。

（二）任期制实施的两个关键：盯准岗位、落实退出

1. 任期制实施的第一个关键：将岗位管理与干部管理区分开来

国企的经理层以往是“有干部身份和级别的岗位”，在实际管理中将岗位管理和干部的身份、级别管理相互掺杂、糅合，更普遍的是用干部管理代替了岗位管理。

任期制是基于明确岗位的任期管理。岗位管理的核心是因岗设人，经理层的岗位管理更是基于企业发展战略的要求，董事会（或上级公司）选择与

岗位要求（能力、素质、经验等）相匹配的任职者。经理层岗位任职者的选拔，是实现国有资产保值增值的最重要保障。岗位要求会随着企业发展阶段和战略目标发生变化，如果任职者不再符合岗位要求，需要结束任期、退出岗位。

干部的身份和级别管理以《党政领导干部选拔任用工作条例》为依据，遵循组织的干部管理流程。国有企业经营层的岗位管理，是董事会（或者上级单位）的管理行为，应当按照符合市场规律的企业经营管理的方式，依据《公司法》、公司章程以及企业相关制度，秉承契约精神进行管理。

国有企业经营层的管理在党管人才的原则下，经营层的岗位管理和组织的干部管理应当有机结合，但又应该各有考核评价的侧重，明确干部管理与经营层岗位管理的不同着力点和考核结果运用，通过岗位任期制打破干部职务“铁交椅”。

2. 任期制实施的第二个关键：完善退出机制和有效的配套机制

当下，国企经理层的退出主要以干部退休作为企业经理层岗位退出的途径。国企经理层管理面临的最大问题是，退出机制过于单一。

退出是经理人必定要面对的问题。退出除了年龄、身体、业绩等因素外，还应有经理层人员和企业战略发展匹配性等的考量。从企业发展需要看，企业经理层的“上”与“下”应是一种常态，是企业发展过程中经理层人员与企业战略需要之间一个动态匹配的结果。合适的经理层人员是企业战略实施的关键，是股东利益最大化的重要保障。

退出是岗位的“退”和“下”，不同于干部的“退”和“下”。不同原因的“退”出岗位应辅以不同的退出途径（例如竞聘到其他岗位、成为企业某领域的顾问、退休、退企等），结合企业的“以岗定薪”、岗位的薪酬带宽和“金色降落伞”等相关配套机制，保障退出机制的有效实施。

（三）契约化实施的三个关键：权清晰、责明确、利适当

1. 权清晰——落实授权清单

“权”清晰是落实“责”的前提条件，是契约化实施的基本保障。在考核中，难以落实考核目标的重要原因是权责不匹配，追责时对问题是由主观原因还是客观原因产生难以界定。

经理层是公司的执行机构，总经理受董事会授权，依法行使生产经营、组织实施董事会决议的职权，并接受董事会（或者出资人）的管理和监事会的监督。在完善“三会一层”公司治理结构的基础上，建立规范的经理层授权管理制度，明确董事会授予经营层的授权清单，激发经理层经营活力，是国有企

业重大经营管理决策落到实处的关键举措。

同时，总经理应当拥有对其他经理层成员的人事推荐权和发言权及在考核中重要的评价权。经理层内部需要做好副职的分工，并明确副职的权限，压实经理层中每一个岗位的责任，调动每一个人的主观能动性。

2. 责明确——明确考核目标

“责”明确是契约化管理的关键。权责体系与考核监督，是经理层契约化管理实现的手段，两者相辅相融、互相联系。

国有企业按照分类监管、分类考核的原则进行差异化考核。国资委对一级企业的考核，根据企业功能分类，围绕着高质量发展的目标，设置考核指标。对主业处于充分竞争行业和领域的商业类国有企业，重点考核经营业绩指标、国有资产保值增值和市场竞争能力。对主业处于关系国家安全、国民经济命脉的重要行业和关键领域、主要承担重大专项任务的商业类国有企业，除了经营业绩和国有资产保值增值指标的考核，更强调对服务国家战略、保障国家安全和国民经济运行、发展前瞻性战略性产业，以及完成特殊任务情况的考核。公益类国有企业，重点考核成本控制、产品质量、服务水平、营运效率和保障能力，考核中引入社会评价。一级集团在对下属企业考核中，不同程度参照国资委考核的方式，引入企业功能分类原则，结合企业战略目标、企业所处生命周期因素，制定差异化的考核指标。在年度考核中，指标一旦确定，过程中便不可随意更改目标和考核标准。国有企业经理层考核中，将任期考核与年度考核相结合，通过任期考核的牵引引导企业着眼长远，朝着培育世界一流、具备国际竞争力和影响力的企业迈进。

国企经理层针对每一个岗位，明确责任体系，以此抓实契约化考核。国有企业领导考核通常是对经理层进行整体评价，不区分各岗位的考核。但若副总经理没有根据分工给予明确的考核指标和目标，就无法真正落实每一个人的责任，从而将考核结果运用到企业经理层成员的任免也就难以执行，同时造成副职“搭便车”的现象严重。完善董事会对经理层每一个岗位的考核，是落实经理层契约化管理的“最后一公里”。

3. 利适当——制定合理激励

以事前约定作为经理层激励制度兑现的标志，是对经理层契约化管理的重要组成部分。通过契约保证，有业绩就有兑现。科学合理的激励机制是国有企业经理人长期实施任期制和契约化管理的保障。因此，国有企业应该探索更加符合适用于国企经理层特点的激励机制和薪酬管理制度。

合理激励机制应当依据“遵循行业规律，尊重人才价值，明确增量分享”

的原则来制定。董事会根据企业所处不同行业、不同发展阶段设计经理层合理的薪酬机制和薪酬水平。按照全面薪酬回报的理论，国企经理层的薪酬设计中需要平衡物质回报和精神回报、现金激励和非现金激励、短期激励和中长期激励三对关系。

按照“基本薪酬＋绩效薪酬＋任期激励”的三元薪酬结构，保证国企经理层薪酬的总水平适当；同时灵活运用好政策包、工具箱（例如超额利润分享、经济增加值分享、员工持股、上市公司股权激励、科技型企业股权和分红激励等工具），不断完善国企经理层的激励机制建设，设计好激励机制（尤其是中长期激励工具），激发国有企业经理人的动力。

龙岩烟草工业有限责任公司基于流程的运营管理

北京国研趋势管理咨询中心

北京国研趋势管理咨询中心（NRCC)(以下简称国研趋势）作为专注于国内发展或是积极寻求国际接轨的组织，是一家提供国际管理体系建立、管理咨询、信息技术咨询、智能制造咨询和教育培训等的顾问服务机构，一直以“为中国企业创造世界一流的产品和服务”为使命，致力于为客户提供最具价值的管理咨询与解决方案，以出众的领导能力、成功的决心、专业的服务和质量的承诺在客户中享有盛誉。

国研趋势核心业务涵盖战略咨询、集团管控、世界级制造（WCM)、组织与流程、人力资源与企业文化、供应链物流、营销与品牌、内控与风险管理、安全生产管理、整合型管理体系、精益运营与变革转型咨询、工业化与信息化咨询、产业研究、产业规划等，服务客户已逾5000家。

本案例项目组成员

周宗庆，国研趋势副总经理，国际注册管理咨询师（CMC)、全国中小企业管理咨询服务信息库专家、中国烟草总公司烟草职工学院、中国烟叶公司特聘专家讲师，获得中国企业联合会“企业管理”2018年度咨询与培训风云人物，曾受邀为烟草商业和工业企业领导层培训“集团管控、对标管理、流程管理、精益管理”等专题培训课程。

周宗庆为烟草行业提供管理咨询服务超过15年，对企业体制机制改革、集团管控、企业战略、运营管控、内控合规、管理创新、目标管理、对标管理、产品研发和营销协同机制建立、跨项目的战略管理及企业高效能治理提升等方面有丰富的咨询实践经验。

其他成员：李富军、赵菊梅、温春珍

导读

一、成果简介

制造企业基于流程的运营管理的核心内容以流程管理体系建设为抓手，以价值链关键环节为重点，建立完善的流程管理运行机制，以战略目标为统领，以流程优化作为切入点，整合质量、环境、能源、职业健康安全等各类管理体系，并运用卓越绩效评价方法，全面审视业务流程和管理流程，从工作协同、效率提升、价值增值的视角，科学评估企业业务活动运行现状及实施效果，识别现有管理模式存在的改进机会，实现流程 PDCA 的良性循环，为全面推进精益管理、实现提质增效提供坚实的基础支撑。

二、成果主要创新点

分析卓越绩效管理评价准则及以 ISO 9000 为代表的标准体系结构，抽象出一套从战略到流程的结构化、模型化和一体化的运营管理体系模型，形成基于企业战略"自上而下"的流程架构及融合管理要素的"自下而上"的流程梳理方法并深化应用，建立起不仅涵盖流程管理基本框架全部内容，而且同时又将管理视角扩大到整个企业的运营管理体系。

创新管理体系审核与卓越绩效评价的一体化评价方法，以流程为审核主线，构建流程评价模型，借鉴 GB/T 19579《卓越绩效评价准则实施指南》和 GB/T 19004《追求组织的持续成功　质量管理方法》自我评价工具，按照流程策划、流程执行、监测和分析、持续改进的 PDCA 流程评价思路，从流程设计和流程实施两方面制定流程评价要素，系统评估关键流程运行状况，快速定位关键流程的短板，识别流程体系潜在的改进机会。

有效探索了基于数据驱动的流程优化机制，借助信息化手段开展流程绩效监控与分析，建立流程绩效数据可视化界面，以绩效管理驾驶舱为核心，对业务端到端流程绩效数据进行全面监控，通过业务执行数据的实时采集、多维分析与流程挖掘，构建多种流程绩效分析模型，定位流程执行弱项环节，下钻分析流程执行岗位绩效，横向追溯流程上下游协同问题，为业务流程优化提供实时、准确、全局性的数据决策依据。

龙岩烟草工业有限责任公司基于流程的运营管理

北京国研趋势管理咨询中心　周宗庆

一、基于流程的运营管理实施背景

（一）落实高质量发展的现实需要

制造业是我国国民经济的主导产业，是实体经济的主体，是技术创新的主战场，也是供给侧结构性改革的重要领域，中国经济要实现高质量发展，必须有高质量的制造业作为支撑。党的十八大以来，以习近平同志为核心的党中央高度重视制造业发展，坚持创新驱动发展战略，把推动制造业高质量发展作为构建现代化经济体系的重要一环。

近年来，传统制造企业面临库存增加、产能布局结构性矛盾、产品结构提升乏力、市场拓展难度增大等显性困难，按照固有发展模式显然无法从根本上应对解决，必须转变发展思路和方式进行逐一破解。而流程思维是以客户价值实现为目标，进行过程管理优化，形成跨部门跨岗位有序、高效协同的思维模式。基于流程思维，建立企业运营管理模式，从本质上来说，是将企业业务活动通过明确的结构化流程加以指导，通过流程建设把企业资源从海量的、低价值的、简单重复的工作中解放出来，聚焦到质量变革、效率变革、动力变革上来，以确保企业发展更有质量、更富效率、更可持续。

因此，贯彻新发展理念，推动高质量发展，制造企业必须牢牢把握流程思维这条主线，建立基于流程的运营管理模式。一是以质量变革为核心。坚持以市场为导向，从强调优质向追求卓越跃升，强化生产制造各个环节的品质保证，推进企业向高质化、高端化、绿色化转型，支持产业链一体化组织运行体系建设。二是以效率变革为目标。坚持以需求为导向，进一步优化生产组织模式，做好产销计划、原料供应、物流配送、配套保障等关键环节的有效对接，确保生产组织安排、设备调试、产能布局优化等各流程不断不乱、有序高效。三是以动力变革为关键。坚持以问题为导向，进一步优化创新机制，强化技术攻关，推动重大技术专项和科技项目接续发展，以强有力的创新流程，提升创新成果转化效率，立足创新驱动、项目带动、流程固化、岗位实践，加快知识型、技能型、创新型人才的培育，支撑和引领企业创新发展。

（二）数字化转型升级的客观需要

智能制造是近年来各行各业关注的热点，快速变化的市场环境，多样化、个性化的消费升级需求，也迫使传统制造业要不断吸收借鉴先进的“智能制造”技术，抢抓新一代信息技术发展和变革机遇，推进智能工厂转型升级，释放信息技术新动能。这是推动“供给侧改革”的题中之义，也必然要求制造企业要对内部管理模式做出相应的调整。

推进智能制造，不仅需要加速新一代信息技术与业务融合创新应用，更需要系统性的管理体系架构支撑。而大多数制造型企业的业务设计方式，与以往相比变化并不大，远远没有跟上技术升级的速度。如生产环节虽然早已实现自动化很多年，但是很多业务活动却仍然依靠手工记录或线下流转。不少业务执行过程保持传统的低效方式（如各种统计报表的人工传递），一方面，完全没有利用好工业互联、移动互联等信息化、自动化乃至智能化带来的技术红利；另一方面，也没能将业务过程信息有效、充分地保存下来，为智能制造的迭代升级积累有价值的数据。还有一些业务在业务运行的方式方法上实现了在线化，与智能制造系统进行了对接，但却没有将制造系统的另一个有机主体——人——有效地联结到系统当中。

因此，企业数字化的成功转型，离不开以流程为内核的运营管理框架支撑。对流程设计进行持续的迭代升级，使业务发展适应智能制造的需求，同时使人通过业务设计有效联结到智能制造系统当中，不断将基础管理迭代升级，将优化后的业务流程与先进的生产、物流布局和运作方式深度融合；并更多地发挥“人”的智慧源价值和决策主体的作用，运用数据感知，强化群智协作，以此为基础实现人机协作的自动化应用，使人与系统充分联结而非各自为政，使运营管理体系高效、低成本且更加灵活。

（三）深化精益管理的内在需要

制造型企业的精益管理水平，既体现出制造的硬实力，也凸显了管理的软实力。以尽善尽美的追求解决好从产品研发到产品实现的问题，完成好从计划订单到生产安排再到发货全过程的信息管理任务，完成好从原材料到制成最终产品的物质转化任务，以模拟仿真生产、信息流管理、生产过程管控等信息技术作为有效支撑，消除和避免从这些活动中产生的浪费，从顾客和市场需求出发，拉动供给侧价值流动，是制造型企业实施精益管理的核心要义。

总结以往的精益实践，只有坚持质量第一、效率优先，积极实施管理优化、组织变革与流程再造，才能破解企业流程碎片化的问题，打破职能壁垒产生的大量流程孤岛，消除价值创造过程的流程断点；才能破解管理职能化问题，从客户视角反思，解决业务效率低下的问题，推动公司管理体系扁平化、业务流程标准化、内部运行高效化，打造“一流制造工厂”的新型核心竞争力。

二、基于流程的运营管理内涵和主要做法

龙岩烟草工业有限责任公司（以下简称龙烟）构建流程化运营管理体系起步于 2013 年，旨在全面梳理企业流程各环节、各要素及其相关性，通过有效的管理、可控性优化、资源合理配置等手段，消解短板、提质增效；深化于“十三五”时期，以战略目标与客户需求为导向，聚焦卷烟生产价值链的关键环节，开展诊断分析与管理评价，并以系统性流程优化为抓手，以核心业务端到端流程的纵向穿透、横向衔接，打通专业、部门、层级间壁垒，将职能管理向流程管理转变引向深入，实践出一条科学有效的流程管理实施路径（见图 1）。

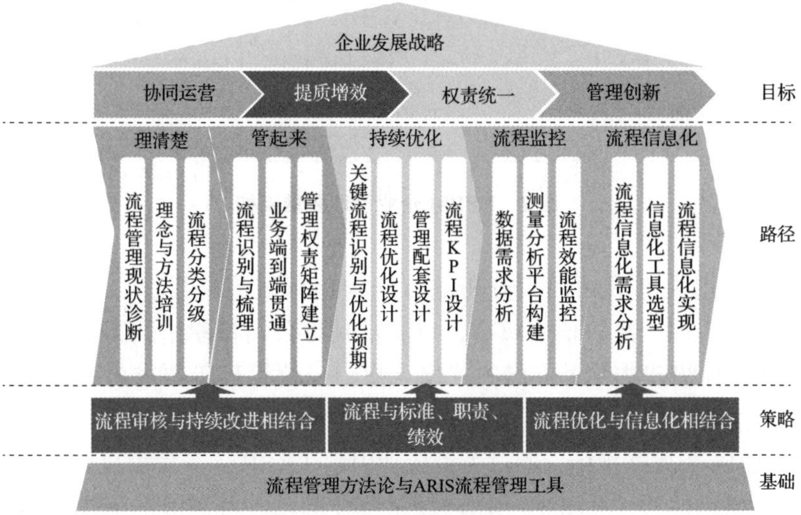

图 1　龙烟流程管理建设总图

龙烟构建基于流程的运营管理，主要做法包括以下内容。

（一）构建全覆盖的业务流程体系

制造型企业是执行生产订单任务，实现工艺技术要求，物流、人流、信

息流相互交织的复杂分工协作网络。为系统梳理企业价值流，龙烟深植流程管理理念，学习和借鉴行业先进的流程架构方法及标杆流程，对标满足客户需求及期望的业务最佳实践方式，构建起“敏捷协同、优质高效、持续改善、追求卓越”的业务流程体系。

1. 面向战略“自上而下”的流程架构

龙烟分析卓越绩效管理体系，从以 ISO 9000 为代表的标准体系结构抽象出一套从战略到流程的结构化、模型化和一体化的运营管理体系模型（见图 2），不仅涵盖流程管理基本框架的全部内容，而且将管理视角扩大到企业的整个运营管理体系。

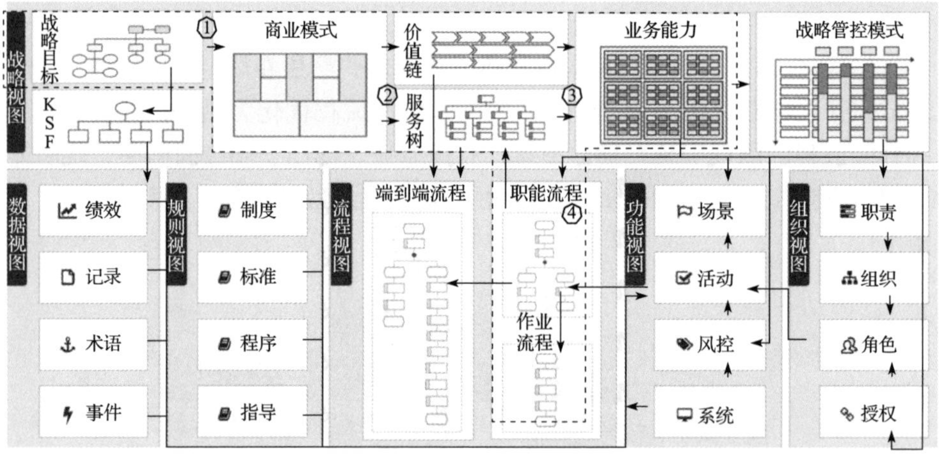

图 2　EBPM 企业管理要素架构

一是运用关键成功因素分析法，结构化分解战略目标。从自身战略定位出发，以实现产品价值为核心，以满足其母公司福建中烟工业有限责任公司（以下简称福建中烟）提出的战略支撑、经营管理等要求为关键点，梳理产品质量指数（QI）、设备综合效率（OEE）、物耗指数（MCI）、订单响应时间（ORT）等 11 个战略指标，通过关键成功因素（KSF），分解形成“结构化”的流程绩效指标体系（见图 3），用以衡量各业务域、各层级的流程产出，匹配战略目标，满足战略发展要求。

二是运用商业模式分析法，识别制造价值链。以龙烟战略目标、产品及服务为出发点，从 3 条分析路径与 9 个基本构造板块的排列组合（见图 4），分析推演战略规划实现所需具备的业务能力或竞争能力，进而识别为业务（竞争）能力提供支撑的具体过程，完成企业价值链梳理与流程架构的顶层设计。

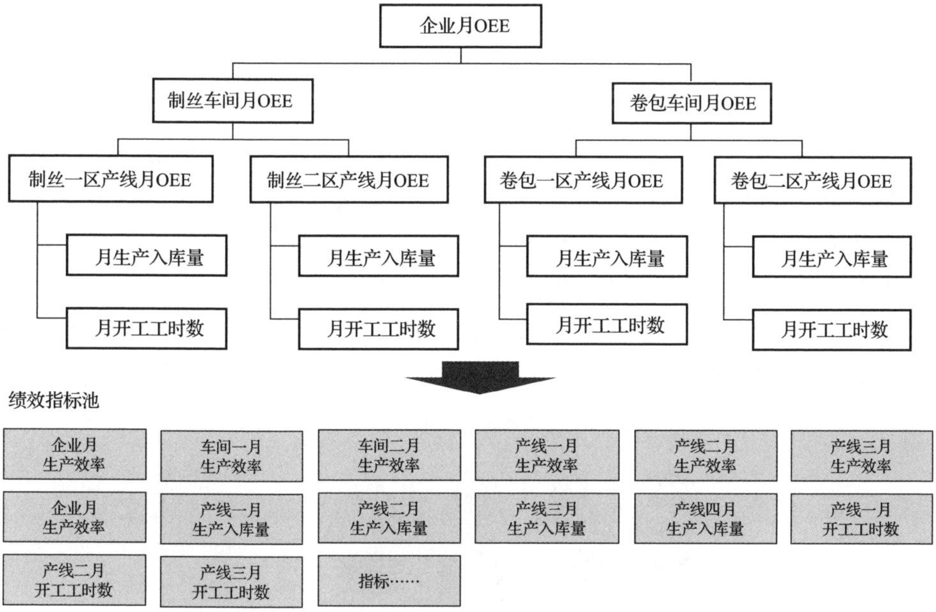

图3　战略KPI分解示意图

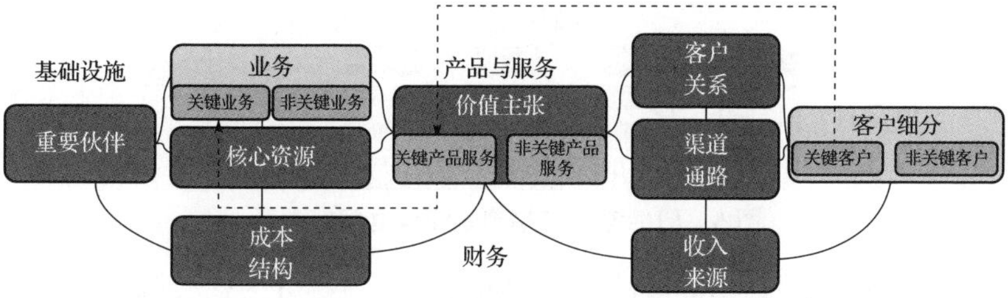

图4　商业模式分析模型

首先是价值主张的分析路径：从龙烟使命、愿景、价值观出发，阐述龙烟为什么存在？靠什么生存？龙烟提供或将提供什么样的产品或服务以实现发展战略？确定要做哪些业务、不做哪些业务？

其次是“客户细分、渠道通路、客户关系、收入来源”的分析路径，理清楚客户是谁？可以细分为几类？通过哪些渠道通路接触各类客户，并与客户建立何种关系？龙烟如何获得收入及收入的构成？

最后是“业务、核心资源、重要伙伴、成本结构”的分析路径，识别龙烟需要实施哪些关键业务来满足客户需求？需要的核心资源是什么？可以通过哪些重要合作伙伴获取资源？以及资源配置的成本如何构成？成本结构是否合理？

根据上述三条路径的分析结论，组合出企业战略所需要的业务能力清单，进而识别龙烟要策划和设计哪些过程，由此输出业务流程架构的顶层设计——流程地图，建立起战略体系与运营体系之间的对接路径。

三是借鉴美国生产力和质量中心（APQC）及普华永道全球最佳实践两种流程架构通用理论，建立“职能—端到端”的二元流程架构（见图5）。其中，职能流程架构是从职能分工的角度对流程进行分层分类，其体现的是纵向的专业分工；而端到端流程是用以描述需求发起至关闭的完整业务过程，其体现的是横向的组织协同。职能流程架构的梳理明确了企业流程的个体和总数；端到端流程架构的梳理则以满足客户需求为导向，对相关流程进行串联和组装，为整体识别价值流，消除流程断点及无价值流程奠定了基础。

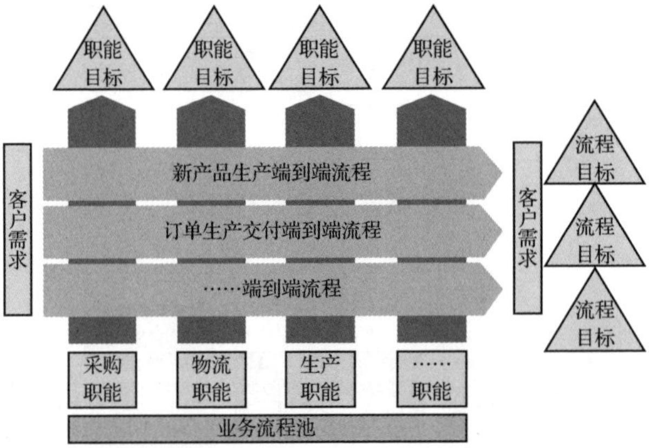

图5　职能流程与端到端流程之间的关系

其中，以商业模式及价值链分析为输入，将流程分为核心流程、支撑流程和管理流程三大类。核心类流程直接创造企业价值，支撑类流程为企业经营活动提供服务和资源保障，管理类流程为企业整体经营活动提供监管和合规保障。

以管理对象为横轴，以管理过程为纵轴，针对价值链过程创建流程选择矩阵，统一流程颗粒度划分原则（将留下一份或一套管理记录作为主要判定原则），形成了“流程地图L1—流程区域L2—主流程L3—业务流程L4—岗位作业流程L5”五大流程层级，细分所有价值流至最小颗粒，形成企业业务流程清单，全景展现分类清晰、业务完整的职能流程框架。

端到端流程架构，是在职能流程架构的基础上，以企业内外部客户和客户需求为导向，梳理从客户需求提出到客户需求满足的完整业务过程。端到端流程架构综合考虑企业战略、市场条件、客户需求等宏观视角，按管理主题构建，分析企业应该存在的客观需求，从现有职能流程入手，识别那些属于业务起点的职能流程，形成端到端业务流程链条的拉通与协同运作，进而通过端到端流程梳理，发现业务断点，不断优化完善流程，提升流程运转的效率、效益与质量，降低流程运行的成本与风险。

2. 面向对象“自下而上”的流程建模

集成信息系统结构（Architecture of Integrated Information Systems，ARIS），是全球领先的业务流程管理（BPM）信息化系统，它立足于流程建模与分析，为企业提供“流程规划—业务建模设计—模型模拟仿真—流程绩效监控”的完整闭环管理。

通过 ARIS 提供的一套建模规则和方法，能够运用其模型多维度、多视图、多层次和多格式的特点，将企业管理要素进行对象化建模，客观描述企业的组织架构、信息系统和运营管理之间的关系，使业务与 IT 进行无缝集成，并为不同层次、不同部门的人员提供统一的流程协作平台。

一是从组织岗位、管理记录、制度文件、角色授权、应用系统、绩效指标等管理要素的建模入手，建立组成流程的“房式结构”元素库。运用 ARIS 流程设计器，将流程模型统一维护到流程管理平台上，借助 ARIS 流程绘制平台，将流程图绘制细化到岗位，以岗位对应角色、角色对应流程的方式，实现流程和组织的松耦合。

二是以事件触发流程，驱动流程活动串接的业务逻辑，准确细致地描述业务流程。采用“5W1H”方法描述业务流程，针对每一条流程依次定义其执行该活动的 when（何时）、where（何地）、why（因何）、who（何人）、what（何事）、how（如何）等流程信息，清晰客观地描述业务活动，再将已经梳理好的组织架构、管理记录、信息系统、绩效指标、风险内控等管理要素与之进行匹配，实现各体系要素对象基于流程模型的集成整合。

这样每条业务流程颗粒都包含完整的管理要素（如组织和表单等），以统一的定义方式，封装、固化在流程管理平台里，并且与每个员工和实际的业务开展过程实现关联，流程是具体、独立的实体。

3. 面向运营“上下融通”的一体化管理

从企业运营的本质看，无论建立多少个专业管理体系，其运行的载体必然是一套流程体系。

基于全要素关联的业务流程体系，龙烟实现了将各管理体系要求九九归一。管理体系每改动一个要素，其他关联环节就会同步修改，或更新业务流程描述，或匹配标准文件条款，或调整组织岗位，或修订管理记录……使管理体系要求与流程实际执行保持一致，标准文件与流程描述高度统一，大大降低了体系变更及校验的复杂性，有效提升了体系运行效率。

此外，运用 ARIS 模型仿真与分析功能，可以对各类流程要素的定量、定性进行分析，如分析流程与制度模型匹配，检验制度条款之间是否存在重复、矛盾、空白的情况；通过分析管理记录模型，检查流程上下游信息传递是否存在断点，促进运营管理体系落地执行。

（二）打造卓越流程治理能力

构建与价值协同相匹配的流程治理机制，加速基于流程的隐性知识转化，探索管理体系审核与卓越绩效评价一体化相结合的方法，实施分层级内部审核工作机制，提升流程管理效益，实现“以评价促改进，以改进促提升，以提升促转型”的良性闭环。

1. 建立知识导向型的流程管理机制

知识管理是支撑企业形成新型竞争力的关键因素，而知识的创造、共享与再利用，只有与特定的业务流程密切联系，才能有效发挥作用。可见，知识管理是对业务流程中无序的知识进行系统化管理，以实现知识共享和再利用的过程。因此，制造企业推行知识管理，应与业务流程有机结合，打造知识导向型的流程管理机制，更好地促进企业管理提升，助力企业高质量发展。其具体举措包括以下几点。

一是建立流程治理组织机构与管理制度，落实流程主人权责，推进流程治理机制的宣贯与实施，确保流程持续改善，不断产生新的知识，并通过流程有效沉淀。

二是基于 ARIS 平台，为各部门、各岗位提供个性化、可视化的知识界面。每名员工可以通过与流程平台互动，便捷查看具有岗位特性的流程知识，使流程知识得到快速获取与传播；同时，流程知识与岗位实际经验的结合，有利于激活员工对流程的改进创新，加速员工隐性知识的转化，使岗位最佳实践经验得以固化，流程改进更加接近现场、接近一线。

三是依托 ARIS 平台，建立流程制定、修订的申请、审批、发布工作流，加强流程过程管控与版本管理，满足业务在线设计与知识动态管理需求，实现对业务流程的全生命周期管理。

2. 创立管理体系审核与卓越绩效评价的一体化评价方法

管理体系审核与卓越绩效评价是两种典型的管理评价方式，具有明显的差异，但如果能够实现一体化结合，则有利于打通微观符合性审核与宏观成熟度评价。支持管理体系的全面一体化，提高运作效率，使微观审核面向宏观评价的组织背景和重点，同时培养兼具战略视野和细节着眼、熟悉多体系标准、掌握审核和评价技能且又愿意同时实践的复合型评价人才——内审员兼自评师。

为此，龙烟以卓越绩效和精益管理理念为指导，从企业管理现状和实际需求出发，注重战略导向、价值导向和问题导向，将卓越绩效 ADLI 评价方法与体系 PDCA 内审方法深度融合，以流程为审核主线，构建流程评价模型，借鉴 GB/T 19579《卓越绩效评价准则实施指南》和 GB/T 19004《追求组织的持续成功　质量管理方法》自我评价工具，按照流程策划、流程执行、监测和分析、持续改进的 PDCA 流程评价思路，从流程设计和流程实施两方面制定流程评价要素，建立流程体系评价方法，系统评估关键流程运行状况，研究运用流程执行率雷达图等分析工具，通过模型评估快速定位关键流程的短板，识别流程体系潜在的改进机会。

3. 实施分层级内部审核工作机制

推动流程管理诊断机制化运行，构建“公司级—职能级—部门级”三层级审核机制，将审核结果纳入组织绩效考核，使各层级对流程运行的效率、管理体系的有效性，形成持续的、自驱的关注，为“职能管理向流程管理转变”奠定坚实的基础，具体包括以下内容。

一是公司级成熟度评价机制。从宏观层面看，审视公司业务流程整体运行效率与管理成熟度，以公司战略为导向，关注 KPI 分解过程与实现情况，评价职能级审核的有效性，从中识别公司业务流程架构的短板和改进机会。

二是职能级专项评估机制。从管控层面看，职能部门承接公司 KPI 指标，通过关键成功因素分析识别出与其业务相关度高的端到端流程，并作为流程主人负责审核端到端流程整体设计的完整性、增值性及流程执行的符合性、有效性、适宜性，重点关注上下游流程环节的业务衔接，寻找系统性流程改进机会。

三是部门级审核机制。从实操层面看，针对管理体系一体化运行情况开展审核，重点关注流程设计、标准要求与业务执行三者一致性，如流程设计与流程执行记录的一致性、流程规范要求与标准文件条款要求的一致性、ARIS 流程建模规范与流程设计的一致性等，及时纠正不符合行为。

四是将审核结果纳入组织绩效管理。设置“流程审核得分”绩效指标的测量与考核方案，以季度为周期，跟踪、评价指标的实现情况，将流程管理与绩效管理深度结合，对各部门进行相应的绩效考核。从机制层面强化指标的应用和提升导向，使各部门在管理方面的绩效平行可比，促进内部形成流程管理最佳实践，对业务流程的持续优化、管理体系的不断升级，构成强有力的反馈和闭环。

上述分层级审核工作机制，形成了一套职责落实、客观评价、科学考核的内部审核工作网络，分级分类的体系审核员队伍也因此孕育而生。通过“内部轮训、考核选拔、重点培养”，龙烟培养出一批兼具战略视野和细节着眼、熟悉多体系标准、掌握审核和评价技能的复合型评价人才，为持续改进运营体系提供了专业化人才支撑。

（三）推动“业务＋数据”双驱动的流程优化

龙烟作为传统制造企业，其数字化转型的愿景目标是，在已有的自动化生产制造系统基础上，充分融合人的智慧，应用大数据、云计算、移动网络通信和人机交互的工作自动化、数字孪生、虚拟制造等现代信息技术，从生产、管理全过程优化出发，推进以高效化、绿色化和智能化为目标的卷烟智能制造。

数字化转型不能仅靠制造过程的装备智能化，更要以制造流程、操作方式、管理模式的自适应智能优化为支撑。为此，龙烟首先聚焦核心业务，先把最有价值的业务梳理清楚，同步开展数据驱动的管理，指导业务优化改进，并逐步扩散到其他的业务领域，通过业务驱动和数据驱动共同决策和指导运营，确保企业战略和战略目标落地，产生实实在在的价值。

1. 聚焦战略目标，实施系统性流程优化

（1）提升面向市场的供应链协同能力。

积极参与福建中烟“产销协同优化”项目，优化调拨需求预测和生产计划流程，加快供应链一体化产供销信息共享平台建设，实现需求、计划、采购、生产、交付等业务信息的交互与共享；建立供应链协同重大信息披露流程，提高供应商质量异常和重大变更风险预警应变能力，提升“生产与销售、生产与采购、生产与交付”的协同效率。

（2）提升柔性生产、敏捷响应市场的能力。

结合省公司品牌发展规划和产品发展趋势，科学规划一二区产能，合理调整设备布局，优化“四转三”生产组织模式及运行流程，深化运用高级计划与排程（APS），研究生产过程全要素管控模式，基于生产全过程信息智能感知与集成，逐步改变生产计划调度与优化控制系统指令依赖人工经验，驱动生产计划系统寻优与管理决策，提高生产组织的均衡性和敏捷性。

（3）提升精益制造能力。

以质量、成本、效率均衡为目标，在产品质量方面，聚焦中细支卷烟关键制造技术，充分利用行业的中细支卷烟制造数据寻找差距，优化工艺质量和工艺技术管理流程，重点攻关切丝宽度、烟丝纯净度、含水率控制、滤嘴通风度、端部落丝、圆周标偏差及中细支卷烟单箱消耗高等难题，有效提升产品质量和过程质量；在效率提升方面，全面运用卷烟工厂设备卓越绩效管理项目成果，深化设备精益管理，优化设备自主维护改造流程，配套维修队伍优化重构，建立设备维护改造管理模式，引导和促进设备自主创新的实施，进一步提高设备运行效率，提升精益生产保障能力。

2. 围绕日常运营，开展流程绩效监控与数据分析

在智能化转型升级过程中，数据资源已经成为“智慧工厂”越来越重要的资源，大数据所蕴含的价值正在逐步释放，有效处理、分析、应用好这些数据，实现对企业的智能管控，是“智慧工厂”持续提升决策能力、从粗放走向精益的重要途径。

在大数据环境下，业务流程的执行过程是一个不断产生和消耗大量数据的过程。为此，龙烟构建横向对比分析和纵向对比分析相结合、周期性分析与专题分析相结合的流程分析模式，聚焦关键流程绩效指标，建立流程绩效数据可视化界面，以绩效管理驾驶舱为核心，搭建以战略地图、指标分解、绩效监控、指标分析、业务改进为全过程的流程绩效监控分析平台。运用 IT 系统沉淀大量业务数据，挖掘数据价值，盘活数据资源，从中感知流程执行状态，评估流程执行效率，洞察流程优化空间，实施系统改进。

以龙烟“改进创新指数”战略 KPI 分析为例，通过绩效指标分解与流程梳理，提炼出改进创新流程绩效的过程性指标 8 个（见表 1）。

表 1　改进创新流程绩效指标

序号	流程指标	分析逻辑	维度	计算公式
1	创意种子数量	按照不同的维度对创意种子的数量进行分析	创意类别、创意提出时间、创意提交人及其所在部门	分维度统计创意种子 ID 数量
2	创意关联方案数量	结合创意种子提交情况，分析相关的方案数量	—	按照方案 ID 统计其数量
3	创意关联成果数量	结合创意种子提交情况，分析相关的成果数量	创意提交人	按照成果 ID 统计其数量
4	创意种子到成果完成周期	分析创意从提出到转化成成果所需时间	创意类别	成果实际完成时间—创意提交时间
5	成果完成情况	分析成果是否可以按时完成	主责部门	成果实际完成时间—成果预计完成时间
6	创意采纳率	分析种子生长发育情况	创意提交人及其所在部门	种子状态为“完成”和“培育”的数量 / 创意种子总数

续表

序号	流程指标	分析逻辑	维度	计算公式
7	方案制订率	分析种子生长发育情况	创意提交人及其所在部门	已制订方案的种子数量 / 创意种子总数
8	成果转化率	分析种子生长发育情况	创意提交人及其所在部门	已有成果产出的种子数量 / 创意种子总数

按照指标制定情况，在流程绩效监控分析平台创建指标模型，定义指标名称，每一项指标，依据要分析的业务流程需求，从信息系统中抽取相关日志数据。改进创新流程是从龙烟情报系统中抽取创意、方案、成果、创意审批、成果审批等全流程事件日志，梳理指标数据项所需的关键字段，将经过 ETL 的业务数据导入流程绩效分析数据仓库，根据流程自身逻辑，识别能够串联各流程步骤的关键数据字段，如创意 ID、创意提交日期、创意方案提交日期、创意成果提交日期，创意审批人等，在流程绩效分析系统中配置业务数据和流程的对应关系，确保业务数据可以直观地以 ARIS 流程图形式进行展示。

对业务端到端流程绩效数据进行全面监控，对业务执行数据的实时采集、多维分析与流程挖掘逐步设定各流程的流程效率合理目标区间，通过数据挖掘技术，构建如统计分析、同质对比、概率分布、异动挖掘等多种流程绩效分析模型，定位流程执行弱项环节，下钻分析流程执行岗位绩效，横向追溯流程上下游协同问题，以针对性进行改进突破，调整现有不相符、不适应、不增值流程，为业务流程最佳实践优化提供实时、准确、全局性的数据决策依据。

三、基于流程的运营管理的实施效果

（一）流程体系的管理效益

龙烟通过创建并持续深化面向战略落地的流程管理体系，使 GB/T 19580、ISO 9001、ISO 14001、ISO 45001、ISO 10012、ISO 50001、GB/T 23001 等标准的要求在企业内得到了兼容和协同实施，使企业的各项综合创新成果得到了有效固化和落地，系统整合了企业各项管理工作，极大地提升了企业经营质量水平和管理成效，使企业的经营管理做到更加系统、更加聚焦、更加协同和更加高效。

（1）更加系统：覆盖企业基于使命、愿景、价值观和战略的运营管理全过程，并得到了系统化的实施及运作。

（2）更加聚焦：明确了基于战略的项目绩效与流程绩效测量方法，为公司改进创新提供了系统性的改进需求，使之更加聚焦于企业战略关键绩效指标的提升。

（3）更加协同：有效融合了 ISO 9001、ISO 14001、ISO 45001、ISO 10012、ISO 50001、GB/T 23001 等各专业管理体系的要求，使之均能在卓越绩效管理体系中找到自身的位置，明确自身的定位，实现项目与流程管理子体系的一体化管理和协同实施。

（4）更加高效：通过流程管理体系整合，全企业只有一本纲领性的卓越绩效管理手册，程序文件和作业指导书也得到了精简，由原来的 426 份精简至 342 份，提升了标准文件的科学性、可操作性；管理记录由原来的 3522 份减少至 3162 份，降低了管理成本，提高了执行效率；KPI 指标由 373 个扩充至 540 个，进一步完善了公司绩效指标体系，并使多体系结合审核与卓越绩效自评诊断一体化，这些都相当大程度地促进体系运行更加高效。

（二）流程优化的经营效益

龙烟实施系统性流程优化项目与自评改进，有效地促进了“十三五”战略实施的经营效益；在 11 项战略 KPI 指标中，10 项指标通过流程项目或精益改善有所提升，1 项指标“QI 指数”趋势平稳。如“四转三”生产组织模式及运行流程优化，以及供应链一体化产供销信息共享平台建设，有效提升“设备综合效率”“小牌号订单响应时间”“烟用材料库存周转次数”等生产核心指标，其中，“烟用材料库存周转次数”每月增加 0.45 次；又如，优化工艺质量管理和工艺技术流程，全面提升批次质量管理水平，“顾客抱怨率（生产环节）”从 0.059 降至 0.05，质量指数（QI）趋势平稳，有效提升产品质量和过程质量。在关键支持流程方面，深入推进精益管理，物耗类、能耗类指标降幅明显，实施精益改善，改进创新指数，流程审核得分稳步提升，国家三级以上职业资格新取证人数、中高级专业技术资格新取证人数等战略 KPI 也有良好的增长趋势。

在日常运营层面，借助龙烟流程绩效监控分析平台运行，2018—2019 年度先后输出 10 份流程绩效分析报告，以创意改善流程为例，通过流程绩效分析系统获取数据和知识分析，实施以下流程改进：一是修改创意园改善积分计算规则；二是优化创意报表；三是精简“创意方案制订”环节，创意种子采纳，即可进入实施，减少过程留痕，以成果提交作为闭环条件；四是新增“创意淘金”直通车，创意种子经上级领导认可直接实施，减少种子讨论周期与热度积累周期，加快成果转化效率。流程优化后，公司创意采纳率有了明显提升，从 2018 年的 82.75% 提升至 2019 年的 88.59%，创意从种子到成果流程平均运转周期从 98.31 天缩短至 60.05 天。

（三）成果应用的社会效益

近年来，随着全国质量奖和各地政府质量奖的深入推进，卓越绩效的管理理念和方法得到了越来越广泛的共识。龙烟基于战略的流程管理体系全面整合创新，正是希望通过自身的探索与研究，使卓越绩效模式这一西方的舶来品，能与中国企业的实际相结合，找出中国企业尤其是制造型企业，从理念、实践到结果的实施路径，为各行各业提供全新的管理理念和方法，为组织的集成化管理提供最佳实践。

1. 行业内推广

（1）流程化管理思维模式和方法论成为其母公司福建中烟构建管理大纲的关键思路和框架（见图 6）。

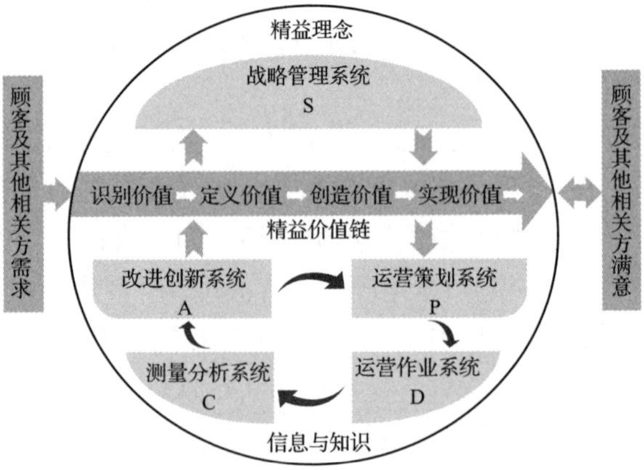

图 6　福建中烟管理大纲基于卓越绩效的业务流程框架

（2）龙烟参与了烟草行业标准 YC/T 535—2015《烟草工业企业卓越绩效评价准则应用指南》的起草，促进了管理体系全面整合创新方法在行业的分享和推广。

（3）公司总经理姜志强通过演讲，将流程化运营管理思维和方法论在行业内分享和推广，获得了众多企业的好评和认可，为创新企业提供借鉴价值。

2. 跨行业推广

龙烟流程化运营及其管理体系全面整合，已成为中国质协“基于卓越绩效的全面一体化整合”创新课程的主要案例，在全国各行各业推广应用。同时，公司也接待了许多行业内外企业的访问学习，促进了成果推广的社会效益。

苏州苏净安发空调有限公司 EAP 实践综合管理咨询案例

苏州允吉企业管理咨询有限公司

苏州允吉企业管理咨询有限公司主营业务包括各类体系管理咨询、人力资源管理咨询和科技管理咨询。

（1）人力资源管理战略咨询。通过科学分析并预测组织在未来环境变化中人力资源供给与需求状况，制定必要的人力资源获取、利用、保持和开发策略，确保组织对人力资源在数量上和质量上的时空需求，使组织和个人不断获得发展与收益。

（2）内部体系审核管理咨询。主要包括 ISO 9001、ISO 4001 及 ISO 45001，强化组织自身管理及履行国家相关法律法规，实现社会责任。

（3）知识产权管理体系咨询。主要根据《企业知识产权管理规范 GB/T 29490—2013》，帮助企业在知识产权机构备案，同时指导企业起草知识产权管理体系文件并付诸实施。

（4）高新技术企业管理咨询。主要根据《国家重点支持的高新技术领域》《高新技术企业认定管理办法》和《高新技术企业认定管理工作指引》帮助企业开展高新技术企业的认定与维护工作。

（5）科技项目管理咨询。主要根据各级政府的科技项目奖励政策和扶持政策，开展科技项目的宣传、培训、申报指导及科技项目维护的服务工作。

本案例项目组成员

闫树权，管理学、文学、教育学学士学位，管理学硕士学位，中国社会科学院大学哲学高级进修班及武康大学（西班牙 UCAM）心理学博士在读。管理咨询师、教师、工程师职业资格，心理咨询师，知识产权体系审核员，高级技术经纪人，高级人力资源师，获得“2020 年度中国服务业科技创新奖三等奖”。主要研究方向：社会主义科学原理，中国现代化，企业管理咨询。

其他成员：吴卫琴、熊丹、陈希、聂永伟

导读

中国正处于经济社会的快速转型期，新时代中国特色社会主义事业赋予了创业者、企业家和职业经理人（以下统称职业经理人）大力发展社会主义经济的伟大使命，动力与压力同在，职业经理人客观上需要社会提供相应的人文关怀与咨询服务。但是，提供什么咨询服务及如何提供咨询服务尚没有一套可供参考的解决方案。本项目案例，就是针对这一问题而设计的员工心理援助计划（Employee Assistance Program，EAP）咨询服务体系。

职业经理人 EAP 咨询服务体系，服务对象是职业经理人，主要包括健康咨询、管理咨询和心理咨询，健康咨询解决职业经理人由于各方面原因所造成的身心健康问题，管理咨询解决职业经理人的工作任务问题，心理咨询解决职业经理人的胜任力及职业发展问题，三个方面均以健康咨询为基础，因人而异，各有侧重。

根据 ISO 9001 所确定的 EAP 咨询服务体系，能够体现 EAP 咨询服务的特色、方针、目标、程序、作业，使 EAP 咨询师可以与企业客户进行有效对接，有利于供需双方在一个比较清晰的框架下进行合作推进，可以产生最佳的咨询服务效果。在形式上采用 ISO 9000 标准化体系，在内容上则将管理咨询、心理咨询、健康咨询等融为一体，构建了“1+N”的中国职业经理人 EAP 咨询服务模式。“1+N”中的“1”代表针对职业经理人的咨询服务，而“N”则是针对该职业经理人创业团队或者管理团队所提供的团体咨询和团队建设服务。企业作为一个组织系统，由诸多个“1+N”基本单元构成，只有按照这些基本单元提供咨询服务，才能保证针对职业经理人所提供的咨询服务效果最大化。

苏州苏净安发空调有限公司 EAP 实践综合管理咨询案例

苏州允吉企业管理咨询有限公司　闫树权

一、案例背景及 EAP 概述

（一）企业基本情况

苏州苏净安发空调有限公司（以下简称安发公司）属于国有控股集团的子公司，具有 10 年国家高新技术企业发展史。企业经过近 30 年的发展，现已形成空调产品及系统工程、热泵产品及系统工程两个业务板块，产品广泛应用于工业、农业、商业、交通运输业、航空航天业等。安发公司在“十二五”期间即实现了“集团化”，除安发公司主体空调业务之外，还下设两家控股公司及三个事业部，共计六个业务主体单位。安发公司从 2017 年开始即设置企业管理咨询办公室，聘请专职管理顾问主持企业内外部合作的管理咨询工作，成立了苏州丹若管理心理咨询工作室。近几年主要开展了市场营销管理咨询、事业部管理咨询、EAP 管理咨询、工程管理咨询、高新技术企业管理咨询、科技项目管理咨询及知识产权管理咨询等项目。

（二）咨询需求的提出和项目目标

安发公司作为国有控股性质的中小企业，其发展战略隶属于上级集团发展战略。同时，由于安发公司自身所在行业竞争的实际情况及客户需求的变化，其先后成立两个子公司及三个事业部，以利于完善产品线并实现全方位市场布局。但是，作为中小企业可资利用的资源十分有限，当自身集团化之后，就出现了整体管控的难题，以及各个业务单位在各自市场竞争力弱化的问题。

安发公司针对上述问题，2017 年以前的做法是：由领导班子成员分管各个业务单位，对其直接实施管理，同时返聘中高层以上干部作为企业内部顾问，组成咨询服务团队，为各个业务单位提供咨询服务。从 2017 年开始，在控股集团的干预下，引进了外部咨询顾问。经实践证明，这种外部咨询服务方式无法满足安发公司多层次的持续管理提升需求。

从2018年开始，安发公司引进外部咨询机构进行合作，随之以B事业部规范化建设为试点的实验咨询服务项目启动。不仅B事业部自身需要管理提升，而且公司内外部合作咨询服务机制也需要通过该项目建立起来。因此，管理咨询要为安发公司管理提升提供持续的咨询服务并提炼出一套规范化的咨询服务模式。

总之，就本案例安发公司及其B事业部咨询项目而言，具体目标概括如下。

1. 安发公司的需求

安发公司提出针对2018年B事业部营业目标的合理解决方案。在此基础上，针对B事业部发展的需要，提出了B事业部人力资源开发与管理和EAP咨询服务等支持目标。

（1）根据2018年B事业部营业目标，制订一套从现实出发的合理实现方案。

（2）基于B事业部人力资源开发与管理，设计一套骨干人员和团队能力提升的方案。

（3）通过实践，构建一套内外部合作的咨询服务机制并加以完善。

（4）基于EAP原理，对B事业部骨干人员进行评估，并给予适当的心理干预。

2. B事业部的需求

B事业部主要需求首先是2018年营业目标的实现问题，其次是围绕B事业部规范化管理、团队建设、职业经理人身心健康、全体人员积极性调动等一系列问题，都需要给予适当干预。

3. 综合咨询服务的设想

咨询服务团队经过初步调查研究，只有开发一套EAP服务模式，才能够同时满足安发公司和B事业部的需求。该EAP服务模式，应该包括管理咨询、心理咨询和健康咨询三个部分。

（三）EAP及其与企业管理相结合的特点

1. EAP的定义与含义

中国EAP学院给出的EAP定义：员工心理援助计划，又称组织与员工促进项目、员工心理管理技术等，是由组织为员工设置的一套专业、系统的心理服务项目。这套项目通过专业人员对组织进行精准全面的评估和建议，旨在改善提升组织的人文环境和团队凝聚力，解决管理者和员工在工作生活中出现的各种心理及行为问题，有效提高组织管理效能和工作绩效，实现组织和人的健康、和谐、全面发展。

在探索中国 EAP 未来发展趋势上，中国科学院心理研究所史占彪教授提出了以下七个方面的建议。

第一，EAP 服务人群不仅包括员工，还应该包括企业决策层和管理层。

第二，EAP 要看到组织和人的全貌并接受每个人的独特性，将人的价值发挥到最大。

第三，EAP 需要跨学科整合，从心理学到管理学，从社会学到组织变革等。

第四，聚焦于积极面对挑战和问题，主动预测组织变革所面临的问题。

第五，更多地取向于内外部联合模式，关注员工心理素质、职场胜任度和幸福感，以及具体管理场景的问题解决，甚至组织战略目标实现的促进等。

第六，EAP 服务主体逐渐转变为人工智能与物化设备。

第七，EAP 与社会主义精神文明、传统文化和国学经典等相结合，促进人的全面发展。

综上所述，中国 EAP 的基本定位是为企业管理服务，EAP 咨询应该包括管理咨询和心理咨询。企业组织和组织中的个体都是 EAP 的服务对象，企业家和职业经理人更是 EAP 重要的服务对象。

2. EAP 咨询服务的形式与内容

（1）企业外部 EAP 咨询服务的形式与内容。

作为企业外部的咨询服务机构，可以参照国际标准化组织（ISO）的有关标准建立 EAP 咨询服务体系，从形式上可以参考 ISO 9001。根据 ISO 9001 文件规定，该体系分为服务手册、程序文件、作业指导书三个层次。其中，作业指导书有服务标准、规范、指南、表单等。从内容上则以员工身心健康咨询为基础，根据服务对象的需求，可以拓展到企业管理咨询、积极心理咨询、职业发展咨询、工作关系咨询、团队建设咨询等多个方面。

（2）企业内部 EAP 咨询服务的形式与内容。

企业出于管理的需要，可以建立各种管理体系，例如 ISO 9001、ISO 14001 和 ISO 45001 等，EAP 咨询服务需要按照法律和职业道德的规定对当事人的隐私加以严格保护，所以企业组织自身不适合建立 EAP 管理体系。但是，一些规模较大的企业集团可以建立独立运作的 EAP 咨询服务机构及服务体系，并与党建、工会、职工福利、人力资源管理等工作相结合，相对独立地为其集团所属单位提供咨询服务。

（3）企业内外部结合的 EAP 咨询服务的形式与内容。

企业内外部结合的 EAP 咨询服务，并不需要内外部各自建立一套 EAP 咨询服务体系，而是以外部咨询服务为主导，内部建立 EAP 支持部门并配合外部咨询服务机构开展工作。其中，涉及员工隐私而需要保密的部分由外部服务机构予以承担，而非隐私部分则可以交由内部机构进行承担。在已有 ISO 45001——职业健康安全管理体系的情况下，企业可以考虑融入 EAP 的管理内容。无论哪种类型的 EAP 咨询服务体系，均可以包括健康咨询、管理咨询、心理咨询等服务内容。

二、调查分析

（一）B 事业部创业概述

1. B 事业部成立前的情况

2008 年金融危机所引发的国际经济危机，同时也引起了安发公司高层领导的高度重视。为规避经济危机的风险并减少企业经济损失，安发公司在 2009 年对“十一五”规划（2006—2010）做了应对性调整。其中，在创新研发、知识产权、新技术开发、科技合作、规范化管理、市场细分等方面均做了实质性的调整，B 事业部就是在这样的大背景下开始酝酿的。

2. B 事业部成立以来的目标实现情况

2015 年 B 事业部正式成立，当年实现营业额 250 万元，同时引进了全网营销模式（互联网推广、电话营销、渠道建设）。2016 年、2017 年分别实现营业额 1000 万元和 2000 万元，虽然营业额得到了快速增长，但是总量不大，B 事业部一直处于亏损状态。根据安发公司预测，在现有资源配置和毛利的情况下，B 事业部只有达到了 4000 万元以上的营业额才能够实现盈亏平衡。因此，安发公司在 2017 年年底对 B 事业部提出了 2018 年实现盈亏平衡的目标。但是，对于 2018 年的预期目标，B 事业部经理提出了反对的意见，而且在这个问题上与安发公司领导一直无法达成一致，甚至发生了矛盾冲突。

3. 安发公司对 B 事业部的管理方式

B 事业部属于企业内部创业形式，是非法人经济组织，主要围绕新产品和新项目进行创业。B 事业部经理属于职业经理人，与安发公司签署年度承包协议和责任状。安发公司对 B 事业部的运营过程给予支持，尤其是在财务方面进行直接管理，其他方面基本予以放权，但培育到一定规模即要求该创业项目进入正常营业状态，同时需要给安发公司带来一定的回报。

（二）存在的问题

1. 安发公司对 B 事业部缺乏有效管理

安发公司对 B 事业部沿用了上级集团公司对其自身的管理方式，即以责任状和主要经济指标的协议形式作为双方工作链接的基本依据，除按照经营周期关注经营指标并提供必要的支持外，一般不会给予正常的干预，具有年底算总账的性质。这种管理方式对于创业阶段的 B 事业部来讲，缺乏有效的过程监督与创业指导。

2. B 事业部经理人不适应国企工作环境

根据对 B 事业部经理人的简历分析，该经理人主要在民营企业做过中层干部，不仅没有企业高层管理经验，也没有国企工作经验。企业空降职业经理人本来就存在很多问题，因此，该职业经理人不仅不适应国企工作环境，也无法使该项目按照公司要求实现预期目标，有其特定原因。

3. B 事业部市场定位模糊且组织发展不成熟

作为新成立的创业型的生产经营单位，应该如何进行总体设计？包括战略规划、组织设计、人力资源配置、市场定位、营销管理、风险管控、生产运营、新品研发、售后服务、绩效考核、体系创立等，各个方面均需要进行科学设计。对于 B 事业部来说，这些工作到底应该是投资者来做，还是职业经理人来做，一直没有得到落实，使 B 事业部发展受到严重影响。

（三）标杆企业借鉴分析

1. 东莞市正旭新能源设备科技有限公司市场定位及其组织资源配备策略

东莞市正旭新能源设备科技有限公司（以下简称正旭公司）成立于 2005 年，系集专业研发、生产、销售热泵等节能环保产品于一体的综合企业，产品出口美国、澳大利亚、日本等发达国家。正旭公司的企业定位是：热泵行业领军品牌，空气能行业标杆企业，特种热泵领域的开拓者，高温热水解决方案专业提供商，物料烘干解决方案专业提供商。从正旭公司组织架构图来看，董事长统管全公司并且直接管理财务部。高管层面还设有董事长特别助理、总经理、执行总经理、副总经理、项目部总监、营销部总监、财务总监、市场部副总监及子公司负责人等职位，全公司有两个子公司及若干个大小部门。其中，总经理主管两个子公司和营销中心，营销中心下设项目部和营销部（终端部、外贸部、渠道部、市场部）。执行总经理直接管理 PMC 部、生产部、采购部和人事行政部，同时和副总经理管理工程技术部（技术部、工程部）和品质部。

在市场营销中心，项目部的主要业务是工程设计、项目招投标、项目审核和项目申报。与项目部职能相近的是工程技术部，其中技术部有电控工程、软件工程、系统工程、结构工程和IE工程职能。渠道部业务则分区管理，主要有西北区、东北区、华北区、华南区、华中区、华东区、西南区七个大区。市场部的职能有网络运营、展会推广、电话营销和平面设计。正旭公司2017年在《热泵产业资讯》杂志排行榜上，显示销售额为1亿～2亿元人民币。（资料来源：正旭公司网站及企业宣传资料）

2. 华为公司借力咨询的创业经验

任正非在《活下去，是企业的硬道理》一文中指出，华为公司从一个小公司发展过来，是在中国发展起来的，外部资源不像美国那样丰富。发展凭着感觉走，缺乏理性、科学性和规律，因此要借助美国的经验和方法，借用外脑。一份来自CMKT咨询圈、由中国投行俱乐部综合整理的资料显示，华为从1996年开始，即从企业文化、战略管理、财务管理、人力资源管理、运营管理、供应链管理、研发管理、质量管理、市场营销、客户关系、品牌建设等各个方面请世界著名管理咨询公司进驻华为提供管理咨询服务。例如，成立仅10年的华为公司即引入IBM参与华为集成产品开发（IPD）和集成供应链（ISC）项目的建设，5年期间共计花费4亿美元升级了管理流程。任正非曾对记者说："日本丰田公司的董事退休后带着一个高级团队在我们公司工作了10年，德国的工程研究院团队在我们公司也待了十几年，才使我们的生产过程走向了科学化、正常化。"

3. 江苏永钢集团有限公司的事业部管理模式

江苏永钢集团有限公司（以下简称永钢集团）始创于1984年，经过30多年的发展，现在是一家以钢铁为主业，金融贸易、建筑建材、装备制造、循环经济、新能源等多元产业协调发展的综合性企业集团。永钢集团有两个方面值得安发公司加以借鉴，一是对于"转型升级"的高度重视，二是对于事业部的管理。2015年、2016年时任永钢集团常务副总经理的吴惠芳在两个年度总结报告中均强调了"转型升级"的重要性，2015年的题目是《以转型升级新成效助力企业破冰前行》，2016年的题目是《稳中求进推动企业转型升级取得更大突破》。2015年下半年成立了炼钢、钢轧、能源、运输、物流、供销六个事业部，加上后来的建设事业部，共计有七个事业部。到2016年年底，这七个事业部的人员大约为180人、600人、2480人、3860人、810人、480人和70人。由此可见，七个事业部之间除了业务不同外，人员相差也很大。

在内部管理上，永钢集团实行全面绩效管理，对关键绩效指标分三级分解到各个事业部。例如，炼钢事业部的铁水产量，每月为700万吨。在薪酬激励方面，永钢集团采取了"总额承包、分级管理"的模式，各个事业部工资总额主要与产量、绩效考核挂钩。这样的绩效管理，则构建了企业与员工共赢的局面。

永钢集团近五年一直围绕“普转优、优转特、特转精”的转型升级战略，打造拳头产品、提升产品附加值、拓展产品应用领域。2015 年、2016 年营业收入分别为 258 亿元和 395 亿元。（资料来源：永钢集团网站及企业宣传资料）

4. 南京天加环境科技有限公司做大做强的发展路径

南京天加环境科技有限公司（以下简称天加公司）始创于 1991 年，2008 年获得高新技术企业资质。天加公司是集研发、制造、销售、服务于一体的环境及热能利用的专业化公司，拥有中国的南京、天津、广州、成都，以及马来西亚的吉隆坡 5 大基地，70 多个销售服务网点。天加公司的产品线包括新风除霾机、空气处理机、模块机、多联机、螺杆机、离心机，ORC 低温余热发电系统等。

天加公司坚持质量发展之路，从 2011 年开始实行“十年质量精进计划”，引进日本高管团队，对研发、工艺、制造、品质进行全过程管控，从 5S、标准化、流程、执行力等基础入手，贯彻始终，全面提升产品质量。同时，天加全面引进日本稻盛和夫的阿米巴经营模式与美国联合技术公司（UTC）的 ACE 运营体制，建设有竞争力的制度和体系。

2015 年是天加公司国际化的转折年，这一年的主要业绩有：ISO1 级超净环境集成系统荣获“中国机械工业科学技术一等奖”，与美国 UTC 建立全球战略合资合作，成立日本大阪研究所，并购 UTC 旗下低温发电公司 Pure Cycle。2016 年并购开利成都工厂。天加公司 2017 年在《暖通空调资讯》和《热泵产业资讯》杂志排行榜上显示销售额分别为 20 亿～ 80 亿元人民币和 1 亿～ 2 亿元人民币。2017 年天加公司销售收入 28 亿元，增长率达 36%。（资料来源：天加公司网站及企业宣传资料）

5. 苏净安泰做优做精的成功之道

苏州安泰空气技术有限公司（以下简称苏净安泰）是江苏苏净集团有限公司与日本空气技术株式会社共同组建的合资企业，集科研、开发、生产制造与销售于一体，为各领域提供整套空气技术净化解决方案。日本空气技术株式会社是国际空气净化行业的传统企业，日本 AIR TECH 不断与苏净安泰进行技术交流并共享研发成果，从而使苏净安泰技术始终与日本 AIR TECH 技术同步。苏净安泰的产品被广泛应用于医疗卫生、生物制药、科研院校、检验检疫、畜牧兽医、食品、农林、半导体、平板显示器、光电、航空航天、汽车制造、精密仪器等行业和机构，并出口日本、新加坡、韩国、泰国、美国、巴西、墨西哥、印度等海外市场。从2017年经济工作总结来看，苏净安泰产品通过美国和德国认证，出口额持续增长，国内外市场销售平分秋色。（资料来源：安泰公司网站）

三、解决方案的设计原则、标准及主要内容

（一）咨询方案的设计原则

1. 实验性原则

根据调研提出“假设”，根据“假设”设计方案，选择实验方法，安排实验步骤并予以实施。“假设”是针对适用效度提出的更高层次的理论模型，实验是针对该理论模型的效度检验和修正，其目的是构建科学而有效度的理论，以便于推广并可以解决同类问题。

2. 检验性原则

按照科学归纳法原理，理论模型首先需要进行第一例实施检验，只有当第一例检验得到通过后才可以进行一般意义上的推广检验。当推广检验得到通过后，才能够确认该理论模型对同类问题具有适用性。

3. 实践性原则

所有的设计方案都应该针对当前的或者未来的组织情况，并且是可实施的，区分当前的可实施性及未来的可实施性，以实践的思想指导客户从当前逐步走向未来，从而实现客户成长、组织发展及业绩提升的咨询目标。

4. 科学性原则

在形式上要符合管理咨询基本流程，即调研诊断、方案设计、实施指导、总结评价等一系列的咨询服务过程。在内容上要符合管理学原理，而涉及人员管理的要符合心理学原理，涉及咨询辅导的要符合教育学原理，涉及产品技术的要符合专业技术原理。

5. 合作性原则

无论是哪种咨询服务形式都需要合作，而内外部合作的咨询方式则更加需要强调合作性。这里所说的咨询合作可以分为三个层次，第一个层次是咨询公司与企业客户的合作，第二个层次是咨询项目组与需求单位的合作，第三个层次是咨询顾问与需求单位的合作。合作应该是从调研开始，全程合作直至咨询项目结束。

（二）咨询方案的选择标准与结果

1. 管理文件选择

在充分理解各级主管集团企业文化和发展规划的基础上，从安发公司现

有的管理体系和管理制度中筛选出适合 B 事业部的管理文件，包括 ISO 9001、ISO 14001 和 OHSAS 18001 文件，以及《企业管理制度汇编》。

2. 营业目标确定

在对 B 事业部现有状况充分调研、充分理解安发公司领导意见和 B 事业部职业经理人意见的基础上，确定适合 2018 年度的营业目标。结果确定，2018 年的目标分为最低目标、基本目标和最高目标。其中，最低目标为 3000 万元、基本目标为 3500 万元、最高目标为 4000 万元。

3. 咨询方案构想

管理提升方案考虑到全年的实施计划，既要考虑到安发公司的支持，也要考虑到 B 事业部的实施能力，一个季度除了进行调研和总体布局外，每个季度重点推行一个分项目。结果发现，需要策划成长型《员工手册》、骨干人员《工作评价办法》和《工作评价报告》，最终策划形成以管理咨询为主的《职业经理人 EAP 咨询服务手册》。

4. 合作组织形式

管理提升方案既注重形式，也注重内容。在咨询服务形式上以外部策划为主，在咨询服务内容上以内部实施为主，在整体推进上由安发公司、B 事业部、外部咨询公司三方合作，自上而下逐步深入，个人、团队和组织同步提升。结果由安发公司和咨询机构分别派代表组建五人咨询项目组，安发公司选派项目经理、行政领导和产品技术专家三人，共同参与该项目的策划和实施。

（三）咨询方案的主要内容

本咨询方案主要由成长型《员工手册》，骨干人员《工作评价办法》《工作评价报告》《职业经理人 EAP 咨询服务手册》一系列方案构成。

1. 成长型《员工手册》咨询方案

以江浙沪地区 12 家企业《员工手册》为分析样本，包括国有企业、外资企业、民营企业各 4 家，通过调查做总体分析，同时又有所侧重地做深入分析。最后结合国有企业的背景，给出以促进员工成长为目标的成长型《员工手册》模型。通过对比分析不同类别的《员工手册》，完成成长型《员工手册》咨询方案。其内容主要包括员工管理概述、在职管理、在岗管理、活动管理、福利管理、薪酬管理、绩效管理和奖惩管理。其中，员工工作行为的月度、季度和年度考核表，即为员工年度职业成长记录表。

2. 骨干人员《工作评价办法》方案

《工作评价办法》以年度为评价单位，主要包括上期参考资料（上期工作总结及上期整改措施）、本期目标设置（工作行为目标计划、工作业绩目标计划及在上期基础上确定本期工作改善的目标)、《本期工作完成评价表》《工作行为评价表》《工作绩效评价表》《个人履历表》《岗位说明书》《工作绩效辅导总结表》《工作活动总结表》《工作争议问题建议表》《合理化建议表》）和《工作完成评价报告》(《工作评价报告》及其他资料)。

3. 骨干人员《工作评价报告》方案

《工作评价报告》始自员工入职，终于员工离职。工作评价伴随着员工工作始终，能够促进员工素养提升与职业发展，分为工作行为评价与工作绩效评价。工作行为评价按照《员工手册》进行，工作绩效评价按照《工作绩效评价办法》进行。工作评价包括自我评价、组织评价、辅导老师评价三种形式。对于已经建立绩效管理或者绩效考核的组织，《工作评价报告》仅限于咨询项目期的工作评价。

年度工作评价周期与形式，按照以下规定执行。

第一季度：1 月工作评价，2 月工作评价，3 月工作评价及第一季度工作评价。

第二季度：4 月工作评价，5 月工作评价，6 月工作评价、第二季度工作评价及上半年工作评价。

第三季度：7 月工作评价，8 月工作评价，9 月工作评价、第三季度工作评价。

第四季度：10 月工作评价，11 月工作评价，12 月工作评价、第四季度工作评价及下半年工作评价。

全年度：本年度工作评价及下一年工作计划。

4.《职业经理人 EAP 咨询服务手册》方案

根据 ISO 9001 所确定的咨询服务手册，能够体现 EAP 咨询服务的特色、方针、目标、程序、作业，使 EAP 咨询师可以与企业客户进行有效对接，有利于供需双方在一个比较清晰的框架下进行合作推进，可以产生最佳的咨询服务效果。在形式上采用 ISO 9000 标准化体系，在内容上则将管理咨询、心理咨询、健康咨询等融为一体，构建了“1+N”的中国职业经理人 EAP 咨询服务模式。

ISO 9001 标准化 EAP 体系文件，其内容摘要如下。

（1）总则。

目的在于确保 EAP 咨询服务质量，规范咨询服务过程，采用过程控制方法建立质量管理体系并持续改进，满足客户需求，不断提高客户满意度。该体系适用于咨询服务项目全过程，证明本项目组有能力稳定地提供满足顾客和适用法律法规要求的咨询服务。

（2）服务方针。

为提高 EAP 咨询服务质量，规范 EAP 咨询服务行为，为企业客户提供优质高效的 EAP 咨询服务，项目组在分析了国家法律法规、市场环境及内外部资源的情况下，根据经济社会发展对 EAP 咨询服务的要求，确定服务方针为：科学规范，目标导向；以人为本、客户满意。

（3）服务目标。

服务目标是服务方针的具体体现，是评价 EAP 咨询服务绩效的基本依据。服务绩效根据《服务目标管理办法》进行测量和考核，包括健康咨询目标、心理咨询目标和管理咨询目标。

（4）服务指标。

服务指标是服务目标的数量化表现，包括调研诊断指标、方案设计指标、实施指导指标、总结评价指标等一级指标和若干二级指标。

（5）程序文件。

程序文件描述了 EAP 咨询服务实施质量管理所需的相互关联的过程和活动。具体包括以下两类。

第一类为 EAP 咨询服务程序，包括咨询师资源管理程序、客户沟通管理程序、新项目设计和开发程序、课题管理程序、信息管理与数据分析程序、记录管理程序、文件管理程序。

第二类为 EAP 咨询服务管控程序，包括内部审核程序、顾客满意度监视和测量程序、未达标服务控制程序、预防措施控制程序、纠正措施控制程序、持续改进管理程序。

（6）作业指导及表单。

作业指导及表单是策划、实施和控制各咨询服务过程所需的作业指导类文件，包括作业指导书、规程和制度等；各类原始记录及咨询服务计划等。如咨询服务档案管理办法、咨询服务人员职责及任职要求等。

（四）咨询方案实施情况

1. B 事业部 EAP 咨询“1+N”基本单元实施安排（实验版本）

本方案 EAP 咨询服务的主要对象是职业经理人，一般职业经理人都有一个创业团队或者管理团队。“1+N”中的“1”代表针对企业家或者职业经理人的咨询服务，而“N”则是针对该创业团队或者管理团队所提供的团体咨询和团队建设服务。企业作为一个组织系统，由诸多个“1+N”基本单元构成，只有按照这些基本单元提供咨询服务，才能保证针对职业经理人所提供的咨询服务效果最大化。“1+N”管理咨询服务体系理论模型，根据安发公司职业经理人 EAP 咨询服务案例的检验，初步验证了该理论体系的实践价值。

以企业组织为例，ISO 9001 标准化“1+N”咨询服务内容可以概括如下。

（1）总经理及高层领导集体：总经理（1）+ 高层领导集体（N）。

（2）副总经理及所辖系统领导：副总经理（1）+ 系统领导（N）。

（3）销售团队总监及销售团队人员：销售团队总监（1）+ 销售团队人员（N）。

（4）部门经理及部门管理人员：部门经理（1）+ 部门管理人员（N）。

（5）项目组组长及项目组人员：项目组组长（1）+ 项目组人员（N）。

（6）生产班组组长及生产班组作业人员：生产班组组长（1）+ 生产班组作业人员（N）。

2. B 事业部 EAP 咨询内容规划及实施案例分析

实践案例主要从健康咨询、管理咨询和心理咨询三个方面展开，健康咨询解决职业经理人由于各方面原因所造成的身心健康问题，管理咨询解决职业经理人的工作任务问题，心理咨询解决职业经理人的胜任力及职业发展问题，三个方面均以健康咨询为基础，因人而异，各有侧重。

（1）B 事业部经理 EAP 咨询服务。

经综合调研与诊断发现，B 事业部经理（男性）正处于工作、上下级关系和自身适应能力等方面的多重压力之下，作为“空降兵”式的职业经理人，独立支撑着 B 事业部，没有形成事业部核心的管理团队。该事业部以销售业务为主导，一边注重销售额，一边关注利润率，但忽视了团队建设和骨干人才培养。经过项目组提供的一系列综合咨询服务，最终不仅使事业部经理心理抗压能力得到增强（职业经理人心理咨询），而且管理团队的综合领导力也得到了提升（管理团队心理咨询）。其结果是，在 2018 年当年即实现了销售额翻番增长，但 B 事业部经理本人由于工作压力过大还是患上了高血压。

实验评价：在该咨询服务案例中，不仅有管理咨询，而且有心理咨询，因此咨询效果比较明显。但由于没有实施健康咨询，即实施了不完整的“1+N”咨询模式，因此咨询效果尚不完美。

（2）B 事业部采购主管 EAP 咨询服务。

经综合调研与诊断发现，采购主管（女性）由于无法接受事业部经理的工作风格和工作方式，与事业部经理发生了工作关系冲突，进而在心理上抵触事业部经理的工作指令，在行动上还试图脱离该事业部而转到其他部门工作。通过项目组为采购主管提供心理咨询与工作关系辅导，帮助她调整了对事业部经理的理想化认知，不仅提升了她对上下级关系的认知及对事业部团队工作的认知，还提供了一些工作关系处理技能，使她从心理上重新回归了工作团队。

实验评价：处于一个部门（团队）的上下级关系，一旦出现矛盾便会带来诸多不良后果。除了对上下级当事人会造成一定的身心影响外，还会对整个团队造成影响。在这种情况下，第三方所提供的工作关系咨询和心理辅导，是化解矛盾和促进团队发展的最佳方式。

（3）B 事业部行政主管 EAP 咨询服务。

经综合调研与诊断发现，该行政主管（女性）在工作期间出现综合症状，包括自我实现受阻、职业成长受阻、职场人际关系紧张、家庭关系紧张、亲子关系紧张等，心理健康和身体健康均出现问题。由于问题比较复杂，所以，项目组先后建议该主管到医院进行身体检查和心理诊断。身体检查的结果显示，该主管患上了脑垂体瘤并出现了乳腺结节。心理诊断结果显示，该主管患上了中度抑郁症。经进一步问诊发现，该主管在前几年还接受过心理疏导，也主动接受过心理咨询。通过 2018 年下半年及后续两年时间的 EAP 咨询服务，项目组先后为之完成了职业规划咨询、学业规划咨询、职场人际关系咨询、家庭关系咨询、亲子关系咨询及心理健康咨询等，加之积极的身体疾病治疗，后期基本恢复健康，个人也得到了全面的改善和提升。

实验评价：在该咨询服务案例中，实行了全面的 EAP 咨询服务，包括健康咨询、管理咨询及心理咨询。项目组实施了完整的“1+N”咨询服务模式，因此咨询效果十分显著。

四、案例项目实施总结、评估和专业反思

（一）咨询方案的实施总结

1. B 事业部《职业经理人 EAP 咨询服务手册》实施总结

《职业经理人 EAP 咨询服务手册》并不是在提供咨询服务的开始阶段形成的，而是在开展咨询服务以后逐渐形成的，属于最终的研究成果，目前还在设计与完善之中。但是，该咨询项目前期所有的咨询内容及阶段性成果均可以纳入该手册。对照客户需求概述如下。

第一，根据 2018 年 B 事业部的营业目标，制订一套从现实出发的合理实现方案。该方案以成长型《员工手册》为基础，梳理了企业文化、战略目标、组织架构和市场营销，编制了 B 事业部《业务流程》和《生产工艺流程》，制定了管理人员、业务人员和操作人员《工作绩效评价 KPI 指标》，为 B 事业部管理提升奠定了坚实的基础。

第二，基于 B 事业部人力资源开发与管理，设计一套骨干人员和团队能力提升的方案，主要体现在《员工手册》《工作评价办法》和《工作评价报告》

等相关方案上。

第三，通过实践，构建一套内外部合作的咨询服务机制并加以完善，主要体现在《职业经理人 EAP 咨询服务手册》方案上。

第四，基于 EAP 原理，对 B 事业部骨干人员进行评估，并给予适当的心理干预。根据《职业经理人 EAP 咨询服务手册》，采取全员培训、团体咨询及个体辅导等多种方式。在组织管理提升的过程中，全体员工心理资本的提升即自我效能、充满希望、乐观主义及具有韧性的良好心态开发与培育发挥了关键的作用。

2. B 事业部《职业经理人 EAP 咨询服务手册》实施步骤

根据企业管理咨询“三类计划、二级滚动”的计划原理，该咨询项目分别实行了项目总体计划、项目阶段计划即季度计划和项目周工作计划管理方式，同时实行阶段计划根据总体计划滚动、周计划根据阶段计划滚动的推进方法。

第一季度工作：开展调研和诊断，通过目标分层和心理辅导解决了 B 事业部经理人与公司领导的矛盾冲突，确定了 2018 年营业额即创业目标，最低目标为 3000 万元，基本目标为 3500 万元，较高目标为 4000 万元。起草了《员工手册》，开展了一系列的团体培训与个别咨询辅导工作，奠定了 B 事业部规范化管理的基础。

第二季度工作：全面实施《员工手册》，同时推出《工作评价办法》和《工作评价报告》，开展了全员绩效考核工作，加强了团体积极心理培训与引导，对绩效辅导给予特别重视。继续为 B 事业部经理人提供心理辅导，并且针对经理人的身心健康问题给予关注和咨询服务。

第三季度工作：推出了 EAP 咨询服务，设计了“1+N”的咨询模式，为 B 事业部经理人组建了管理团队，同时为 B 事业部管理团队提供 EAP 咨询服务。通过 EAP 咨询服务，B 事业部经理人由于人际冲突和工作压力而导致的焦虑、失眠、消极情绪等问题得到有效解决，B 事业部管理团队进入正常运营状态。

第四季度工作：主要帮助 B 事业部解决生产、技术、质量等按期交货的管理问题。该阶段所解决的内外部矛盾有三：一是 B 事业部与市场和客户的矛盾，二是 B 事业部管理团队与内部员工的矛盾，三是 B 事业部与安发公司的矛盾，由于项目组及时推出了 ISO 9001 辅导方案和 EAP 咨询服务，这些矛盾都得到了妥善解决。最终，实现了年初所确定的全部咨询服务目标，营业额实现了 4000 万元的较高目标，实践获得了成功。

（二）咨询方案的评估

本案例从管理学的视角重新定义了 EAP 并构建了 EAP 咨询服务体系，从企业管理的角度看 EAP 咨询服务，就是将管理心理学原理应用于企业管理咨询服务实践，在形式上采用 ISO 9000 标准化体系，而在内容上则将健康咨询、管理咨询、心理咨询等融为一体，构建了“1+N”的职业经理人 EAP 咨询服务模式。通过安发公司及其 B 事业部 EAP 咨询服务案例的实践检验，初步确定了该理论体系的实用价值和学术价值。

1. 客户获得的长期收益和短期收益

安发公司通过实践构建并完善了内外部合作的咨询机制，为后期继续做好其他业务单位和自身的管理提升进行了一次成功的探索。B 事业部不仅实现了当年的较高预期目标即 4000 万元营业额，而且还首次实现了盈亏平衡。

2. 企业管理咨询理论创新

根据科学管理和人本管理的基本要求，管理咨询与心理咨询进行有效结合，既解决了“事”的问题，又解决了“人”的问题，组织在提升，人员在成长，业绩自然也在增长。

3. 管理心理咨询理论创新

虽然存在咨询心理学，也存在管理心理学，但是，企业所需要的管理心理咨询却属于心理学理论空白。本案例将管理心理学以心理咨询的方式应用于管理实践，填补了心理学的一项理论空白。

4. 职业经理人 EAP 咨询服务模式创新

EAP 咨询应用于企业一般员工心理帮助比较常见，但是，应用于企业职业经理人且构建了“1+N”的 EAP 团队咨询的服务模式，属于一项创新实验。

5. 咨询公司获得的收益

根据 ISO 9001 标准化管理所开发的 EAP 服务咨询手册，不仅是一项服务模式的创新，而且还为管理咨询公司和心理咨询公司创造了一种新的商业模式。

6. 咨询顾问获得的收益

通过本案例实践等咨询服务活动，咨询顾问从一般的知识服务型顾问转型为知识研发型顾问。企业管理顾问，在咨询实践中不断地进行跨学科研究和实验，为企业客户创造了更大的价值。

（三）关于本案例的专业反思

中国正处于经济社会的快速转型期，新时代中国特色社会主义事业赋予了职业经理人大力发展社会主义经济的伟大使命，动力与压力同在，职业经理人客观上需要社会提供相应的关怀与咨询服务。但是，提供什么服务及如何提供服务尚没有建立一套行之有效的体系方案。结合本案例，我们应该从马克思主义（哲学）的视角审视西方管理学和心理学（具体学科），同时也应该从中国文化尤其是优秀传统文化的视角看待管理学和心理学在中国企业的推广应用。

其最终目的，就是要建立一套符合中国国情的 EAP 咨询服务体系，为中国企业提供科学而有效的咨询服务。

1. 关于 EAP 咨询服务方式的专业反思

一般针对企业的 EAP 咨询服务，可以分为外部咨询、内部咨询及内外部结合的咨询三类。本案例属于企业内外部合作咨询，其优势在于可以以外部咨询服务为主导，内部建立 EAP 承接部门并配合外部咨询服务机构开展工作。其中，涉及当事人隐私需要保密的部分，均由外部服务机构予以承担，而非隐私部分则可以交由内部机构进行承担。在企业已有 ISO 45001——职业健康安全管理体系的情况下，可以考虑融入 EAP 的咨询服务内容。而大多数企业开展 EAP 工作，都是采取外部咨询方式，且仅限于心理咨询或者健康咨询，其弊端在于形式主义，不够规范，对组织绩效促进无法衡量。而企业自行开展内部的 EAP 咨询，不仅无法做到对当事人隐私最大限度的保密，而且也很难做到有第三方参与的持续改进动力和服务效果。

2. 关于 EAP 咨询服务规范化管理的反思

虽然本案例基于 ISO 9001 开发了 EAP 咨询服务体系，但是，并没有设计督导制度，有关督导的原则、程序、作业等尚属于研究阶段。由于 ISO 9001 管理体系自身具有管控程序，所以，有关督导的制度可以安排在《EAP 咨询服务管控程序》之中，这样更有利于服务体系的统一实施。

3. 心理学各学派整合的问题

由于心理学从哲学分离出来以后，不仅西方心理学不断分化，而且西方哲学也在不断分化，到目前为止西方还没有出现哪个哲学可以统一西方心理学。而在中国，几乎所有的哲学均可以统一于马克思主义哲学，我们完全可以用马克思主义哲学，尤其是马克思主义关于“人的全面发展”理论来统一中国化的心理学。所以，心理学各学派在中国传播与整合的问题，需要由中国马克思主义哲学家和中国心理学家来合作完成。

4. 咨询心理学学科分化的问题

从学科比较发展的观点来看，心理学如果借鉴管理学的发展方法，即可实现咨询心理学的全面发展。以企业管理学为例，企业管理分为战略管理、人力资源管理、财务管理、生产运营管理、组织管理等，企业管理咨询按照企业管理的分类进行分化，例如战略管理咨询、人力资源管理咨询、财务管理咨询、生产运营管理咨询、组织管理咨询等。因此，咨询心理学可以根据实际需要，再分化为管理心理咨询、教育心理咨询等，这样就可以不断扩大心理学原理的推广应用。

传化集团企业文化转型升级及党企融合模式

华夏基石（北京）企业文化顾问有限公司

华夏基石（北京）企业文化顾问有限公司（以下简称华夏基石），作为中国本土最大的综合性管理咨询集团，致力于整合、传播国内外先进的管理智力成果，并推进其在中国管理实践中的运用；与此同时，华夏基石不断总结、研究中国企业管理实际，在国内外先进管理智力成果的基础上进行创新，开发具有独立知识产权的专业化、差异化产品和服务，将“为客户创造价值，与客户共同成长”的理念落于实处，华夏基石的管理理念与产品成果得到业内高度认可，并在中国数百家大型企业中得到成功运用。华夏基石是中国企业联合会管理咨询委员会副主任委员单位，连续数年入选中国管理咨询机构 50 大。

本案例项目组成员

李宇杰，国际注册管理咨询师（CMC），华夏基石高级合伙人，从业 15 年，主要研究及专业领域为企业文化转型升级及落地、组织变革及企业文化落地实践、人力资源管理体系建设等，先后服务中大型企业近百家，如宁德时代、广发证券、浦发银行、传化集团、中国印钞造币总公司等。

其他成员：岳宏远

导读

以制造业为主业的多元化企业集团的文化建设面临多重难题，业务背景、组织形态、管理模式的复杂性都对文化管理的统一带来挑战。2018年传化集团提出5年全面转型升级，包含战略、组织、文化、业务四个方面，其中，文化转型的定位是整个集团转型的基础和支撑。本项目的主要任务是完成对传化集团文化建设的效果评价，以传化集团“建设时代企业”为目标，建立文化转型升级模型，并完成文化理念升级和落地样板工程建设。咨询项目在进行管理诊断的时候，如何归纳总结、去伪存真，在复杂的信息中形成对企业现状的正确判断，是咨询师面临的首要困难。因此，如何合理利用工具、创新思路，是复杂性较高的项目成功的关键。在本案例中，我们不仅要克服企业的复杂性带来的诊断困难，还要在文化落地诸多环节的设计方面创新思维，找到合理有效的落地方法。其中，传化的党建体系如何与文化建设途径相结合并起到相互促进、深度融合的效果，是一次非常有价值的尝试，能够为“党企融合”模式的丰富提供有意义的借鉴，对大部分国企和一部分党建工作基础良好的民营企业具有重要的参考价值。

传化集团企业文化转型升级及党企融合模式

华夏基石（北京）企业文化顾问有限公司　李宇杰

一、项目背景

（一）行业背景

在国际金融危机和新科技革命的冲击下，全球正处于不确定时代，国际经济和产业发展环境发生深刻变化，对我国制造业转型升级带来深远影响。“大”而“全”的中国制造在“高精尖”方面依然存在短板，需要通过技术创新、产业创新完成“中国制造”向“中国智造”转型升级，实现从“大”到“强”的本质转变。

作为行业龙头，传化集团深知以创新引领制造业转型升级的重大责任和深远意义。只有持续完善体制机制建设、持续优化管理、持续提升产品和服务能力才能真正落实战略转型，增强企业活力。传化集团以凤凰涅槃的精神，坚定推进转型升级，力求提高发展质量，实现华丽转身。

（二）传化集团基本情况

传化集团创业于1986年，布局传化化学、新安化工、传化物流、传化科技城四大产业，打造智能制造、物流科技、都市产业新城三大样板，服务和引领中国智造。集团下设传化智联、新安股份两家上市公司，10余家国家高新技术企业，产品和服务覆盖全球120多个国家和地区。作为功能化学品、硅基新材料及智能物流等领域的行业龙头，传化集团2020年名列中国企业500强第232位，中国民营企业500强第66位。2020年，传化集团营业总收入超千亿元，利税超80亿元。

值得一提的是，传化集团企业文化建设一直是民营企业中的优秀代表，其中，“和谐劳动关系建设”一直备受社会肯定。同时坚持“党建也是生产力”的理念，形成“13588”党建工作机制，被中组部称为非公党建的样本，并受到历届中央领导的关怀和指导。

传化集团积极实践“目标一致、组织一体、工作协同”的党企深度融合理念，推动新时代传化党建再上新台阶。建立董事会、党委会联席会议机制，保障科学决策；实施党组织、经营组织干部交叉任职，建设党、工、团、经营班组“四合一”基层战斗堡垒，凝聚员工在攻坚克难任务中发挥先锋模范作用。通过党建与生产经营的有机融合，传化集团党建已成为企业科学治理的有机组成部分，在助推企业健康发展上发挥了不可替代的作用。

（三）本项目的合作背景

2017 年 11 月，传化集团董事会发布《决战未来五年，全面实现转型升级——关于未来五年发展及 2018 年工作的意见》，提出“转型升级”的整体要求。在徐冠巨董事长“四个转型”的具体指引下，“文化转型”作为实现“转型升级”的前提和保障，成为集团“转型升级”战略的首要任务。该意见指出，重塑传化集团文化，加强文化体系建设。强调高层带头，管理者率先垂范；突出价值观在队伍建设中的关键基础作用。打造识大体、懂大局的团队，始终与党和政府的要求保持一致，不忘初心，持续奋斗，处处传递正能量。

早在 2012 年，华夏基石就受传化集团委托，梳理总结了传化集团文化体系。时隔 6 年，传化集团与华夏基石再次合作，推进并深化企业文化的转型升级。通过文化落地复盘，评估文化建设工作的优势与不足，梳理存在的问题，以传化集团“建设时代企业”为目标，建立文化转型升级模型，并完成文化理念升级和落地样板工程建设。

本项目前后持续四期，历时 18 个月。四期的主要任务如下所述。

项目一期：文化建设及管理诊断。

需求：文化落地效果评估。

难点：客户业务板块繁多，团队情况复杂多样，文化管理的统一性不高，对文化建设的评价标准带来巨大的挑战。

亮点：改良运用丹尼森模型，设计不同的数据分析交叉策略，实现对不同团队实际情况的量化分析。

项目二期：文化理念体系升级与文化落地设计。

需求：文化理念升级和落地措施设计。

难点：对文化理念体系内容进行调整，实现与发展战略的对接。充分发挥强大的党建体系在文化建设中的作用。

亮点：党建在文化建设中作用模式的探索、荣誉体系的分级管理等。

项目三期：主业务单元文化落地样板建设。

需求：打造文化落地示范工程。

难点：探讨在人力资源不能满足企业战略发展的前提下，如何发挥文化的力量，促进核心队伍的内驱力提升和管理能力进步。

亮点：围绕集团“123 战略蓝图”要求，设计构建并推进“干部自驱赋能 1333 工程”。

项目四期：“以客户为中心”的业务改进研讨工作坊。

需求：以文化理念体系渗透为手段提升客户服务能力。

难点：不同的业务单元在客户服务中遇到的问题不一样，如何帮助客户使用文化建设工具，让客户意识在工作中广泛渗透。

亮点：通过现场引导及研讨的模式，帮助客户自己发现问题、解决问题，突破条线思维和本位寻找解决路径。

二、问题诊断与分析（项目一期：文化建设及管理诊断）

文化建设及管理诊断是本项目第一期的主要任务。诊断阶段项目内容包含但不限于：企业文化认知认同度分析、企业文化践行度分析、原有落地策略的有效性分析、企业制度流程政策审视、企业组织机制审视、未来落地的基本方向判断、未来落地的关键点与难点确定七个方面，已形成《传化集团企业文化诊断报告》交付集团经管会。

与文化体系建设和文化落地规划相比，文化落地评估与文化复盘可参考的实操样本非常少。传化集团业务板块繁多，团队情况复杂多样，文化管理的统一性不高，对文化建设的评价标准设计带来巨大挑战。

华夏基石项目组并未用惯有的项目操作方式对待传化文化升级项目，除了资料分析和内部访谈外，还进行了不同层面的基层座谈，发放了全员问卷，对传化集团进行了系统全面的组织诊断。

调研的思路是：对一个组织的所有核心成员访谈同一类话题、对全员发放同一套问卷，涉及的内容和访谈的一致，题支的设计切入管理者疑惑的命题、员工关心的话题，用组织熟悉的特性语言引导组织系统思考、判断、选择。所以，从调研的第一天起就是交付，就是组织文化共识的开始。

（一）组织定性判断

1. 资料研读

除了行业研究以外，项目组成员共参考集团内部资料 100 余种，涉及战略、品牌管理、人力资源、文化建设、职能管理、党群工作等企业管理各环节。

2. 内部访谈

华夏基石项目组通过与传化集团董事长、经管会成员、集团关键部门负责人、各产业板块负责人进行一对一的访谈，从企业的最高决策层和关键职能管理层获取对企业文化的认识、理解和建设建议。整理访谈记录 19.3 万字。

3. 基层座谈

涉及集团总部、传化智联、化学集团本部、化学产业下属企业等前后共 7 场座谈，座谈代表选取的范围包括不同年龄层、不同专业、不同背景、不同岗位，以保证能够最大限度地代表基层员工，获得他们在工作环境中形成的、存在的、真实的文化理念和文化感受。座谈累积超 1000 分钟，整理座谈记录 9 万字。

（二）组织定量分析

1. 问卷设计

为了更充分客观地了解集团企业文化落地、管理现状，为将来制定相关文化建设及人力资源政策提供决策依据，结合资料和访谈的结果，项目组为传化集团量体裁衣设计问卷，包含战略、组织、管理、机制、文化等几大层面，其中，程度测量题 70 道，开放题 20 道。以匿名形式向集团所有管理者发放。

2. 模型拣选

项目组把文化建设类的模型进行了研究梳理，最后锁定运用丹尼森模型作为基础工具。丹尼森模型一共有 4 个象限，12 个维度，可以用来深入解读可持续发展、有核心竞争能力的企业文化须具备的关键要素。

3. 模型改良与问卷设计

使用丹尼森模型的原有工具有两个难点：第一，题量太大（共计 220 道程度题），客户的阅读时间成本太大，不利于有效数据收集；第二，需要常模对比，但是常模对于中国本土企业又有一定的局限，针对性不强。因此，我们做了如下努力。

两个改良：一是结合多年来华夏基石对于组织文化的积累，充分结合客户业务特性及理解，有针对性地将模型中的题量改为 60 道题目，同时保留了模型的完整性。二是舍弃常模对比，采用设置固定分值的方式，让企业结合管理实际自己给自己打分。

三个结合：结合访谈实际，设计了交叉分析策略，将客户关心的问题和访谈诊断的判断深度结合，找出关键症结及原因；结合问卷特质，设计逻辑冲突题，以确保在有效问卷的筛选上更科学可靠；结合丹尼森模型与李克特量表的表达方式，根据访谈得出的专题性内容，设计了新的测量方式（见表 1）。

表 1　调查问卷中单双向程度测量表（部分）

目前现状					题　目	改善的优先性				
未曾	看情形	有时	经常	向来如此		最低	低	中	高	最高
①	②	③	④	⑤	58. 所在单位部门间的横向交流较充分	①	②	③	④	⑤
①	②	③	④	⑤	59. 所在单位上下级之间充分有效沟通，信息对称透明，不受层级影响	①	②	③	④	⑤
①	②	③	④	⑤	60. 所在单位流程烦冗拖沓，影响效率	①	②	③	④	⑤
①	②	③	④	⑤	61. 员工所承担的工作职责与所需权限是基本对等的	①	②	③	④	⑤
①	②	③	④	⑤	62. 所在单位已经形成能者上、庸者下的干部选拔机制	①	②	③	④	⑤
①	②	③	④	⑤	63. 我们一些好的做法常常因为没有坚持下来造成没有成效	①	②	③	④	⑤
①	②	③	④	⑤	64. 我非常清楚我的职位等级，并且明确相应的工作目标及要求	①	②	③	④	⑤
①	②	③	④	⑤	65. 员工升迁的标准是客观合理的	①	②	③	④	⑤
①	②	③	④	⑤	66. 员工的晋升政策和程序是透明的	①	②	③	④	⑤
①	②	③	④	⑤	67. 员工的工作有明确的考核标准	①	②	③	④	⑤
①	②	③	④	⑤	68. 所在单位存在因人定薪的现象，薪酬与岗位、能力的相关度不高	①	②	③	④	⑤

4. 调研执行与问卷回收

在调研问卷的结构设计上，将题目的李克特量表前置，确保前段耐心度，保证整体判断的真实性；在问卷内容设计上，开放部分的题干、题支均源于访谈定性依据，量体裁衣便于答题者理解判断；在统计筛选上，该问卷中设计了6组逻辑冲突题作为筛选条件。

问卷通过在线调研平台全员发放，共回收4785份，有效问卷3967份，有效率达82.9%。

（三）诊断结果

形成诊断报告《为组织赋能，成就时代企业》并附《传化集团文化现状数据调研分析报告》(包含交叉分析结果图表400余个）。

1. 根据定性判断得出的企业三大优势

（1）“经营以效益为中心，管理以效率为中心”思想指引企业回归本质。

（2）“幸福员工，成就客户，引领产业”已成为传化集团的魅力标签。诚信、共赢与社会责任成为传化集团的企业标签。

（3）传化党建“软实力”助力企业“硬增长”，具体、实用、高效的工作机制，有力推动企业科学和谐发展，成为民企党建的一面旗帜。

2. 基于丹尼森模型的定量分析结论

传化集团整体文化关注内部，团队导向和当期（短期）目标导向较强，内功建设较为扎实，但缺乏长期愿景和核心价值观引领，在员工能力提升方面投入不足，缺乏客户至上、创造变革的文化导向。传化集团整体文化特征如图 1 所示。

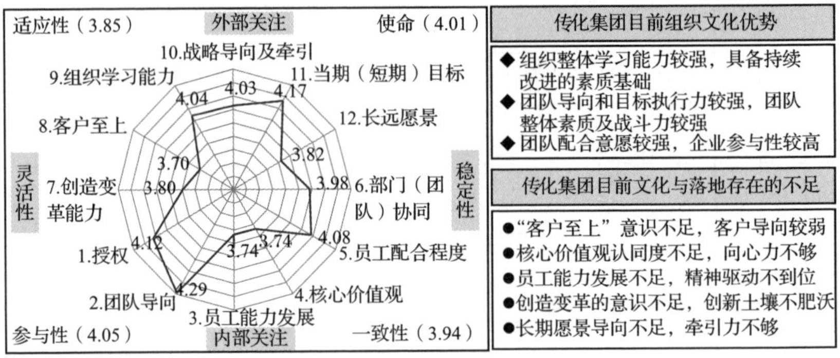

图 1　传化集团整体文化特征

特别说明：图 1 中各项分数高低只做企业内部探讨，不具备对外可比性，因为内部标准高的企业得出分值相对偏低。若与本土其他企业比较，可从模型形态上有所提示以供参考。

集团整体与各产业差异不大。对内灵活，对外保守。可以看出企业外向型和市场导向相对不足，各板块对组织和个人能力的关注不足；与产业相比，集团总部文化呈全面弱化状态。尤其是“创新、客户意识、能力发展”有待改进，组织整体精力偏向“内部”。其中，物流板块文化特征个性更为鲜明。

3. 根据对 60 个具体问题调研数据进行交叉分析得到的结论

（1）过度关注绩效，偏离了“以客户为中心”的本质，行为体现不充分。

（2）员工积极性激发不足；未满足员工成长需求，物质激励的方式要转变。

（3）员工能力发展是“幸福的源泉”之一，员工幸福应从“物质”向“精神”转型。

（4）内部变革往往受到较大的阻力，与长期形成的较保守作风有关，企业创新土壤不肥沃。

在丹尼森模型的实践中，可以将问题模块化，对应到企业管理的板块中，对企业经营管理的改进提示更为切实。尤其是通过交叉分析，能够更加准确地找到问题所在，在分析的过程中不断给我们新的发现和提示，充分发挥了定量分析对于组织文化建设的促进作用（见表 2、图 2）。

表 2　丹尼森模型分析数据

4 大象限	12 个子维度	4 大象限均值	12 个子维度值
参与性	1. 授权	4.05	4.12
	2. 团队导向		4.29
	3. 员工能力发展		3.74
一致性	4. 核心价值观	3.93	3.74
	5. 员工配合程度		4.08
	6. 部门（团队）协同		3.98
适应性	7. 创造变革能力	3.85	3.80
	8. 客户至上		3.70
	9. 组织学习能力		4.04
使命	12. 长远愿景	4.01	3.82
	11. 当期（短期）目标		4.17
	10. 战略导向及牵引		4.03

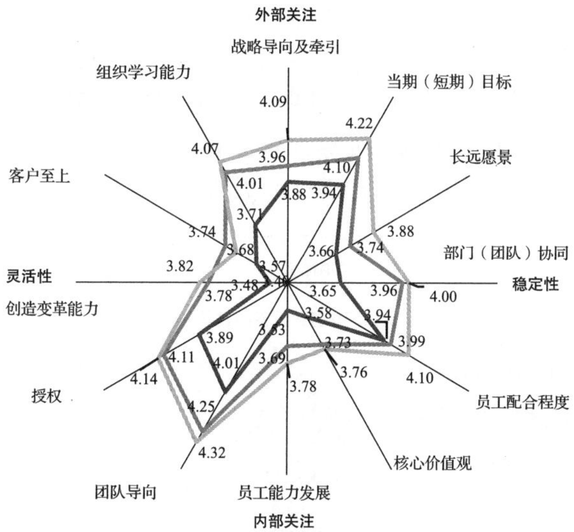

图 2　传化集团各产业文化现状对比

（四）丹尼森模型改良的后续实践补充

在 2018 年以后的项目中，我们持续运用改良后的丹尼森模型，并试图将本土各企业的模型形态进行比较（忽略各企业内部分值），在这里面我们看到了新的佐证和提示。(以下模型略去企业名称)。

（1）快速成长型企业、创新型企业的关注点在外部，即“应对挑战、学习变革、关注客户、愿景牵引”。

（2）传统业务型集团更关注“当期目标”和“战略”牵引、员工归属感等，即“方向统一、忠诚度”等特征明显。

（3）多元产业集团更关注“愿景”和“战略”牵引、员工归属感等，即“方向统一、忠诚度”等特征明显。

（4）参与性强的企业，团队凝聚力和归属感更明显，文化氛围也相对温暖、正向。

（5）内部能力、人才成长与战略需求不匹配，人才是所有组织共同面对的难题和短板。

三、解决方案与设计框架

（一）以文化转型推动发展模式转型（项目二期：文化理念体系升级与文化落地设计）

本阶段的主要任务是根据文化落地评估的结果进行理念体系升级，结合集团管理实际设计有针对性的落地措施。项目组根据董事会的意见和传化集团组织特征设计了企业文化转型十大措施（见图 3）。针对文化落地中的问题进行立体改进，推进文化转型升级，让精神赋能，扣紧高管团队建设、理念共识、干部队伍建设、长效机制保证等方面，培养符合传化集团战略转型需求的文化生态。以下选择了四个较有代表性的措施与大家探讨。

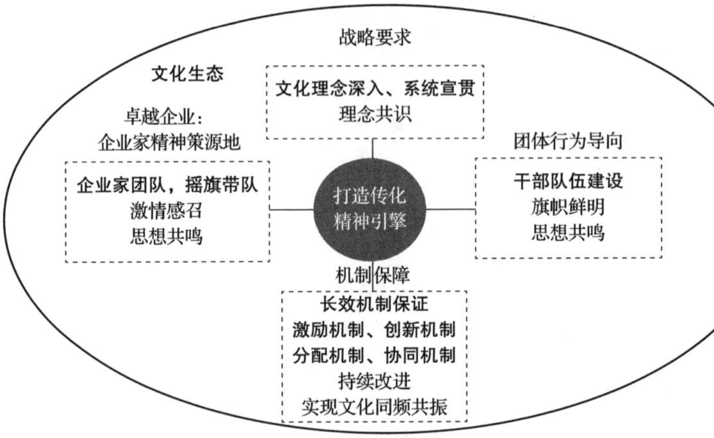

图 3　传化集团文化生态构建图——落地十大措施

1. 措施一：理念体系优化升级，让理念本身具有感召力

传化集团是典型的以制造业为主业的多元产业集团。在外部硝烟弥漫、内部转型升级的关键阶段，传化集团的企业文化理念体系需要率先升级，在坚持核心的前提下，做出适当的调整，引领传化人打赢转型升级这场硬仗。

（1）理念升级源于外部环境趋势变量的需求。

①人工智能等新技术发展影响产业趋势。

②数字化时代到来，传统产业面临巨大冲击。

③消费升级带来消费结构和消费理念的重大变化。

④供给侧结构性改革，高耗能、高污染行业面临生存困境。

⑤中美贸易战造成产业发展环境恶化。

⑥坚决打好防范化解重大风险、精准脱贫、污染防治的攻坚战。

（2）理念升级源于内部转型升级需求。

①为顺应时代发展，需要进行战略转型、机制转型、组织转型、文化转型，其中文化转型应起到引领作用，是集团战略转型成败的关键。

②员工队伍的年龄结构、知识结构、价值观念与过去已经发生了巨大变化，文化理念需要通过升级增强适应性。

（3）升级集团理念体系，让理念本身具有感召力，让理念赋能。

①强调“客户优先”，把如何“成就客户”与经营行为深入结合。

②将“客户导向”“创新”“奋斗”导入核心价值观。并描述具体操作原则，形成员工工作的实际指引，让员工在具体工作中有参照。

③补充“奋斗、创新、开放、共享、协同”等时代元素，引入“绩效导向、狼性文化、自驱力、自我批判”等组织成长文化。

④进一步解读“幸福员工”，强调精神激励，强化“事业共同体、利益共同体、命运共同体”的概念，并形成新的激励机制。

⑤结合战略需求、时代企业元素与问卷调研结果，构建“高管—中层—基层”行为理念体系。

2018 年 11 月，新版传化集团文化大纲发布，随即掀起新一轮文化宣贯和落地工作热潮。新大纲在回顾 30 余年传化文化、继承原有文化核心的基础上，对整体理念进行升级，赋予时代元素，力求成为传化集团未来 30 年发展的精神支柱。

（4）传化集团企业文化新理念体系特点。

①提出了传化集团的愿景：是对传化集团的目标追求、发展定位的描述，具有引导经营行为、激励员工斗志、统一员工行动的功能和作用。

②调整企业使命结构并对内容进行升级修订，赋予其新的含义，使其更具有时代特色，同时突出客户导向、价值导向和创新导向，更充分地体现了传化集团在新的历史阶段所具有的新的追求和所承担的社会责任。

③合并企业精神，提出了新的核心价值观，更明确、更有指导性、更接

地气和具象化，真正成为传化人的行为准则。

④核心价值观同时也是企业精神特质的体现，因此在功能上实现了与企业精神的结合和统一，同时具有凝心聚力、感召和激励员工的作用。

⑤提出了新的核心管理法则：基于企业经营管理行为分析，以及新的发展阶段企业的管理需求、与标杆企业的现实差距，提出了五个关键的管理原则。五大原则聚焦当前阶段管理提升和经营改善的核心领域，是各产业和管理条线落实战略和经营目标的行为指引，各级部门和企业应围绕总纲重新审视、修订现有的各类制度流程。管理法则需要根据当下企业关键问题，动态调整修订。

⑥提出了新的"行为八项坚持"：内容是全体员工在工作中应坚守的原则和不能触及的红线，作为员工最基本的行为规范。

传化集团文化升级新旧理念体系升级对照如图 4 所示。

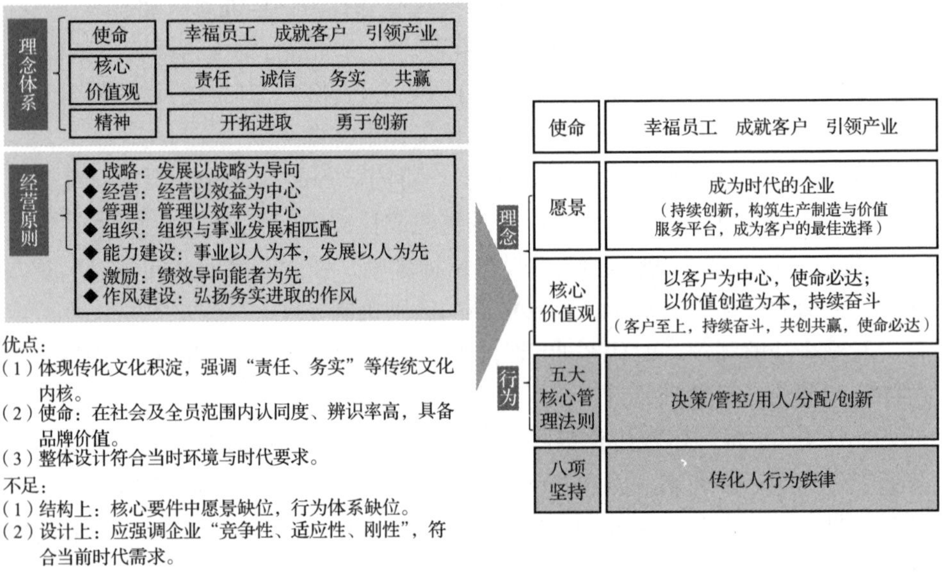

图 4 传化集团文化升级新旧理念体系对照

2. 措施二：打造"党群—人力—品牌"三位一体循环式协同落地机制

传化集团文化落地是一个立体化系统工程，需要品牌、人力、党群等部门协同推进才会有效果。过去，传化集团企业文化落地工作的教训是文化落地工作只交由品牌文化部负责，无法有效地协调其他部门一起推进文化落地，未来必须提升文化落地管理部门的规格。

经由项目组推动，传化集团成立了经管会领导下的文化建设组织体系，在集团层面成立企业文化建设推进委员会，负责集团文化建设工作；充分发挥品牌文化体系、人力资源管理体系、党建体系在文化建设中的重要作用，分工合作，互相协同，组成文化建设的主力军（见图 5）。

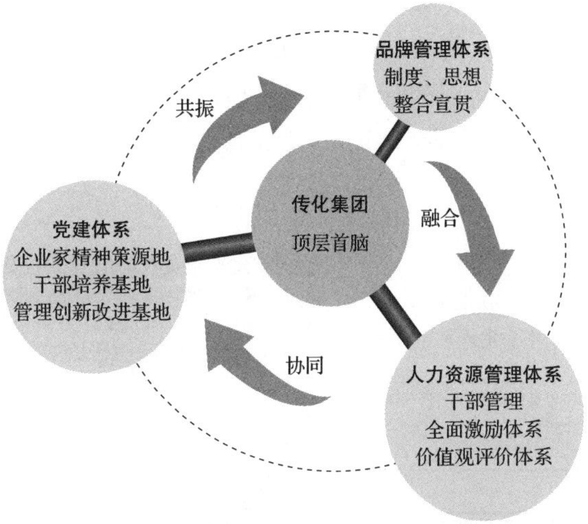

图 5 "党建—人力—品牌"三位一体循环式协同落地机制

3. 措施三：深化党企融合，打造传化集团企业家精神策源地

民营企业党建一直是传化管理的重要特色与亮点，继续发挥党建体系在新时期企业文化落地过程中的作用是传化集团企业文化落地工作的重要手段和途径。

国家经济的发展需要企业家的创新创业精神来推动，鼓励与弘扬企业家精神是新时代党中央重要的工作之一。传化未来的发展，同样需要大量的企业家来领导和推动，如何在内部鼓励与弘扬企业家精神，也应该是传化集团党建的重要甚至核心责任。

目前，传化集团的党建工作体系很完备，有很多创新，但是缺少一个核心主轴，缺少一个关键亮点，把企业家精神的弘扬与党建有效结合既可以使传化集团的党建更有特色，也可以助推传化集团的企业文化落地。

4. 措施四：构建传化集团特色的金字塔荣誉体系，实施分级管理

荣誉体系的意义在于文化主张的传播和渗透。英雄人物是价值观的人格化，如果说价值观是文化的灵魂，那么英雄人物是价值观的人格化，是价值观最生动、最真实、最具影响力的体现，是企业中涌现出来的企业文化的最佳代言人。建立荣誉体系的目的不是评先进，而是借助榜样渗透文化主张，激发员工的深层需求，从而使其获得成就感。建立荣誉体系需要注意以下几点。

一是与绩效挂钩。

二是关注短期及时性，兼顾长期延续性。

三是体现文化导向：企业文化强调什么就须有相应的荣誉设置。

四是荣誉的稀缺性不意味着在奖励上限制人数。

五是注意对“一般、超级、卓越”奋斗者的区分。

六是要注重荣誉的使用和管理（包括风险管理）。

（1）荣誉管理现状评估：基于“六角勋章模型”的荣誉体系诊断如图6所示。

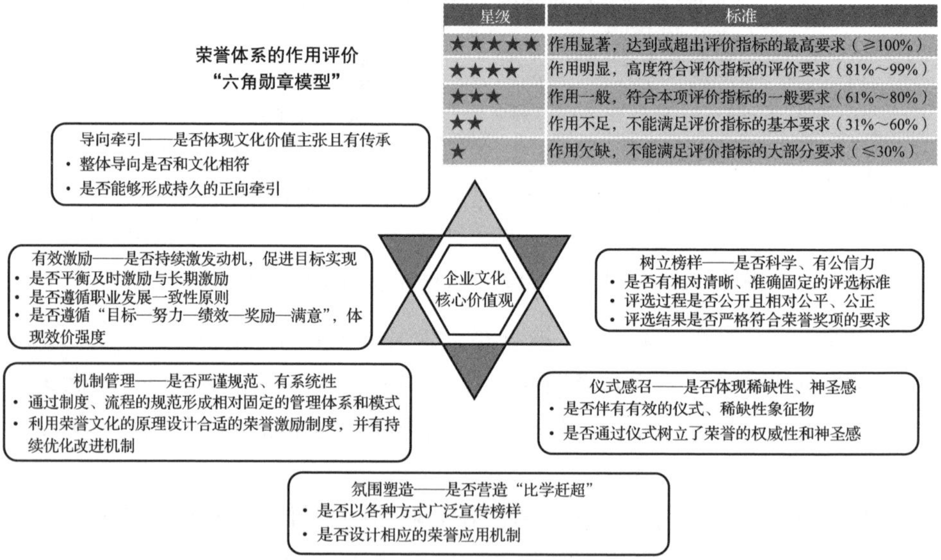

图6　基于“六角勋章模型”的荣誉体系诊断

（2）传化集团荣誉体系存在的不足。

①荣誉管理体系不健全：荣誉激励不能只靠荣誉奖项本身，需要与其他激励体系结合。目前未形成完善的管理制度和体系，方案、流程变化较多，存在随机与临时性；未明确荣誉分配指导原则，价值导向不明确；荣誉的权威性、感召性体现不充分。

②荣誉设计不合理：荣誉结构“经纬”布局不清晰，未紧密结合战略意图；荣誉标准简单，未紧密结合价值主张，可操作性不高；“倡导什么就奖励什么”体现不充分；荣誉名称缺乏感召色彩，区分不鲜明，特征不明显。

③荣誉激励作用不充分：荣誉宣传不到位、评选不严谨，象征物不走心，

未充分发挥特有的权威性、稀缺性；荣誉不关注日常激励；存在“搞平衡的福利”或“临门一脚”的活动等现象；荣誉体系与绩效管理、文化建设结合不紧密，长效激励和持续激励作用较弱。

（3）构建传化集团“金字塔”形荣誉全景地图。

借鉴军队荣誉分级的管理模式，设计搭建传化集团“金字塔”形荣誉体系（见图 7），形成传化集团荣誉体系全景地图。配合该荣誉体系，专门设计有传化集团特色的荣誉奖杯及奖章；并与传化集团实际中的薪酬激励、职业发展、学习培训、福利体系（福利超市）对接，形成多元化的激励机制。

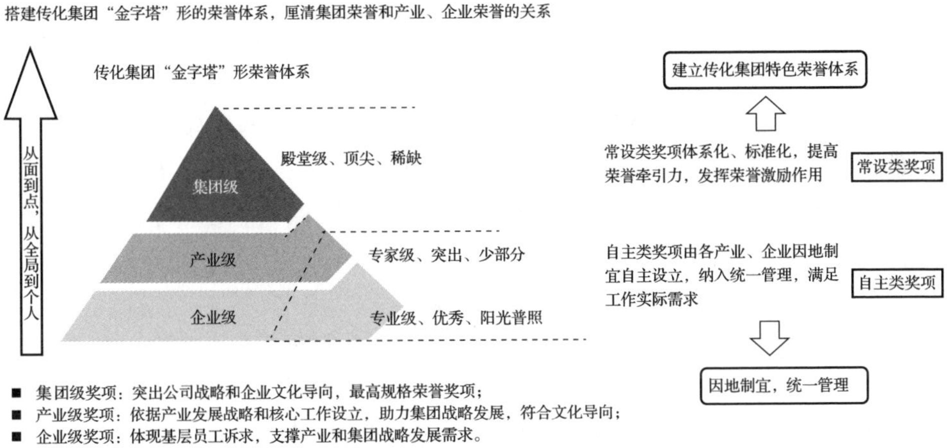

图 7　传化集团“金字塔”形荣誉体系

荣誉体系建设与传化集团战略落地和人力资源战略实施的关系如图 8 所示。

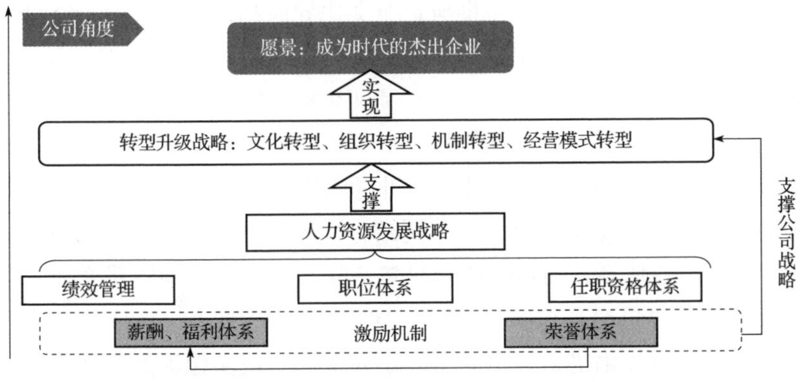

图 8　荣誉体系建设与传化集团战略落地和人力资源战略实施的关系

（二）从理念转型向机制转型深入（项目三期：主业务单元文化落地样板建设）

传化集团文化升级及落地举措已经告一段落，集团下属主要业务单元传化化学提出新的项目需求。作为集团下属企业的“老大哥”，要率先响应集团号召，深化集团文化转型升级，夯实组织文化建设。三期项目执行同样面临难题，传化化学面临较严重的人力资源问题，老员工多，安于现状，缺乏奋斗的动力和热情，管理部门存在明显的“大机构病”。人才能力虽不能满足企业战略发展，但又不可能马上换血，那么唯一的路径就是调动自身力量，激发组织活力，提升核心队伍和管理团队的积极性以适应战略转型需求。

根据丹尼森模型交叉分析的提示，在总结组织优势的同时进一步找寻传化化学问题发生的原因。我们发现传化化学团队导向强，团队单体作战能力强，目标任务执行能力较强，员工整体归属感较强，参与度较高。存在的问题也很清晰：员工能力发展不足，“自我超越”的意识未觉醒；集团核心价值观执行不到位，执行“标准”不明晰；“客户至上”意识不足，行为体现不充分；等等。

根据客户需求，本期项目提出以下方案。

1. 贯彻集团转型升级要求，针对传化化学现状建设匹配战略的文化生态

承接传化集团文化落地措施，构建传化化学集团企业文化落地系统规划。确定四大任务：建立以价值观为导向的人力资源管理体系、打造基于价值观的干部队伍、奋斗导向的“薪酬与激励体系”优化与改进、针对管理中存在的问题开展系列“有效沟通”破冰活动。

2. 建立以企业文化价值观为导向的人力资源管理体系

促进企业文化在人才选拔、培养、考核、评价、激励、分配机制中的全面落地。审查各项制度流程，并将与企业文化导向相悖的部分进行修订，以确保人力资源管理机制体现文化导向、确保人力资源管理思路符合战略需求。

3. 通过人力资源管理体系向员工宣贯文化理念、激发员工活力

围绕文化升级后的新理念制作符合组织调性的课件，开展“种子营文化官培训工作”。通过两期的培训、引导、研讨比拼，选拔出一批“能讲文化、能把文化讲懂、能将文化与实际工作案例结合”的讲师并颁发等级讲师证（讲师培训纳入人才培养体系，与员工成长导航承接，把文化落地宣贯变成一项有目标、有激励的长效机制）。同时，和客户组成文化宣贯小组，作为文化宣贯的先锋队，挨个走访传化化学集团下属的业务单元，把文化讲到车间里、讲到员工食堂里。

4. 梳理并发布了《干部生命周期管理白皮书》

根据集团核心价值观明确干部选育用留汰的标准、原则和实施关键；明确传化化学集团干部画像，提出干部能力标准“1+6”（1个固定能力——客户导向思维，以及6个变量标准）模型（见图9）。

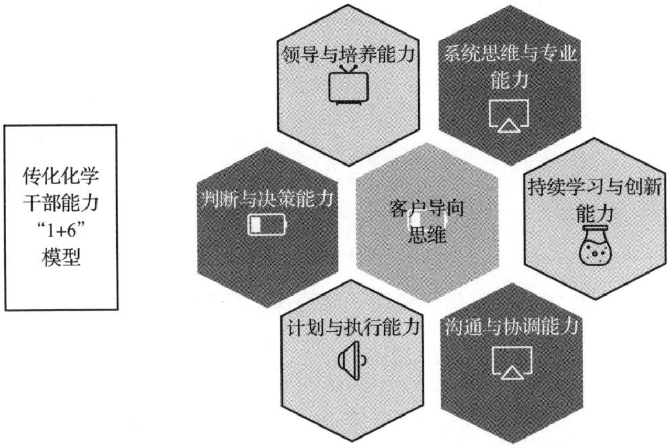

图9　传化化学集团“1+6”干部能力模型

5. 围绕传化化学集团战略转型提出的“123战略蓝图”，量身设计传化化学集团“干部自驱赋能1333工程”

传化化学集团借鉴“TED”演讲的模式，在年度新春干部大会上发布“1333工程”，通过干部管理现状速写的方式勾勒干部不足，充分结合管理现实，以轻松、形象、接地气的方式将干部的问题和盘托出。

“1”个干部自驱式成长体系：保持持续奋斗的意愿，与传化化学集团共成长。自我驱动成长：向上的意愿是前提，完善的机制是保障。干部不是被动选出来的，不是矮子里面挑将军，而是其主动作为，自我修炼而成的，没有一番寒彻骨，就没有组织的美好未来。组织需要做的是建立明确的机制，让事业发展有方向，让个人的事业发展目标和组织的发展目标相一致；职位晋升有标准，有明确的任职资格标准要求，让每个干部清楚自己阶段性成长的标准和条件；能力提升有规划，个人有个人成才的阶段性计划，明确组织能够提供的各类支持，相辅相成，共同进步。

“333”即3个干部评价标准——价值观标准、业绩标准、能力标准；干部自驱计划3件事——个人能力结构化、团队培养体系化、反思行为常态化；人力资源管理（HR）的3项重点工作——推行干部自驱成长积分制、推行干部队伍及后备队伍的共性系统化培养、推行干部职业生涯全周期管理。传化化学集团干部管理：反思行为常态化如图 10 所示。

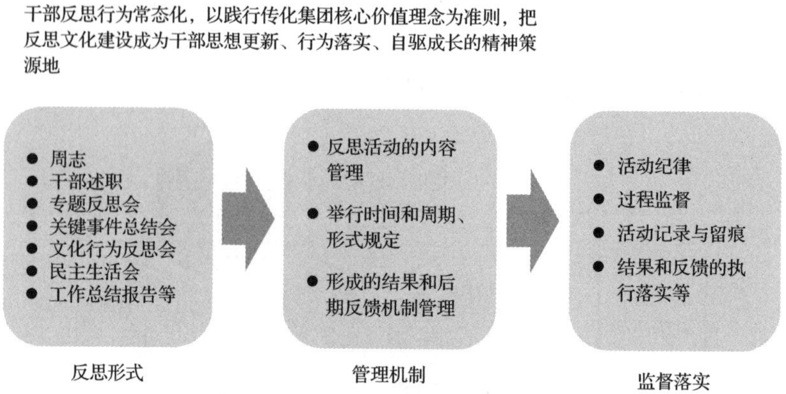

图 10　传化化学集团干部管理：反思行为常态化

“1333 工程”详细说明了每项工作行动的标准、操作方式及评估改进方法。“1333 工程”的设计不仅适用于传化化学集团，也适用于其他人才成长难以匹配战略需求、人才梯队建设不足的组织。其标准明确可量化，操作不复杂，核心部分只要根据各企业的核心价值观进行动态改进即可。

（三）让文化深入业务（项目四期：“以客户为中心”的业务改进研讨工作坊）

本期旨在以文化理念体系渗透为手段提升客户服务能力。传化集团不同业务单元在客户服务中遇到的问题各异。同样是以客户为中心，集团职能部门和下属机构在执行过程中的依据是什么？如何改进？这是本期咨询需要攻克的难题。同时，文化落地较容易出现两张皮现象，理念讲起来会，一旦与业务结合就变得不接地气。该项目从结果交付转为过程交付，通过现场引导及专题研讨的模式，帮助客户自己发现问题、解决问题，突破条线思维和本位寻找解决路径，同时通过主题工作坊的形式评估文化落地的效果，一举两得。

以产业为单元开展文化落地主题工作坊，集团上下所有业务单元均围绕“以客户为中心”专题，使用讲解、案例启发、讨论、点评、总结的方式引导现场员工就文化理念认知、文化建设工作总结、文化行为落地等方面进行深入研讨，在充分总结各产业、职能管理条线一年来的文化落地工作具体做法和经验体会的同时，加深员工对文化理念的理解，促进文化与具体工作的结合，实现了不同部门、岗位之间的深入交流。自 2019 年 7 月 4 日起，共举行文化落地主题工作坊活动 7 次，参加人数共 300 多人。

借助“工作坊”，复盘一年来的文化建设措施，查漏补缺，总结经验教训，以对未来几年的文化建设规划做出补充和修订；针对集团、各产业在文化建设中遇到的问题和文化建设效果的不均衡，督促各级领导干部对文化建设工作持续改进；通过总结文化建设经典案例，推广优秀文化建设经验，文化建设对转型升级的促进作用让更多干部和员工明白，文化落地在于做好每一份工作，服务好每一个客户，为企业的发展创造价值。

四、项目的成果和业绩

通过评估总结，传化集团“同频共振文化转型”进入新局面，文化转型在各产业高层获得深度认可并深入践行。

（一）文化转型在各产业高层获得深度认可并深入践行

传化集团深入践行“与客户同战壕”“帮助客户提高创造价值的能力”“以客户为中心的产业链思维、平台思维”，“人人都是创业者、鼓励多劳多得”，打破“一刀切”，根据实际个性化考核。经过近一年的努力，“以客户为中心，以价值创造者为本”已不仅停留在理念上，各组织同频共振，进入新状态。

传化化工集团高管团队深入开展经营模式转型研究和创新探索，从产品经营转向产业经营模式，始终围绕市场占有率、围绕产品和服务提升，从产业链找资源，为客户提供整套解决方案。从“卖产品”转变为“解决客户困难与问题”，切实帮助客户提高创造价值的能力。进一步强调重视头部客户，优质资源向优质客户倾斜。同时，化学集团实施个性化考核，对于企业不同阶段用不同的系数调节；对于不同岗位进行不同评价，停止销售个性化政策，实现组织化。传化控股高管团队持续探索转型思路，结合业务反思工作，以产融结合驱动业务。从原来的“浅层次投资服务”转向“不止依赖资金，更要与客户同战壕”，即使投资完成，也要坚持和客户站在一个战壕里，切实与业务绑定。提倡“控股是平台，每个人都是创业者”，积极营造自我驱动，敢于担当的团队氛围；强调绩效的刚性意识，鼓励大家“一岗多能”“多劳多得”，通过投入产出比分析，做好即时激励和鼓励，根据市场变化，设立募资奖励等。在国家去杠杆等政策之下，推崇正向激励，激发正能量。

传化生物战略方向选定自己擅长的领域，改变经营模式，“一米宽、百米深”，持续深挖并满足客户的核心需求。从“卖产品”转为“搭建合作共赢平台”，为客户提供一站式解决方案。考核机制贯彻“以价值创造者为本”，从单纯地强调责任感等抽象的考核，转变为可量化的考核指标，如获客数量、大客户占比及客户的复购率等。强调责任感体现在能否拿到客户订单、客户是否转介绍、口碑好不好，这是文化落地最有效的证明。

（二）文化转型在管理团队中达成共识并积极贯彻

在高层团队的带动下，“以客户为中心”的核心价值观在全体员工中引起了广泛反思。如何定义客户、寻找客户、把握客户需求，成为大多数业务团队、中基层管理者积极探索的首要任务，同时在业务拓展、工作改进等方面得到充分体现，涌现出很多值得肯定的思路、策略、解决方案。这使本次文化落地建设出现了与以往不同的现象，理念接受更快、落地更加直接，相信“以客户为中心”所体现的经营理念将对传化集团的整体发展模式带来快速和有益的影响。

传化化学集团将客户进行分类，识别客户需求的重要性和紧迫性，据此中后台配置相应区分，以快速响应和高标准要求。选择直接面向消费者的典型企业，对客户需求进行挖掘分析。例如，将中纺联的各基地，作为样板服务对象，通过对他们的服务去挖掘潜在的需求。同时，成立全球应用技术中心，到全球客户终端身边去，提供面对面的销售服务、产品技术服务和供应链服务；打通产业链，在技术服务上深耕、探索。

传化智联为客户设置保险经纪理赔老师；总部业务部门为公路港保险经纪销售经理设计更好的工具，输出培训，增加沟通和互动。为客户提供仓运配运输方案，逐步加强服务意识，将通过电话营销获得的客户信息，即刻联系，上门提供仓运配的具体运输方案，提升了客户的满意度。

传化生物联合国外供应商，一起为客户提供更好的配方和服务。比如用欧美进口来的特殊介质，进军烟草行业，研发烟草育苗，转年获得进口介质订单 800 多个。从原来守株待兔型的花园中心转向搭建花卉平台，提供品牌赋能、管理赋能等整套服务，打造城市体验中心样板店，线上线下人人都是推销员。每月围绕“如何提升客户黏性”开展培训研讨，提升员工拓展客户和服务客户的能力。

科技城以客户为中心促进物业增值，构建用于扶持帮助客户成长的基金。加强与入驻企业联动，开展“四个一工程”。加大招商力度，提升自主招商能力，已引进首批自主招商企业。

集团组织与人才发展部围绕“以价值创造为本”，抓人才，抓绩效，抓干部。牵头开展“栋梁计划”，推行以“业绩、能力、价值观”为标准的选拔方式；协同战略部共同完善《传化集团有限公司绩效管理办法》，进一步细化干部选拔任用办法，推动同一职位任职超过六年的干部轮岗、落实干部内部竞聘等。

重庆各级国有企业“对标世界一流管理提升行动”实施方案

重庆重大同浩管理咨询有限公司

重庆重大同浩管理咨询有限公司（以下简称重大同浩）是重庆国际投资咨询集团有限公司的控股子公司，于2000年诞生在有深邃学术造诣和厚重文化底蕴的学林沃土，由重庆大学著名专家、教授等资深人士及社会各界精英共同发起创建，成为中国中西部最早涉足管理咨询的公司之一。作为重庆乃至西部管理咨询事业的开拓者，重大同浩积淀自身实力的同时，积极探索中国管理咨询事业的发展模式。

重大同浩作为本土最具规模与实力的专业咨询机构，成立20年来为重庆市内外相关政府部门、央企、国企、民企等数千家企业提供了管理咨询服务，内容广泛涉及国资国企改革、战略规划、集团管控、组织结构、人力资源管理、制度流程、企业文化等模块。

本案例项目组成员

蔡悠悠，重大同浩项目经理、高级咨询顾问，爱丁堡大学人力资源管理硕士。曾在知名房地产上市公司从事企业管理工作。在重大同浩一直致力于国有企业改革、战略规划、人力资源管理、企业文化等咨询领域，近年主导、参与了多个国有企业改革、“十四五”战略规划编制项目，以严谨的咨询态度、开阔的咨询视野和务实的咨询方案，获得了客户的一致认可和好评。

其他成员：冯弟强、蒋镇国、刘正付、吴爽

导读

为进一步推动国有企业加强管理体系和管理能力建设，加快培育具有全球竞争力的世界一流企业，2020年国务院国资委决定在中央企业和地方国有重点企业开展对标世界一流管理、培育具有核心竞争力企业专项行动。此次对标世界一流管理提升专项行动围绕战略管理、组织管理、运营管理、财务管理、科技管理、风险管理、人力资源管理、信息化管理8个重点领域共38个提升事项展开，通过综合分析世界一流企业的优秀实践，深入查找企业管理的薄弱环节；通过健全工作制度、完善运行机制、优化管理流程、明确岗位职责、严格监督检查等措施，持续加强企业管理的制度体系、组织体系、责任体系、执行体系、评价体系等建设，全面提升管理能力和水平。

按照国务院国资委相关要求，重庆市各级国企从上至下积极有序地开展对标世界一流管理提升专项行动。36户重庆市属国有重点企业实施方案率先完成并通过重庆市国资委评审，市属重点国企下属子企业和区县国企对标专项行动也紧锣密鼓地逐步展开。基于央企、市属重点国企较下属子企业和区县国企在治理结构、管理体系方面更为完善，企业规模、市场化程度方面具有较大优势，加上发展历史、业务领域、自身条件等存在较大差异，重庆市各级国企在对标专项行动中指标体系设计、标杆企业选择、具体实施进度等方面各不相同。

重大同浩作为长期关注和研究国企改革政策及国企发展实践的管理咨询机构，参与了重庆市属国有重点企业专项行动实施方案的评审工作，同时主持了多个不同层级国有企业对标一流管理提升行动实施方案编制工作。本次案例即是基于重大同浩项目经验，系统地分享项目实施方案的设计思路和经验总结。

重庆各级国有企业“对标世界一流管理提升行动”实施方案

重庆重大同浩管理咨询有限公司　蔡悠悠

一、案例背景综述

（一）国有企业改革背景

2013 年，党的十八届三中全会提出“深化国有企业改革”，标志着自 20 世纪国企改革开始以来的新一轮国企改革的正式到来，自此国企改革进入深水区。2015 年中共中央、国务院出台的《关于深化国有企业改革的指导意见》明确了国企改革的总体思路、目标、路径及改革重点，之后国家相关部委陆续出台配套文件，涉及国企分类改革、混合所有制改革、现代企业制度、资产管理体制、国有资产监督、党建、债务管理等多个方面，形成了“1+N”顶层制度体系，构筑了国企改革的四梁八柱。2020 年 6 月 30 日，中央全面深化改革委员会召开第十四次会议，审议通过《国企改革三年行动方案（2020—2022 年）》，将党的十九大对国资国企改革的要求进一步具体化，明确“1+N”改革政策在三年行动中加快落实的时间表与路线图；此外，“十项改革试点”“双百行动”等改革试点示范工程的有效经验也将在下一步的国企改革中得到推广。

（二）“对标世界一流管理提升行动”背景

2020 年 6 月，国务院国资委下发《关于开展对标世界一流管理提升行动的通知》（国资发改革〔2020〕39 号），在历时十年培育具有国际竞争力的世界一流企业进程中，又一次强调了阶段性具体要求，决定于 2020—2022 年在中央企业开展“对标世界一流管理提升行动”。2020 年 7 月，国务院国资委召开对标世界一流管理提升行动启动会议，深入学习贯彻习近平总书记重要指示批示精神，落实国企改革三年行动部署安排，总结“总部机关化”问题专项整改工作，动员部署对标提升行动，要求各地国资委和中央企业要认真落实党中央、国务院决策部署，按照《关于开展对标世界一流管理提升行动的通知》要求，加强战略管理、组织管理、运营管理、财务管理、科技管理、风险管理、人力资源管理、信息化管理，通过强化目标引领、强化精准对标、强化能力建设、强化体系建设，统筹推进各项目标任务。各企业要认真组织实施，坚持上下贯通、一体行动，确保对标提升行动全面覆盖、层层落地、取得实效。

（三）“对标世界一流管理提升行动”政策解读

1. 国家层面相关政策

国家层面政策导向由“培育具有国际竞争力的国有骨干企业”向“培育具有全球竞争力的世界一流企业”发展，体现的是国企深化改革新思想，其实质是新时代中国特色社会主义对国企深化改革新要求，“培育具有全球竞争力的世界一流企业”是国资国企改革的最终目标。国家层面相关政策内容如表 1 所示。

表 1　国家层面相关政策内容

序号	时间	相关内容
1	2015 年 8 月 24 日	中共中央、国务院出台的《关于深化国有企业改革的指导意见》指出“培育具有创新能力和国际竞争力的国有骨干企业”
2	2017 年 10 月 18 日	党的十九大报告中指出“做强做优做大国有资本，培育具有全球竞争力的世界一流企业”
3	2020 年 6 月 13 日	国务院国资委下发《关于开展对标世界一流管理提升行动的通知》（国资发改革〔2020〕39 号）
4	2020 年 7 月 21 日	习近平在企业家座谈会上的讲话中指出“办好一流企业，带领企业奋力拼搏、力争一流”
5	2020 年 7 月 29 日	国务院国资委召开中央企业对标世界一流管理提升行动启动会议

《关于开展对标世界一流管理提升行动的通知》明确“对标世界一流管理提升行动”总体要求：到 2022 年，国有重点企业管理理念、管理文化更加先进，管理制度、管理流程更加完善，管理方法、管理手段更加有效，管理基础不断夯实，创新成果不断涌现，基本形成系统完备、科学规范、运行高效的中国特色现代国有企业管理体系，企业总体管理能力明显增强，部分国有重点企业管理达到或接近世界一流水平。围绕战略管理、组织管理、运营管理、财务管理、科技管理、风险管理、人力资源管理、信息化管理八个方面，着力提升战略引领能力、科学管控能力、精益运营能力、价值创造能力、自主创新能力、合规经营能力、科学选人用人能力、系统集成能力。通过对标世界一流企业，聚焦自身存在的突出问题，进一步加强管理体系和管理能力建设，尽快补齐短板和弱项，有效增强竞争实力，促进国有资产保值增值，推动国有资本和国有企业做强做优做大。

2. 重庆市级层面相关政策

2020 年 9 月，重庆市国资委按照国务院国资委有关要求，发布《关于开展对标世界一流管理培育具有核心竞争力企业专项行动的通知》(渝国资〔2020〕364号)(以下简称《通知》),决定在市属国有重点企业开展对标世界一流管理培育具有核心竞争力企业专项行动(以下简称对标专项行动)。重庆市级层面相关政策内容如表2所示。

表2 重庆市级层面相关政策内容

序号	时间	相关内容
1	2020年9月2日	重庆市国资委发布《关于开展对标世界一流管理培育具有核心竞争力企业专项行动的通知》
2	2020年9月11日	重庆市国资委主任在对标专项行动部署会上指出"坚持高标准、高起点对标"
3	2020年9月11日	重庆市国资委在对标专项行动启动会上明确了36户市属国有企业为实施重点
4	2020年10月13日	重庆市国资委在对标专项行动培训会上明确了对标管理要抓住"三个要求""两个目标""六个表现",处理好"四对关系"
5	2020年12月	重庆市国资委对36户市属国有企业《对标专项行动实施方案》进行评审

《通知》将对标专项行动划分为三个阶段:研究部署阶段(2020年8—10月),全面部署对标专项行动,制定《对标专项行动实施方案》和《对标专项行动提升事项清单》,于2020年10月底前报重庆市国资委备案;组织落实阶段(2020年11月至2022年7月),按照《对标专项行动实施方案》和《对标专项行动提升事项清单》,集中力量推进管理体系和管理能力建设,补齐管理短板,提升管理水平;评估深化阶段(2022年8—12月),深入总结对标专项行动的做法和经验,对提升效果进行全面深入评估,建立管理提升的长效机制,持续加强企业管理水平,不断提升企业核心竞争力。

随着重庆市国资委《关于在市属国有重点企业所属企业全面启动对标世界一流管理培育具有核心竞争力企业专项行动的通知》(渝国资〔2020〕579号)及各区县关于在区属国有企业开展对标专项行动相关文件的发布,重庆市各级国有企业对标专项行动从上至下逐级展开。

2021年12月,重庆市国资委组织对36户市属国有重点企业的对标专项行动实施方案进行评审,并编制《对标世界一流管理培育具有核心竞争力企业专项行动方案评审报告》。完整的方案评审体系包含了2个一级指标、8个二级指标、38个三级指标及79项评审标准,并创新性地使用了标杆企业关联度和指标偏离度两个指标。评审要求各项定量/定性指标应与企业当期战略目标、年度目标、考核指标相匹配;企业定量指标应科学参考行业指标均值;企业提交的行动方案不能有缺项;完成时限需明确到具体年度,严禁使用持续、长期性等模糊性词汇。

（四）重庆市属重点国企对标专项行动问题总结

在重庆市属重点国企对标管理活动中，各市属重点国企在对标管理意识、企业对标深度、对标方案质量、与监管要求匹配度等方面表现出了一定的共性。

（1）对标管理意识有待强化。部分企业对对标管理的意义和重要性认识不足，企业领导人员并未将对标管理作为提升内部管理能力的重要手段，并未开展系统性的对标管理活动，企业内部全员参与度不高，部门配合积极性不强，一个部门负责到底现象突出，导致各对标板块对标专业度未达预期。

（2）企业对标深度有待加强。对标管理的本质是基于对标杆企业的系统性深入研究后找差距、提措施、定目标、强管理的过程，但在本次对标过程中，各企业并未对标杆企业进行系统深入研究，而是基于企业自身管理问题制定措施。

（3）对标方案质量有待提高。各企业提交方案质量水平参差不齐，部分企业在文字表达准确性等方面有待提升，主要集中体现出“提升成效”和“提升措施”表达混淆、全文语言表达风格不统一、“存在问题”不精准、“提升措施”不深入等问题。同时，参与对标管理活动的人员对现代企业管理认识不足，现代企业管理思维和知识体系仍有待进一步提升。

（4）与监管要求匹配度有待提升。国资监管政策及文件是为了指导企业建立完善、合规合法的内部管理体系，但部分企业内控体系、风控体系、合规管理体系、责任追究管理体系等风险管理体系建设与国资监管要求匹配有待提升，部分企业并未提出切实有效的具体措施。

（五）咨询需求和目标

按照中央和各地方相关政策文件要求，“对标世界一流管理提升行动”从央企到地方国有企业逐步深层推进。由于各级国有企业在治理结构、管理体系、管理水平、市场化程度和企业规模方面差异较大，在对标管理工作中，需要结合企业实际情况，有针对性、合理地设计对标指标体系，选择标杆企业，规划具体实施进度，以确保“对标世界一流管理提升行动”实施方案的科学性、实用性和可操作性。

在此背景下，重大同浩参与了重庆市国资委对市属国有重点企业的对标专项行动实施方案的评审指标设计及评审报告编制工作，并先后主持了若干不同层级的国有企业对标专项行动实施方案编制。在“对标世界一流管理提升行动”实施方案编制工作中，重大同浩协助客户企业明确对标行动总体思路，科学选择标杆企业并对标杆企业进行简要分析，从战略管理、组织管理、运营管理、财务管理、科技管理、风险管理、人才资源管理、信息化管理8个重点领域，围绕标杆企业及选择理由、对标目标、存在差距、提升措施、提升成效、完成时限、责任部门等维度展开对标，结合相关政策要求合理推进对标进度、明确对标保障，最终落实对标专项行动，进一步推动企业管理体系和管理能力建设，不断提升企业管理水平和核心竞争力。

二、对标管理指标体系设计

（一）央企对标管理指标体系设计

我国央企现已迈上规模化、规范化、高质量发展之路，在管理体制、资产规模、经营能力、市场化程度方面具有极大的优势。按照国务院国资委相关要求，各央企坚持“一企一策、一行一策”，围绕8个重点领域，结合行业特性和企业自身条件，形成一企一策的差异化对标指标体系，开展对标世界一流管理提升行动。例如，央企A、B采用了不同的细分对标指标，构建了独具特色的全面对标指标体系（见表3）。在运营管理对标细分领域，央企A产业板块相对单一，按照职能划分，从整体优化供应链、完善营销管理和客户服务体系等方面加强精益管理能力；央企B拥有多个产业板块，按照产业划分，从不同产业板块的具体运营管理入手开展对标工作，提出提升措施，确定重点任务。同时，各企业对标维度设置也有所差异，央企A设置有重点任务、对标领域、对标对象、问题表现、提升目标、工作措施、成果形式、时间节点、进展情况、责任人、牵头部门、参与部门、实施单位13个维度，而央企B设置了对标领域、对标对象及理由、主要差距、提升目标、具体措施、主要成果、时间节点、责任部门8个维度。

表3　央企A、B对标指标体系

序号	重点任务	央企A		央企B	
		序号	对标领域	序号	对标领域
1	加强战略管理，提升战略引领能力	1	强化战略管理意识，科学谋划战略定位、主攻方向和业务结构	1	战略规划研究
		2	实施投资全周期管理，提高投资科学性和有效性；强化主业管理	2	战略规划实施
		3	提高国际化经营水平	3	投资项目评审
		—	—	4	国际化经营管理机制、国际产业链和创新、全球话语权

续表

序号	重点任务	央企 A		央企 B	
		序号	对标领域	序号	对标领域
2	加强组织管理，提升科学管控能力	4	优化工作流程，提升决策效率，提升企业管理市场化、法治化水平	5	组织机构建设
		5	加强组织文化建设	6	子公司董事会建设、授权放权工作
		—	—	7	企业文化核心理念
		—	—	8	建立社会责任绩效体系
3	加强运营管理，提升精益运营能力	6	加强精益管理：优化供应链管理	9	新能源运营、生态环保运营、国际化运营……
		7	加强精益管理：完善营销管理和客户服务体系	10	安全管理、信息化管理
4	加强财务管理，提升价值创造能力	8	构建一体化财务管控体系；优化资本结构、强化“两金”管控、加强成本费用控制	11	资金集中统一管理
		9	建立健全资本管理体系，提高资本流动性和回报率；加强市值管理	12	完善全面预算管理
		10	提高国际化经营水平	13	加强成本费用控制
		—	—	14	资本管理体系
5	加强科技管理，提升自主创新能力	11	重点项目、科技成果转化率和净资产收益率	15	科技创新战略规划
		—	—	16	科技创新评价体系
		—	—	17	科技创新平台体系
		—	—	18	知识产权管理体系
		—	—	19	科技人才管理体系
6	加强风险管理，提升合规经营能力	12	强化风险防控意识，抓好风险监测预警、识别评估和研判处置；加强内控体系建设	20	风险监控预警指标体系建设
		13	推进法律管理与经营管理深度融合	21	内控体系建设
		14	加强合规管理	22	内部控制监督评价
		15	加大责任追究力度	23	加强法制工作体系建设
		—	—	24	合规体系建设
		—	—	25	境外合规管理
7	加强人力资源管理，提升科学选人用人能力	16	强化人力资源规划引领	26	人力资源管理
		17	推进落实三项制度改革	27	市场化选人用人
		18	加强人才培养和队伍建设	28	薪酬分配
		—	—	29	人才培养体系

续表

序号	重点任务	央企 A		央企 B	
		序号	对标领域	序号	对标领域
8	加强信息化管理，提升系统集成能力	19	强化信息化管理顶层设计和统筹规划	30	数字化转型顶层设计
		20	促进业务与信息化深入融合；打通信息“孤岛”；加强区块链大数据应用	31	两化融合管理体系
		21	加强网络安全管理体系建设	32	加强数据管理与利用
		—	—	33	加强网络安全管理
		—	—	34	信息化在企业精益管理中的作用
9	加强品牌管理，提升品牌建设能力	22	定品牌战略规划；理顺品牌架构；加强品牌国际化传播；加强人才队伍建设	—	—

（二）重庆市属国有企业对标管理指标体系设计

重庆市属国企对标指标体系采用了统一的标准化对标指标体系（见表 4），围绕 8 个重点领域形成了 38 个提升事项。各企业根据自身实际情况，在 8 个重点领域全面对标的基础上，对具体提升事项的指标进行选取，实现基于标准化对标指标体系下的差异化。对标维度设置提升事项、对标企业、对标目标、存在的问题、提升措施、提升成效、完成时限七大维度。

表 4　重庆市属国企对标指标体系

序号	类别	提升事项
1	加强战略管理，提升战略引领能力	强化战略管理意识，科学制定“十四五”战略发展规划
2		规范投资管理，健全完善管理体系
3		强化投资管控，提高投资决策的科学性、有效性和可行性
4		规范对混合所有制企业、参股企业的投资行为
5		强化主业管理，加快剥离非主营业务，清理处置低效、无效资产
6	加强组织管理，提升科学管控能力	明确集团职能定位，科学设置组织架构
7		分类开展授权放权，全面激发企业活力
8		完善组织运行机制，压缩管理链条，优化工作流程
9		转变行政化、机关化管理方式
10		加强组织文化建设
11	加强运营管理，提升精益运营能力	树立全员参与、协同高效、持续改善的精益管理理念
12		加强现场管理，协同管理生产现场各要素
13		着力优化供应链管理，持续推进大宗物资采购信息管理
14		完善营销管理和用户服务体系，提升服务质量和品牌形象

续表

序号	类别	提升事项
15	加强财务管理，提升价值创造能力	深入推进和规范资金集中统一管理，完善全面预算管理和财务信息化建设
16		持续优化资本结构，强化“两金”管控，加强成本费用控制
17		建立健全资本管理体系，有效利用多层次资本市场
18		加强上市公司市值管理，提升价值创造能力
19	加强科技管理，提升自主创新能力	加强科技创新战略规划，加大研发投入，提升知识产权工作水平
20		完善技术创新体系，形成多层次、多梯次研发体系
21		加强高水平创新研发平台建设，推动研发机构和项目法人化
22		加强产学研用合作，推进国企创新联合体建设，打造高水平双创平台
23		强化创新考核引导，健全人才引进培养评价激励机制，促进科技成果转移、转化
24	加强风险管理，提升合规经营能力	强化风险防控意识，抓好各类风险的监测预警、识别评估和研判处置
25		加强内控体系建设，构建风险防控机制
26		推进法律管理与经营管理深度整合
27		健全合规管理制度，推进合规管理全面覆盖、有效运行
28		加强责任追究体系建设，加大违规经营投资责任追究力度
29	加强人力资源管理，提升科学选人用人能力	提高人力资源对企业战略目标的支撑作用
30		完善市场化选人用人机制，拓展人才引进渠道
31		推行经理层任期制和契约化管理，积极探索职业经理人制度
32		建立和实施以劳动合同管理为基础、以岗位管理为核心的市场化用工制度
33		健全薪酬分配激励机制，全面推进岗位绩效工资制度
34		持续优化人才成长路径和队伍结构，全面提升人才队伍素质
35	加强信息化管理，提升系统集成能力	强化顶层设计和统筹规划，充分发挥信息化驱动引领作用
36		促进业务与信息化的深度融合
37		统一基础数据标准，实现企业内部业务数据互联互通
38		加强网络安全管理体系建设

（三）重庆市属国企所属企业及区县国企对标管理指标体系设计

重庆市属国企所属企业及区县国企与市属国企有着诸多差异，其对标指标体系无法完全按照对标管理指标体系设计思路推进，需参照市属国企标准化对标指标体系，结合自身适用性，有针对性地选取对标领域和具体提升事项开展对标工作。如企业规模较大、治理结构完善、职能体系健全，则参照市属国企 8 个重点领域应对尽对，开展全面对标；如企业规模较小或治理结构、职能体系不完善，则仅选取部分领域进行对标。

例如，企业 C 为重庆市属某重点国企所属子公司，其人力资源管理、信息化管理、财务管理职能均由上级集团代管，且拥有政府行业特许政策支持，处于高风险行业，则对标指标体系设计仅选取战略管理、运营管理、风险管理三个领域进行重点对标；同时，由于企业C无对外投资功能，也无下属子企业，在战略管理领域并不选择规范投资管理、强化投资管控等相关指标。企业D为某区属国有企业，企业规模适中，治理结构、管理体系完善，业务范围涉及城市基础设施投资建设、国有资产管理等传统行业领域，对于科研水平要求不高，则不选择科技管理领域进行对标；而在财务管理领域各提升事项中，由于该企业公益性属性较强，同时受企业发展阶段和水平限制，上市可能性极小，则不选择加强上市公司市值管理相关指标。

（四）指标体系设计差异原因总结

从央企到市属国企再到市属国企所属企业及区县国企对标指标体系设计思路的不同，其根本原因是各层级企业市场化水平、资产证券化水平、业务结构、企业规模、国际化水平和企业基础管理能力的不同。

三、项目方案设计

在中央、重庆市及各区县对标专项行动相关政策的指导下，重大同浩凭借丰富的国有企业改革及对标管理经验，明确企业对标专项行动咨询项目主要包含8项内容，即内部调研诊断、指标体系设计、标杆企业选择、信息收集与分析、实施方案编制、明确进度安排、强化保障措施、落实清单与台账。

（一）内部调研诊断

通过内外部访谈、内部资料收集与分析、内部讨论等方式，切实了解企业自身情况，对照行业领先企业、先进企业精准对标，有的放矢开展对标工作，提升管理水平。

调研阶段主要采用的方法包括以下几种。

（1）内外部访谈。针对企业上级单位领导、高层领导、部门干事、下属企业（机构）管理层分别进行分层、分类的一对一单独访谈，同时邀请部分员工代表进行了分组式座谈，针对企业方方面面收集看法和意见，内容广泛涉及企业资源与能力、优势与短板、外部环境、战略定位、业务体系、组织结构、集团管控、项目运营等，发掘企业管理中存在的问题。

（2）企业资料收集分析。编制对标专项行动资料清单（见表5），系统性地收集分析企业信息，整理企业制度文件，梳理企业管理体系。

表 5　对标专项行动资料清单

序号	具体内容
	一、战略管理板块相关资料
1	“十四五”发展战略及推进情况
2	混改制度及混改实施项目概况
3	投资管理制度，投资决策流程（含三重一大）相关资料
	二、组织管理板块相关资料
4	管控模式及授权体系
5	企业文化相关资料（文化体系、宣传、文化活动等）
6	机关化专项整治相关资料
7	各部门岗位设置、定编等资料
8	专业委员会及其他委员会的职责职权
9	制度汇编（尽量提供所有的制度）
	三、运营管理板块相关资料
10	现场管理相关制度（项目建设、生产等管理情况）
11	招标采购管理制度，供应商管理，物资采购信息化管理等
12	品牌体系建设
	四、财务板块相关资料
13	资金管理制度，预算管理，财务信息化、成本管理等相关资料
14	2016—2020 年财务报表
15	2016—2020 年融资渠道及结构；债务水平及结构
16	市值管理制度及其他资料
	五、科技及创新管理板块相关资料
17	“十四五”科技、创新管理专项规划及年度工作计划
18	创新管理、科技管理相关制度，考核机制
19	科技创新平台简介、科技创新项目简介、技术人才结构、人才引进计划等相关资料
	六、风险管理板块相关资料
20	风险管理、内控管理、合规管理相关制度
21	责任追究体系建设及执行情况
	七、人力资源板块相关资料
22	“三项制度改革”等相关资料
23	契约化和任期制、职业经理人等制度
24	薪酬管理制度、绩效管理制度
	八、信息化管理板块相关资料
25	“十四五”信息化专项规划
26	“十四五”信息化重大项目
27	“十四五”信息化相关制度

内部讨论——在调研诊断过程中，项目组随时召开讨论会议，与企业内部相关人员共同对企业管理现状及调研中发现的问题进行讨论、分析和研究，最终综合项目组的集体智慧，形成调研结论。

（二）指标体系设计

对标管理指标体系设计应当遵循紧密结合公司管理层级、治理结构、行业属性的原则，科学合理选择全面对标或部分对标。

（三）标杆企业选择

1. 选择原则

参照重庆市国有资产监督管理委员会《关于开展对标世界一流管理培育具有核心竞争力企业专项行动方案评审体系》相关要求（见表 6），标杆企业选择原则如下所述。

（1）国际标杆企业不做强制性要求。

（2）优先选择规模相当、主业相同、行业优秀的企业为标杆企业。

（3）标杆企业以上市公司为主要对象。

（4）标杆企业数量不超过 3 户。

表 6　重庆市国有资产监督管理委员会标杆企业选择评审标准

序号	评审指标	评审标准	指标属性
1	国际标杆企业选择	条件具备的企业可灵活选择不少于 1 户国际世界 500 强企业作为标杆企业	预期性指标
2	国内标杆企业选择范围	优先选择规模相当、主业相同、行业优秀的企业作为标杆企业，也可选择综合性集团公司作为标杆企业	约束性指标
3	国内标杆企业选择数量	国内标杆企业选择原则上最多不超过 3 户	约束性指标
4	上市标杆企业选择	在国内标杆企业中，应选择至少 1 户上市公司，原则上不超过 3 户	约束性指标

2. 选择维度

依据以上原则，圈定对标候选上市企业，并从经营范围、营业收入、净资产收益率三个维度来评价与公司的关系，从而评价其主业相关度、规模相关度、行业优秀度（见表 7）。

（1）主业相关度：根据各候选标杆企业的经营范围进行评价，经营范围与公司业务重叠度越高，其业务相关度就越高，反之就越低。业务相关度分为高、低两个等级。

（2）规模相关度：规模偏离度 =（候选企业上一年营业收入 ÷ 公司上一

年营业收入 -1）的绝对值。规模相关度分为高、中、低三个等级。规模偏离度小于 0.5，规模相关度为高；规模偏离度为 0.5 ～ 1，规模相关度为中；规模偏离度大于 1，规模相关度为低。

（3）行业优秀度：行业优秀度主要是以候选企业上一年净资产收益率与企业上一年净资产收益率进行比较，行业优秀度分为高、低两个等级。净资产收益率比值高则行业优秀度为高，反之为低。

表 7　行业标杆企业评估

序号	上市企业名称	企业性质	经营范围	主业相关度	规模相关度	行业优秀度	规模偏离度	上年营业收入	上年净资产收益率
1	××	央企、国企、民企		高、低	高、中、低	高、低			
	……								

3. 标杆企业选取

基于以上选择原则及选择维度，结合公司实际情况，市属重点国企一般选择 1 户央企上市标杆企业、1 户省市级国有上市标杆企业和 1 户民营上市标杆企业作为对标标杆。市属重点国企所属企业可参考上级单位对标标杆，在其对标标杆所属企业中选择规模、主业相关度较高的企业进行同一层级的对标工作。

（四）信息收集与分析

标杆企业信息资料与信息收集主要来源有：上市公司年报、债券募集说明书、信用评价报告、公司网站信息、新闻动态、对外宣传资料、实地调研、研究论文等。

企业要建立强大的资料收集、整理、分析系统，将零星的、不系统的信息拼凑成有价值的情报，并按照对标指标体系进行分类整理、汇总。

（五）实施方案编制

对标专项行动实施方案可根据需要设计为 4 段式布局或 5 段式布局（见图 1），主要区别在于是否将标杆企业选择及分析部分单独成章，是否在实施方案中系统阐述标杆企业选择理由及标杆企业概况。

实施方案编制环节的核心是把握对标方法，解决“怎么对”的问题。紧紧围绕本企业确定的重点管理领域和目标，把存在的短板和弱项细化、实化、具体化，并分解为精确的专业化要素指标，确保对标措施可操作、对标效果可量化、对标过程可检查。同时，将对标内容与后续改进措施紧密衔接，促进对标内容、对标方法、对标效果的一体化协同。主要措施编制内容示例如图 2 所示。

4段式布局

一、总体思路
（一）指导思想
（二）基本原则
（三）总体目标
（四）实施路径
二、主要措施
（一）加强战略管理，提升战略引领能力
（二）加强组织管理，提升科学管控能力
（三）加强运营管理，提升精益运营能力
（四）加强财务管理，提升价值创造能力
（五）加强科技管理，提升自主创新能力
（六）加强风险管理，提升合规经营能力
（七）加强人力资源管理，提升科学选人用人能力
（八）加强信息化管理，提升系统集成能力
三、进度安排
四、组织保障

5段式布局

一、总体思路
（一）指导思想
（二）基本原则
（三）总体目标
二、标杆企业选择及分析
（一）标杆企业选择理由
（二）标杆企业概况
三、主要措施
（一）加强战略管理，提升战略引领能力
（二）加强组织管理，提升科学管控能力
（三）加强运营管理，提升精益运营能力
（四）加强财务管理，提升价值创造能力
（五）加强科技管理，提升自主创新能力
（六）加强风险管理，提升合规经营能力
（七）加强人力资源管理，提升科学选人用人能力
（八）加强信息化管理，提升系统集成能力
四、进度安排
五、组织保障

图 1　实施方案框架设计

16. 加强内控体系建设，构建风险防控机制

（1）标杆企业及选择理由：××企业。××企业按照内控全覆盖要求，通过制度梳理、内控访谈、穿行测试等手段，了解公司管理及业务变动情况，更新公司内控矩阵，识别内控缺陷，开展内控评价。

（2）对标目标：明确责任分工，完善内部管控基本制度体系。

（3）存在差距：内控体系建设有待进一步强化，内控制度建设有待加强。

（4）提升措施：

①优化内控管理制度：根据国资委及上级集团要求，结合组织管控、管理制度、监督评价体系等工作，根据管理需要梳理、评估、修订各部门制度体系、流程体系，对不满足现行法律法规、国资监管要求的制度予以修订，建立健全以风险管理为导向、合规管理监督为重点的内控体系。

②加强内控专项检查评估。重点加强新项目投资、融资、合同等领域的日常专项检查评估工作，保障内控体系有效运行，切实增强重点风险防控能力。

③强化内控隐患整改落实。加强内控评价监督，强化整改落实，切实落实责任追究，形成“以查促改”“以改促建”的动态优化机制，促进内控体系不断完善。

（5）提升成效：内控体系不断完善，风险管控与内部控制进一步融合。

（6）完成时限：2022 年 12 月。

（7）责任部门：法务监审部。

图 2　主要措施编制内容示例

（六）明确进度安排

根据相关文件要求，对标专项行动分三个阶段渐次推进。

1. 研究部署阶段（2020 年 × 月至 2021 年 × 月）

成立对标专项行动领导小组（以下简称领导小组），由党委书记、董事长任领导小组组长，党委副书记、总经理任领导小组副组长，领导班子其他成员任领导小组成员。

领导小组全面负责公司对标专项行动的决策部署和统筹推进，研究解决对标专项行动中的难点问题和重要工作。

领导小组下设办公室，由协管改革工作的公司领导兼任对标专项行动办公室主任，由牵头部门负责人担任对标专项行动办公室副主任，其他职能部门负责人担任对标专项行动办公室成员。

对标专项行动办公室负责具体组织落实领导小组的决策部署，印发专门文件，召开启动会议，编制《对标专项行动实施方案》和《对标专项行动提升事项清单》，履行审批程序后，上报上级主管单位审批。

2. 组织落实阶段（2021 年 × 月至 2022 年 × 月）

围绕对标专项行动的具体领域和管理提升事项的对标任务，设专业小组，分类组织开展对标工作。

各专业小组对照《对标专项行动实施方案》和《对标提升工作清单》，查找问题差距，强化精准对标，细化提升措施，补齐管理短板，加强能力建设，完善管理体系，集中力量推进各项目标任务落实落地，全面推动企业提升管理水平。

对标专项行动办公室、各专业小组，通过多种方式，建立工作机制，搭建工作平台，及时发布政策文件，提供指导和支持；适时组织召开工作推动会，组织开展工作交流，督促各项工作有序推进。

各专业小组每季度向对标专项行动办公室报送工作进展情况。对标专项行动办公室充分运用信息化手段，采取多种措施，及时传达工作部署要求，掌握工作动态，汇总分析，协调解决突出问题；加强对标专项行动的实时跟踪、推动促进和支持保障，并根据工作进展情况和效果开展对标专项行动年度评价，严考核、硬约束，重激励、促落实。

3. 评估深化阶段（2022 年 ×—× 月）

对标专项行动办公室牵头组织总结成功做法，形成典型经验。注重发现对标专项行动中的成功实践和成熟经验，并加以总结提炼，形成可复制、可推广的典型经验。

对标专项行动办公室将对标专项行动的好做法、好经验固化到相关标准、制度、流程中，加强基础管理，强化管理创新，培育先进管理文化，不断完善制度体系、组织体系、责任体系、执行体系和评价体系建设，持续推动管理改善，形成全面推进管理提升的长效机制。

（七）强化保障措施

1. 加强组织领导

公司党委要充分发挥把方向、管大局、保落实的领导作用，认真研究工作推进方法，抓好安排部署和组织落实。

对标专项行动工作领导小组及对标专项行动办公室要加强对对标提升工作的全面领导，建立健全相关工作机制，落实工作责任，制定工作措施，抓好安排部署和组织落实。

全体员工要高度重视对标工作，认真做好对标专项行动的具体落实。

2. 加强督促落实

对标专项行动办公室采用专家咨询、专题培训等方式及时解答对标过程中遇到的问题及疑惑，将重点提升任务纳入年度培训计划统筹安排，对接培训需求，制订培训方案。

对标专项行动办公室适时组织召开经验交流会和工作推动会，组织开展工作交流，及时将取得突出业绩的部门/子公司的管理成果和经验介绍至各部门/子公司，促进各部门/子公司相互交流和借鉴，督促工作落实。

3. 加强评价激励

对标专项行动办公室按照实施方案和“对标专项行动提升事项清单”，开展阶段评价和总体分析评估，推动对标专项行动有序推进。及时总结成功经验和优秀做法，评选管理标杆单位、项目和范式，适时给予表彰激励。

（八）落实清单与台账

1. 对标专项行动清单

对标专项行动清单包括了《对标专项行动提升事项清单》和《对标世界一流管理培育具有核心竞争力企业专项行动方案任务清单》。

《对标专项行动提升事项清单》是以《对标专项行动实施方案》为基础的，《对标专项行动提升事项清单》框架如表8所示。

表8 《对标专项行动提升事项清单》框架

类别	序号	提升事项	对标企业	对标目标	存在的问题	提升措施	提升成效	完成时限
一、加强战略管理，提升战略引领能力	1	强化战略管理意识，科学制定“十四五”战略发展规划						
……								

《对标世界一流管理培育具有核心竞争力企业专项行动方案任务清单》是将《对标专项行动实施方案》中的“提升措施”及“提升成效”逐步分解到各年度，《对标世界一流管理培育具有核心竞争力企业专项行动方案任务清单》

框架如表 9 所示；《对标世界一流管理培育具有核心竞争力企业专项行动方案年度任务清单》是开展对标专项行动考核的基础。

表 9 《对标世界一流管理培育具有核心竞争力企业专项行动方案任务清单》框架

二级指标	三级指标	提升措施	2020 年	2021 年	2022 年
加强战略管理，提升战略引领能力	强化战略管理意识，科学制定“十四五”战略发展规划				
……					

2. 对标专项行动相关台账

（1）台账：包括董事会、总经理办公会、部门会议、日常例会关于对标管理专项行动工作会议相关台账。

（2）方案台账：有《对标专项行动实施方案》《对标专项行动提升事项清单》和《对标世界一流管理培育具有核心竞争力企业专项行动方案任务清单》等顶层制度体系台账，各部门提升措施中配套的相关专项方案台账。

（3）考核台账：对部门月度、季度、年度考核台账。

四、项目方案实施评估

通过深入研究国务院国资委及重庆市国资委相关政策文件精神，以及与客户单位各级管理人员多轮沟通、反复论证，重大同浩编制的《对标专项行动实施方案》获得了客户单位的高度认可，认为该实施方案符合客户单位发展现状，符合国资委相关文件要求，精准对标企业管理差距短板，具有很强的前瞻性、科学性和可操作性，对企业管理能力和管理水平提升工作起到了良好的指引作用。

重大同浩凭借长期积累的国企改革发展及对标管理咨询经验，结合若干不同层级国有企业对标专项行动实施方案编制项目的咨询体会，触类旁通、举一反三，后续又为多家国有企业成功提供了对标专项行动实施方案编制服务。

电网企业资金集约化管理下的风控模式设计

北京英大长安风险管理咨询有限公司

北京英大长安风险管理咨询有限公司（以下简称北京英大长安）是国家电网有限公司下属专业风险管理咨询机构，由国网英大国际控股集团有限公司、英大长安保险经纪有限公司共同出资成立，注册资本金 1111.11 万元，是一家以风险管理为核心业务的国网系统内专业咨询机构。

北京英大长安是中企联第七届管理咨询委员会副主任委员单位，2012 年以来每年均入选中企联“中国管理咨询机构 50 大”，2016 年、2018 年两次被评为“最值得信赖的中国管理咨询机构”，入选“全国首批 45 家企业管理咨询机构推荐名录”第 11 位，入围国家电网有限公司“首批服务国网风控工作的管理咨询机构”第 1 位，入围工业和信息化部全国首批推荐两化融合 80 家贯标服务机构名录（位列第 16 名，在咨询公司中排名第一）。

北京英大长安承担的项目先后荣获国际管理咨询协会理事会（ICMCI）“君士坦丁奖”提名奖、中企联“中国管理咨询优秀案例”一等奖、中电联“中国电力管理创新”二等奖、国家电网有限公司“管理咨询优秀成果奖”“软科学成果奖”等 20 多项国家级、省部级奖项。

本案例项目组成员

王夏薇，毕业于北京大学光华管理学院工商管理硕士专业，高级会计师、美国注册管理会计师，现任北京英大长安副总经理。具有国家电网有限公司风险管理、内部控制、数字化审计等多个管理咨询项目管理经验，熟悉电网企业经营管理模式，具有丰富的部门及团队管理经验。

其他成员：钱虎、王琪、刘业鑫、许妍

导读

为贯彻国网公司财务金融工作会议和公司“两会”精神，构建“1233”新型资金管理体系，落实国网公司《关于全面推广现金流“按日排程”和扩大收付款“省级集中”试点工作的通知》(国家电网财〔2019〕287号)要求，山西公司需秉承“安全、集约、精益、高效”的核心理念，坚持试点先行、示范引领，先易后难、稳妥实施，分批推进、注重实效的建设方式，构建“账户集团管控，电费省级集中，支出统一结算，资金集中运作，风险全面监控”的资金集约管控平台，扎实推进资金管理转型升级，逐步建成全层级贯通、全业务覆盖的新型资金管理体系，进一步提升公司资金安全、效率和效益水平，为建设具有中国特色国际领先的能源互联网企业提供资金支撑。

本案例结合资金集中管理、风险评估与控制相关理论分析国网山西省电力公司（以下简称山西公司）在资金管控模式变换过程中的潜在风险，并识别出内外部风险因素。通过科学研究方法对风险因素进行准确的分析评估，总结出各项风险因素的特点，进而结合风险评估结果、风险控制原则及风险控制策略，制定具有可操作性的风险控制措施，以帮助山西公司更好地开展资金集中管控，降低或避免各类风险带来的负面影响，为山西公司资金集中管理风险管控提供依据。

电网企业资金集约化管理下的风控模式设计

北京英大长安风险管理咨询有限公司　王夏薇

一、案例背景

（一）客户基本情况

山西公司是国家电网有限公司（以下简称国家电网公司）的全资子公司，以电力生产、建设、调度、经营及电力规划等为主营业务，下设11个市级供电公司、104个县级供电公司，供电区域覆盖117个县中的105个，供电面积达13.55万平方千米，服务客户1349万户，拥有资产总额915亿元，全口径用工总量5.01万人，肩负着全省3700万人民电力供应的基本使命，承担着向河北、江苏、湖北等地外送电力的重要任务。

山西公司已经形成了以“三交一直”（长治—南阳—荆门、蒙西—晋北—天津南、榆横—晋中—潍坊交流，雁门关—淮安直流）特高压混联大电网为核心，以500千伏“三纵四横”为骨干网架，220千伏分区环网运行，110千伏及以下电网等级覆盖全省城乡的供电网络格局，并网发电装机突破1亿千瓦，作为国家“西电东送”北通道之一，全省外送能力实现翻番，年外送电量突破千亿千瓦时，110千伏及以上输电线路、变电容量双增30%，网架结构实现质的飞越和提升，有力支撑转型发展和能源革命。

“十三五”期间，山西公司坚持以国家电网公司战略为统领，上下紧扣“一业为主、四翼齐飞、全要素发力”发展总体布局和“五个不动摇、四个统筹好”工作要求，以思想转型引领全面转型。坚持不懈抓好安全生产，落实国家电网公司安全生产会议精神，严格各级安全责任，强化风险预警和隐患整治，保证电网稳定运行和电力可靠供应。加快推进电网建设，陕北—湖北、“两交”扩建等特高压项目稳步推进，市场化引导源网荷储协同互动，新能源利用率保持95%以上。营商环境更加优良，深化“三零”“三省”服务和“阳光业扩”，“网上国网”覆盖率位居国家电网公司第一，“获得电力”指标保持国家电网公司第一方阵。

（二）行业特点

随着我国经济发展进入新常态，国家有序推进供给侧结构性改革，重点抓好去产能、去库存、去杠杆、降成本、补短板等任务。国务院印发《关于支持山西省进一步深化改革促进资源型经济转型发展的意见》指出，要积极推动能源供给侧和消费侧革命，深化能源体制改革，健全产业转型升级促进机制，打造能源革命排头兵，坚持新发展理念，加快推动质量变革、效率变革、动力变革，提高全要素生产率。在经济转型发展进程中，经济增长速度将明显放缓，经济结构将深度调整，钢铁、化工等重点行业面临较大市场压力和改革压力，由于电网工业用电比重较大，受经济增长乏力和供给侧去产能的双重影响，全社会用电量也将进入缓慢增长阶段，电量增长动力不足。售电市场增速不断下滑，供电企业发展环境、电力市场格局发生深刻变化，电网发展面临高强度投入，成本刚性增长，盈利能力和资金保障将面临很大压力，这都要求企业积极适应输配电价改革的需要，提升风险防控能力，逐步实现由主要依赖电量增长转变为综合实现有效资产增长和运营效率提升。

（三）咨询项目需求及目标

在当前复杂多变的经济大环境中，山西公司改革发展任务繁重，在电网企业资金集约化管理的背景下，亟须进一步创新风控管理模式，保障山西公司稳健运营，增强山西公司可持续发展能力。

为贯彻国家电网公司财务金融工作会议和山西公司“两会”精神，构建“1233”新型资金管理体系，落实国家电网公司《关于全面推广现金流“按日排程”和扩大收付款“省级集中”试点工作的通知》(国家电网财〔2019〕287号）要求，山西公司需秉承“安全、集约、精益、高效”的核心理念，坚持试点先行、示范引领，先易后难、稳妥实施，分批推进、注重实效的建设方式，构建“账户集团管控，电费省级集中，支出统一结算，资金集中运作，风险全面监控”的资金集约管控平台，扎实推进资金管理转型升级，逐步建成全层级贯通、全业务覆盖的新型资金管理体系，进一步提升公司资金安全、效率和效益水平，为建设具有中国特色国际领先的能源互联网企业提供资金支撑。

作为资金密集型企业，电网企业资金业务繁杂且供应商类型多、资金结算量大，随着资金集约化管控不断推进，造成资金管理相关潜在风险发生可能性加大。本案例结合资金集中管理、风险评估与控制相关理论分析山西公司在资金管控模式优化过程中的潜在风险，并识别出内外部风险因素。通过科学研究方法对风险因素进行评估，总结各项风险因素特点，并结合风险评估结果、风险控制原则及风险控制策略，制定操作性较强的风险控制措施，帮助山西公司更好地开展资金集中管控，避免或降低各类风险带来的负面影响。

二、诊断分析

（一）山西公司资金集中管理风险识别

为构建“1233”新型资金管理体系，落实国家电网公司资金管控优化提升决策部署，山西公司扎实推进资金管理转型升级，逐步建成全层级贯通、全业务覆盖的新型资金管理体系。在资金集中管理转型升级过程中，可能引发专业风险和流程风险。其中，专业风险是指在转型升级过程中可能引发财务、营销、物资、人资、法律、品牌等各类业务风险；流程风险是指在转型升级过程中，因资金管理业务流程发生变化，各流程节点可能存在潜在风险。

1. 专业风险识别

资金集中管理专业风险识别方面，运用鱼骨图分析法对潜在风险进行梳理，并通过与财务部、营销部、物资部、人资部、互联网部、法律部等专业人员进行现场访谈，最终确定专业风险 25 个，专业风险鱼骨图框架如图 1 所示。

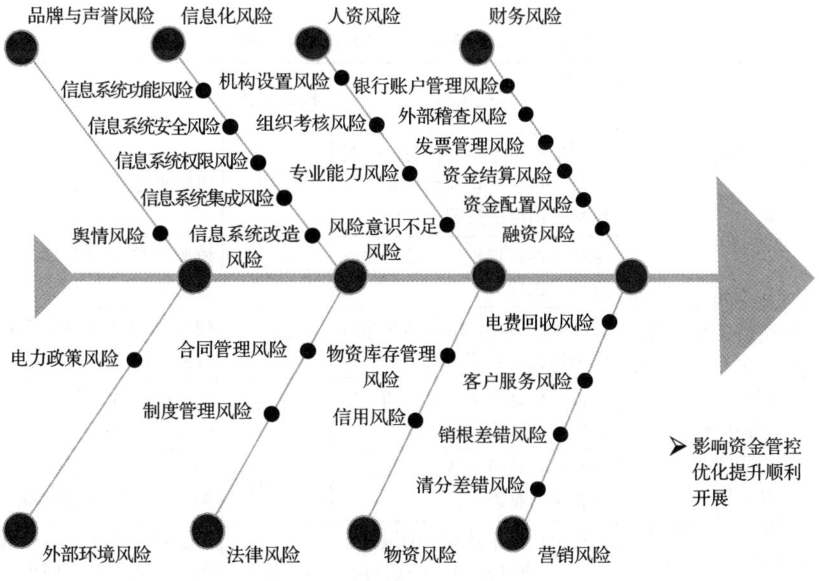

图 1　专业风险鱼骨图框架

项目组对各专业风险描述和成因做了明确定义，以资金配置风险为例，资金配置风险描述与成因如表 1 所示。

表 1　资金配置风险描述与成因

风险类别	风险描述	风险成因
资金配置风险	上报的预算准确程度不够高，资金计划的不准确或突发紧急用款情况导致公司在经营过程中资金余缺、付款不及时等问题，引发一些纠纷和不稳定事件，影响资金整体的利用效率	资金省级集中管控后，资金预算是现金流日排程制定的重要依据，省级直付造成付款业务量激增，一旦资金预算不准确或出现突发付款需求，必然造成公司资金不足或结余过多

2. 流程风险识别

目前，山西公司资金集中管理涉及收款、付款业务流程达 40 条，其中收款业务流程 14 条，涉及电费收入、收款清分、融资收入、网间售电 / 输电收入、票据收入等业务；付款业务流程 26 条，涉及物资采购、服务采购、融资、网间购电 / 输电、票据兑付、股权投资、税费支出等业务。

资金集中管理转型升级后，业务流程要随之调整，会带来业务、职能、权限等的变化，进而导致业务流程节点出现新的风控需求，需要及时采取措施，保证业务顺利开展。以物资集中采购为例，风险控制规则如表 2 所示。

表 2　风险控制规则（物资集中采购）

业务名称	业务步骤	风控需求	控制方式	控制规则
物资集中采购	创建采购订单。由物资公司物资合同专责在 ERP 中根据国网电子商务平台下发的中标结果（中标结果中包括中标厂商、中标单价）与提报的采购申请信息等创建采购订单	限制采购订单核心信息，包括数量、单价、供应商信息、订单号、项目信息等	系统嵌入	限制修改采购订单核心信息
		保证采购订单税率与合同税率数据一致性	系统嵌入	校验采购订单金额、税率与合同金额、税率是否一致
		保证采购订单供应商名称与合同中供应商名称一致	系统嵌入	校验采购订单供应商名称与合同中供应商名称是否一致
		保证中标通知书中标厂商、中标单价与采购订单一致	系统嵌入	校验中标通知书中中标厂商、中标单价与采购订单是否一致
		核验采购订单付款条件与合同付款条件是否一致	岗位审核	专责审核采购订单规定支付比例与合同支付比例是否一致
		保证供应商主数据中的银行账户、账号与合同中的银行账户、账号一致	岗位审核	审核供应商主数据中的银行账户、账号与合同中的银行账户、账号是否一致
		保证采购订单计划交货日期与合同中的计划交货期一致	岗位审核	审核采购订单计划交货日期与合同中的计划交货期是否一致

（二）山西公司资金集中管理风险评估

1. 专业风险评估

本项目采用问卷调查和层次分析法对资金管理转型升级过程中各类专业风险进行评估。首先通过问卷调查对专业风险进行测评，确定专业风险地图。其次邀请专家对各类专业风险进行打分，通过层次分析，对专业风险进行分级。

（1）风险测评。

本次测评将风险可能性和风险损失度作为风险测评指标。其中，风险可能性是指风险发生的概率，测评标准分为 5 个级别，风险可能性分类等级如表 3 所示。

表 3　风险可能性分类等级

定性描述		定量描述
描述	信号	评分
发生可能性极小	公司可能每 5 年以上发生该类风险	1
发生可能性较小	公司可能每 1 ～ 5 年发生该类风险	2
发生可能性中等	公司可能每年发生该类风险	3
发生可能性较大	公司可能每半年发生该类风险	4
发生可能性极大	公司可能每月发生该类风险	5

风险损失度是指风险造成的损失程度，测评标准分为 6 个等级，风险损失度分类等级如表 4 所示。

表 4　风险损失度分类等级

等级	风险损失			
	安全		社会形象	直接经济损失
	电网安全	人员伤亡		
0	无影响	无影响	无影响	无影响
1	符合《国家电网公司安全事故调查规程》的七级及以下级电网事件	无人员死亡和重伤，但造成 10 人以上轻伤	负面消息在企业内部流传，企业声誉没有受损	500 万元以下
2	符合《国家电网公司安全事故调查规程》的六级电网事件	3 人以下死亡，或者 10 人以下重伤	负面消息在当地局部流传，对企业声誉造成轻微损害	500 万元及以上、2000 万元以下
3	符合《国家电网公司安全事故调查规程》的五级电网事件	3 人及以上 10 人以下死亡，或者 10 人及以上 50 人以下重伤	负面消息在某区域流传，对企业声誉造成中度损害	2000 万元及以上、5000 万元以下

续表

等级	风险损失			
	安全		社会形象	直接经济损失
	电网安全	人员伤亡		
4	符合《国家电网公司安全事故调查规程》的三、四级电网事件	10人及以上30人以下死亡，或者50人及以上100人以下重伤	负面消息在全国各地流传，对企业声誉造成重大损害	5000万元及以上、1亿元以下
5	符合《国家电网公司安全事故调查规程》的一、二级电网事件	30人及以上死亡，或者100人及以上重伤	负面消息在全国各地政府及监管机构流传，对企业声誉造成无法弥补的损害	1亿元及以上

本次测评共向内外部专家发放问卷35份，收回有效问卷30份。通过对问卷数据进行统计分析，确定了各专业风险的发生可能性、风险损失度值，并绘制了风险地图。专业风险地图如图2所示。

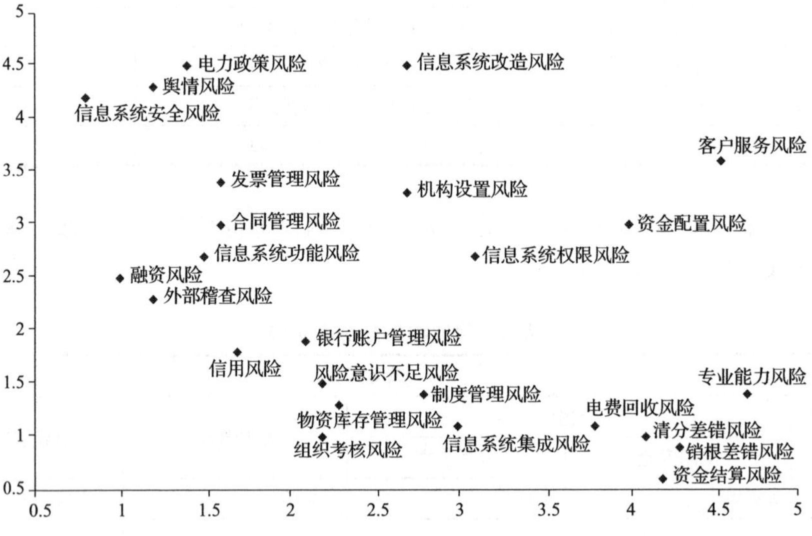

图2　专业风险地图

（2）风险分级。

风险分级是对专业风险进行分类，划分出重点风险和非重点风险，将有限资源用于控制重点风险，以更好平衡风险与效益关系，保证资金管控优化提升平稳、高效开展。

项目组通过运用层次分析法，构建了包括目标层、准则层及子准则层的风险评价模型。风险评价模型如表 5 所示。

表 5 风险评价模型

目标层	准则层	子准则层
山西公司资金集中管控项目风险评估 R	外部环境风险（F1）	电力政策风险（F11）
	财务风险（F2）	资金配置风险（F21）
		资金结算风险（F22）
		发票管理风险（F23）
		外部稽查风险（F24）
		银行账户管理风险（F25）
		融资风险（F26）
	营销风险（F3）	电费回收风险（F31）
		客户服务风险（F32）
		销根差错风险（F33）
		清分差错风险（F34）
	人资风险（F4）	风险意识不足风险（F41）
		专业能力风险（F42）
		组织考核风险（F43）
		机构设置风险（F44）
	物资风险（F5）	物资库存管理风险（F51）
		信用风险（F52）
	信息化风险（F6）	信息系统改造风险（F61）
		信息系统集成风险（F62）
		信息系统权限风险（F63）
		信息系统安全风险（F64）
		信息系统功能风险（F65）
	法律风险（F7）	合同管理风险（F71）
		制度管理风险（F72）
	品牌与声誉风险（F8）	舆情风险（F81）

通过邀请专家对各准则层元素重要性进行两两比较，构建各层风险因素判断矩阵，然后运用数学方法进行层次排序并进行一致性检验，层次总排序计算表如表 6 所示。

通过对风险进行排序，并对权重进行叠加，按照三分法分为［0，33.33%］、［33.33%，66.66%］、［66.66%，1］三个区间。其中，将处于第一个区间的风险确定为重要风险，包括电力政策风险（F11）、资金配置风险（F21）、信息系统权限风险（F63）；将处于第二个区间的风险确定为中等风险，包括发票管理风险（F23）、机构设置风险（F44）、客户服务风险（F32）、舆情风险

（F81）、制度管理风险（F72）、资金结算风险（F22）、信息系统安全风险（F64）；将处于第三个区间的风险确定为一般风险。F_{ij} 层次总排序计算如表 6 所示。

表 6　F_{ij} 层次总排序计算

序号	子因素层	主因素层								总权重值	风险排序
		F1	F2	F3	F4	F5	F6	F7	F8		
		0.037009	0.301421	0.13601	0.12218	0.03518	0.317091	0.06149	0.043368		
1	F11	1.0000								0.0370	11
2	F21		0.3361							0.1013	2
3	F22		0.1306							0.0394	9
4	F23		0.2468							0.0744	4
5	F24		0.1198							0.0361	12
6	F25		0.0945							0.0285	16
7	F26		0.0924							0.0278	17
8	F31			0.1787						0.0243	18
9	F32			0.4074						0.0554	6
10	F33			0.1787						0.0243	18
11	F34			0.2352						0.0320	14
12	F41				0.1237					0.0151	23
13	F42				0.2548					0.0311	15
14	F43				0.0827					0.0101	25
15	F44				0.5388					0.0658	5
16	F51					0.3333				0.0117	24
17	F52					0.6667				0.0235	20
18	F61						0.4442			0.1408	1
19	F62						0.1085			0.0344	13
20	F63						0.2893			0.0917	3
21	F64						0.1176			0.0373	10
22	F65						0.0549			0.0174	22
23	F71							0.3333		0.0205	21

2. 流程风险评估

业务流程中的关键风险点一旦发生，就会对资金安全造成严重影响，因此需对其严格控制。项目组对各业务流程节点进行总结和评估，以下关键节点应得到重点防控。

（1）预算审核相关节点。预算制定是资金管理起点，也是风险防控第一道防线，一旦发生风险，将直接影响资金合理配置，甚至阻碍公司战略实现。

（2）付款申请审核、审批相关节点。付款申请信息是资金结算的重要依据，一旦出现错误，就会造成付款不合规，甚至带来经济损失，必须加强风险控制。

（3）支付审核、审批关键节点。支付是资金管理中最后一个关键步骤，也是风险防控最后一道防线，一旦出现风险，将直接影响资金安全，需要加强防控。

三、方案设计

（一）山西公司资金集中管理风险管理策略

针对山西公司资金集中管理转型升级过程中各类专业风险特点，提出风险控制、风险减少、风险转移及风险承担四类风险管理策略，并对资金管控优化提升过程中各专业风险提出了相应的管理策略。专业风险策略分布如图 3 所示。

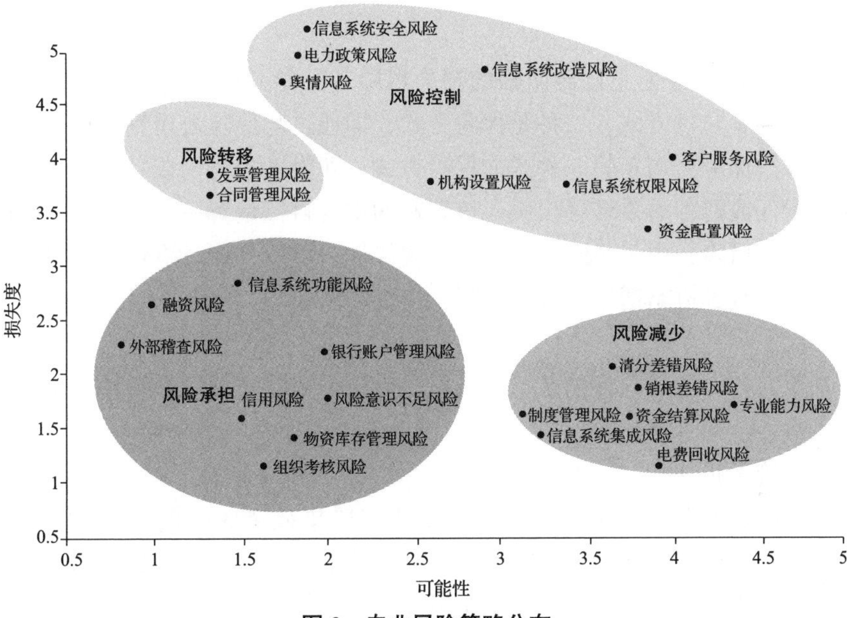

图 3 专业风险策略分布

1. 风险控制

风险控制是指有意识地制定策略、采取行动，防止或减少风险事件的发生及所造成的经济及社会形象损失。风险控制策略的目标：一是在风险发生之前，全面地消除风险发生的根源，尽量减少风险发生频率；二是在风险发生后最大限度地减轻风险造成的损失。风险控制策略适用于以下两种情形：损失频率和损失程度都较大的特定风险；损失频率虽不大，但损失后果严重且无法得到补偿的风险。

基于对各专业风险评估数据分析，对以下风险实施风险控制策略：客户服务风险、信息系统改造风险、电力政策风险、资金配置风险、信息系统权限风险、机构设置风险、舆情风险、信息系统安全风险。

2. 风险减少

风险减少是指有意识地制定策略、采取行动，防止或减少风险事件发生的可能性。该策略主要目标是尽量减少风险发生频率，减低因风险造成的不利影响。风险减少策略适用于以下情形：损失频率较大，一旦发生造成损失不是很严重的风险。

基于对各专业风险评估数据分析，对以下风险实施风险减少策略：专业能力风险、销根差错风险、清分差错风险、电费回收风险、信息系统集成风险、资金结算风险、制度管理风险。

3. 风险转移

风险转移是将企业自身面临的损失风险转移给其他个人或单位去承担的行为，主要有两种方式，一种是保险方式，即通过与保险公司签订相关协议将风险转移给保险公司；另一种是非保险方式，即借助于协议或者合同，将损失的法律责任或财务后果转移出去。该策略的主要目标是对一些突发性但会造成很大损失的风险，由于风险不具有一定规律性，可以采取风险转移方式去规避风险。风险减少策略适用于以下情形：损失频率较小，但是一旦发生，造成的损失很大。

基于对各专业风险评估数据的分析，对以下风险实施风险转移策略：发票管理风险、合同管理风险。

4. 风险承担

风险承担是指企业管理者自己承担由风险事故造成的损失。风险承担是处理风险的最常见的风险规避方法。当采取其他风险规避方法的费用超过风险事件造成的损失数额时，可采取承担风险的方法。这里的风险承担是主动的风险承担，是指企业管理者在识别和衡量风险的基础上，对各种可能的风险处理方式进行比较，权衡利弊，从而决定将风险留置内部，即由企业管理者自己承担风险损失的全部或部分。前期对风险有所准备，所以当风险事件发生时可以马上执行应急计划。该策略的目标是在平衡风险控制成本和风险损失的基础上，对一些风险的损失进行承担，以保证风险和效率平衡。风险承担策略适用于以下情形：损失频率和损失程度都较小的特定风险。

基于对各专业风险评估数据的分析，对以下风险实施风险承担策略：融资风险、信息系统功能风险、外部稽查风险、银行账户管理风险、信用风险、风险意识不足风险、物资库存管理风险、组织考核风险。

（二）山西公司资金集中管理风险管控措施

1. 专业风险管控

根据风险评估结果，重点风险、中等风险的权重值超过 2/3，具有很好的代表性，因此可以将这两类风险确定为关键风险，其他风险为一般风险。

针对关键风险，采用 PDCA 管控思路，提出全面、闭环的管控措施，以更有效地降低风险水平。通过采用“321”（三个建设、两个管理、一个创新）管控模式对关键风险进行控制，在信息化建设、制度建设、团队建设、计划管理、考核管理、业务创新六个层面进行防控，“321”管控模式结构如图 4 所示。

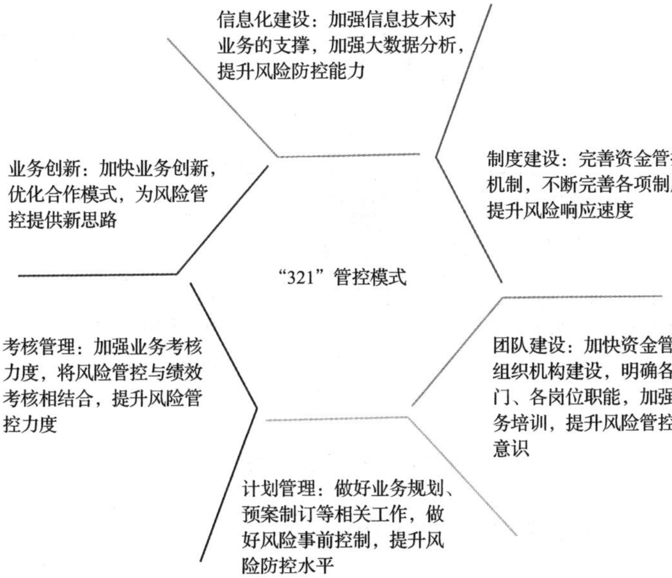

图 4 “321”管控模式结构

为持续防控专业风险，通过制定风险监测指标，确定预警值、监测周期及监测方法等，定期对各专业风险进行监控。

以资金配置风险管控为例，资金配置风险监测指标如表 7 所示。

表 7 资金配置风险监测指标

风险指标	监测标准	监测周期	监测方法
预算准确率 =1-(预算数据 - 实际发生数据)÷预算数据 ×100%，即各期间相关预算数据与实际发生数据之间的差异比率	95%～105%	月度	每月末组织相关人员，统计预算数据与实际发生数据的差额，并计算出当月的预算准确率。当预算准确率大于等于 95% 且小于等于 105% 时，说明本月预算准确度符合标准，资金整体使用效率高；当本月预算准确率不足 95% 或大于 105% 时，财务部应组织人员分析本月预算精确度低的原因，形成相关分析报告

2. 流程风险管控

项目组针对流程节点风险控制需求设计出两类控制规则：系统嵌入类、岗位审核类。其中，系统嵌入类规则是嵌入到系统中，通过系统自动控制，提高风控效率和准确性；岗位审核类规则是目前无法用系统实现，需要进行线下操作的控制规则，随着技术更新、系统功能提升，未来逐步转换为系统嵌入类规则。

项目组共设计系统嵌入类规则 8 类，对支付时间、支付方式、权限、阈值等多个方面风险进行了管控。流程风险系统嵌入管控规则如图 5 所示。

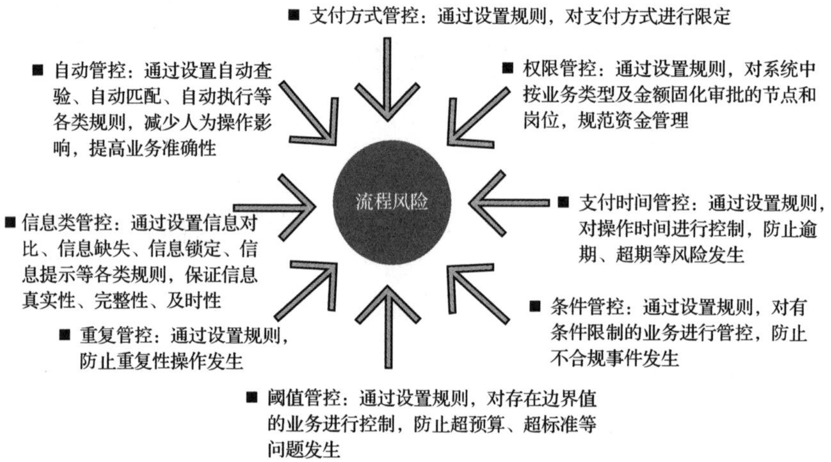

图 5　流程风险系统嵌入管控规则

各类系统嵌入类规则举例如表 8 所示。

表 8　系统嵌入类规则举例

序号	规则类别	内控需求	规则举例
1	支付方式管控	税费支付必须为银行代扣	在财务管控系统中，设置默认税费支付方式为银行代扣
2	权限管控	创建付款申请，保证申请单中采购订单与该人员账号在同一公司	在 ERP 系统中，进行权限控制，限定履约专责只能编制同一公司的采购订单
3	支付时间管控	创建还本付息支付申请，检查账户还贷资金是否及时到位，防范逾期信用风险	在财务管控系统中，按还本付息到期日前 10 天设置提醒，通过信息弹窗方式进行提醒
4	条件管控	形成可再生能源 / 分布式光伏结算单，补助对象应列入分布式光伏补助目录范围，且电价信息和补助信息符合国家批复政策标准	在财务管控中嵌入分布式光伏补助目录，在营销系统向财务管控传递光伏结算数据时，自动进行校验，对于不在目录范围内的非自然人不生成补助数据

续表

序号	规则类别	内控需求	规则举例
5	阈值管控	创建付款订单，需进行现金流预算控制	校验付款订单申请金额是否小于等于现金流预算金额，超预算不允许提交
6	重复管控	创建预付款订单，保证预付款付款申请不能重复提交	校验预付款付款申请是否重复提交，如“是”则不能提交
7	信息类管控	创建采购订单，限制修改采购订单核心信息	在ERP系统中，限制修改采购订单核心信息，如供应商信息、项目信息等
8	自动管控	创建付款申请，保证收款人信息准确性	在ERP系统中，设置收款人的信息以主数据管理（MDM）平台维护的信息为准，创建订单时自动获取信息

岗位审核规则部分，共设置5类规则，对规范性、准确性、完整性、一致性等多个方面风险进行了管控。流程风险岗位审核控制规则如图6所示。

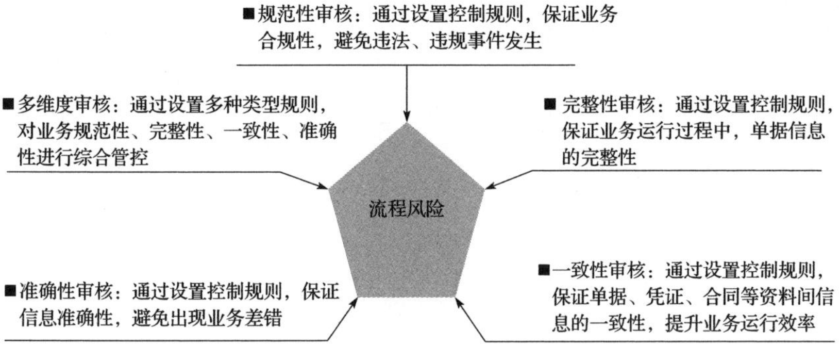

图6 流程风险岗位审核控制规则

岗位审核类规则举例如表9所示。

表9 岗位审核类规则举例

序号	规则类别	内控需求	规则举例
1	规范性审核	股权投资支付，审核股权投资决策相关文件	审核股权投资决策相关文件是否合规、合法、完整，支付手续是否齐全
2	完整性审核	创建质保金付款申请，保证质保单签字、盖章齐全	专责审核质保单签字、盖章是否齐全，是否达到质保期
3	一致性审核	创建采购订单，保证采购订单付款条件与合同付款条件一致	专责审核采购订单付款条件（付款比例、项目成果等）与合同付款条件（付款比例、项目成果等）是否一致
4	准确性审核	计提税费，保证计提各项税费科目、税率等信息的准确性	审核计提各项税费科目、税率等信息，保证信息准确性
5	多维度审核	报销申请业务审批。保证报销业务真实性、合规性、合理性	对报销申请单进行审核，保证报销业务真实性及报销业务合规性、合理性

四、案例项目评估和绩效说明

本案例从风险管理角度出发，准确识别及防范资金集中管理风险，重点从操作、流动性等角度剖析山西公司资金集中管理现状，总结和评估资金集中管理各业务流程节点，设计控制规则并制订风险防控解决方案，建立资金集约化管理风控体系。其中，设计系统嵌入类规则 8 类，对支付时间、支付方式、权限、边界值、合规性等多方面风险进行管控；岗位审核规则 5 类，对规范性、准确性、完整性、一致性等多方面风险进行管控。同时，为保证系统嵌入控制规则有效性，对 233 条系统嵌入类规则进行测试，并通过执行控制规则操作的方式开展逐条检测，对发现的问题及时采取改进完善措施，保证业务顺利开展。通过该项目的实施，山西公司资金安全管理得到进一步规范，资金使用和配置更加高效，企业的资金风险管理水平显著提升，有利于实现企业整体利益最大化。

青岛国际会展中心智慧会展系统建设项目
——融合“互联网 +”思维理念，“双馆运营”智慧领先

上海企源科技股份有限公司

上海企源科技股份有限公司（以下简称 AMT）创立于 1998 年，致力于“成为一家中国人创办的世界级咨询服务企业”。经过 20 多年领先的“管理 +IT”咨询服务实践，累计服务 3000 多家客户，中国百强企业中很大一部分是 AMT 的客户；基于对 AMT 服务的认可，客户续签率高达 70%。在从咨询规划到运营落地的持续深度服务过程中，AMT 逐步形成以信息化—数字化—智能化驱动商业模式创新和管理提升的核心能力积累，以及在数字化转型和产业互联网领域的先发优势。

在数字化转型领域，AMT 致力于成为客户数字化转型的使能者，成功帮助各行业客户规划数字化战略转型路径，实施数字化转型解决方案，打造互联网时代的核心竞争力。在产业互联网领域，AMT 率先提出产业互联网转型方法论，连续 5 年发布《产业互联网白皮书》，面向行业龙头企业和区县特色产业集群，提供“顶层设计—IT 平台建设—综合运营”的全生命周期服务，推动全产业链数字化转型和高质量发展，助力乡村振兴国家战略实现。

本案例项目组成员

陈京雷，现任 AMT 集团董事 / 合伙人，擅长互联网 + 转型规划、集团管控、战略规划、流程架构规划、系统应用规划、业务价值链协同规划。中国科学院研究生院（纽约大学联合授予）信息工程学博士，中国智慧工程学会专家组成员，具有 15 年管理咨询与系统规划行业经验；主持多个大型智慧产业生态体系建设项目。

其他成员：孟令睿

导读

中国青岛国际会展中心是青岛市会展业发展主要载体，其展馆利用率稳居全国展馆前五位，先后荣获“中国会展标志性展馆”“最佳经营管理会展中心”“中国十佳品牌会展中心”等称号。

2018 年 3 月，中国青岛国际会展中心携手 AMT 启动智慧会展应用系统规划与建设项目，基于前者的多年行业积累和后者在数字化转型方面的丰富经验，共同打造“智慧会展整体解决方案”。智慧会展系统依托新一代技术手段，围绕会展经济带动城市经济、区域经济一体化发展的需求，构建“智慧展馆运营、智慧会展云服务、智慧自办展”三套系统融合应用的会展整体架构体系，实现了业务创新、管理创新、技术创新。

本项目是山东省新旧动能转换第一批优选项目，围绕会展系统平台建设，积极探索智能应用、智慧管理、智慧营销、智慧服务等具体的移动应用方案。项目投入运营后，充分发挥了会展经济的拉动作用，促进了新旧动能转换，体现了“新生态、新动能、高质量”三大特色，助力青岛“东北亚国际会展名城”建设，被誉为“青岛新窗口”。

青岛国际会展中心智慧会展系统建设项目
——融合“互联网+”思维理念，“双馆运营”智慧领先

上海企源科技股份有限公司　陈京雷

一、项目背景

（一）客户基本情况

青岛国际会展中心（以下简称会展中心）是由青岛市政府投资兴建的大型现代化展馆，隶属于青岛国信发展（集团）有限责任公司，是青岛市会展业发展主要载体。会展中心建成于2000年，是一座集展览、会议、商务、餐饮、娱乐等多功能于一体的现代智能化展馆，位于风光旖旎的青岛市崂山区，濒临大海，环境优美。目前，会展中心占地14万平方米，拥有7个展厅，室内展览面积近6万平方米，可设置近4000个国际标准展位，室外展览面积近5万平方米，拥有可容纳3000人的会议大厅1个及45个中小型会议室、洽谈室，最多可同时容纳8000人开会及就餐。整个展馆实现了楼宇控制自动化、消防自动化和保安监控自动化；拥有先进的网络通信系统和信息管理系统，实现了全展馆Wi-Fi覆盖；是国际展览与项目协会（IAEE）的会员。

自建成至今，会展中心承接展会超过1400场，使用展览面积超过1500万平方米，展馆利用率稳居全国展馆前五位，累计接待国内外来宾超过2000万人次。在展会数量、规模不断攀升的同时，展会品质也大幅提升。先后承接了国际先进材料大会、中国城市规划年会、中国农产品交易会、中外货代大会、国际教育信息化大会、保密技术交流大会、华为中国生态伙伴大会等。另外，通过积极营销，石墨烯大会、3D打印展、全国工艺美术展、中国奶业大会等知名大型展会相继来青岛举办，对带动城市经济、产业发展，提升区域知名度与影响力起到积极的促进作用。凭借优质的服务及务实高效的工作作风，会展中心赢得业界的一致赞誉，先后荣获“中国会展标志性展馆”“最佳经营管理会展中心”“中国十佳品牌会展中心”“山东省服务名牌”

“省文明单位”等称号。

会展中心新展馆——中国·红岛国际会议展览中心（以下简称红岛展馆）雄踞青岛北部新城，地铁 8 号线在此穿行。距红岛高铁枢纽站 2 千米，距胶东国际机场 16 千米，距流亭机场 18 千米，距青岛港 33 千米，未来将构建起 1 小时抵达烟台、威海等周边区市，3 小时直通京沪的“大都市交通圈”；济青高速、青黄高速、跨海大桥及多条国道直通展馆，货运物流 24 小时畅行无阻。红岛展馆由德国著名设计公司 GMP 按照第五代会展综合体设计，一期包括 14 个展厅，室内展览面积 15 万平方米，室外展览面积 20 万平方米；配套 2 万平方米会议设施及四星级酒店 2 座、1000 余间客房，实现了展馆、会议、餐饮及住宿各功能区之间的无缝链接；展馆周边商务、商业配套完善，高科技新兴产业云集，是承接超级会展、大型国际会议和专业展会的首选之地。红岛展馆于 2019 年 5 月投入使用，是山东省最大的现代化展馆。

未来，会展中心将专注客户服务，立足精品、高端展会，打造星级服务，引领员工成长，回馈社会，成为国内集展览、会议、餐饮、住宿、电子商务于一体的高端展会综合服务商。

（二）项目背景

1. 会展行业数字化转型是大势所趋

会展产业是我国的新兴服务行业，是城市的名片，也是国际投资贸易的重要平台。会展行业同时也是人群积聚效应显著的社会公众活动，受到本次新冠肺炎疫情的冲击尤为严重。从长期来看，会展行业要加速数字经济的发展，使数字经济在未来发展中发挥更加重要的作用。近年来，随着互联网、物联网、5G、人工智能、大数据、云计算等新一代信息技术手段的迅猛发展，“智慧会展”的概念应运而生，其是时代发展的必然产物，是信息化与会展产业融合发展的结晶，是会展产业转型升级的需要，也是会展产业发展的高级形态。会展云打破了地域和时间的限制，使参展商能通过会展云足不出户就达到宣传产品的效果，使参会观众坐在家中就能通过会展云浏览各种最新的厂家产品信息，在线快速实现有效信息的传播。

2. 发挥会展经济联动优势，构建城市发展新生态

现今，会展经济不仅是通过展览获得收益，更是带动当地旅游经济和贸易发展的主力之一，能够有效推动产业发展和消费增长。会展产业是我国的新兴服务行业，具有“一带九”的联动优势，除本身产值外，利用其产业关联效应能带动交通、通信、酒店、餐饮、旅游、零售、广告、印刷、物流货运等周边产业的发展，可以促进新时代消费升级，推进经济多元化发展，有效引导资

本合理化流通，进而拉动城市经济。大型国际会议、展览活动的举办能够迅速提升城市经济实力，增强经贸合作与交流，促进城市经济、科技、文化的发展，改善城市形象，提高城市知名度，拉动城市建设，改善投资环境，推动城市经济发展与国际接轨，进而带动城市经济的协调发展，提高中心城市的国际地位，从而提高城市的综合竞争力。

综上所述，基于会展行业数字化转型的需求趋势，会展中心提出“智慧会展”的建设目标，发挥会展中心数字经济的优势，形成“会展、贸易、物流、金融”的联动服务，推进城市经济多元化发展，进而拉动区域经济。

（三）项目意义

1.“智慧会展”促进智慧城市建设

“智慧会展”以用户为核心，依托于移动互联网和物联网、云计算、大数据、人工智能等新一代信息技术手段，从城市会展市场需求、供给出发，考虑城市会展大环境的营造、管理、营销策划、配套服务等多个因素，以信息流为核心的人流、物流、商流、资金流的四流合一，推动会展核心服务、会展配套服务、城市支撑服务的完善和重构，实现智慧化管理和运营，持续进行价值创造，不断提升用户体验。城市会展业动力体系如图 1 所示。

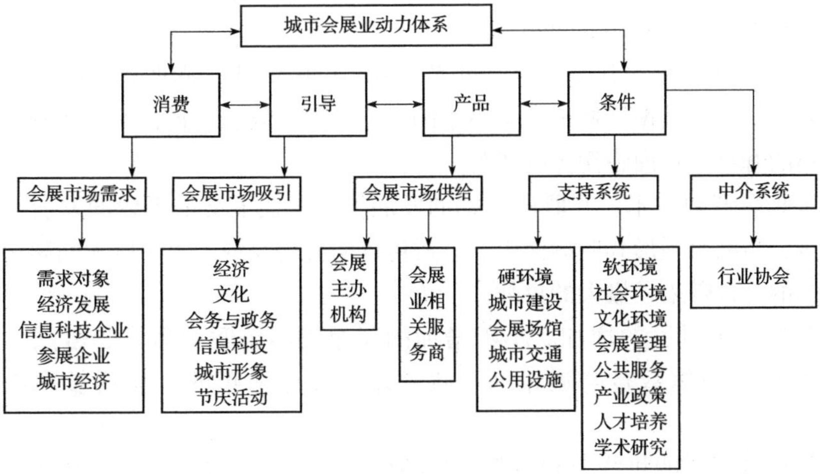

图 1　城市会展业动力体系

2.“智慧会展”体现高质量发展的要求

青岛是我国会展产业的代表性城市，上合组织峰会于 2018 年 6 月在青岛举行。“一带一路”倡议首先要倚重面向全球的重大国际会展项目，使会展活动的国际交流平台功能得到充分的发挥，全面推进国际合作。

会展中心智慧会展系统作为承接国内外大型展览、会议运营的平台系统，集“服务平台化、运营一体化、应用移动化、管理智能化、业务财务一体化”于一身。所有业务数据互联互通，实现一体化管控；打造高端智慧会展智能化系统和服务平台，提升服务满意度；打造泛会展中心区域的支付宝，泛会展中心区域社交圈子，泛会展中心区域易购服务，实现应用服务在线可移动；同时，实现资源共享，优化管理流程，降低运维成本，产生运营增值。实现会展产业从营运模式到盈利模式的转变，从智能化硬件设备平台到软件集成、人工智能、大数据应用的高质量创新发展。

平台系统集会展服务、文化旅游、休闲娱乐、体育赛事、餐饮美食、特色产业（如啤酒）于一体，各板块共通合作、互相促进，共同打造青岛整体“宜居、宜游、宜赛、宜会”开放的城市品牌形象。

3.“智慧会展”解决会展行业的痛点、经营难点

传统会展受租赁模式“时间 × 空间”的限制，盈利收益遭遇瓶颈。会展行业面临的挑战主要来自以下四个方面。

一是复杂的经济环境。中国经济进入新常态，我国经济从高速增长转为中高速增长，GDP 增速持续平稳下降，整体经济环境面临要素驱动改变、投资驱动转型为创新驱动等问题。

二是基础设施的升级。当今世界，基础设施的迭代周期越来越短，不仅对会展行业，对其他行业也产生不小的影响，若是故步自封，不能及时适应基础设施的升级，将面临淘汰的风险。

三是多变的技术。互联网技术的发展推动了线上交易平台的发展，网上展览这一新的会展形式应运而生，它对传统的会展经济产生了巨大的影响，也对展馆的运营带来了极大的挑战。

四是竞争对手的增加。不断增加的展馆使展馆间竞争日趋激烈，我国重点城市的展馆数量与展馆面积逐年增加，近两年的年均增长率在 20% 以上。

而智慧会展能将线上和线下、各种信息流等整合在一起，为观众、参展商、采购商、主办方带来更大的便利和吸引力；以会展为载体带来更多的增值收益。

以智慧会展系统平台为载体，构建会展产业互联网综合服务平台，做到信息流、人流、物流、资金流的“四流合一”，形成会展产业生态圈，更多地拓展增值收益，冲破传统产业的“天花板”。

二、“智慧会展”解决方案

会展中心智慧会展系统由AMT与大连华信共同建设，推出了以5G、人工智能、大数据、云计算等前沿技术为核心的“智慧会展解决方案”。本系统是目前国内唯一的综合会展运营平台，以“智慧化+标准化”提升展商和客户的体验感，同时积极发挥两座展馆的差异化优势，将展馆“资源聚集、时尚聚合”的作用最大化，依托会展文化展示青岛时尚元素，为展会的举办创造良好环境，为青岛市打造东北亚国际会展名城、建设“开放、现代、活力、时尚”的现代大都市做出应有的贡献。

“智慧会展”是一种全新的以用户体验为核心的会展服务平台，依托于移动互联网和物联网、云计算、大数据、人工智能等新一代信息技术手段，以线上与线下相互融合的方式，将各种商流、物流、人流、资金流和信息流进行整合，实现智慧技术高度集成、智慧会展高端发展、智慧服务高效智能，有整体营销、综合运营、整合产品与商务服务接入等一整套智慧会展整合服务体系。

（一）总体设计思路

智慧会展系统平台基于业务驱动、数据驱动和体验驱动进行信息化顶层设计（见图2），形成“场馆—展会—服务—客户”上游、中游、下游纵向全价值链一体化运营商业模式。

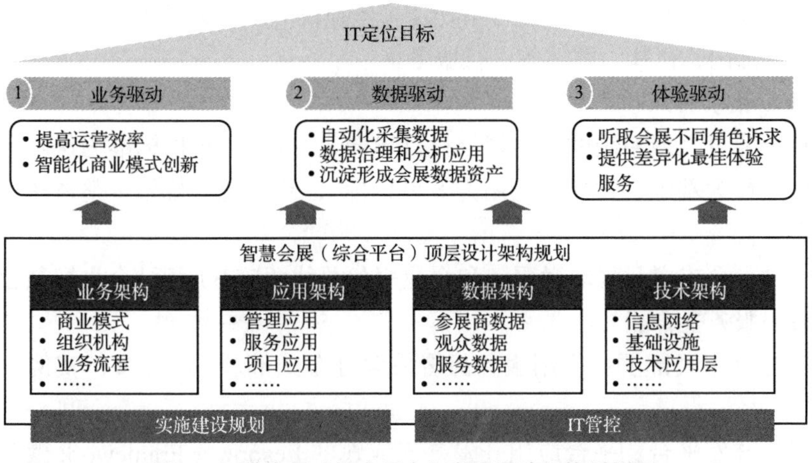

图2　智慧会展（综合平台）顶层设计架构规划图

1. 战略定位

发挥“双馆运营、比翼齐飞”的会展综合体优势，结合自身区位交通优势与环境优势，主打“会展+酒店+餐饮一体化服务”“人文旅游”“便捷金融服务”三张牌。

2. 发展重点

（1）主打会展综合体“会展＋酒店＋餐饮”一体化运营：与文娱、体育赛事、高端政务 / 商务会议等综合服务一体化协同发展。

（2）主打人文情怀、人文旅游：为来参展的客群提供“游、娱、购”全流程服务。

3. 全价值链贯通

系统涉及会展营销、展览搭建、现场管理、项目管理、客户管理、会议管理、仓储 / 物流、金融保险服务等全业务流程。在系统底层建立会展信息资源库，梳理重大会展项目、知名会展企业等关键流量点，形成会展流量矩阵，以名展、名会、名企、名馆为媒介，推进会展流量广泛应用到重点产业、重点区域，发挥会展产业的协同效应与辐射效应，构建会展旅游、会展保险、会展商贸、信息技术等流量服务体系，提升流量变现能力，增强会展消费活力。着力将单一会展产业裂变成城市、区域经济发展服务的“会展＋”产业。

（二）系统整体应用架构

整个系统以展会运营管理系统为内部运营平台，涉及核心会展项目管理、客户关系管理（CRM）、业务流程、人 / 财 / 物管理、经营决策分析等。以会展云平台对外开展服务、宣传、订单处理。单独设立主办方管理系统，为各个展会的主管部门、机构、媒体等进行服务。

（三）技术特点

基于智慧会展系统的整体规划设计导向，“以统一数据标准为保障，一体化流程运行为基础，智能化应用为效果目标”，确立统一规划、整体建设的总体思路。

一是平台支撑：采取微服务和企业服务总线（ESB）相结合为智慧会展提供强大的服务整合能力。

二是分布式部署：应用服务部署采取分布式部署（节点多，实例＋负载均衡）。

三是开发平台：平台应用开发基于成熟的 Leapower Framework 微服务技术框架。

四是数据融合：以数据驱动业务转型，将数据转化为信息、知识；设立数据标准，提升数据质量和业务治理能力。

五是技术架构：基于不同业务与信息化现状，采用混合架构模式和全局化的数据架构设计方式。

在上述“以统一数据标准为保障，一体化流程运行为基础，智能化应用为效果目标”的建设思路指导下，智慧会展整体方案的技术特点如下所述。

1. 实现数据共享

通过数据平台实现数据集中，确保会展中心各级部门均可在保证数据隐私和安全的前提下使用数据，充分发挥数据作为企业重要资产的业务价值。

2. 加强业务协作

实现分散在展馆运营系统、主办方管理系统、会展云服务等各个业务系统中的数据在数据平台中的集中和整合，建立单一的产品、客户等数据的企业级视图，有效促进业务的集成和协作，并为企业级分析、交叉销售提供基础。

3. 促进业务创新

会展中心业务人员可以基于明细、可信的数据，进行多维分析和数据挖掘，为会展业务创新（客户服务创新、产品创新等）创造了有利条件。

4. 提升建设效率

通过数据平台对数据进行集中，为管理分析、挖掘预测等类型的系统提供一致的数据基础，改变现有系统数据来源多、数据处理复杂的现状，实现应用系统建设模式的转变，提升相关 IT 系统的建设和运行效率。

5. 改善数据质量

建立混合云平台，在私有云上设立数据仓库，对会展中心分散在各个业务系统中的数据进行整合、清洗，有助于企业整体数据质量的改善，提高数据的实用性。

（四）系统功能特点

智慧会展解决方案采用领先的技术思路，在架构上引入了微服务架构与传统架构结合的形式，可以在云端和本地灵活部署。以大数据驱动云计算、大数据分析、物联感知、移动互联四大技术支撑为核心，实现数据开放、共享、融合。整体实现感知化、互联化、智能化。其功能特点如下所述。

1. 集成的会展和商旅服务

“智慧会展”解决方案通过会展云平台实现了对展前、展中、展后各项事务的集成和支撑，一站式解决展会各方人员的参会、商旅等全部需求。

2. 流畅的用户体验

系统的流畅能带给客户良好的体验。解决方案采取微服务 + 云的架构设计，全部在云上运行，支持高并发访问，云服务为用户带来自然流畅的优质体验。

3. 即时数据分析

解决方案基于大数据分析，实时为参展方、展馆运营方、观众、主办方等提供各种可视化分析报表，使各方能及时掌握最新消息，及时做出有效决策。

4. 支持多种场景

解决方案涵盖智慧会展的全链条，支持多种应用场景，包括会展云场景、智慧办展场景、智慧运营场景等。

（五）应用场景

围绕展会承接服务、主办方服务、商旅服务、信息服务的核心发展需要，“智慧会展”解决方案构建以智慧运营、会展云平台、智慧办展三大系统为核心的整体应用场景。

1. 智慧运营场景

智慧运营平台以展会业务为核心，以展会项目管理为信息纽带，实现展会的业务管理与财务核算管理的无缝对接，实现销售合同到收款流程、现场租赁业务到财务处理、展会项目过程中财务自动核算、从采购到付款业务流程、预算与报销业务流程、员工工资管理到财务发放等业务的管理与财务对接，实现业务财务一体化管理。

智慧运营平台包含 11 个系统，分别是展会项目管理系统、报馆及网上预订系统、员工综合管理系统、客户数据库系统、展会排期系统、第三方服务及评价系统、项目经济效益分析系统、仓储物流管理系统、管理分析决策系统、统一门户系统、移动办公系统。

2. 会展云平台场景

会展云平台集成展馆内外部资源，为用户打造一站式展会业务办理平台，包括智慧商旅服务、智慧会展服务两大业务线。智慧商旅服务为用户提供吃住行游购娱的一站式商旅业务；智慧会展服务提供展具租赁、证件办理、审图搭建、广告业务等展会相关服务，并建立会展服务资源库，供参展商和主办单位查询、配对，为用户提供便利的配套服务。

（1）会员管理。管理会员全生命周期，在会员成长的各阶段采取有针对性的手段促进会员忠诚转化，促进游客到忠诚会员的成长转化，提高会员黏性和价值，最终依托忠诚会员形成竞争壁垒。

（2）会员关怀。实时捕捉客户与沟通中心的交互行动，主动向会员发送有针对性的关怀信息 / 精准营销推荐信息，实现一体化的营销推荐和主动服务关怀，精准适配会员需求促成消费，提升商户营业业绩，从而提升坪效租金，同时，也大大提高了会员服务体验。

在购物中心场内或者购物中心周边，通过智能硬件终端为购物中心进行精准的会员拉新、促活和引流；拉新过程，一键入会到云 MALL，为购物中心沉淀会员数据资产；为购物中心品牌进行优惠券派发，从而为品牌导流。

3. 智慧办展场景

智慧办展满足主办方的展会主办业务运营全过程的数字化管理，包括主办方营销管理子系统和主办方展会管理子系统。营销管理系统为主办方的营销活动和展会的综合管理，实现收集客户、挖掘客户、客户营销、客户转化、老客户营销的目标，另外还包括主办单位的全部展商数据、观众数据、展会数据管理；展会管理系统实现对单场展会活动全生命周期管理，包括展会宣传、展位管理、营销招商、展商参展登记、观众登记管理、签到入场、展中会议管理、现场互动管理、统计报表。

（六）创新性

1. 以数据驱动业务创新

智慧会展系统平台的核心价值在于建立连接——人与人、人与产品及服务、人与会展活动举办地资源等，以数据资源整合为纽带，提升连接效率，改进连接体验。

（1）互动性。在数据驱动模式下，彻底打破当前的限制，最大限度地实现会议展览活动参与各方之间的互动，使互联网的价值发挥到极致。

（2）体验性。核心特点是便捷、舒适甚至是愉悦。创造出会展活动组织者及参与者所需而人工及传统信息化又无法提供的全新会展体验。

（3）高效性。不仅可以大幅提升人与信息、人与人、人与机器之间交互的效率，还可以将会展设施、会展资源的利用率最大化。

（4）定制性。在更大程度上为会展业活动组织者和参与者提供定制化的解决方案，满足其个性化诉求。

（5）数字性。数字化技术的整合形态，让“线上＋线下”的参与者实现了云端的数据化展现，并实现精准的数字画像库的建立，为精确服务、营销、销售、转化甚至是与其他产业数据资源库的结合提供支撑。

2. 连接青岛市的便捷支付平台

针对当前会展行业面临的数据安全、数据分享、数据应用、共享交换等数据瓶颈，会展大数据的“1+1”在各自保留现有数据的基础上引入新的数据，将优秀的外界数据与现有会展行业数据相关联。系统对接百度、微信、淘宝、电信运营商数据、企业数据库、用户数据库、国际数据等，将外界数据与会展行业的数据相融合，产生出新的应用价值。通过收集、打通、挖掘、分析等一系列方法对数据进行处理，这些数据会按照一定的逻辑关系与会展数据相关联，从而衍生出一系列全新的分析维度，由数据资产转化为商业价值。会展业效益流动关系如图 3 所示。

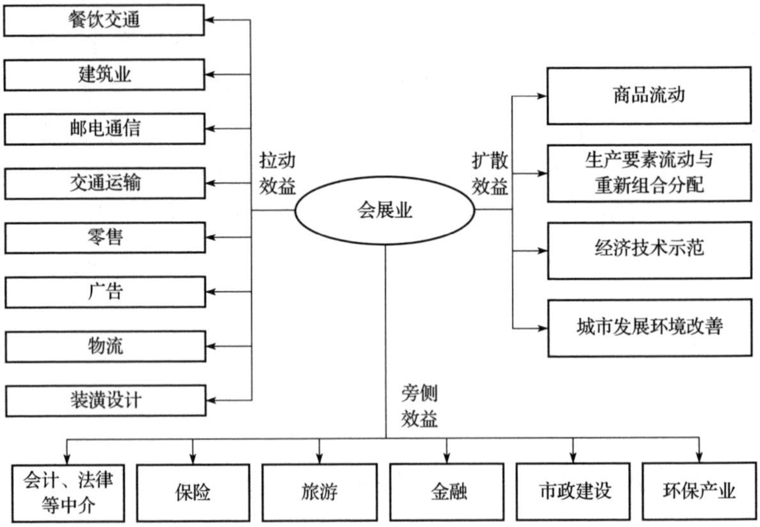

图 3　会展业效益流动关系

3. 推动会展中心实现“新五化”

会展系统建设依托最新的信息化技术，以用户为中心，通过数据驱动运营、推动管理运营升级，构建协同共生的会展中心会展生态体系，实现“服务平台化、运营数据化、应用移动化、管理智能化、业财一体化”。

（1）服务平台化：打通会展生态各个主体，构建以展馆为核心的生态平台，使资源共享、互利互赢。

（2）运营数据化：构建全业务链条的数据获取、分析和应用能力，通过数据来做出运营决定，从经验管理走向数据管理，降低运营成本。

（3）应用移动化：为各级用户提供移动应用，加速业务流程处理，快速响应用户需求，通过实时业务信息的充分分享实现价值放大，实现服务效率提升、服务体验升级。

（4）管理智能化：为管理人员提供业务过程的可视化管理和多维度呈现，对关键节点进行智能预警和提醒，实现自动绩效考核，促使管理人员做出科学决策，降低管理成本。

（5）业财一体化：在业务一体化的基础上，业务和财务核算实时进行，全面分析项目经济效益，增强风险防控能力，优化价值创造能力，推动管理提升。

三、AMT 会展行业解决方案的其他应用案例

AMT 在会展行业耕耘多年，在规划设计、软件开发、系统运维、数据创新应用等方面的技术处于国内领先水平。先后服务了中国对外贸易中心集团、北辰集团、青岛国际会展中心、南京溧水会展产业新城等国内龙头会展企业。

“智慧会展”系统解决方案是为客户订制开发的系统，需要根据不同会展运营企业的特点量身定做，且市场需求不断变化，系统开发与升级也在不断迭代进行中。AMT 集团智慧会展系统在南京溧水会展小镇、第 127 届中国进出口商品交易会都有出色的表现。

四、案例成效

会展中心智慧会展系统在管理、业务和技术上为客户带来价值提升。

（一）管理价值体现

促使会展中心由经验型管理向数据型管理转变，有效提高管理分析的准确性。

促进会展中心资源和管理知识的共享，提高资源和知识的使用率。

促进会展中心建立量化考核体系，加强管理工作的自动化，提高管理效率。

移动办公加速业务流程处理、快速响应客户需求，提高会展中心运营效率。

促使会展中心在各管理职能上进行创新，建立以信息技术为引领的管理创新机制，保持长久竞争优势。

（二）业务价值体现

从部门级流程向企业级流程转变，提高整体运营效率。

提升营销资源的拥有量和利用率，实现以客户为中心的精准营销。

促使业务标准化和流程信息化有效融合，全面提升精细化业务运营能力。

打通业务数据和财务数据，实现业财一体化，实时洞察业务运营经济效益。

促使内部业务和外部业务不断融合共享，提高为用户的集成服务，打造会展共享经济。

（三）技术价值体现

打造了会展中心开放式的技术架构和标准体系，设计合理的、统一的技术发展路线，降低开发和运维成本，提高自主开发能力和运维效率。

率先提供“三合一”（会展商贸、会展服务、会展营销三大平台 + 观众数据中心）的融合办展解决方案，成为帮助主办方数字化转型落地的利器。

基于大数据能力构建的观众数据库管理系统（VDBMS）也是本项目的一大亮点。系统通过 VDBMS 对数据库进行统一的管理和控制，让线上线下展会所产生的观众数据、行为数据、展品数据、展商数据、商机数据、业务数据、现场数据等各类数据更高效地沉淀、收集、规范、处理和分析。

总之，会展中心智慧会展系统以创新会展经济发展新场景、新业态、新模式为路径，促进会展产业转向“聚合共享、跨界融合”的新经济发展模式，形成上下游贯通、全产业价值链融合发展的会展新经济生态圈，加快推动青岛国际会展之都高标准建设，实现会展新经济高质量发展。

基于大数据画像的联想来酷公司精准营销策略

北京信索咨询股份有限公司

北京信索咨询股份有限公司（以下简称信索咨询）成立于2001年，是由中国商务部研究院、亚洲TCA共同投资的综合商业咨询集团。公司致力于以战略性洞察为发展中的中国企业提供实现战略突破、管理提升与业绩增长的最优解决之道。信索咨询在国内拥有四大互动专业服务平台（管理咨询与培训、市场与行业研究、投资服务、媒体公关），咨询服务网络覆盖全国。2016年11月完成新三板挂牌。

本案例项目组成员

储文娟，信索咨询消费研究事业部副总经理，北京师范大学工商管理硕士，国际注册咨询师。18年管理咨询及市场研究经验，专注于零售行业的用户体验提升与运营提升的研究工作，擅长大数据赋能零售行业精准营销研究，为众多国内外著名企业客户提供服务。

其他成员：温红博、王永锋

导读

本案例以联想来酷科技有限公司（以下简称联想来酷公司）为例，研究智能电子产品的精准营销与大数据运用相结合，并通过一段时间的应用结果跟踪，检验研究成果并为未来的改进优化提供信息支撑。案例主要介绍了基于大数据对联想来酷公司的会员进行用户画像，深度了解用户的特征、消费行为、生活态度等，并提出联想来酷公司的精准营销策略，帮助联想来酷公司梳理用户细分市场，同时针对不同细分市场的差异化精准营销策略，改善来酷的精准营销效率与质量，以达到增加用户数量、增强用户黏性、提高消费金额的最终目的。

基于大数据画像的联想来酷公司精准营销策略

北京信索咨询股份有限公司 储文娟

一、客户简介

受联想来酷公司委托，对其会员登记的基础数据和其线上行为数据做整合与分析，通过构建模型、统计方法进行用户画像，帮助联想来酷公司深度了解其用户的特征、购物行为、消费习惯等，结合分析结果为其提供切实可行的营销策略，并配套相关的保障措施，以达到提高经营业绩的最终目的。综合来说，在大数据赋能的精准营销策略可以帮助联想来酷公司：第一，更加精准地认知其用户的消费行为和消费需求；第二，能更加精准地定位目标客户群体及深度了解其消费特征；第三，能更加科学地为各类细分用户群体提供差异化的产品服务；第四，能更加个性化地实施广告营销策略；第五，能与重点细分目标用户建立起一对一的交互沟通；第六，能不断提升用户在购物过程中的体验，提升客户对联想来酷公司的满意度。

2017 年 12 月，联想中国出资 5000 万元，注册成立天禧传奇科技有限公司，后更名为来酷科技有限公司，由拥有 20 多年零售经验的周铭担任 CEO，全面推动联想在智慧零售领域的战略落地。来酷公司作为联想中国区的重要战略跑道，正着力通过打造这一全新的智慧零售渠道模式，开启万家零售店面的线上线下一体化发展进程，继续引领 IT 零售行业的变革。来酷公司的产品分为大健康类、美妆类、智能家居类、育儿类、户外类、音频类 6 类，未来产品的规划不仅包括智能家居产品，还会发展 Lecoo+ 产品体系，与创新创业者、合作伙伴一起构建开放共赢的智能生态。

二、项目设计

本项目从两个部分进行用户画像，对联想来酷公司用户进行细分。第一部分，用户画像的整体过程包括构建画像数据库—核查和清洗数据库—分析标签降围—聚类分析—结果验证—聚类结果描述等步骤，全程在 SPSS 里完成。

第二部分，在第一部分完成的基础上利用 CHINA-VALS 模型对画像结果进行描述（见图 1），对细分人群的生活状态和消费心理等方面进行分析，通过模型分析预测出他们对未知领域的需求信息。最后，结合两部分的结论提炼出联想来酷公司的用户细分族群，详细分析不同细分人群的行为、习惯、态度等信息，结合精准营销的相关营销理论提出具体的营销策略。聚类分析是根据以上所分析的评价因素作为基础变量，对 38187 个样本数据在评价因素上的表现进行分析，将其区分为互异的 5 个分众群体。在此基础上，笔者还将借助消费心理与生活态度分析模型对用户进行进一步的细分研究。

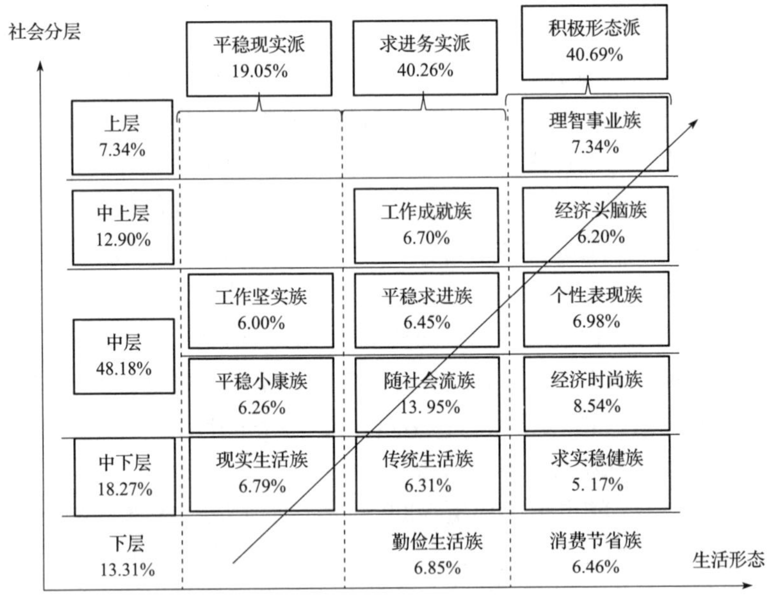

图 1　CHINA-VALS 模型

资料来源：《中国居民分群范式的研究》。

研究人员将联想来酷公司的画像结果归纳总结为以下五类细分人群，分别是：理智事业族、传统生活族、个性表现族、求实稳健族、经济时尚族，并详细结合联想来酷公司所在的行业特点和联想来酷公司本身的企业特点及产品等方面做具体的描述。

（一）理智事业族

第 1 类用户，也是所占比重最高的一类用户，占总样本的 37.2%。画像标签定义为：男性，年龄在 36 ～ 45 岁，职业是公务员、党政人员、公司中高管，大学专科或本科学历，居住生活在一线城市，消费能力高。这类人群处于事业高峰期，成熟、稳重、消费能力高是其显著的特点，但是在消费特征上来看，对智能电子产品的实用性追求更高，不盲目追求潮流，对各种类型的广告和新的时尚潮流不敏感，不关注饮食健康。

从这类用户在联想来酷公司的会员信息数据来看，该类人群的会员成长值高，但是活跃度低、消费潜力弱，他们的消费行为偏向于实惠和传统型。事业型的他们极度渴望成功，事业成就欲望极强，经常把事业的成就、金钱收益的多少当成衡量成功的标准。他们务实、进取，不关心工作以外的事情。消费观念表现为传统、务实等特点，追求实用性但同时对品质有较高的要求，为了满足生活的实际需求才会有更多的消费行为产生，一般情况下不会主动追求快速变化的新时尚事物，难以产生冲动消费行为。根据这些特点，故将这类用户群体命名为理智事业族。从本次抽样的联想来酷公司的会员数据分析来看，这种类型的用户是联想来酷公司最主要的用户类型。

（二）传统生活族

第 2 类用户在用户群体中占比为 29.7%，这类用户画像标签总结为：女性，26 ～ 30 岁，职业为工程专业人员、教育专业人员、行政专业人员等，学历水平不高，居住生活在二、三线城市，未婚未育。这类人群处于刚刚进入职场，经济能力一般，但追求时尚、新潮、娱乐。日常生活中，关注电影、娱乐资讯、动漫动画、摄影写真等方面的信息，喜欢去逛超市、百货商场、品牌折扣店等，该群体偏爱购买生活家居和电子数码产品。

因为这部分人处于事业起步期，经济收入属于一般或偏低的水平，消费态度很谨慎，“货比三家、高性价比”是她们典型的购物行为特点。这类人群的消费观念很传统，对已经产生消费的品牌忠诚度高。在日常购物中，她们喜欢参加团购，喜欢参加各种打折、买赠等促销活动。因此，将该类消费者命名为传统生活族。

这类人群在联想来酷公司的会员信息中的表现为：活跃度高、消费潜力高，随着她们在事业上的发展，经济能力会越来越好，进而会引发更高的消费潜力，后续如果能通过营销策略继续引发她们对来酷品牌和产品的关注度，提升其消费黏性，她们则有望成为联想来酷公司的重要客户来源。

（三）个性表现族

第 3 类用户在用户群体中占比为 23.0%，这类用户画像标签总结为：男性，36 ～ 45 岁，工程、IT 信息、研发等技术类人员，拥有较高的学历（硕士及以上），生活在一线城市，成家并且有孩子。从日常兴趣来看，这类用户喜欢财经、政治、军事、体育类新闻，日常喜欢接触的 App 有游戏类、直播类、健身减肥类、科技类等。在消费行为方面，他们喜欢海淘、国际购物平台，也喜欢看汽车交易网站，说明这类用户的消费行为相对超前，他们对潮流、时尚、前卫类的需求多。在日常购物中，他们非常倾向于使用网络购物平台，喜欢新鲜事物，而且容易受外部影响而产生冲动性购物行为。他们喜欢通过各种渠道的广告获得信息，密切关注时尚流行的变化与趋势。他们会积极主动地去网络平台上搜集和浏览各类产品的信息，并能根据获取到的信息进行快速加工和处理，迅速做出购买决策，他们对新事物的接受度强，并拥有比较稳定的收入。根据这些特点，将该类用户群体命名为个性表现族。

从联想来酷公司的会员信息特征来看，该类用户消费能力强、活跃度高，但是实际购买金额低、会员积分低、会员成长值低，这部分群体是联想来酷公司没有激发出来的高潜力用户群体。由于他们具有极强的新事物接受能力和高消费能力，如果能有恰当的方式让他们的活跃度变成实际消费，这将为联想来酷公司带来很大的价值，所以如何激活这部分群体是联想来酷公司在精准营销体系里重点考虑的方面。

（四）求实稳健族

第 4 类用户在用户群体中占比为 10.0%，这类用户画像标签总结为：男性，36 ～ 45 岁，企业高管、政府官员、企事业单位工作人员等，硕士及以上学历，生活在二、三线城市，成家并且有孩子，处于事业成熟期，经济能力强。在日常的兴趣爱好上，关注政治类、军事类、财经类内容。

在联想来酷公司的会员指标上，这类人群消费金额低、消费频次低，但是从这类人群的基本特征来看，他们的经济能力处于较高的状态，他们的家庭生活和他们的职业带来的社会交往都显示出其对智能产品的高需求，但是他们并没有对联想来酷公司的产品产生较高的兴趣，所以针对这类人群联想来酷公司要充分调动其对来酷品牌的兴趣度，通过其关注的产品特征和获取信息的渠道，精准推送联想来酷公司的产品或活动信息。

（五）经济时尚族

第 5 类用户占比最低，仅为 0.1%，但是从会员卡类型来看，这类用户的会员卡级别很高，属于银卡会员，从会员卡其他信息来看，他们的会员卡购买金额高，积分余额高，积分成长值高，但是活跃度低。这类用户画像的标签总结为：女性，来自企业的中高管、教育机构、医院等专业人员，大专或本科学历，生活居住在一线城市，已经结婚并且有孩子。这类人群进入了职业的成长期，有较强的经济能力，对时尚、品质追求高。相比较而言，她们享受生活，热衷美食，追求休闲娱乐，也坚持健身减肥。她们愿意通过海淘、全球购等渠道购物，追求品牌、品质、时尚。虽然她们的购买能力会伴随收入的情况有所差异，但购物需求强烈，关注时尚潮流，并且热衷于引领潮流，有自己的圈子、渠道获取途径和交流沟通平台，不喜欢通过普通广告的方式了解信息，也不会产生信任。在日常消费时，受价格因素和广告因素的影响小，不易产生冲动性的购买行为。因此，将该类型的消费者命名为经济时尚族。

这类人群在联想来酷公司的会员体系里的表现为：积分余额高、购买金额高，但是活跃度低。这类人群虽然目前在联想来酷公司的会员体系里占比最小，但是他们对新品的接受度、带动力最高，且有足够的消费能力，建议作为重点提升和关注的人群。

三、解决策略

（一）构建营销模型

结合前文对联想来酷公司的画像结果，为联想来酷建立起一套大数据精准营销模型，如图 2 所示。

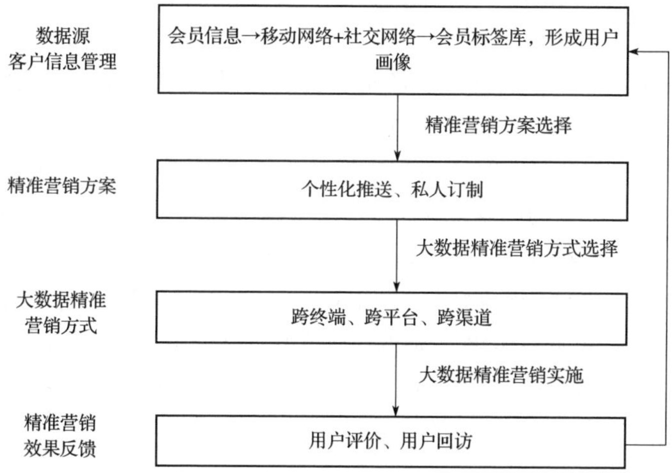

图 2　大数据精准营销模型

（二）精准定义用户

群体用户画像作为市场定位的核心，是精准营销的重要基础，一线营销人员和营销管理人员，以及营销策略管理人员要对群体用户画像特征进行深入理解。从聚类分析结果来看，首先，第 1 类用户（理智事业族）的占比最高；其次是第 2 类用户（传统生活族）和第 3 类用户（个性表现族）；最后是第 4 类用户（求实稳健族）和第 5 类用户（经济时尚族）群体，他们的占比较低。

因此，联想来酷公司群体用户画像的特征，也就是其目标群体特征表现为：居住在二、三线城市的36～45岁男性，学历大学，已婚，企业高管或政府官员，他们是以传统和实用型的产品为日常智能电子产品的偏好为导向，追求产品品质的同时，也非常注重产品的实惠性，进取心、事业心都很强，平时喜欢看财经类新闻。

（三）优化推广策略

按照用户画像原理，联想来酷公司后续可以根据实时入库的会员进行个性化营销，通过会员管理系统与客户建立一对一的沟通模式：会员入库后第一时间按照画像模型进行分析，确定属于哪一种类型的用户，结合该类型用户的特点和会员自身的特点，向他推送产品信息、促销活动信息等，此时如果该用户对推送的信息感兴趣，他会通过网络或门店去进一步了解更多的信息，他有可能登录企业网站、线上商城、社群论坛等渠道去查询，也有可能通过咨询电话去了解。此时，企业坚持做好服务和后续跟进工作，做好高效的一对一对接，将产品所具有的优势、特点更加清楚、直观地传递给消费者，进而促使消费者对该产品的性能更加认可或者肯定，从而达成产品购买行为的目的。

（四）提升用户体验

随着消费需求的不断升级，消费者在购物过程中关注的不仅仅是产品或服务本身的基本性能，往往更关注产品或服务所带来的消费体验。消费体验是指消费者在购买产品或服务过程中所产生的消费感受，是一个综合的概念，对这种感受造成影响的因素比较多，例如消费场所、导购人员、购物流程等。来酷的智生活体验店就是在传统店面的基础上做出的客户体验升级的转型，智生活体验店主要位于购物中心（Shopping Mall），增加了更多的产品品类，与用户的互动也更加多样化，例如，在体验店里增设了直播屏幕、水吧等设施，让消费者在购物的过程中更加能体验到门店带来的“舒适”“满足”的感受。

（五）完善渠道布局

联想来酷公司的营销渠道已经从“直营”转向“直营＋加盟”，一方面为了保证来酷的资源投放，另一方面确保门店给用户带来的购物体验水平，笔者建议第三代门店结构是“直营店＋强加盟”，即联想来酷公司和渠道形成更加密切的合伙人关系，发挥联想来酷公司的直营店示范作用，发挥加盟商的迅速扩张优势，让更多城市的消费者能在享受线上便捷服务的同时，也能享受来酷智生活门店带来的愉悦的购物享受。

（六）深化产品联动

从用户对生活品质的追求上，从用户日常使用App的类型上，从用户日常关注的健康、健身等内容上，都可以看出消费者对健康关注度的提升。联想来酷公司自 2018 年起已经陆续推出一些健康类的电子产品，2020 年下半年开始，联想来酷公司的产品体系里不仅只有电脑，而且包括智能学习、智能娱乐、智能健康、智能安全等多个场景，更是重力开辟了“大健康”的新领域。2020 年已经陆续发布了智能厨卫的新品，其搭载的纳米水离子技术具备除菌、除霉、除醛等健康功能。除此之外，还有智能睡眠眼镜、智能睡眠按摩仪、智能感应节水宝等，都是在不同场景下为用户带来智能健康的新生活。

（七）细分用户的营销策略

从用户画像对目标用户的细分结果来看，联想来酷公司五类细分用户的整体营销目标如表 1 所示。

表 1　细分用户的整体营销目标

族群	特征	营销目标
理智事业族	客户数量占比大，消费观念保守，但追求品质	提升客单价
传统生活族	价格驱动型，消费能力低	
个性表现族	有稳定收入，容易接受新事物	增加品牌黏性
求实稳健族	消费能力强，需求高，但是不喜欢购物	
经济时尚族	对新品的接受度、带动力最高，且有足够的消费能力	重在引流，增加用户数量

结合表 1 的整体营销目标，从营销的 4P 理论展开来说：第一，产品（Product），是企业提供给目标市场及客户的产品组合，是整个营销过程中的关键因素，与之密切关联的还有品牌、产品线、产品包装、服务组合等；第二，价格（Price），指产品在市场上的交易价格，其主要受到内外部因素的影响；第三，渠道（Place），是指开展营销活动要选用的渠道模式，包括渠道结构、渠道策略、渠道组合等；第四，促销（Promotion），为了最大化企业销售产品而产生的利润，企业需要结合产品和渠道策划出各种类型的促销活动，以吸引目标客户。在具体的市场营销运营过程中，企业首先要进行市场定位、市场细分，找出自己的细分用户群体，并分析出不同细分群体的特点，然后根据这些特点，结合自己产品的特色和竞争对手的优劣势来制订合适的促销方案，以实现预期的营销目标。对企业来说，营销过程中最大的挑战来自获客和销售转化，也就是说如何能获得新的客户，并让新客户下单，能否让消费者在企业执行的促销活动中对品牌产生兴趣，对产品产生购买意愿，是企业面临的一道难题。由此也可以概括出促销的意义，即吸引潜在的消费者，影响其消费行为，促进其产生消费，从而最终实现提高企业产品销量的目标。

在现代营销学中，4P 营销理论更加强调实践，其概括的营销活动的基本构成中的四大因素——产品、价格、渠道、促销的有效组合即为营销的核心所在。结合上述分析结果，笔者将从精准营销策略分析常用的 4P 分析模型来进行分析。

1. 理智事业族

理智事业族是本次画像样本框中所占比例最大的，说明该群体是当前联想来酷公司目标顾客群中人数最多的群体。该类人群不容易进行冲动性消费，他们的消费观念传统和务实。这类用户是联想来酷公司的最大存量客户，激发其购买潜力，提高消费力是后续营销的侧重点。下面具体从 4P 角度来分析营销策略。

（1）产品方面：该类人群的购物目的性强，注重产品的实用性。因此，联想来酷公司应该主力打造生活服务的概念，将产品的营销更加场景化，结合消费场景和目标用户的日常消费习惯，向其提供日常生活中使用频次高、运用范围广的产品。

（2）服务方面：可靠的产品品质、及时有效的售后服务是这类用户群体的核心关注点，也是联想来酷公司能够吸引到这部分用户重复购买的最有效的策略。因此，联想来酷公司应该加强在为这类用户群体提供服务时的过程体验。例如，销售前期客服引导销售的专业性、服务的及时性，以及能有效地帮助用户解决消费过程中遇到的各种问题。另外，联想来酷公司的线上商城的营销还可以搭建对注册用户开放的讨论专区，让用户能在讨论专区里发表自己的购买心得和产品的使用情况，以及对产品的评论，这种做法不仅为已购用户提供了一个很好的交流和讨论平台，更是让其他进来咨询和浏览产品信息的用户看到了其他用户的评价，这些评价会增加他们的信任度，使用户关注并更加放心地购买产品。

（3）宣传方面：联想来酷公司一直秉承的是为用户打造五星体验标准，一直致力于“三大核心”秘诀：规范服务标准、升级用户体验和及时配送到家等。用品质来吸引理智事业型人群，并做到及时关怀，想用户之所想，结合事业型人群的理性、事业心、成就感等特点为其打造专属的商务人士购物清单，将与其匹配的产品放进清单里，每期有不一样的亮点产品推荐。

（4）渠道方面：通过线上线下联动的模式。线上的活动拉动，吸引新用户的兴趣、留住老客户的关注，从而达到引流的作用。线下设置体验店，通过场景化营销的模式，让到店的用户身临其境地体验到产品的功能，并通过软性服务促进用户的销售转化。

这类用户群体对来酷的关注度高，在来酷网站上的活跃度高，但是消费金额低，提高客户的消费转化率是重点目标。结合此类人群的消费特点，综合上述的精准营销策略，提高这类人群关注产品的范围、产品质量和服务质量是重点。

2. 传统生活族

传统生活族用户注重生活，注重家庭，对工作、金钱的意识低。他们期待生活能越来越好，重视家庭建设，重视和家人的相处关系，愿意花时间和家人在一起，不热衷于休闲、娱乐等活动。他们在消费上偏理性，对时尚的敏感度低，是相对传统、保守的群体。这部分群体是联想来酷公司已有用户里占比排名第二的群体。从会员信息表现来看，各项指标均很高，消费金额高、成长值高、活跃度高，所以建议从以下方面来吸引用户。

（1）产品方面：该类人群热衷于数码产品、电脑产品、生活类产品，喜欢电影、社交直播类内容，他们很在乎产品的功能，喜欢性价比高的产品，笔者对这部分用户购买的产品类型进行了随机抽样调查，发现此类用户购买的产品集中在智能生活类产品，例如，音响、按摩类产品，以及阅读类产品、水杯、水壶等家居类产品。所以对这类用户群体，在产品推送类别上以家居生活类产品为主。

（2）服务方面：价格敏感度高，时尚潮流敏感度低，“货比三家”“购买前反复比较”应该是这类用户群体的显著特征，客服人员的专业、耐心很重要，网站上对产品功能的介绍和与同类产品的对比内容都是这类用户群体比较关注的点，在门店里，导购人员的认真讲解和演示环节能缓解这部分用户购买前的焦虑，促进其购买转化。所以对这部分人群的服务要更加细致、关心入微，降低他们的购前焦虑。

（3）宣传方面：这类人群不喜欢乱花钱，打折、降价、买送等活动应该是最能吸引他们的促销方式，例如，来酷的“限时 1 折购”“口碑爆品三折起”“大牌超级秒杀价”等活动，都是这类用户群体非常关注的促销方式。

（4）渠道方面：传统生活型用户对品牌的关注度高，所以线上的促销活动的及时推送，以及线下门店的静态营销、导购的专业性和热情的态度都会对用户的销售转化带来促进作用，增加线下门店对这类用户的吸引是渠道上的重点。

这类人群是联想来酷公司的优质用户群体，占比比例高、会员购买金额高、活跃度高、成长值高，结合这类人群的消费特点，高性价比的贴近生活的产品是来酷对其最有吸引力的标签，另外，定期组织促销活动不断地增加其黏性，努力推动其他类型的用户群体向这类群体转变。

3. 个性表现族

个性表现族喜欢新鲜事物，关注时尚潮流，追求变化，属于冲动型消费特征的用户，他们喜欢从各个渠道获取不同的信息。他们在购买智能电子产品时，注重实用性和品牌的知名度。这类人群特点是可以引领市场的潮流，带动新产品的销售，并且有一定的购买能力，所以这类人群营销的目标是要增加用户数量，吸引更多的此类人群来关注来酷的品牌和产品，具体包括以下几个方面。

（1）产品方面：该类人群喜欢美容美妆、体育新闻、游戏直播、健身减肥、科技新闻等领域内容，在消费行为方面他们喜欢海淘、国际购物平台，也喜欢看汽车交易网站，说明这类用户的消费行为相对超前，他们对服装饰品、休闲娱乐的需求也比其他群体的需求多。该类人群热衷消费、喜欢购物，是所有用户中最喜欢购物的。因此，这类用户适合做新产品的首推者，联想来酷公司的各类型的新产品、迭代来的产品都可以在这类人群中做预热推广，激发他们对产品功能的兴趣，从而引导其他用户的关注。

（2）服务方面：个性表现族容易进行冲动消费，因此，联想来酷公司的购物后 7 天无理由退换货政策很适合他们，给他们提供了一定时间的退换货周期，并且在他们发生退换货时，能快速且有效地为他们提供退换货服务，以此给他们留下好的购物记忆，这种方式不但能赢得他们的记忆好感，还能降低他们购物的压力，能更深层次地刺激他们的购买频次。

（3）宣传方面：由于他们喜欢通过各种不同的渠道来了解和获取信息，所以联想来酷公司使用多种促销活动并行的方式通过他们平日接触的渠道开展宣传。他们作为时尚和潮流的追逐者，联想来酷公司利用了微博、微信、知乎等网络社交里粉丝数量高的公共账号，发布产品和促销信息，吸引他们的关注。

（4）渠道方面：线上平台购物流程的人性化设计、页面的优化度都是对这类用户购买的重要影响因素，所以线上门店的购物体验要不断关注和优化，及时根据这类用户的反馈和需求做出调整；线下门店的购物环境、新品展示和导购的专业热情对这类用户也非常重要。

这类用户在联想来酷公司的消费潜力值高，在商城的活跃度高，但是目前的消费金额低，成长值低，所以新型场景应用的产品、优质的服务及宣传方式吸引了他们，让他们从关注转变为实际购买，从一次购买延伸到多次购买，在提高购买率的同时提高用户群体对品牌的黏性。

4. 经济时尚族

这类人群喜欢享受生活，追求时尚，但是消费相对理性。他们对于智能电子产品的选购在注重新鲜的同时也追求高性价比。这类人群在联想来酷公司的会员基础比较高，营销的目标是要提升这类人群的消费活跃度，即增加购物频次；并且这类用户对已购产品的品牌忠诚度较高，所以吸引新的用户也是该类型用户的营销目标重点，具体来说包括以下几方面。

（1）产品方面：结合更多的生活场景推出多种类的产品，力求用更多、更实用的生活化场景去刺激这类人群的消费感知。

（2）服务方面：他们注重产品的性价比，在购买时导购员的引导和专业的介绍，以及如何体现产品的卖点，对他们很重要。同时，他们虽然追求性价比，但是也很关注品牌影响力为其身份带来的影响。

（3）宣传方面：通过举办线下活动的方式吸引该类人群。比如某个新产品提供试用，邀请他们参加用户分享使用心得，不但让他们有引领新市场的新鲜感，又满足了他们“经济”性的特征。通过多频次的举办此类活动，保持联想来酷公司与他们的互动和黏性，这类人群一旦产生了消费，他们对品牌的忠诚度就比较高。

（4）渠道方面：加强线下门店的购物体验，让这类人群在购物过程中有愉悦的购物旅程。

这类用户群体虽然占比最低，但是从会员级别来看，均属于金卡级别会员。他们对时尚和品质要求高，在来酷的购买金额高，但是活跃度低，时尚有特点的产品能够吸引他们的关注，因此，应多推送此类产品，以提升他们对来酷的关注度和购买率。

四、项目成果

2019 年 10 月，笔者作为咨询公司该项目的负责人，联合联想来酷公司标签部、市场营销部、用户体验部、信息技术部等部门，从方案设计到过程分析，到最终的精准营销系统 S1.0 版本上线，历时 3 个月。线上试运营 1 个月。2020 年 1 月底精准营销系统 S1.0 正式落地实施，到 2020 年 12 月底，运转 12 个月的结果如下所述。

（一）年度营业同比增长 226%

2020 年年初，新冠肺炎疫情对零售行业的实体门店打击很大，联想来酷公司的线下门店从 2 月初停止运营到 4 月，4 月底部分门店慢慢恢复运营，虽然线下渠道受到了巨大的影响，但是在精准营销系统 S1.0 的辅助下，疫情期间联想来酷公司充分发挥了该系统和线上渠道的结合，通过一系列的精准营销策略引流了大量的新用户，并且提升了老用户的黏性，联想来酷公司 2020 年度营业额相对上年度同比增长 226%，达到了 38.8 亿元（见图 3）。

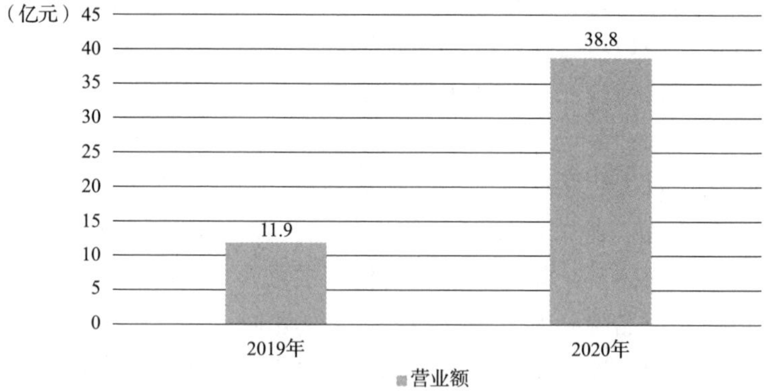

图 3　2019—2020 年来酷营业额对比

资料来源：联想集团。

（二）各类人群的年度平均购物频次与上年同期相比都有增幅

从精准营销的“交互”效果来看，各类目标人群在联想来酷公司的精准营销策略下都受到一定程度的影响，年度平均购物频次有所增加（见图 4）。例如，对价格敏感度高的传统生活族人群，通过各类促销、打折、满减等活动的精准触动，提升了他们对联想来酷公司产品的关注度和消费黏性，其年度平均购物频次有了一定幅度的提升。

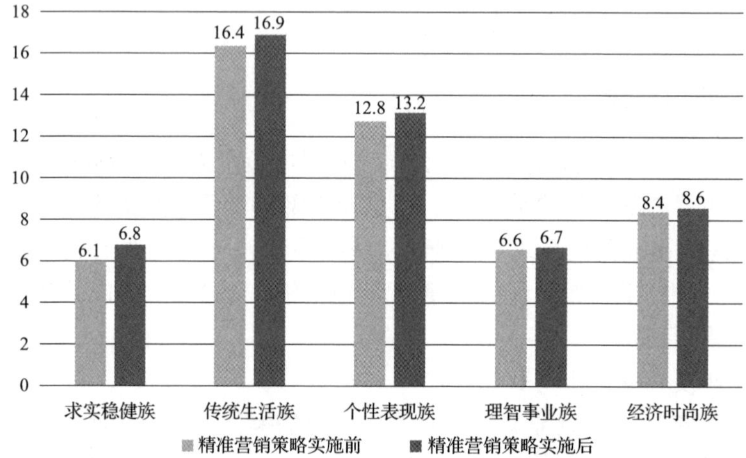

图 4　2019—2020 年目标人群平均年度购物频次对比

资料来源：联想集团。

（三）理智事业族平均消费金额提升

理智事业族用户是联想来酷公司的重点价值用户群体，这类人群在总用户群中占比最高，消费贡献值最高，会员成长值高，但是消费金额低、活跃度低，所以提升他们对联想来酷公司的关注度，增加其消费金额，保持其对来酷品牌的黏性是精准营销的重点方向。经过 12 个月的精准营销运用工作，从这类人群的平均消费金额的变化来看，精准营销策略取得了一定的效果，单次人均消费金额从 1564 元提升到了 1850 元，提升了 18.29%（见图 5）。

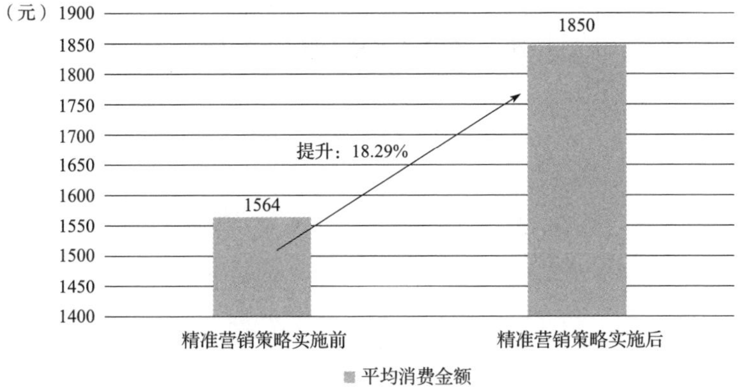

图 5　理智事业族人群平均消费金额变化

资料来源：联想集团。

（四）传统生活族的体量增加

传统生活族用户是联想来酷公司的另一类最具价值的用户，占比仅次于理智事业族用户，而且这类用户群体在联想来酷公司的消费金额高、成长值高、活跃度高，会员的各个指标表现都很好，保持住这类用户的黏性，扩大这类用户群体的体量是联想来酷公司对这类人群的重点营销方向。经过 12 个月的精准营销效果检验，其体量有所增加，但是增量幅度不高，此类人群的占比比例增加了将近 1 个百分点（见图 6），所以后续还需将这个转化工作作为联想来酷公司精准营销的重点。

个性表现族和经济时尚族用户，因为所占比例相对较低，12 个月的时间对他们不足以产生太强的影响效果，后续将会用更有吸引力的产品和优质的服务提升个性表现族用户对联想来酷公司产品的消费转化率，时尚有品质感的产品则会提升经济时尚族用户对来酷品牌的关注度，以刺激其购买。

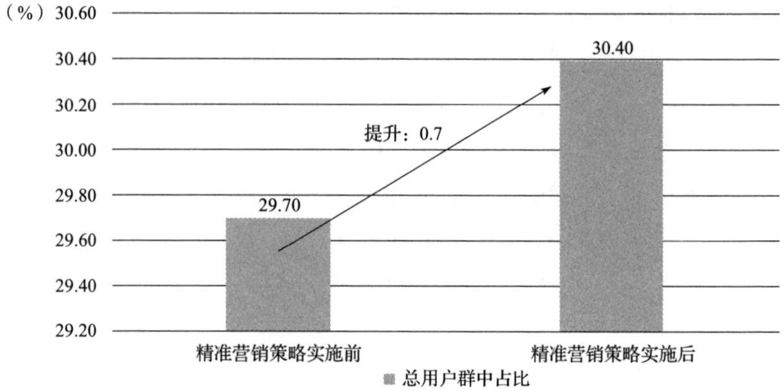

图 6　传统生活族人群占比变化

资料来源：联想集团。

郑州信大先进技术研究院
“十四五”战略规划项目

北京市长城企业战略研究所

北京市长城企业战略研究所（以下简称长城战略咨询）是新经济的专业咨询机构，中国知名民间智库。自1993年创立以来，长城战略咨询立足于对中国市场的专业研究，在长期咨询实践的基础上，目前已经形成企业—产业—区域的业务轴心和创新创业咨询、数字经济、国际化咨询、平台化发展四个特色业务。

长城战略咨询在企业战略与管理、创新政策与决策、科技园区、创业管理、社交化、知识管理咨询等方面凝聚核心能力，关于新经济、区域创新与区域个性、原创性新兴产业等研究成果引起国内外媒体、学术界和产业界的广泛持续关注。

长城战略咨询服务对象主要有三类：以希望集团、科瑞集团、新奥集团、北大方正集团、劲牌有限公司等企业为代表的中国新兴企业；以中关村科技园区、武汉东湖高新区、成都高新区等为代表的中国新兴产业园区；以科技部、国家发改委、北京市人民政府等为代表的政府决策和管理机构。

长城战略咨询建立了庞大的行业数据库、咨询案例库和专家数据库，开发了四类18个新经济咨询方法。目前已拥有500余人组成的咨询团队，以北京为总部，包括宁波、武汉、广州、天津、成都、济南、西安、沈阳、合肥、杭州、郑州、南京、青岛等16个业务网络，以及3000余位外部专家构成的专家顾问网络，具有较强的专业技术力量。

本案例项目组成员

赵放，长城所企业战略咨询高级项目经理，悉尼大学金融学与银行学双硕士。具有五年咨询工作经验，先后主导参与多家大型国有企业、民营企业、新型研发机构的战略规划设计。

其他成员：马晴、黄瑶、汪冬妮、李心

导读

郑州信大先进技术研究院（以下简称信大研究院）于2015年成立，由市、区两级政府和某大学三方共同筹建，是军地协作，助力产业发展的新型研发机构。为了在新时期继续高质量发展，信大研究院自2020年8月起与长城战略咨询开展战略咨询合作。

作为河南省重要的军地协作平台和新型研发机构，信大研究院在经历了粗放式快速发展时期与收缩整顿迷茫时期后，面临如何市场化转型、独立生存的关键节点。在此背景下，项目组深入组织调研，并走访外部专家，运用战略管理理论、咨询工具与方法、GEI新经济咨询方法等，对信大研究院所面临的外部机遇与挑战、内部优势与不足进行全面梳理分析，并与所内专家、研究院领导班子、行业顾问共同研讨，明确其战略定位、发展愿景、科研领域选择、业务布局与商业模式，最终形成《“十四五”战略规划发展报告》，为信大研究院指明未来五年发展方向。

截至2021年7月，《“十四五”战略规划发展报告》已报上级单位审批通过，项目组长期跟踪指导其战略规划实施，协助客户按照既定方案分解年度重点任务与实施计划，保障信大研究院科研创新和产业发展协同进步。

郑州信大先进技术研究院
“十四五”战略规划项目

北京市长城企业战略研究所　赵放

信大研究院成立于2015年，是由郑州市人民政府、郑州高新区管委会、某大学三方共同筹建的一家新型研发机构，围绕新一代信息技术开展基础性、前瞻性技术研究，并进行成果转化、企业孵化、产业推广。北京市长城企业战略研究所（以下简称长城战略咨询）自2020年开始与信大研究院开展战略咨询合作，为其编制“十四五”战略规划发展报告。

新型研发机构是顺应科技革命和产业变革的产物，对于盘活创新资源、实现创新链条的有机重组具有重要意义。但与此同时，以信大研究院为代表的新型研发机构，也面临如何明确自身战略定位，如何在政府、大学等各方不同利益诉求下谋求一条自我独立生存之道的困惑。在此背景下，项目组运用战略管理的理论、咨询工具与方法，对信大研究院所面临的机遇与挑战、内部优势与不足进行科学分析，并明确其战略定位、科研领域选择、业务布局与商业模式，为企业发展指明发展方向。

一、项目背景

信大研究院成立初衷意为立足地方、面向全国进行产业共性关键技术研发，应用系统开发及市场拓展，推动本地经济发展与产业结构转型升级。信大研究院作为省级重点新型研发机构，但其运行实则更偏向传统科研院所，收入来源主要依靠财政补助，没有形成自我造血、良性滚动发展的机制。经历了粗放式快速发展时期与收缩整顿迷茫时期后，当前正处于市场化转型，实现自我造血机能的关键性节点。未来，如何明确发展方向、响应三方领导诉求、顺应国家创新需要成为其必须逾越的难关。

（一）新型研发机构发展背景

近年来，我国产业创新环境在持续开放的创新驱动举措鼓舞下已逐渐优化，出台的创新政策愈加开放、精准，技术也逐渐从“跟跑”走向“并跑”“领跑”，产生了一批批先进前沿的创新技术成果，逐步形成了以科技创新为核心、产业创新为重点、体制机制创新为保障的全面创新战略体系，但仍处于技术追赶阶段。新冠肺炎疫情期间，中美关系恶化更加剧了我国核心技术创新不足、创新资源配置效率不高、产业链对接不紧密等问题。在这一创新阶段下，产业创新呈现创新源头转变、参与者多样化、市场需求导向创新、创新周期要求缩短等趋势。

在这一背景下，新型研发机构已逐渐成为我国新时代创新驱动最为重要的载体之一，截至2019年，全国已有超过1713家新型研发机构注册，在机构性质、目标、导向、功能、运行等方面呈现多种形式的创新。为进一步加快科技创新，推动区域经济高质量发展，国家科技部印发了《关于促进新型研发机构发展的指导意见》，在加大新型研发机构扶持力度的同时，对新型研发机构提出新要求，认为其应当汇聚多方参与主体，实行高度市场化运行管理，以共性需求为导向协同创新，从而推动科技创新和经济社会发展深度融合。

（二）客户咨询诉求

作为省级重点新型研发机构和市校区三方共建机构，三方领导单位对信大研究院的发展诉求不一：某大学希望借助研究院平台，集聚社会人才、集聚社会创新资源服务大学科研；高新区管委会希望通过研究院平台，引导某大学科研力量、科技成果服务高新区信息相关产业发展；郑州市人民政府希望通过研究院平台，调动某大学教学、科研及科技成果资源，服务郑州市产业发展，培养输送相关人才。信大研究院对于自身的定位不清晰，缺乏明确发展方向，未能将新型研发机构与企业化运行、事业单位三类功能有机统一，而是割裂矛盾看待。同时，从本身来看，作为自收自支性单位，依靠财政补助输血维持运行，更像是全额拨款性质的传统研究所，经营性收入即将无法满足自身经常性支出；运行较为依赖某大学，科研方向较多较散；运行机制偏向传统科研院所，重科研轻成果，使其无法较好地承接产业化的功能定位，市场职能尚有缺失或薄弱，未真正契合新型研发机构发展运行模式。因此，期望通过战略规划妥善处理三方领导单位对于信大研究院的诉求，明确未来发展道路，建立市场化、企业化运作机制，实现自我造血功能，完成从传统院所向真正意义上的新型研发机构转变。

二、分析诊断

信大研究院作为新型研发机构，与传统企业战略咨询分析诊断存在一定差异。项目组与信大研究院相关人员共同组成联合工作组，经过充分讨论后，双方就项目开展逻辑达成一致意见，首先，对新型研发机构开展大量研究工作，准确把握这一新型组织所面临的外部发展环境及其类型、特点、发展模式等，为信大研究院的发展提供充分借鉴；其次，在此基础上结合长城战略咨询典型的GEI长板论和机会论，即“拉长板、抓机会”，对信大研究院当前已开展的科研领域及运行状况进行全面梳理分析，明确其面临的机遇和挑战及其发展优劣势。

（一）外部环境分析

信大研究院是围绕网络通信、北斗导航、网络空间安全、测绘遥感、智慧城市、人工智能、大数据、物联网等领域和方向深入开展基础性、前瞻性、战略性理论技术研究和应用系统开发、产品研制等工作的新型研发机构，力争成为国家和地方新兴产业技术升级的“加速器”、先进技术跨越发展的“助推器”和大学综合实力提升的“倍增器”。因此，新经济时代对新型研发机构的新要求、新一代信息技术趋势等都会对信大研究院的发展产生较大的影响，使其面临新的机遇与挑战。

在外部环境方面，项目组通过政策梳理、文献阅读、专家访谈等，进一步明确新型研发机构所面临的政策环境及其类型、功能定位、参与主体、组织形态、运行方式等。

新型研发机构已成为新时代创新驱动的重要载体。当前，我国产业创新环境历经长期的体系构建与改革，已逐步优化，产业创新呈现创新源头转变、参与者多样化、市场需求导向创新、创新周期要求缩短等趋势。在这一背景下，服务创新、面向市场的新型研发机构逐渐成为新时代创新驱动的重要载体。国家政策随之对其给予支持，如2015年《深化科技体制改革实施方案》中提出推动新型研发机构发展，2019年出台《关于促进新型研发机构发展的指导意见》。

新型研发机构主要承担五类功能。新型研发机构是为了促进科技同经济对接、创新成果同产业对接，以产学研协同创新为主要形式，来实现技术、人才、资金等产业创新要素在科研院所、市场主体之间优化配置的载体和新型组织形态，承担产业技术研究院、协同创新中心、产业技术联盟、开放实验室与技术转移中心五类功能。具体来看，产业技术研究院着力于研究产业共性技术和关键技术，并推进先进技术的产业化和提升产业结构层级；协同创新中心则是多种类型的创新主体之间的深度合作，以及促进项目科技成果向产业化成果发展；产业技术联盟是以企业的发展需求和各方的共同利益为基础，具有一定的法律约束力，且各主体之间联合开发、优势互补、利益共享、风险共担；开放实验室是以市场应用为导向，以服务企业为目标，以产学研相结合的方式面向企业，实现资源共享；技术转移中心则是开展共性技术的开发和扩散，推动和完善企业技术中心建设，推动高校科技成果转化和技术转移。

新型研发机构由多类主体高度参与。从参与主体来看，一个典型的新型创新组织不是单一主体的研发机构，其组建要素主要包括政府、大学、科研院所、企业，同时金融机构和中介机构为其提供一定的服务。其中，政府主要发挥引导和扶持作用，对各参与主体进行协调；科研院所主要提供技术支撑，机器设备、实验室等硬件支持及科研人员、财政资源等软件支持；企业主要提供各种需求及资金支持，是技术研发、成果转让等的直接参与者和承受者；金融、中介机构主要提供资金支持、咨询服务、沟通链接等。

新型研发机构围绕“市场化运行”对其组织和运行机制进行创新。从组织形态来看，新型研发机构为突破传统研发机构体制制约，多为科技类民办非企业性质，拥有灵活的组织架构与运行机制。在运行和管理方面，新型研发机构无论其隶属关系如何，是“事业单位”还是“民办非企业”或者“企业联盟”，都有别于传统科研机构和传统事业单位。通过体制机制创新，实行一定程度的“企业化运作”模式和“非营利机构管理”模式。同时，新型研发机构的运行方式主要围绕“市场化运行”进行了一系列突破调整，最大化地发挥市场化研发创新。

新型研发机构最大的作用在于促进科技与经济的结合。大学、科研院所处于创新价值链前端，企业处于创新价值链后端，而新型研发机构能够打通创新价值链，活跃创新生态。具体来看，其主要发挥两方面作用，一是产业化桥梁作用，大部分新型研发机构作为大学、专业研究院所与企业之间的桥梁，在技术成果转化这一阶段发力，熟化大学技术，利用研发力量服务企业创新；二是基础研究桥头堡作用，少部分新型研发机构聚焦单一专业技术领域，以原始、基础技术突破为己任，由国家财政支撑发展。此类机构主要由技术领域领军人物组织，调动世界范围科研资源进行技术突破，例如，北京纳米能源与系统研究所。

河南省、郑州市及高新区高度重视新型研发机构建设。各级政府相继出台政策对于新型研发机构在财政、人才引进等方面提供支持，其中资金支持力度较大。如 2019 年，河南省人民政府印发的《河南省扶持新型研发机构发展若干政策》提出，经遴选被省政府认定为省重大新型研发机构的，省财政给予最高不超过 500 万元的奖励。郑州市人民政府办公厅印发的《郑州市新型研发机构建设管理办法》提出，对于由市政府主导，由县（市、区）政府、开发区管委会组建的新型研发机构，每年最高分别给予2000万元、1000万元的资金支持。新型研发机构在项目建设、用地供应方面依法享受国有科研机构待遇。2015年的《郑州高新技术产业开发区管委会关于支持科技创新推进大众创新创业的实施意见》提出，支持各类研发机构建设。对区内国家级研发机构，最高奖励500万元；省级研发机构，最高奖励50万元。

综上所述，通过外部环境，项目组得出的主要结论为新型研发机构应当汇聚多方参与主体，实行高度市场化运行管理，以共性需求为导向协同创新，从而推动科技创新和经济社会发展深度融合。此外，省、市及高新区层面均重视研发机构建设，为其发展提供大力支持，同时希望其能主导产业发展，以科技创新满足战略新兴产业发展要求。

（二）基准案例研究

在案例研究方面，项目组结合信大研究院成立背景、三方诉求、业务开展、发展阶段等关键特征，以院校与政府共建、产业化程度高、科研创新模式灵活等特点为依据，从国内千余家新型研发机构中选取五家作为基准研究对象，总结其成功要素与可借鉴经验。五家新型研发机构分别为武汉光电工业技术研究院、深圳清华大学研究院、广东华中科技大学工业技术研究院、中国科学院深圳先进技术研究院、江苏省产业技术研究院，以五家新型研发机构作为研究基准，对其成立由来、发展沿革、功能定位、顶层设计、运行模式、组织管理、科技成果转化路径、市场化推广模式等进行全面分析，并就每个标杆机构提炼发掘可借鉴的经验亮点。五家新型研发机构实现功能总结如表1所示。

表1　五家新型研发机构实现功能总结

类型	新型研发机构名称	产业技术研究院	协同创新中心	产业联盟	开放实验室	技术转移中心
院校与政府共建型	武汉光电工业技术研究院	√	√		√	√
	深圳清华大学研究院		√		√	
	广东华中科技大学工业技术研究院	√	√	√	√	√
	中国科学院深圳先进技术研究院	√	√			
政府筹建型	江苏省产业技术研究院			√		

武汉光电工业技术研究院由华中科技大学与武汉市政府于2012年联合成

立，聚焦光电子产业细分领域，是集共性技术研发、中试熟化对接、高端产业孵化、企业研发服务等功能于一体的科技供给、协同创新和产业服务平台，力争成为“中国光电产业科技服务首席提供商”。主要成就为累计申请545项知识产权，科技成果转化产值超过2.5亿元，孵化企业数量超过80家，总估值超过20亿元。发展最大亮点为将自身技术与资本优势通过企业股权投资与投资服务变现。其利用自身专业知识准确评估投资标的，利用服务资源保障投资企业健康成长，提高投资成功率，最终获得高倍回报。

深圳清华大学研究院是全国首家新型研发机构，由深圳市政府、清华大学共建，是采用企业化方式运作的正局级事业单位，集科技研发、金融投资、企业孵化、人才培养于一体，构建了产业、教学、科研、金融四大平台，促进产学研资深度融合。主要成就为技术创新产出价值100多亿元，孵化出上市企业21家、新三板企业30家。其发展亮点为多元化人才考评机制确保研究院大范围吸引优秀人才，其通过岗位特聘制及高额股权激励，吸引并激励具有真才实学的领军人才。

广东华中科技大学工业技术研究院由东莞市政府、广东省科学技术厅及华中科技大学于2007年共建，采用“事业单位、企业化运作”方式。目前已孵化企业300余家，其中自主创办企业50余家，新三板挂牌7家，上市后备企业3家。发展亮点一为利用科研资源为先进制造业企业提供精准的高端技术服务，即利用工研院的专业技术和先进设备等资源，将技术服务规模化，为先进制造领域企业提供专业、优质的企业服务；发展亮点二为开放性人才引进和激励机制。即通过开放性人才引进、评价与管理机制和高额股权激励，集聚大量科技领军人才，促进技术成果研发。

中国科学院深圳先进技术研究院成立于2006年，由中国科学院、深圳市人民政府及香港中文大学三方合作共建，聚焦生物信息融合技术领域。发展亮点一为专业化、规模化的投资基金为研究院带来可观收益，其建立了从天使基金到并购重组的投资体系，由市场化投资公司全权运作，保障科技企业顺利孵化成长，同时将投资收益最大化；发展亮点二为实施与绩效关联的分级激励制度，为了吸引优秀人才与项目，研究院在股权、科技成果转让收益等方面对科研团队（人员）大幅让利。

江苏省产业技术研究院成立于2013年，聚焦先进材料、生物与医药等五大领域，其具有独立法人资格，是没有行政级别的省属事业单位，是全额拨款的省属事业单位，是全省科技体制改革“试验田”。发展亮点一为常务副省长直接领导，省委省政府高度重视，党务和纪检监察由省科技厅代为管理，行政业务实行理事会领导下的院长负责制；发展亮点二为市场绩效考核引导产业化发展，通过技术投资、服务与转让三方面考核下属研究院所，根据考核结果衡量科研资助经费拨款，以此引导研究所进行市场化研发与科研服务。

通过细致全面的案例研究，项目组总结出我国产业化较为出色的新型研发机构均具备研究领域聚焦、生态服务盈利、人才源头把控和市场化激励考核四大要素（见表 2），为信大研究院战略规划制订提供借鉴与参考。

表 2　新型研发机构发展成功要素总结

要素	内容
研究领域聚焦	从基准研究来看，发展较好的新型研发机构只聚焦在一个或几个行业进行研发创新，不会全面铺开，只有产业联盟组织者身份的江苏省产业技术研究院研究领域较多
生态服务盈利	从基准研究来看，发展较好的新型研发机构主要是围绕技术创新生态进行服务（包括技术服务与咨询、企业孵化、市场对接、产业投资等），而非产品研发销售。从本质来看是将自身技术、土地、资本等资源最大化变现
人才源头把控	从基准研究来看，发展较好的新型研发机构对于技术项目与人才引进具有较强、较灵活的把控机制。关于项目，项目评估机制引入企业家与投资人，利用市场检验评估；关于人才，采用聘任机制，大范围灵活招聘科研管理人才
市场化激励考核	从基准研究来看，发展较好的新型研发机构均采用大比例股权激励与收益分配机制向科研人员倾斜，提升其创新动力；同时利用多元化评价考核机制（转化成果、社会效益、诚信度等）评估考核科研人员

（三）企业发展诊断

为更精准明确信大研究院内部资源能力，厘清其发展长短板，长城战略咨询开展为期近一个月的深入调研，访谈研究院内外部共计 40 人，包括研究院领导班子、中层干部、各技术部门员工代表在内的 31 人，4 家孵化公司负责人，2 位郑州市、高新区相关领导及 3 位相关领域外部专家，形成十几万字的会议记录，储备起丰富的一手资料。基于上述材料，项目组分别对研究院科研领域及企业运行进行诊断。

在科研领域方面，由于创新源头较多，产业环境复杂，信大研究院科研领域多且杂，为项目开展带来一定难度。项目组经过与客户沟通，明确划分信大研究院科研领域，并利用自身所长，从外部吸引力和内部匹配度两方面对各科研领域进行全面评估梳理，从而确定研究院的业务产品范围。

在科研领域外部吸引力方面，项目组经过内部研讨及请教所内专家，确定从四个方面对信大研究院科研领域进行剖析评估。一是其与郑州市、郑州高新区支柱产业或其他主导产业的契合程度，越是属于两级政府核心产业、符合未来重点培育产业方向越应大力发展；二是科研领域所在学科是否为某大学的主要研究方向，即可借助的科研资源越多，产品领先性和获得市场成功的可能性越高；三是该科研领域当前的市场发展前景，通过查找分析某领域或某产品市场规模、技术成熟度、行业特征、应用场景等，判断该产品未来是否拥有较明朗的市场前景；四是相关产品的市场化推广难度，通过分析行业竞争格局、饱和程度等判断进入壁垒高低。综合以上四个分析维度，项目组运用关键外部因素评估（KEF）模型，对信大研究院当前主要技术产品各小项进行评估打分、加权平均，继而加总得出该技术产品的外部吸引力综合评分（见表3），由此梳理完成研究院不同科研领域及技术产品的发展前景。

表3　某技术产品外部吸引力综合评分模型

关键外部因素评估（KEF）			
关键外部因素	权重	分数	加权分
属于市、区支柱产业或其他主导产业	0.2	××	××
属于信息大学主要研究方向	0.2	××	××
技术产品拥有一定市场需求	0.3	××	××
技术产品所处市场推广难度	0.3	××	××
综合评分			
分数计算：分数为0—5分，其中5分最高，0分为完全无基础，加权分＝权重×分数 市区主导产业：同时属于市、高新区核心支柱产业与未来主要培育方向得5分；属于其中主导产业或培育方向得3—4分，属于非主导产业但有一定相关性得1—2分 信息大学方向：属于A级学科为5分，属于信大特色研究领域为3—4分，在29学科内为1—2分 市场需求：市场（潜在）空间广阔，能够解决痛点为5分，具备一定市场需求为2—4分 市场推广：只有研究院有技术为5分，市场饱和、龙头垄断为0—1分，其余视竞争程度确定分数			

在科研领域内部匹配度方面，经过与客户充分对接和专家建议，项目组确立围绕三个要素梳理研究院内部资源能力与技术产品的匹配度。一是该产品在行业内与市场上的技术水平，具备核心技术或形成关键技术积累将大幅提高市场竞争力；二是对于该项技术产品的研发创新能力，拥有稳定自主的科研储备和正向研发能力是研究院可持续发展的根基；三是该项技术产品的市场化推广资源与能力，向市场延伸的触角越广越深，研究院该技术成果的产业化应用将越顺畅。综合以上三个分析维度，项目组运用内部资源与能力评估（VRIO）模型，分别从价值性、稀缺性、不可复制性和组织性四方面对每个要素进行综合评分，单项分数越高即表示研究院该技术产品的单项能力越突出（见表4）。评分过程交由研究院内部、外部专家，技术顾问和项目组共同打分论证，由此演算得出信大研究院当前所有技术产品与自身资源能力的匹配度。

表 4 某技术产品的内部匹配度综合评分模型

<table>
<tr><th colspan="6">内部资源与能力评估（VRIO）</th></tr>
<tr><th>内部因素</th><th>价值性</th><th>稀缺性</th><th>不可复制性</th><th>组织性</th><th>综合评分</th></tr>
<tr><td>技术水平 / 优越性</td><td>××</td><td>××</td><td>××</td><td>××</td><td>××</td></tr>
<tr><td>研发团队 / 研究资源</td><td>××</td><td>××</td><td>××</td><td>××</td><td>××</td></tr>
<tr><td>产业化基础 / 市场相关资源</td><td>××</td><td>××</td><td>××</td><td>××</td><td>××</td></tr>
<tr><td>总分</td><td colspan="5"></td></tr>
<tr><td colspan="6">分数计算：分数为 0—5 分，其中 5 分为最高，0 分为完全无基础，综合评分 =（价值性分数 + 稀缺性分数 + 不可复制性分数）× 组织性分数
价值性：资源能力是否具有实际价值
稀缺性：有多少机构具备此类资源能力，具备什么样程度的资源能力，该部分资源能力是否稀少甚至独一无二
不可复制性：此类资源能力是否较难获取，可以帮助机构构筑壁垒与核心竞争优势
组织性：机构对于此类资源能力的组织、调度与分配能力</td></tr>
</table>

通过对科研领域外部吸引力和内部匹配度双向维度评分，项目组将客户当前所有技术成果梳理完毕，以直角坐标系的形式直观展示（见图 1），使客户清晰明了各科研领域发展至今所具有的优劣势。

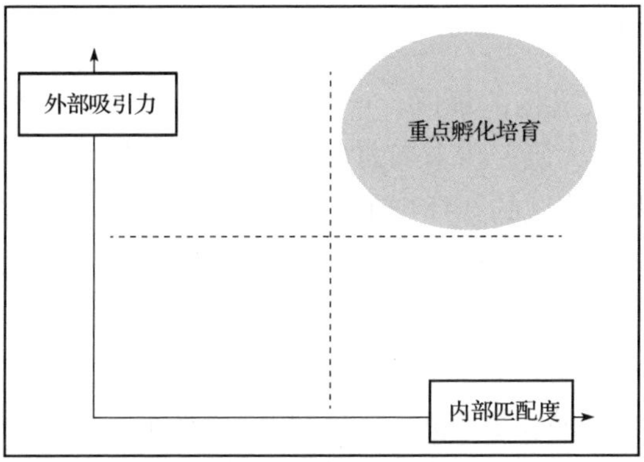

图 1 技术产品的外部吸引力和内部匹配度综合评分展示

在企业运行方面，依据信大研究院运行现状，项目组分别从横向产业链条和纵向企业结构两个轴线对其现状进行梳理剖析，意在将机构内部方方面面全部解析到位。在产业链条分析轴线上，项目组沿着“技术获取—技术开发—市场推广—企业孵化”进行业务运行拆解，明确研究院当前存在的竞争优势和亟待解决的运行障碍。在企业结构轴线上，项目组从研究院的成立背景、顶层治理结构、组织架构、人员配置、管理机制等维度进行了全面分析，形成了信大研究院内部优劣势的主要诊断结论。为了使客户更一目了然地明晰自身短板，项目组基于当前发掘出的发展短板构建金字塔模型（见图 2），分别从顶层设计、运营现状、创新保障 3 个维度系统展示信大研究院的咽喉地带。

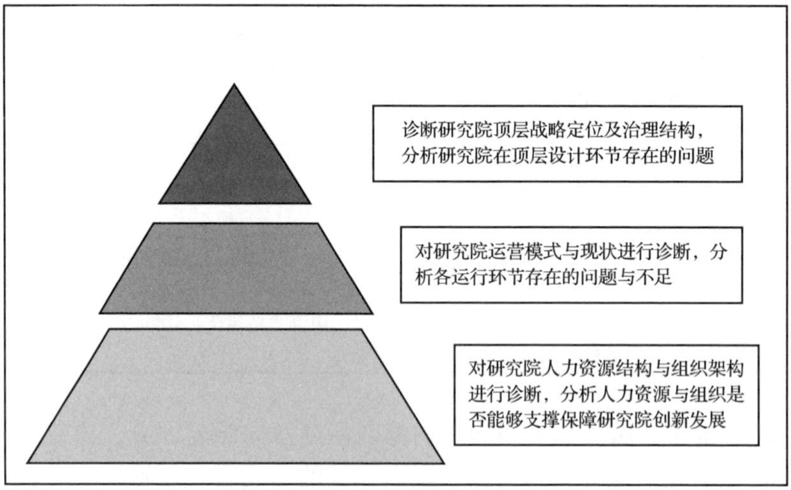

图 2　信大研究院发展短板呈现金字塔模型

三、方案设计

结合对新型研发机构的理解、产业环境的分析及研究院内部运行的诊断结果，项目组明确信大研究院未来的发展方向与发展模式，包括战略定位与发展目标的明确，发展领域的选择与布局，核心业务发展策略的制定，以及作为新型研发机构的运行模式的设计，以此协助信大研究院向市场化运行的新型研发机构转型。

（一）明确战略定位

信大研究院面临的发展环境较为复杂，从外部环境来看，面临我国科技创新的新要求、新机遇。从领导单位诉求来看，三方对于研究院的发展诉求并不完全相同甚至具有一定的矛盾性。其中，某大学希望研究院做好科研支撑工作；郑州市人民政府希望其服务地方产业发展，快速实现自我造血，并解决全省卡脖子技术难题；高新区管委会则更希望其围绕全区产业规划进行市场化运作，带来企业集聚。从内部诊断来看，信大研究院运行模式偏向传统研究所，市场化运行及各类创新资源聚合探索不足，因此如何在这一复杂的环境下，有机统一三方领导诉求，把握科研创新机遇，解决内部发展问题，为项目工作带来较大难度。

面对项目难点，项目组通过梳理分析与充分的讨论，明确各方核心诉求，以“抓机遇，拉长板”为导向，化繁为简，明确信大研究院未来要发挥成果转化、产业推广、技术服务、科研攻关四大功能，同时综合审视创新发展形势及研究院积累优势资源能力，将信大研究院定位为“政、产、学、研、金、介、用”七位一体开放创新平台。

（二）选择发展领域

在信大研究院战略定位下，项目组结合信大研究院科研领域诊断结果及新型研发机构发展特性，利用“矩阵选择”工具，明确信大研究院未来重点布局的科研方向，最大化聚焦研究院发展精力与资源，同时兼顾对于区域产业的综合带动作用。其中，项目组首先对新一代信息技术产业发展前景、某大学科研领域及本地产业方向进行综合分析，将同时满足“产业前景广阔、符合本地重点产业培育方向、属于某大学优势科研领域”特点的科研方向划定为研究院可选择的方向范围，同时结合对于信大研究院现有科研方向的诊断，明确研究院内部具有较高综合竞争力的技术产品及细分产业方向。最后将可选科研方向范围与研究院内部科研方向基础放入矩阵进行对比分析，帮助信大研究院选出五大重点科研领域。

在确定信大研究院战略定位及重点科研领域后，项目组进一步明确其业务发展层次及发展重点，以保障研究院能够合理配置资源，控制发展节奏，更好地开展技术创新及产业化发展相关工作。因此，项目组为信大研究院制定了“1+4+X”发展体系。“1”作为核心领域，信大研究院将集中大部分资源与精力，重点布局发展，全力突破。“4”作为重点发展领域，信大研究院需要投入 ××% 以上的资源与精力集中发展，建立强大的科研能力、产业化推广能力与产业投资能力，兼顾某大学科研保障与地方产业化发展。“X”作为未来探索方向，结合国家、省市科研创新重点趋势的变化而进行探索，不作为“十四五”阶段重点。

（三）制定发展策略

在“1+4+X”发展领域内，围绕成果转化、产业推广、技术服务、科研攻关四大功能，进一步为信大研究院拟定各领域发展策略，明确业务开展重点、开展方式及重点资源匹配，指导信大研究院实际业务布局。

对于“1”领域，定位于信大研究院核心领域，需要研究院搭建应用平台，营造实验环境与相关设备保障，紧密依托某大学与国内头部 ×× 企业，整合科研端与产业端资源，在研究院平台进行理论验证与相关实验型号设备生产，一方面保障某大学科研任务；另一方面通过“沿途摘珍珠”的方式，深入发掘科研衍生成果对于产业的推动作用，进行相关成果转化。

对于“4”领域，定位于信大研究院重点培育领域，针对每个科研方向的发展阶段、产业痛点及研究院发展基础，以研究院发展较为成熟的技术成果为突破口，一方面结合市场需求不断进行技术应用改造；另一方面通过技术成果买断、企业孵化、与业内企业合作推广等形式进行成果转化与产业化推广。同时引入资本力量，通过资金与其他战略资源导入，推动技术成果快速产业化。

（四）设计商业模式

在信大研究院战略定位下，以“企业化、市场化运作，最大化创新资源的整合利用”为导向，结合长城战略咨询对于新型研发机构的研究理解及相关基准的成功经验，围绕“成果转化”与“产业化”核心功能，重新构建运营模式。项目组以平台运行模式为基础，为信大研究院设计了由“技术研发系统”组成后端，“市场合作系统”和“产业投资系统”组成前端，前后端联动运营的商业模式，提升市场敏锐度、运营灵活性及资源配置效率，最大限度地支撑战略目标的实现。其具体内容如下所述。

市场合作系统定位于“研究院外部研究、沟通与合作主体”，是信大研究院市场前端的一部分，需要高度市场化运作。该系统将单独成立子公司，由专业市场运行团队运营，主要负责及时感知产业动态与市场需求，扩大产业端力量（包括自建市场团队和与各类企业、联盟合作产业化推广），为信大研究院招徕技术服务业务，最大化地调动研究院科研力量。

产业投资系统定位于“信大研究院对外投资与市场合作赋能主体”，是信大研究院市场前端的另一部分。该系统将成立独立的基金公司，由专业的投资团队运营，主要负责通过资本投资赋能研究院成果产业化推广，借由研究院对于技术与产业的高位理解，发现投资优秀科技企业，同时利用产业投资系统辅助感知市场需求，把握产业痛点。

技术研发系统定位于“信大研究院技术活动主体”，专注技术研发，是信大研究院技术源头与技术保障后端。主要负责对接大学，专注前瞻性技术与应用型技术的研发，同时对外提供科研外包服务。

通过该商业模式的设计，信大研究院将从企业技术服务、产品销售、投资回报、大学与政府课题经费获得发展资金，其中企业技术服务收入与投资回报占比将逐渐扩大，并在未来实现自收自支，摆脱传统研究所的运行状态，成为真正市场化运行的新型研发机构。

（五）实施计划保障

项目组通过借鉴标杆新型研发机构成功经验，并与信大研究院高层共同研讨确立战略规划落地的路径，最终结合战略定位及发展方向策略明确战略实施计划。

具体实施计划则根据战略目标分解，预先设定里程碑事件作为阶段性目标，并拟定“十四五”期间每年的经营计划、科研创新领域及产业发展领域重点任务（见表 5），通过分阶段稳步实施战略计划，确保信大研究院战略目标顺利实现。

表 5　2021—2025 年科研重点任务分解示意表

重点任务	落实部门	2021 年	2022 年	2023 年	2024 年	2025 年
一、基础性重点任务 1. 技术创新方向全面聚焦“五大技术领域”，进行合理资源调配 2. 深化拓展技术科研合作，加强协同创新	各技术部门、市场部、项目管理部、××副院长协调					
二、××科研重点任务 1. 积极参与××工程科研 2. 联合××向河南省政府申请××重大科研专项 3. 筹建集××的××技术创新平台	××技术创新中心、市场部					

为保障发展计划的顺畅实现，项目组围绕组织管理、人力资源、投融资、运行机制等环节给出资源能力提升建议。例如，争取发展资源，包括更高层级直接领导、来自政府的资金、政策、土地与立项支持，以及与校方的深度合作；建立与战略发展相匹配的组织架构，有机协调促进产业创新；构建完善的人才体系，创新人才引进和优化人才培养机制，重点引进科技研发、市场运作管理方面的高素质人才，激发科研人才创新活力。

四、项目成效

在信大研究院“十四五”战略规划项目实施过程中，一方面，项目成果受到信大研究院班子的一致认可，为后续合作打下坚实基础；另一方面，加快了长城战略咨询对于新型研发机构咨询业务的探索，同时锻炼了一支“能啃硬骨头”的咨询队伍。

（一）获得客户高度认可

在信大研究院“十四五”战略规划项目开展中，项目组深入客户内部认真调研，准确把握客户需求，并就关键问题与客户进行多轮沟通与研讨，项目历时近 3 个月顺利完成，最终形成 4 份书面成果，文字量超过 10 万字，包括《信大研究院“十四五”战略规划报告》《信大研究院“十四五”战略发展纲要》《外部环境分析与产业赛道评估报告》与《基准研究报告》。客户中高层领导对“十四五”规划中提出的战略定位、赛道领域、业务体系构建及战略推进实施计划等表示高度认可，并以此为参考调整业务布局与资源投入，逐渐形成业务聚焦与联动，探索出一条新型研发机构的独立生存之路。

（二）签署长期合作关系

通过本次“十四五”战略规划项目，长城战略咨询与信大研究院建立了稳定的合作关系。客户提出在未来战略方向调整的过程中，希望与长城战略咨询在成果转化、创业企业招商、内部实际运行管理制度设计等方面展开全方位的合作，签署年度固定合作服务包，充分利用长城战略咨询智库的眼光与资源，保障战略目标实现。

（三）探索新型咨询业务

企业管理咨询界过去没有针对新型研发机构的咨询服务和与之有针对性的咨询工具，更多的是将企业运行经验与传统科研院所管理经验结合，嵌套在新型研发机构咨询项目中，对新型研发机构发展与运行难以起到实质性的指导作用。长城战略咨询长期致力于新型研发机构的理论研究，提出新型研发机构“124”（1 个宗旨、2 种类别、4 个功能）理论模型，并对全国新型研发机构进行案例研究。通过信大研究院“十四五”战略规划项目，项目组将过去积累的理论经验全部投入实践中，并进行一定的优化调整，探索出一套针对新型研发机构战略规划、运行模式优化设计、组织调整等的咨询服务，打通了长城战略咨询新型研发机构业务线，为咨询赋能新型研发机构群体发展做出了一定的探索。